Gustav Freytag

Gesammelte Werke

Gustav Freytag

Gesammelte Werke

ISBN/EAN: 9783744697811

Hergestellt in Europa, USA, Kanada, Australien, Japan

Cover: Foto ©ninafisch / pixelio.de

Weitere Bücher finden Sie auf **www.hansebooks.com**

Gesammelte Werke

von

Gustav Freytag.

Zweite Auflage.

(6.—10. Tausend.)

Zweiundzwanzigster Band.

Leipzig

Verlag von S. Hirzel

1898.

Inhalt.

Karl Mathy.

Karl Mathy.

Dies schrieb der Freund dem Freunde, ein
Journalist dem andern, der Preuße dankbar
dem Badenser.

I.

In der Heimat.

Das Leben des Süddeutschen, welches hier erzählt werden soll, begann, als die siegreichen Heere Napoleons I am Niemen lagerten, im Jahre der Schlacht bei Friedland und der tiefsten Erniedrigung Deutschlands, und es endete in den Monaten, in welchen dreißig Millionen Deutscher in Einer Staatsverfassung geeinigt wurden und Napoleon III das kaiserliche Frankreich vor einer großen Erhebung deutscher Staatskraft zu schützen suchte. Als Mathy geboren wurde, gab es im größten Theile Deutschlands noch keinen andern Patriotismus als den untilgbaren, welcher aus der Besonderheit des Gemüthes, der Sprache, der Literatur heraufsteigt; als er starb, wurde das neue Sinnbild nationalen Selbstgefühls, die Bundesflagge von jedem fremden Culturvolk der Erde an den Masten deutscher Schiffe und deutscher Consulate achtungsvoll begrüßt. Im Jahr 1807 war sein Heimatstaat ein schwaches Gemenge von zerstörten Trümmerstücken des deutschen Reiches unter französischer Oberhoheit und badische Landsleute kämpften mit den Franzosen gegen Deutsche; im Jahr 1868 war durch seine Geschäftsführung das badische Heer eng mit dem norddeutschen verbunden und er selbst als badischer Minister der entschiedenste Vorkämpfer der nationalen Partei an der Südgrenze Deutschlands. Im Jahr 1807 war seine Vaterstadt

Mannheim neun Tagereisen von Hamburg oder Berlin ent=
fernt, als er starb, war die Entfernung für Reisende auf eine
starke Tagefahrt, für eilige Briefe auf wenige Zeitminuten ver=
kürzt. Im Jahr 1807 gab es nur sehr wenige Zeitungen im
Lande, welche jeden Wochentag erschienen, und jedes gedruckte
Wort derselben mußte von der Polizei genehmigt sein, in dem
vielgetheilten und zerrissenen Gebiet des alten Reiches erhoben
sich zahllose Schlagbäume und Steuerwachen; die Deutschen
waren ein armes Volk mit enger Häuslichkeit und knappem
Leben, schwerfällig und langsam bewegten sich Geld und Waaren
aus einer Hand in die andere; als er starb, hatte die Censur
aufgehört und an hundert große Zeitungen wurden einmal, ja
zweimal täglich versandt, achtunddreißig Millionen thätiger
Menschen lebten durch ein großes Zollgebiet verbunden, der
deutsche Gewerbfleiß war auf dem Weltmarkt ein gefürchteter
Nebenbuhler des englischen geworden, und in allen Welttheilen
galt das Geschäft deutscher Banken und deutscher Handlungs=
häuser für besonders strebsam, zuverlässig und eroberungslustig.

Die sechzig Jahre seines Erdenlebens umschließen das Auf=
steigen der deutschen Volkskraft aus Verarmung und politi=
schem Elend zu verhältnißmäßigem Wohlstand und zu einer
Großmacht. Es war eine Zeit harter Arbeit, mühsamen
Ringens, vergeblicher Anläufe und doch eines stillen unauf=
haltsamen Wachsthums, und wir dürfen annehmen, daß diese
Periode deutscher Kräftigung auch späteren Geschlechtern für
eine sehr denkwürdige gelten wird. Wie sich in ihr ein ein=
zelnes Menschenleben darstellt, soll hier gezeigt werden. Es
ist das Leben eines Süddeutschen, welcher bei seiner Geburt
keine Heimat fand, deren Geschichte ihm patriotischen Stolz
oder auch nur patriotische Trauer möglich machte. Wie einen
gescheidten, warmherzigen Deutschen der rheinischen Pfalz
Sehnsucht, Verständniß und Kampffreude für die Zukunft des
deutschen Staates umhertrieb und erhob, das erscheint uns als
besonders lehrreich.

Aber seine Schicksale sollen ihm auch persönlichen Antheil erwerben. Denn ungewöhnlich reich an Ereignissen, an Wechsel des Ortes und der Thätigkeit ist sein Leben, und schon die Größe und Mannigfaltigkeit der Interessen, welche er umfaßte, würden eine ausgeführte Lebensbeschreibung lohnend machen. Endlich hat seine Arbeit für unsere Nation noch eine besondere Bedeutung. Von dem Jahre 1830 bis zur Gegenwart hat er als Schriftsteller, Volkslehrer, Abgeordneter, Leiter großer Geschäfte und als Staatsmann seine Kraft für Andere gerade immer in den Thätigkeiten verwerthet, welche nach dem Zuge der Zeit obenan standen.

So vermag eine Erzählung seiner Erlebnisse vielleicht zu zeigen, wie sich an einem einzelnen Mann der große Bildungs= fortschritt der letzten vierzig Jahre vollzog, von dem ersten un= sicheren Ringen nach deutscher Einheit bis in die Jahre ihrer politischen Durchführung. Sehr gering ist die Zahl Derer, welchen vergönnt war, diese aufreibenden Wandlungen im Ein= vernehmen mit den besten Zeitforderungen durchzuleben; unter Allen, welche von 1830 bis zur Gegenwart in politischer Thätigkeit gedauert haben, ist kaum einer, der so hingebend, so mühevoll, so kriegerisch und in so unsicherer Stellung alle Kämpfe durchgefochten und zu so sicherer Freiheit in ihnen gewachsen ist, wie er. —

Der Vater.

Der deutsche Name Mathy — bei Ulrich von Lichtenstein um 1230 Mathie geschrieben — ist schwerlich aus dem biblischen Namen Matthias verkürzt, sondern burgundische Nebenform des althochdeutschen Namens Mato; er wurde seit dem vierzehnten Jahrhundert Geschlechtsname rittermäßiger und bürgerlicher Familien in Rheinfranken und Lothringen, von da bis in das Ordensland Preußen getragen.

Der Großvater Peter Mathy zog aus dem Nassauischen im Jahr 1748 nach dem kurpfälzischen Brey bei Boppard, kaufte dort die Mühle, welche noch jetzt im Besitz eines Enkels ist, dazu einige Aecker Land; er hielt im Stalle Ochs und Kuh, im Garten Bienenstöcke, die er mit besonderer Sorgfalt pflegte, und half in der Umgegend als „Mühlarzt" bei Bau und Besserung von Wassermühlen. Von seiner zweiten Frau, Anna Margareta Noll, wurde ihm nach anderen Kindern am 10. Februar 1755 der Vater Karl Mathy's, Johann Arnold, geboren.*)

Arnold, als Kind kränklich, von schwachem Körper und guten Geistesgaben, wurde durch den Vater für die Kirche bestimmt, erhielt von dem katholischen Pfarrer zu Niederspay

---

*) In der ersten Auflage stand 1754 nach Angabe der Familie. Das Taufbuch der Kirche von Niederspay hat bei diesen Jahren eine Lücke, Karl Mathy verzeichnet in einer nachträglich aufgefundenen Notiz 1755 als Geburtsjahr des Vaters.

den erften lateinifchen Unterricht, dann Aufnahme in die latei=
nifche Jefuitenfchule zu Boppard. Der Knabe arbeitete fich
mühfam durch harte Behandlung, Entbehrung und Krankheit
bis zur oberften Klaffe, und ging aus diefer als Alumnus
der Jefuiten nach Heidelberg, der Univerfität von Kurpfalz,
dort Theologie zu ftudiren. Er war achtzehn Jahre alt, als
der Jefuitenorden aufgehoben wurde; wie weit er dem Orden
bereits verpflichtet war, wiffen wir nicht und ebenfo wenig
von feinen Gedanken in jenen Jahren. Nur ein bezeichnen=
der Zug ift überliefert. Es war Brauch der Jefuiten, zur
Faftenzeit den Streit zwifchen Jefus und dem Teufel durch
zwei junge Kleriker fo ausfechten zu laffen, daß die Beiden
in der Kirche gegeneinander als Sachwalter das Recht ihrer
Partei vertraten, dabei wurde zur Erbauung einer andäch=
tigen Gemeinde der Teufel in feiner greulichen Nichtswür=
digkeit deutlich abgefchildert und durch kräftige Worte glor=
reich überwunden. Hier war es nun befondere Freude für
Arnold Mathy, den Sachwalter des Teufels zu machen und
die dramatifche Wirkung des heiligen Streithandels dadurch
in Zweifel zu ftellen, daß er fich nicht überwinden ließ, fondern
zum höchften Ergötzen der Zuhörer feinen Gegner durch teuf=
lifche Gründe in Bedrängniß brachte.

Der Aufenthalt in Heidelberg wurde für ihn trotz der
Macht, welche die Jefuitenpartei über die Univerfität behauptete,
die große Zeit innerer Befreiung, dort lernte er die deutfchen
Dichter der Gegenwart kennen, Bücher proteftantifcher Gelehr=
ten, und was für feine Zukunft entfcheidend war, die Philo=
fophie Kant's.

Nach den Studienjahren lebte er eine glückliche Zeit als
Hofmeifter im Haus eines Grafen von Helmftädt. Auch die
franzöfifchen Schriftfteller der Aufklärungszeit, Voltaire und
Rouffeau wurden ihm nahe gerückt und er felbft gewöhnte fich
in den Anfchauungen und Umgangsformen anfpruchsvoller
Kreife zu verkehren.

Damals erschien es möglich, daß die katholische Kirche in
Deutschland von der Gewalt neuer nationaler Ideen ergriffen
und durch die Geistlichen selbst nach dem Bedürfniß des deut=
schen Gemüthes fortgebildet werden würde: deutsche Kirchen=
fürsten, welche sich durch deutsche und französische Aufklärung
erhoben fühlten, die Weltgeistlichen in heftiger Erbitterung
gegen Jesuiten und Mönchsorden; in der deutschen Literatur
eine jugendliche Kraft, welcher schwer zu widerstehen war, ein
neues Evangelium der Freiheit, der Schönheit und des geistigen
Adels durch Dichter und Gelehrte, durch warmherzige Men=
schenfreunde und einsichtige Staatslenker verkündet. Alle Be=
geisterung der Jugend, Scharffinn der Denker und ehrliches
Gewissen des Volkes rangen einmüthig gegen die alte unmensch=
liche Idee der alleinseligmachenden Kirche. Fast ein Men=
schenalter hindurch schwankte die deutsche Geistlichkeit zwischen
der Autorität des römischen Papstes und der Autorität der
deutschen Cultur, die Muthigsten forderten laut umfassende
Verbesserungen, die große Zahl der Vorsichtigen murmelte leise
und ließ die Beichtkinder ohne Widerstreben dem Zuge der Zeit
folgen, die Wohlmeinenden suchten zu vermitteln zwischen
Wissenschaft und Kirchenlehre, zwischen modernem Staat und
Papstthum. Bis sie zuletzt alle durch das bräuende Antlitz,
welches ihnen die wiedererstarkte römische Kirche zuwandte und
durch die klägliche Ohnmacht der weltlichen Regierungen, welche
für fürstlichen Hausvortheil Hilfe bei Rom suchten, einge=
schüchtert, geknechtet oder zum Austritt gezwungen wurden.
Seitdem ist die ultramontane Kirche Roms von dem deutschen
Geistesleben durch einen Abgrund geschieden, so breit und tief,
daß kein Gebet frommer Gläubigen und keine Kunst vorsich=
tiger Staatsmänner eine Brücke zu zimmern vermag. Und
Viele betrauern, daß innerhalb der katholischen Kirche die
Forderungen des deutschen Gewissens für immer zum Schweigen
gebracht seien. Die so meinen, mögen sich irren.

Die Jesuiten selbst gaben nach 1773 die Hoffnung einer

großen Wiederherstellung niemals auf, sie stellten sich seitdem in der Mehrzahl als Weltgeistliche dar und arbeiteten ins=geheim durch andere mönchische Genossenschaften Einfluß auf die Regierungen, auf die Güter der Kirche und auf die hohe Geistlichkeit, Erzbischöfe und Karbinäle, zu gewinnen. Sie hatten zu ihrer Zeit in Heidelberg die lateinische Schule mit dem Convict geleitet, an der Universität die theologische und juri=stische Facultät beherrscht, in der philosophischen Einfluß geübt. Nach ihrem Sturz wurde die lateinische Schule katholischen Weltgeistlichen übergeben, welche schlecht und recht, mit ehr=lichem Willen und unsicherer Vorbildung ihre Pflicht als Lehrer thaten. Aber Kurfürst Karl Theodor ließ sich durch frühere Jesuiten bestimmen, den gesammten Unterricht an den lateinischen Schulen der Pfalz den Lazaristen, einer französischen Congregation für innere Mission anzuvertrauen. Die Frem=den kamen im Sommer 1782 über die Grenze. In Wahr=heit Mönche, und trotz der menschenfreundlichen Vorschriften ihres Stifters, des heiligen Vincent de Paul, damals im Dienst der kriegerischen Jesuiten; die Mitglieder gelobten Armuth, Keuschheit, Gehorsam und Jugenderziehung, ihre Verfassung trug der neuen Zeit nur dadurch Rechnung, daß sie den Aus=tritt aus dem Orden ein wenig leichter machte als die alten Mönchsregeln. Ohne Freude sah man in Heidelberg die neuen Jugendlehrer einziehen in weißem steifem Halskragen, dem hohen zugespitzten Piret und einem langen schwarzen Rock, der oben Soutane und unten Mönchskutte war. Da Zahl und Sprachkenntniß der Fremden nicht ausreichte, sämmtliche Lehrer=stellen zu besetzen, so mußte die Congregation doch eine Anzahl deutscher Weltgeistlicher zu Hülfe nehmen. Unter diesen war Arnold Mathy. Er trat 1783 als Lehrer in den Karlscon=vict, vielleicht deshalb gewählt, weil er Zögling der Jesuiten gewesen war. Aber die neue Leitung wollte den lateinischen Schulen der Pfalz durchaus nicht gedeihen. Französische und deutsche Lehrer vertrugen sich schlecht; die Franzosen wurden bald als lüderliche und gewissenlose Vorsteher übel beleumdet, sie unterhielten ärgerliche Verbindungen mit Frauen und Mäd=chen der Stadt, sie vergeudeten frevelhaft die guten Stiftsweine von Neustadt und Ingelheim, sie feierten ausschweifende Trink=gelage, sie flohen plötzlich einmal mit großen gefüllten Silber=koffern über die französische Grenze. Uebel ging es auch mit dem Unterricht, die Zucht fehlte und das Wissen war kläglich, ihre Prüfungen wurden, wie einst bei den Jesuiten, Spiegelfechtereien mit eingelernten Fragen und Antworten. Hauptsache waren die theatralischen Vorstellungen der Faschingszeit, womit sie die Laienwelt blendeten, aber bei Proben und Aufführungen wurde Arges verübt, junge Basen wurden in den Convict geschmuggelt und ganze Nächte wurden außerhalb der Clausur durchschwärmt; an einer Fastnacht schweiften Lehrer und Schüler weintrunken in großem Zuge durch die Stadt, der Professor der Philosophie, Zimmermann, damals Lazarist, paukte auf großer Trommel vor. So waren die Wölfe im Schafskleide längst erkannt, als im Jahr 1786 die Universität ihr vierhundertjähriges Jubiläum feierte. Da erwiesen die Fremden aufs Neue unerträglichen Dünkel. Jeder von ihnen wollte zum Doctor der Theologie promovirt sein, und die Facultät war auch sehr bereitwillig ihnen zu dienen, aber mehre Franzosen hielten es gar nicht einmal für nöthig, überhaupt im Promotionssaal zu erscheinen, theils wegen Erbärmlichkeit ihres Latein, theils aus angeborener Unordnung. Arnold Mathy, der damals auch Doctor der Theologie wurde, kränkte sich sehr über diesen Schimpf, den die Fremden dem deutschen Gelehrtenstand anthaten. In demselben Jahre starb zu Bop=pard sein Vater, der noch erlebt hatte, den Sohn in der höch=sten Gelehrtenwürde seiner Kirche zu sehen. Der Sohn hing mit inniger Liebe an der Heimat, und es ist wol möglich, daß die Rücksicht auf die Herzenswünsche der Seinen ihn bewogen hatte, bis dahin die Widerwärtigkeit seiner Stellung duldend zu ertragen.

Als nun gar die französische Revolution ganze Schaaren von Geistlichen über die Grenze trieb, wurden diese von den Lazaristen mit offenen Armen empfangen und recht schamlos im Convict wie in einem großen Gasthofe unterhalten, die Gäste erhielten die Betten der Schüler, auf sie wurde das ganze Kostgeld der Alumnen verwandt, die kranken Schüler wurden in nasse Kammern gelegt, die genesenden wochenlang mit weißen Rüben und Stockfisch genährt, während die Fremden alles Gute schmausten; die Leichtfertigkeit und Unsitte wurden unerträglich. Den Lazaristen aber erschienen die deutschen Lehrer jetzt lästig und entbehrlich. Die Kritik und wahrscheinlich die Unbotmäßigkeit der Deutschen erregte Abneigung und Rachsucht, und mehre unter ihnen standen im Verdacht nicht rechtgläubig zu sein, denn sie waren den besseren Lehrern der Universität eng befreundet. Arnold Mathy zumal war den Franzosen eine ungemüthliche Erscheinung. Er war ein ernster und strenger Mann, von unbeugsamem Wahrheitssinn und reinen Sitten. Und er war im Geheimen Kantianer. Diese Lehre war ihm das beste Besitzthum seines Lebens, sie war durch lange Seelenkämpfe, durch herznagende Zweifel erworben, sie gab ihm festen Halt und stille Ueberlegenheit über seine Umgebung; mit Verachtung sah er auf die geistlosen Gesellen, unter denen er lehrte, den gleißenden Schein ihrer Lehre betrachtete er mit einem Widerwillen, den er nicht immer verbergen konnte. Er besaß eine ungewöhnliche Gewalt der Sprache, eine klangvolle Stimme und viele Neigung zu den Feinheiten eines gelehrten Wortgefechts. Aber er hatte als armer Knabe, als armer Student und Lehrer sich lange dem Willen Solcher fügen müssen, die er mißachtete, er hatte selbst unter Ordenszucht gestanden und hatte schweigend mit gesenktem Haupt, niedergeschlagenen Augen und eingeknicktem Knie manchen Kirchenbrauch üben müssen, den er für sinnlos und unchristlich hielt. Er war noch jetzt in der Lage, die Gedanken freier Wissenschaft, die Sprache warmer Empfindung und die

zürnende Kritik in Pfaffenweise bändigen zu müssen. In die=
sem Dasein der Unfreiheit und erzwungener Vorsicht war ihm
ein herbes überlegenes Lächeln gekommen, Freude an ironischem
Ausdruck des unterdrückten Zorns und eine halb strenge, halb
launige Beurtheilung menschlicher Schwächen, welche in jener
Zeit die satirische hieß und eine sehr gefürchtete Eigenheit
kräftiger Naturen war, wenn sie gegen den übermächtigen
Zwang einer geistlosen Umgebung ankämpften. Dem Satiriker
wußten die gekränkten Amtsgenossen seinen Lehrerberuf durch
zahllose Nadelstiche zu verleiden, die er in dem engen Zusammen=
leben des Convicts, welches Reizbarkeit und kleinliche Empfind=
lichkeit obenein steigerte, täglich empfand bei Speise, Trank
und in den geringen Bequemlichkeiten seiner Lage. Deshalb
schied er im Jahr 1789 aus dem Convict, indem er einen
Ruf als Pfarrer der katholischen Kirche zu Mannheim annahm.
Dort machte ihn seine Rednergabe zu einem gesuchten und
viel besprochenen Prediger. Freilich wurde auch der Anstoß,
den er der römischen Partei gab, weit ruchbarer, und ihr
Haß lauter.

Der katholische Zeitgenosse von Herder und Lafontaine
empfand bei der Predigt eines gebildeten Geistlichen eine un=
gewöhnliche Erbauung. Uns wird schwer, die Lebhaftigkeit der
Gefühle zu verstehen, welche dem Hörer damals aufgeregt wurden.
In der alten Kirche war die Predigt nur während der Fastenzeit
von einiger Bedeutung. Dann schrie der Mönch in den herge=
brachten Formeln von dem bittern Leiden und Sterben, er erzählte
und stellte in den verschiedenen Abtheilungen der Rede dar, wie
dem Erlöser die Beine gebrochen worden, wie er Blut schwitzte
und wie der Schweiß an dem Tüchlein haftete; es war wüster
mittelalterlicher Kram, verletzend für den Geschmack, ja auch für
die sittlichen Empfindungen des Christen, der über Werthers
Leiden geweint und Lessing's Nathan mit Staunen gelesen hatte.
Der aufgeklärte Priester aber gab den Gläubigen an heiliger
Stätte die ungewohnte Kost erhabener Gedanken und neuer Ideen.

Denn seit die Pflicht des Menschen gegen den Staat durch
die Philosophie so hoch gestellt und das Wort Bürger zu
einem Ehrennamen erhoben war, schilderte der Prediger auch
Christus als guten Bürger, und er fand wirklich in dem
heiligen Leben alle Tugenden, welche der deutsche Zeitgenosse
am höchsten schätzen mußte: Arbeitsamkeit, Wohlthätigkeit,
Gehorsam gegen Landesgesetze, Aufopferung für das allgemeine
Beste, liebevolle Duldsamkeit gegen Andersgläubige, ja sogar
„vernünftiges Streben nach zeitlichen Gütern“. Wenn damals
solche Lehre von den Lippen eines geachteten Geistlichen klang=
voll um die Pfeiler der katholischen Kirche schwebte, dann
ballte der Zelot die Faust und suchte vor der Kirchthür nach
Steinen, um den neuen Baalspriester zu werfen, und gebildete
Hörer sanken einander auf dem Kirchhof in die Arme und
weinten heiße Thränen der Rührung und Erhebung über die
hohen Gefühle, die ihnen aufgegangen waren. Das war die
Empfänglichkeit eines weichen, zartnervigen Geschlechts, welchem
die Sehnsucht nach Kraft, Adel und Schönheit in seinem
engen Leben wirthschaftete. Hätte Arnold Mathy sich nur
begnügt in solcher Weise auf das Gemüth zu wirken, er würde
bei seiner ungemeinen Rednergabe lange Andere begeistert und
vielleicht in seinem Amte gedauert haben. Aber er war
im Grunde ein kampfluſtiger Mann, dem es immer hart an=
gekommen war zu dämpfen was in ihm arbeitete, und er war
ein peinlich gewissenhafter Mann, der zeither als eine schwere
Last getragen hatte, daß er nicht die volle Wahrheit sagen
durfte. Darum begann er in den Fastenpredigten der Jahre
1792 und 1793 eine mannhafte Fehde gegen seinen alten
Clienten, den Teufel, und gegen seine alten Quäler, die
Mönche mit und ohne Strumpf; und er wies von der Kanzel
und durch Druckschriften zum Entsetzen der Altgläubigen nach,
daß der Fliegengott nur eine Erfindung alter und neuer
Pfaffen sei, um die Menschheit zu knechten, und daß die ganze
Möncherei nur dazu diene, die Welt im Aberglauben zu

erhalten. Auch das war noch nicht das Aergste. In seinem
Eifer gegen die schlechten französischen Geistlichen schrieb er ein
bedenkliches Buch: „Die französischen Pädagogen in Deutschland
oder die Geschichte des Lazarismus in der Pfalz. Bethania,
im Verlag des heiligen Lazarus. 1793." Darin beschrieb er
wahrheitsgemäß und sehr eingehend die schlechte Wirthschaft der
fremden Jugenderzieher, ihre Unwissenheit, ihre jesuitische Lehrweise, ihre untreue Verwaltung der Stiftungen und schilderte die
einzelnen Charaktere mit einer Schärfe, welche für die Getroffenen keineswegs schmeichelhaft war. Er verschwieg zwar seinen
Namen, aber die genaue Kenntniß des vergeudeten Weins,
der schlechten Kost im Convict, der schnöden Behandlung deutscher Lehrer mußte seine Person den Gegnern so deutlich machen
als hätte er sein Bild auf den Titel gesetzt; und obgleich er
am Schluß der Einleitung seinem ehrlichen Gewissen die ehr-
furchtsvolle Redewendung abnöthigte: „wenn der edle Karl
Theodor den Inhalt meines Buches erfährt, dann ist der
fürchterliche Koloß des Lazarismus gestürzt, dann ist das
Vaterland gerettet" — so erwies sich diese Annahme doch als
unbegründet, der Kurfürst stürzte den Koloß nicht; gegen den
Schreiber erhob sich die ganze Gesellschaft der alten Jesuiten
und der eingewanderten Pfaffen, und machte ihm seine geistliche Stellung durch Hetzereien bei der Regierung und beim
Volke unerträglich.

Zu dem äußeren Zwist kam ein innerer. Während er
nicht unterlassen konnte, ernste und satirische Ausfälle auf die
Gegner zu machen, wurde ihm selbst durch die Gedanken,
welche ihm dabei kamen, das gesammte Pfaffenthum und das
ganze Wesen der römischen Kirche fremder und feindseliger.
Er gab seine Pfarrstelle auf, zog sein Priesterkleid aus und
wurde Protestant. — In der großen Bewegung jener Jahre
machte solche Wandlung des Einzelnen wenig Aufsehen.

Als Privatlehrer hatte er seine glücklichsten Jahre verlebt, auch an der lateinischen Schule hatten Unterricht und

Sorge um die Jugend ihm Selbstgefühl gegeben, jetzt errichtete er um 1800 in Mannheim eine Privatlehranstalt, der er bis 1807 vorstand. In diesem Jahr wurde er von der Landesregierung des neuen Staates Baden als Professor an dem neuerrichteten Lyceum zu Mannheim angestellt, wo er Mathematik und Latein lehrte. Das Jahr vorher hatte der einundfunfzigjährige Mann sich mit Anna Mariane Jörg verheiratet. Seine Frau gebar ihm fünf Söhne und zwei Töchter. Der älteste Sohn war Karl.

Arnold Mathy lehrte noch etwa neun Jahr am Lyceum, dann ließ er sich wegen Kränklichkeit in Ruhestand versetzen; vielleicht auch deshalb, weil dem gewissenhaften Mann die neue Lehrweise und der systematische Unterricht eines jüngeren Geschlechts unbequem wurde. Ihm war der beste Theil seines Wissens nicht in der Zucht der Schule und dem planvollen Vortrage akademischer Lehrer, sondern in den Mannesjahren durch Lesen und Denken gekommen. Es war eine rührende Ehrlichkeit, daß er, der sechzigjährige Mann, seine Schüler in der Mathematik bisweilen zu einem jüngeren Amtsgenossen schickte und diesen durch den Mund des Knaben ersuchen ließ, die Lösung einer Aufgabe anzugeben, weil er damit nicht fertig werden könne. Er arbeitete unabläßig an sich selbst durch fleißiges Lesen und prüfende Beobachtung seiner Gedanken und Thaten, aber es scheint, daß dieselbe Gewissenhaftigkeit ihn als Lehrer einer Klasse zu strenge und zu sorglich in Einzelheiten gemacht, und ihm die beängstigende Empfindung gegeben hat, daß er seine Schüler nicht genug fördere. — Aber auch die letzten zehn Jahre seines Lebens nach seinem Rücktritt vom öffentlichen Lehramt gab er emsig Privatunterricht.

Es war sein Schicksal gewesen, auf der Höhe des Mannesalters mit Vielem aus seiner Vergangenheit zu brechen und seinem Gewissen dadurch zu genügen, daß er in scharfem Widerspruch zu alten Verhältnissen, die ihm unwahr geworden, einen neuen Kreis von Pflichten suchte; er mußte die Mannesfreude entbehren in diesem neuen Dasein zu einer großen Wirksamkeit zu kommen, die ihn völlig befriedigte. Dafür gab ihm der gute Geist seines Lebens wie zur Entschädigung noch in höherem Alter das deutsche Glück eines eigenen Haushalts, die hingebende Liebe einer guten Frau und das sorglose Lachen der Kinder. Viel Lebenskraft hatte er in bauerlosen Verhält= nissen verwendet, aus harten Prüfungen hatte er sich ein gutes Gewissen und den Stolz eines freien Mannes gerettet. Seine Erfahrungen hatten ihn nicht mild gegen die Schwächen Anderer gemacht, aber am strengsten gegen sich selbst, zu der ironischen Betrachtung fremder Verkehrtheiten war ihm bei Gattin und Kindern auch das Behagen eines deutschen Haus= vaters gekommen, aus dem Widerwillen gegen die französischen Abenteurer war eine kräftige deutsche Vaterlandsliebe erwachsen, in dem Streit gegen die Jesuiten und Mönche war er zu einem entschlossenen Denker geworden, dem höher als alle Autorität stand sich selbst in Wort und Werk Genüge zu thun; sein Leben war bescheidene Arbeit gewesen vom Morgen bis zum Abend. Von diesem Allen ging auf seinen Sohn über.

2.

Im Vaterhause.

Am 17. März 1807 wurde Karl Friedrich Wilhelm Mathy geboren, die Mutter dachte oft daran, daß der erste Tag seines Lebens ein rauher Sturmtag des kommenden Frühlings gewesen war. Er war ein gar kleines Kind und ließ längere Zeit zweifelhaft, ob er im Erdenlichte ausdauern wolle. Denn er bewies von dem ersten Tage seinen Eigenwillen dadurch, daß er laut gegen die herkömmliche Nahrung aller Säuglinge ankämpfte. Und er mußte zuletzt nach dem Rathe eines klugen Arztes wie ein Heldenkind der Sage durch zarte Brühe aus den Schenkeln geopferter Kälber ernährt werden. Dabei erhielt er sich, er blieb mehre Jahre von Körper schwach, doch der Geist entwickelte schnell zur Freude der Eltern ungewöhnliche Fähigkeiten. Die Mutter Karls, eine warmherzige, verständige Frau, weit jünger als der Gatte, hing mit Ehrfurcht und demüthiger Liebe an ihrem Professor. Dieser war die Sonne des Hauses und unumschränkter Gebieter. Ihm war Stolz und Glück, das Beste, was er wußte, lehrhaft in die Seelen seiner Kinder zu senken. Er nöthigte den Sohn schon in dessen früher Kindheit zu ernstem Lernen. Und wie er selbst als Philosoph alle Entbehrungen gering achtete, gewöhnte er auch die Seinen an Enthaltsamkeit, „je weniger Bedürfnisse, desto freier ist der Mann", pflegte er zu sagen. Der Vater erhielt sein Hauswesen durch angestrengte Thätigkeit, sein Gehalt war sogar

nach damaligen Verhältnissen bescheiden, dazu eine Familie, die
sich rasch vergrößerte, so gab er neben den Lehrstunden im
Lyceum fast den ganzen Tag Privatunterricht. Aber wenn er
in die Kinderstube trat und den Kleinen mit der Frage: „wer
war heut brav?" die Hand entgegenstreckte, dann ging ihm bei
ihren Fragen und Forderungen das Herz auf, er setzte sich
unter sie und begann sehr schön zu erzählen, am liebsten die
großen Geschichten aus dem Alterthum, aber auch Selbster=
fundenes. Wenn die Kinder dann, worauf er eifrig hielt, das
Gehörte nacherzählten, dann war der, welcher am genauesten,
ausführlichsten und anschaulichsten zu berichten wußte, immer
der älteste Knabe Karl. Auch auf Spaziergängen führte der
Vater seine Kleinen pädagogisch in die Natur ein, er wies
ihnen Thiere und Pflanzen und berichtete herrlich über Himmel
und Erde. Sehr früh hat der Sohn sich ein kleines Herbarium
angelegt, und schon damals muß der Natursinn erwacht sein,
der in ihm stets sehr lebendig war.

In das Stillleben des kleinen Haushalts drang der Kriegs=
lärm der deutschen Kämpfe gegen Napoleon. Karl war sechs
Jahre alt, als die Heere der Verbündeten an den Oberrhein
stießen; auch in Mannheim nahmen die Durchzüge fremder
Truppen kein Ende, und es war zuweilen mehr Einquartierung
als man versorgen konnte. Im Hause des Professor Mathy
theilte man willig mit, er gehörte zu den Süddeutschen, welche
die volle Größe des Kampfes patriotisch empfanden. Mehr
als einmal wurde das Mittagessen unberührt vom Tisch ge=
nommen und den hungernden Soldaten, welche gerade ein=
traten, vorgesetzt. Auch der kleine Karl hatte seinen Theil an
der fröhlichen Aufregung, mit welcher die Knaben der Stadt
auf die fremden Befreier blickten, deren Sprache sie nicht
verstanden. Denn — wohl zu merken — die Feinde der Fran=
zosen, welche in Mannheim rasteten, waren meist Russen und
die erste warme Theilnahme des Knaben an dem Geschicke
der Nation war neugieriges Interesse für die Fremden, welche

eben noch Feinde des eigenen Landesherrn gewesen waren. Auch der Vater wurde von der militärischen Wißbegierde ergriffen. An beiden Ufern des Rheins waren im Winter des Jahres 1813 Schanzen erbaut, die Artillerie der Verbündeten und Franzosen eröffnete über den Strom ihr Feuer. Da nahm der Vater seinen Sohn Karl an der Hand und führte ihn hinaus zum Rhein, damit er selbst schaue, wie es beim Kanonenkampf zugehe. Sie waren beide in sorgloser Betrachtung des kriegerischen Wesens dahin gewandelt, während die Kugeln über ihnen flogen. Da fragte der Kleine: „was ist das, Vater, das oben in der Luft so zischt?" „Das sind Kugeln, mein Sohn", entgegnete der Professor bedächtig, fand es aber doch gerathen, den Heimweg anzutreten.

Nicht immer gelang dem Knaben so glücklich kriegerischen Angriffen zu entgehen. Zwar die erste Kriegsthat gegen ihn wurde nur von einem Pfau verübt, aber er war damals noch ein sehr kleiner Kerl; der Pfau flog ihm zornig auf den Rücken und hackte ihn in das Gesicht; der Vater hatte Mühe, das wüthende Thier zu entfernen und der Kleine behielt lange ein Zeichen über den Augen. Dann aber geschah es, als russische Reiterei durch die Straßen Mannheims zog, und Vater und Sohn der Heerfahrt zusahen, daß beide im Gewühl an eine Mauer gedrängt wurden und Karl von einem Pferde einen starken Hufschlag gegen die Brust erhielt. Der Vater trug den Bewußtlosen auf seinen Armen nach Hause und der Kleine litt lange an den Folgen des Schlages. Und kurz darauf schleuderte ihm ein anderer Knabe eine Kartätschenkugel, welche als Kriegsbeute aus dem Boden gegraben war, gegen die Stirn. Die Verletzung war gefährlich und eine schmerzhafte Operation nöthig. Während die Aerzte mit Messer und Sonde an dem Kopf des Knaben beschäftigt waren, lag die Mutter in der Küche auf den Knien, der tapfere Karl gab keinen Schmerzenslaut von sich. Die Wunde heilte glücklich, aber diese Narbe auf der Stirn hat sich nie ganz verloren.

Als ältestes Kind im Hause wurde Karl bald der bescheidene Vertraute bei Gedanken und Sorgen der Eltern, denn es ist das Vorrecht des ersten Kindes, daß es den Eltern am rührendsten die eigene Kinderzeit lebendig macht und die Poesie der Ehe am reichlichsten spendet, nud es empfängt darum als Ausstattung wieder den völligsten Antheil an den Gedanken der Eltern. Auch Karl erhielt früh das feine Verständniß für Stimmungen und Gemüth seiner Umgebung, den sorglichen Familiensinn, der alle Angehörigen bedenkt, und eine ernste Bedächtigkeit, welche ihn zum erziehenden Helfer der jüngeren Geschwister machte. Er hatte ein liebevolles Herz, sorgte mehr um die Anderen als um sich selbst, und schenkte gern sein Spielzeug und Vesperbrot an die, welche sehnsüchtig darauf sahen. Als er einst mit dem Vater einen andern Professor des Lyceums besuchte, dieser sich an den treffenden Antworten des Kindes erfreute und ihm zuletzt einen schönen Apfel gab, da nahm Karl den Apfel, betrachtete ihn mit strahlenden Augen und sprach: „Ja, danke, aber der ist für meine Schwester Auguste.“ „Ha“, rief der Freund, „du mußt doch auch einen haben.“ Karl nahm auch den zweiten Apfel und sprach wieder bedächtig: „Ja, der ist für meinen Bruder Adolf.“ Und erst als die Geschwister sämmtlich versorgt waren, behielt er eine erfreuliche Frucht für sich.

Von dem Vater überkam der Knabe die Gewohnheit in früher Morgenstunde an die Arbeit zu gehen, einen regelmäßigen dauerhaften Fleiß und saubere Ordnung in Büchern und Heften. Er allein von seinen Geschwistern wurde schon mit jungen Jahren in die Geheimnisse des Schachspiels eingeführt, das der Vater sehr liebte. Und wenn der Knabe dem alten Herrn sinnend gegenübersaß und die Figuren richtig setzte, dann standen die jüngeren Geschwister schweigend mit großen Augen daneben und betrachteten achtungsvoll den Bruder, welcher dem Vater die Bauern wegzunehmen wagte.

Es war natürlich, daß Karl am meisten von den großen

Ideen des Vaters und von seinen Lieblingsgedanken aufnahm.
Denn auch Eltern lernen erst allmählich mit den jungen Seelen
ihrer Kinder schonend und in unschuldiger Diplomatie ver=
kehren. Manch kühnes Wort des Vaters über die Macht des
Himmels und die Mächte der Erde fiel zündend in die Seele
des Knaben, helle Strahlen der Kantischen Philosophie und
scharfe Urtheile über die Thorheiten irdischer Machthaber und
dergleichen vertrauliche Bekenntnisse richteten frühzeitig die
Gedanken des Sohnes.

Als Karl elf Jahre alt war, machte ihn der Vater zu
seinem Gefährten auf einer Reise nach der Heimat bei Bop=
pard. Das war ein großes Ereigniß, es war eine Reise zu
Fuß und Schiff. Der Knabe zog an der Seite des Vaters
mit kleiner Reisetasche durch die schöne Landschaft den Rhein
thalab bis Koblenz. Nach der Rückkehr schilderte er in einem
Aufsatz genau und poetisch was er gesehen: die Schieferberge
mit spitzen Zacken, grauenvolle Wälder und lustige Weinberge,
die sich dem Blick des erstaunenden Wanderers darstellen, die
mächtigen Burgruinen, darunter die furchtbar hervorschimmernde
Burg des Ritter Brömser von Rüdesheim, und dahinter den
Mäusethurm, den er als hohlen Zahn im Rachen der Zeit
auffaßt, und den fürchterlich rauschenden Schlund des berühmten
Binger Loch's. Auch den Stellen, an denen ruhmvoller Rhein=
wein wächst, gönnte er bereits freundliche Beachtung, und
daneben den Steinen mit Muschelabdrücken, die er sich mit=
brachte. Daran fügt er die begeisterte Beschreibung eines
Hammerwerks, welcher man wohl anmerkt, daß er Schiller's
Fridolin gelesen hat, und er endigt fröhlich: „wir kehrten
zurück, erfahrener als vorher, und anstaunend die Trümmer
der Vorwelt."

Seit seinem achten Jahre besuchte Karl das Lyceum zu
Mannheim. Er wurde 1813 in die dritte Klasse aufgenommen
und erwies seine ungewöhnliche Begabung dadurch, daß er den
zweijährigen Cursus der Klasse in einem Jahre vollendete.

2*

Auch in den oberen Klassen blieb er seinen Mitschülern überlegen, besonders beim Uebersetzen und Erklären der Klassiker.
Im Verkehr mit den Lehrern zeigte sich hier zuweilen eine
Eigenheit seines Wesens, die ihm noch in späteren Jahren
Feindschaft aufregte und erst im Mannesalter durch größere
Milde und Selbstbeherrschung gebändigt wurde. Es war ein
angeerbter Zug. Wo er vertraute und ehrte, war er stets
bereit sich unterzuordnen, wo ihn aber Unsicherheit im Können
oder gar sittliche Verkehrtheit verletzte, da wurde sein Wesen
scharf, schneidend, rücksichtslos, und auf sein junges Antlitz
trat der satirische Zug seines Vaters. Dann war schwer mit
ihm auszukommen. Wenn er der Ansicht war, daß ein schwacher
Lehrer eine lateinische Stelle falsch erklärt hatte, wies er mit
einem herben Lächeln auf das Buch und begann: „ich meine,
Herr Professor, dies könnte man auch so verstehen." Er
hatte meistens Recht, aber die schlimme ironische Art bewirkte,
daß fast bei jeder Conferenz der eine oder andere Lehrer sich
klagend ausließ, Karl Mathy sei zwar der erste, aber seinem Verhalten fehle die gebührende Verehrung. Auch mit dem Director
des Lyceums, Hofrath Weikum, gerieth er oft in Streit, der
aber immer in Anerkennung endete, und Weikum vertheidigte
ihn gegen die anderen Lehrer und sagte begütigend: „Es ist
Geistern, die etwas werden, eigen, daß sie Skeptiker werden;
so war der Vater, so ist gerade der Jung, er glaubt auch
nix und macht sich über seine Lehrer lustig, darum wird er
doch etwas Ordentliches." — Derselbe satirische Erbmangel
an Pietät verleitete den Primaner sogar, mit mehren Kameraden bei den Kapuzinern eine Messe für einen leidenden
Mitbruder zu bestellen. Karl machte den Sprecher und über-
reichte dem Pater Kapuziner demüthig das übliche Geld. Der
Pater war rüstig die Bezahlung von den Knaben zu nehmen
und verhieß gute Förderung. Leider bestand das Unglück des
Mitbruders nur darin, daß ihm das landesübliche Getränk
nicht munden wollte.

Als auffälliger Beweis seiner Nichtachtung des Ehrwür-
digen wurden auch die beiden öffentlichen Reden betrachtet,
welche er im letzten Jahr und bei seinem Abgange zur Universität nach selbstgewähltem Thema hielt, eine lateinische, „Lob
des Hannibal", in welcher er die Vaterlandsliebe und sittliche
Größe des Puniers feurig gegenüber der römischen Staats-
kunst erhob, und die andere deutsche, welche großes Aufsehen
machte und von einzelnen Stimmen im Lehrercollegium für
beleidigend erklärt wurde: „Lob der Dummheit". In ihr war
zwar die Anlehnung an Erasmus unverkennbar, aber die Zustände, welche er schilderte, waren neuzeitliche, und die aus-
malenden Züge eigene Erfindung.

Weit anders stand er zu seinen Mitschülern, er war unter
ihnen ernsthaft, stets gesammelt, aber immer ein guter Kamerad
und zu jedem mühevollen Dienste erbötig. Der Primanerstolz
fehlte ihm ganz, es war ihm besondere Freude an Ausflügen
mit den Kleineren Theil zu nehmen, für die er wie ein Bruder
oder Lehrer sorgte. Von einem jüngeren Lehrer des Lyceums
wurde damals in der Stille Turnunterricht ertheilt, Karl war
eifrig dabei und half auch hier dem Lehrer die Riegen der
Kleinen in Ordnung zu halten. In allen männlichen Körper-
übungen war er Andern voraus, ein ausdauernder und kühner
Schwimmer, ein vortrefflicher Schlittschuhläufer. Nur tanzen
mochte er nie, das, meinte er schon als Jüngling, sollte man
den Wilden überlassen. Dagegen sang er richtig und mit
guter Stimme Volkslieder und Freiheitslieder, war auch beim
Abiturientencommers Präses und Vorsänger.

Vierzehn Jahr alt, begann er Privatunterricht zu geben,
er hatte stets einige Schüler und verdiente sich damit ein statt-
liches Taschengeld, das er nützlich verwandte. Er nahm z. B.
mit zwei Altersgenossen bei einem Engländer Unterricht im
Englischen und machte rasche Fortschritte. Das war damals
im Binnenland etwas Seltenes, ihm blieb es ein werthvoller
Erwerb und er übte sich noch in späterer Zeit darin.

Unter seinen Schülern war auch ein badischer Dragoner. Dieser, ein großer, starker Mann, trat eines Tages vor Karl, stellte sich stramm auf, die Hand an der Mütze und sprach: „Verzeihen Sie, Herr Mathy', daß ich so dumm bin, aber ich kann nit lese un nit schreibe, un da wollt ich Ihne gebitt' habe, ob Sie michs nit lehren wollte. Ich will Sie dafür reiten lehren." Zum Reiten hatte Karl keine Zeit, er unternahm es erst später in Karlsruhe, der Dragoner aber lernte bei ihm ganz gut lesen, schreiben und rechnen, wurde später Diener des Lyceums zu Mannheim, blieb das über vierzig Jahre und bewahrte bis zu seinem Tode dem jungen Lehrer ein dankbares Andenken.

Karl war siebzehn und ein halbes Jahr alt, als er — im Herbst 1824 — auf die Universität Heidelberg abging. Gern hätte der Vater seinen Sohn zu einem gelehrten Schulmann gemacht, aber der Sohn hatte keine Lust dazu. Das stille Denken und das kritische Beurtheilen schlechter Wirklichkeit war nicht mehr die vorherrschende Richtung unter den Gebildeten, seit den Freiheitskriegen arbeitete in dem jüngeren Geschlechte das Begehren nach einem großen und freien Staat, und die poetischen Traumbilder zogen aus den Verbindungen der Universitäten bis herab in die oberen Klassen der Gymnasien. Nicht umsonst hatte der Jüngling die neuen Lieder von Freiheit und Vaterland gesungen. Er entschied sich für das Studium der Staatswissenschaft und der Vater gab dem Sohne ohne Widerstreben nach.

3

Auf der Universität.

Der Gruß, welchen die Musenstadt am Neckar dem neuen Studenten entgegentrug, war unfreundlich, und lange wiederholte sich in seinem Leben, daß der Eintritt in neue Verhältnisse ihm unerwartetes Leid schuf. Er hatte ein einfaches Zimmer zu ebener Erde, nah am Fluß, gemiethet. Kaum war er eingerichtet, als der Neckar anschwoll und den Stadttheil, in welchem er wohnte, bis über das Erdgeschoß unter Wasser setzte. Das Unglück brach plötzlich bei Nacht herein, Verwirrung und Noth waren groß, er wagte sein Leben um seine und seiner Hauswirthe Sachen zu retten. Als sich die Fluth verlief, bezog er ein Zimmer im obern Stock desselben Hauses, das er bis zum Ende seiner Studienzeit bewohnte.

Der unbehilfliche Name Kameralia bezeichnete seit dem vorigen Jahrhundert den Kreis von Lehrgegenständen, deren Erwerb auf deutschen Universitäten einem jungen Manne nöthig war, wenn er als Beamter in der Kammer des fürstlichen Staates, d. h. bei der Regierung und Verwaltung, eine höhere Wirksamkeit gewinnen wollte. Seitdem ist der alte Name fast außer Gebrauch gekommen, das Gebiet des Wissens, welches damals den Regierungsbeamten formte, ist jetzt durch die Fortschritte unserer Bildung sehr erweitert. Wie einst der Vortheil des fürstlichen Status, so sind jetzt die praktischen Bedürfnisse der Nation das Band, welches Beobachtungen, die dem Verkehrsleben der Gegenwart entnommen sind, Kenntnisse aus sehr verschiedenen Gebieten der Mathematik und Naturwissenschaft

und Kunde des Rechts zu einem System von Lehren zu-
sammenschließt. Dieser Kreis von Kenntnissen konnte damals
nicht auf allen Universitäten mit gleicher Reichlichkeit erworben
werden — am wenigsten waren die preußischen darauf eingerichtet. Am meisten hatte, wie Hannover in Göttingen, so
Baden in Heidelberg dafür gesorgt, in Baden war diese Be-
amtenbildung besonders angesehen, sie eröffnete dem Candidaten die beste Aussicht für den Staatsdienst.

Mathy hörte Landwirthschaft, Nationalökonomie, Techno-
logie, Finanz- und Handelswissenschaft, sämmtlich bei seinem
verehrten Lehrer Rau, Mineralogie und Bergbau bei Leon-
hard, Botanik bei Dierbach, Physik bei Muncke, Mathematik
bei Schweins und Nork, Forstwirthschaft bei Bronn, Kameral-
Chemie bei Prestinari, alte Geschichte bei Mone, Institutionen
bei Guyet, Staatsrecht bei Mohrstadt, Privatrecht bei Mittermaier. Er besuchte die Vorlesungen regelmäßig und folgte
ihnen die Feder in der Hand. Er gewöhnte sich auch, wissen-
schaftliche Werke, die er für sich durchnahm, ihrem Inhalt nach
auszuziehen. Er that dies oft deshalb, weil ihm die Anschaf-
fung eines neuen Buches nicht leicht wurde und er blieb diesem
Brauch bis in späte Zeit treu. Durch dies fleißige und regelmäßige Eingehen in die Geistesarbeit des Lehrenden erwarb
er die ausgezeichnete Leichtigkeit im Zusammenfassen fremder
Gedanken, welche ihn später als Journalisten zu einem niemals übertroffenen Reporter von Kammerverhandlungen machte
und als Berichterstatter auf der Rednerbühne zu einem besonders klaren Darsteller der verschiedenen Auffassungen. Seinem
Stil und seiner Sprechweise wurde dadurch die gedrungene,
gedankenvolle, schmucklose Einfachheit, Klarheit und Kürze
gefördert, Eigenheiten, welche allerdings aus dem tiefsten
Grunde seines Charakters erwachsen sind.

Er wurde natürlich Burschenschafter. Die Burschenschaft
zu Heidelberg war damals ein stattlicher Verein, welcher in
seiner engern Verbindung etwa vierzig Mitglieder, zu seinen

Renoncen einige hundert Mann zählte. Nur die Mitglieder
des engern Bundes trugen das schwarz = roth = goldene Band
auf der Brust, einen verpönten Schmuck, den der Pedell zur
Bestrafung anzeigte, wenn er nicht vorzog einem wohlgelittenen
Manne ins Ohr zu raunen: „Knöpfen Sie die Weste zu, sonst
muß ich Sie abfassen." Zwischen der engeren Verbindung und
den Zugehörigen schlichtete ein Ehrengericht und verhinderte
gewöhnlich die Duelle, dagegen gab es mit den Corps der
Landsmannschaften starken Zusammenstoß, seltener mit den
„Westfalen", aber häufig mit den „Saxo=Borussen". In diese
letzte Genossenschaft traten gern die Preußen, darunter viele
vom Adel, ihr wurde ein abschließender und hochmüthiger
Junkersinn vorgeworfen, und nicht in Heidelberg allein; denn
auf den meisten Universitäten standen Burschenschafter und
Borussen in erbittertem Gegensatz, während Oestreicher auch in
Süddeutschland als Landsmannschaft nicht vorhanden waren.
Und man thut dem politischen Urtheil mancher Vorkämpfer
des alten Liberalismus kein Unrecht, wenn man ihre Abneigung
gegen preußisches Wesen aus ihrem Studenzorn erklärt und
achtungsvoll behauptet, daß sie noch in späten Mannesjahren
den Burschenkampf für Schwarz=roth=gold gegen Schwarz=
weiß=roth fortsetzten. Nicht nur zu Frankfurt in der Pauls=
kirche kämpften alte Studentenerinnerungen gegen einander,
noch heut vermag manches treue Burschenschafterherz den
Schmerz nicht zu überwinden, daß ein gewaltthätiger Borusse
die Farben des schwarz=weiß=rothen Corpsbandes zur Flagge
des deutschen Reiches gemacht hat.

Die Burschenschaft zu Heidelberg trank und focht für das
Glaubensbekenntniß: wir sind Deutsche, nicht Preußen, nicht
Westfalen, nicht Rheinländer. Sie war in den Anforde=
rungen, welche sie an die Sittlichkeit ihrer Mitglieder stellte,
ein wenig strenger als andere Verbindungen, sie gab weniger
auf Tapferkeit beim Becher, schätzte die alte Renommisterei
gering und legte auf Meisterschaft im Gebrauch der Hieb=

waffen nicht ganz so hohen Werth als ihre Feinde, aber sie
war doch stolz darauf, die tüchtigsten Schläger zu besitzen.
Sie hatte außer dem Fechtboden auch einen eignen Turnplatz
auf der Hirschgasse, wo die Jüngeren sich mit Eifer und Lust
übten. Es war im Ganzen in der Gesellschaft ein harmloses,
fröhliches Treiben, nicht gar zu gedankenlos und trotz leich-
tem Sinn nicht gerade lüderlich. Zu den Verbindungsgenossen
Mathy's gehörten die Holsteiner W. Beseler und Francke und
Jakob Venedey.

Mathy wurde Mitglied des engern Bundes, wenn die
Sage nicht falsch berichtet, sogar einmal Sprecher, er war
treuer Parteimann, welcher für ein freies und machtvolles
Deutschland glühte. An den Trinkabenden erwies er sich beim
Becher und Gesange gebührlich und fest, in ernstem Studenten-
streit als ein tapferer Bursch und guter Schläger. Auf der
Mensur war er ruhig und sicher, er schlug am liebsten links
und theilte stets mehr Hiebe aus als er empfing. Als 28 Jahr
später sein eigner Sohn Karl zu Heidelberg in derselben Verbindung war, riefen diesen seine Freunde zur Durchsicht des
Buches, in welches seit früheren Studentengeschlechtern die
Duelle eingezeichnet wurden, und wiesen ihm, daß sein Vater
unter anderm an einem Morgen zweimal auf Mensur gestanden hatte. Und als der Sohn dies dem Vater berichtete, mußte
dieser sagen: „ich werde den Vätern schreiben, sie sollen sich
hüten, ihre Söhne auf dieselbe Universität zu schicken, wo sie
ihre Streiche gemacht haben."

Eines seiner Duelle wurde auch außerhalb der akademischen
Welt angelegentlich besprochen. Gegner war Commilito Bene-
dict Bode, Veranlassung irgend etwas von höherer Weiblich-
keit, Forderung auf krumme Säbel, losgegangen wurde während der Ferien auf der Wiese beim Lindenhof zu Mannheim,
leider wegen der Entfernung von der Musenstadt ohne zuverlässigen Paukarzt. Mathy hatte das Unglück seinem Gegner
die Nase quer so durchzuhauen, daß sie gänzlich herunterhing

und nur an den beiden Flügeln ein wenig haftete. Da dieser Hieb dem Antlitz des Getroffenen ein recht scheusäliges Ansehen zu geben pflegt, verloren die Secundanten und Zeugen, worunter ein Offizier war, den Kopf und verschwanden, und Mathy selbst führte tiefbetrübt seinen Gegner nach dem Lindenhof: „Es thut mir sehr leid," sagte er auf dem Wege, „du hast es aber so gewollt." „„Laß gut sein,"" antwortete Bode in teutonischer Gemüthlichkeit tröstend, „„jetzt habe ich doch erlebt, was keinem Menschen zu Theil wird, ich habe durch meine eigne Nase gesehen."" In dem Lindenhof stießen die Kämpfer auf eine Gesellschaft Damen, welche laut schreiend wie eine Schaar Vögel auseinander flog, als sie den blutigen Mann erblickte, der sich angelegentlich bemühte seine Nase festzuhalten. Da Mathy nach der Stadt eilte um einen Wagen zu holen, begegnete er dem Polizeiamtmann, der hinausfuhr. „Wissen Sie schon," rief ihm dieser grüßend zu, „daß dem jungen Bode die Nase abgehauen ist?" Mathy beeilte sich nach Heidelberg unter den Schutz der akademischen Gerichtsbarkeit zu kommen, welche in solchen Fällen ihr Gutes hat. Das Ende war, daß dem Gegner die Nase sauber angenäht wurde und mit wenig veränderten Contouren wieder anwuchs und daß beide zusammen im Carcer saßen, Mathy vier volle Wochen.

Dennoch fehlte dem geachteten Schläger nach der Meinung manches lustigen Gesellen der rechte studentische Aufschwung. Selten war er Theilnehmer an toller Fahrt in die Umgegend, er stand in größerer Gesellschaft schweigsam und zurückhaltend, was ihn ärgerte, wies er nach seiner Weise mit schneidender Schärfe ab, nicht nur an seinen Altersgenossen, auch gegen akademische Lehrer. Er war an Hofrath Schweins, Professor der Mathematik, empfohlen und von diesem gut aufgenommen worden. Eines Tages ging Schweins mit seinen Studenten ins Freie, um eine Gegend zu vermessen. Mathy sollte zum erstenmal das Instrument aufstellen und richten. Als er damit nicht sogleich zu Stande kam, bemerkte Professor Schweins spöttisch: „Sie haben auch noch keinen Hasen geschossen!" Ohne sich zu besinnen, erwiederte Mathy: „Wenigstens noch nicht so viele Hasen, wie gewisse Leute Böcke," wandte sich ab und ging nach Hause, um das Colleg des Professors nie wieder zu besuchen. Dergleichen kurze Abfertigungen bewirkten, daß er zuweilen Scheu erregte. Auch sein Aeußeres war nicht ganz studentisch; die lustigen Moden, Schnurrock und Kanone, bunte Mütze und verzierte Pfeife trug er nicht — er hat auch später dem Tabak nur aus einer Dose Zugang verstattet. In seinem einfachen Röcklein und dem untersetzten Körperbau glich er schon damals einem jungen Beamten. Man wußte auch, daß er weit fleißiger war als die Andern und die Tagesstunden in regelmäßiger Eintheilung verwerthete.

Sein Herz öffnete er nur Wenigen, diesen war er ein zu= verlässiger Freund, um Jüngere und Schwächere mit der ernsten Zärtlichkeit eines älteren Bruders bemüht. Für Jemand, den er gern hatte, war er zu jedem Wagniß bereit. An einem Sonntag Vormittag im März ging er mit einem Freunde daheim auf dem Rheindamm spazieren. Der Andere hatte einen schönen braunen Jagdhund, den er einen Stock aus den hohen Fluthen des Rheins apportiren ließ. Als der Hund abermals dem Stocke nachspringen mußte, erfaßte ihn der Strom und riß ihn fort. Sein Herr lief am Ufer, jammerte und rang die Hände, Karl besann sich keinen Augenblick, warf den Mantel ab, sprang in den Rhein und schwamm dem Thier nach. Erst nach starker Anstrengung gelang es ihm, sein eignes und des Hundes Leben zu retten. Zum Glücke hatte das kalte Bad keine schlimmen Folgen.

Vor andern guten Gesellen war ihm Valentin Stromeyer lieb, ein reichbegabter Jüngling von edler Anlage, aber zarter Gesundheit, der kurz darauf an einer Brustkrankheit starb. Ihn führte er mit Andern gern die vier Wegstunden nach Mannheim zu seiner Familie. Dort war der Hausherr geschieden. Als Mathy ein Jahr in Heidelberg studirte, wurde ihm der Schmerz den Vater durch den Tod zu verlieren. Dieses Unglück mußte ihn wohl fester und ernster machen, als die Kameraden. Denn er stand jetzt als der Berather und die Stütze in seiner Familie, mit achtzehn Jahren hatte er alle Pflichten eines Mannes für das Haus der Seinen und sich selbst zu übernehmen. Und das that er getreulich, er wurde der Stolz seiner Mutter, der Vertraute seiner Geschwister und der Erzieher seiner jüngeren Brüder. In den Jahren, wo sonst der studirende Jüngling die Mittel für seinen Unterhalt von Andern erhält, war er bereits in der Haupt= sache auf eigne Arbeit angewiesen. Er gab viele Stunden, regelmäßig und als etwas, das sich von selbst versteht. Auch dadurch gewöhnte er sich an Selbstbeherrschung, er lernte sich Genuß versagen und den erlaubten Genuß schätzen, und er erhielt früh eine selbstvertrauende Sicherheit, die ihm leicht machte neue Verhältnisse einzugehen.

Mit zwei und einem halben Jahre, Ostern 1827 hatte Mathy nach damaligem Brauch seine Studien beendigt, jetzt stand er vor dem Uebergang in die Arbeit des Geschäftslebens. Die Beschränkung, welche jedem tüchtigen Studenten an diesem Wendepunkte nöthig ist, wurde einem Burschenschafter des Jahres 1827, der in den Staatsdienst treten sollte, zu einem harten Kampf. Die Ideen von Freiheit und Manneswürde, von einem großen Deutschland und dem Stolz eines Bürgers, der mit sicherem Herrengefühl auf der Erde steht, waren damals nur Träume schwärmender Jugend. Was er als Beamter werden konnte, ein kleiner Tyrann eines kleinen Staates, der vom Aktentisch die Unterthanen des Landesherrn in Gehorsam hielt, das erschien seinem wahrhaften Sinn als ein Unrecht gegen sich und gegen Andere, und er bäumte dagegen auf mit aller Ent= schiedenheit eines feurigen und gestählten Willens. Sein Leben hinzugeben für das Glück eines Volkes, die Idee politischer Frei= heit da zu vertreten, wo sie in Europa noch eine Stätte hatte, er= schien ihm als die edlere Pflicht. Er spähte in die Ferne; dort

weit im Often rang ein Christenvolk von eblem Namen im
Heldenkampf gegen scheußliche Paschawirthschaft; was die Zei=
tungen kündeten, was die Dichter sangen, wofür Wohlhabende
aus ganz Europa Geld und gute Wünsche steuerten, das war
die glorreiche Sache, der er sein junges Leben widmen mußte.
Dort konnte er nützlich werden, mit den Waffen, bei der Gesetz=
gebung und Verwaltung, in der Lehre des neuen Staates.
Die Wildheit, die entsetzliche Verwüstung, die Gefahr, sie
gerade lockten den muthigen Jüngling. Und wenn er an seine
eigene Zukunft als badischer Beamter dachte, wurde ihm noch
aus anderen Gründen das Herz schwer, er war völlig ohne
Vermögen, er hatte bis jetzt durch Privatstunden, die er gab,
sich ein bescheidenes Dasein gesichert, das mußte er als junger
Beamter neben seinen Dienstarbeiten unter weit schwereren
Verhältnissen Jahre hinaus fortsetzen; und er sah überall in
seiner Nähe, wie klein und dürftig das Leben war, welches
den Staatsdiener in den Unterämtern umschloß.

Es war bezeichnend, wie er seinen Plan durchzuführen
suchte. Er barg den Vorsatz im stillen Herzen, sogar vor jedem
Mitglied seiner Familie, blieb das ganze Jahr, bis Ostern
1828 in Heidelberg und gab dort Unterricht, um sich Geld für
die Reise zu sammeln. Dann ging er zur Mutter und den
Geschwistern nach Mannheim und theilte ihnen seine Absicht
mit, einen Ausflug nach Paris zu machen. Dort hatte er
einen Freund, Junghanns, welcher als junger Arzt unter Gall
in den Hospitälern beschäftigt war.

Am 4. Mai 1828 reiste er von Mannheim ab, kam am
13. Mai in Paris an und ging sogleich zu seinem Freunde,
der den Brief, worin Mathy seine Ankunft meldete, noch gar
nicht erhalten hatte. Erfreut fiel ihm der ehrliche Kamerad
um den Hals, nahm ihn in seiner kleinen Wohnung auf und
war eifrig ihm die Merkwürdigkeiten der großen Stadt zu zeigen.

Den 22. Mai wandte sich Mathy schriftlich an den Grafen
Eugen Harcourt vom griechischen Comité. Er bezog sich auf

einen Brief des Präsidenten Capo d'Istrias an Eynard, den
die Blätter wenige Tage vorher abgedruckt hatten, in welchem
der Wunsch nach jungen Männern von Ehre und sittlicher
Haltung ausgesprochen wurde, deren Tüchtigkeit helfen könnte,
Ordnung in die Verwaltung zu bringen. Mathy gab kurzen
Bericht von seinem Leben und seinen Studien und fuhr fort:
„ich würde in den Dienst meines Landes treten, aber im Alter
von einundzwanzig Jahren ist man nicht eilig, die theuren
Ideen der Freiheit unter das Joch einer so willkürlichen Ver=
waltung zu beugen als die unsere ist, und ich hege starken
Widerwillen gegen die mechanische Arbeit in alten Formen,
welche dem Geist eine unübersteigliche Schranke setzen und seine
freie Entwickelung hindern. Dagegen welch weite Laufbahn
für Thätigkeit und Muth in einer Nation, die sich wie ein
Phönix aus der Asche erhebt. Sie, Herr Graf, bitte ich mein
Führer zu sein, Sie kennen Griechenland und widmen ihm
heiliges Interesse. Ich bin jung, kräftig, in den Waffen geübt,
möge das Comité mich und meine Angaben prüfen und mir
dann die Mittel gewähren, nach Griechenland zu reisen. Per=
sönliche Auskunft über mich vermag ein Mitglied der badischen
Gesandtschaft" — das er nannte — „zu geben".

Der deutsche Student hatte in den engen Kreisen seiner
Heimat nicht erkannt, daß die griechische Sache bereits aus
der poetischen Luft des Philhelleneneifers in den Salon euro=
päischer Diplomatie versetzt war. Das schrieb ihm Graf Har=
court am 25. Mai: „Seit mehren Jahren hat das griechische
Comité viele Männer nach Griechenland geschickt, beinahe
immer ohne Erfolg. Der größte Theil, obgleich durch sehr
edle Empfindungen getrieben, hoffte dort eine glänzende Lauf=
bahn und Existenzmittel zu finden; in dem armen Land mit
so geringen Hilfsquellen sind fast alle getäuscht worden und
haben dem Comité den Vorwurf gemacht, sie hintergangen zu
haben. Deshalb hat sich das Comité darauf beschränkt, dem
Land Hilfsmittel zu schaffen, aber keine Menschen hinzuleiten.

Ferner sind jetzt die Verhältnisse schwierig geworden, die Cabinette haben sich in die griechische Angelegenheit gemischt, die Thätigkeit des Comités ist nicht mehr maßgebend. Ihren hochherzigen Empfindungen lasse ich alle Gerechtigkeit widerfahren, dennoch muß ich Ihnen offen erklären, das Comité würde Sie gern Herrn Capo d'Istrias empfehlen, aber es hat sich zum Gesetz gemacht, Niemand mehr in seinem Namen zu senden."

So schnell war Mathy nicht abzuweisen. Er bat am folgenden Tage zum zweitenmal: „Mich treibt nicht Ehrgeiz, nicht der Wunsch nach gesicherter Stellung; diese Laufbahn bot mir mein Vaterland, ich habe darauf verzichtet. Mir ist immer würdiger erschienen für das öffentliche Wohl zu arbeiten, als für solche, die nur leere Ambition haben; mein Ehrgeiz wäre, zum Glück des griechischen Volkes beizutragen. Wenn das Comité mich nicht in seinem Namen senden will, so bitte ich doch die mir gütig zugesagte Empfehlung an den Grafen Capo d'Istrias zu geben."

Darauf schrieb der Graf wieder: „Ich bin gern bereit Ihnen einen Empfehlungsbrief an den Präsidenten von Griechenland zu geben, aber das Gesuch ist an das Comité zu richten in einer Eingabe, welche Ihre Personalien und Wünsche genau darlegt."

Sofort stellte Mathy dem Comité dies Gesuch und fügte — am 30. Mai — nach dem Bericht über seine Person hinzu: „Nichts hindert mich in meine Heimat zurückzukehren; ich möchte aber lieber in einem Land arbeiten, in welchem neue Cultur zu schaffen ist, als in ausgetretenen Gleisen dahin wandeln. Auf mein persönliches Wohlbehagen habe ich fast ganz verzichtet, ich habe es immer nur als eine Zugabe, nicht als Ziel meiner Arbeit betrachtet. Ein Brief des Grafen Harcourt nimmt mir die Aussicht, die Mittel zur Reise durch das Comité zu erhalten, ich werde sie mir also anderweitig zu verschaffen suchen, bitte aber um eine Empfehlung. Nur die offenbare Unmöglichkeit würde mich zwingen, auf meinen Plan zu verzichten.“

Der Entscheid ließ lange auf sich warten. Unterdeß machte Mathy seiner Familie einige Andeutungen über den Plan, und das stille Traumbild trat ihm in die scharfe Beleuchtung, welche das Tagesleben von Paris darauf warf; wahrscheinlich bewirkten die Nachrichten, welche er in der großen Stadt von den griechischen Zuständen erhielt, und verständiges Einreden seiner Freunde, daß ihm ernste Bedenken gegen die Hellenenfahrt kamen. Als endlich am 8. Juli ein Brief des Grafen Harcourt ihn benachrichtigte, das Comité glaube ihm eine Empfehlung an den Präsidenten Capo d’Istrias verweigern zu müssen, da barg er die Empfindungen, welche ihm diese Entscheidung erregte, still in sich und beschloß sofort nach Hause zurückzukehren, zumal auch noch seine Mutter ihn durch einen flehenden Brief in die Heimat rief und nicht verfehlte beizufügen, in Mannheim erzähle man sich, daß der gelehrte Student aus Sorge vor der Staatsprüfung weggegangen sei. In diesen Tagen erkrankte sein Gastfreund Junghanns gefährlich. Mathy wich nicht vom Lager des Freundes und verließ Paris nicht eher, als bis der Genesende ihm das Geleit geben konnte.

Mathy hatte in Paris von einem großen Wunsch, der die Hoffnung seines jungen Lebens geworden war, Abschied nehmen müssen, dennoch waren die drei Monate, welche er unter den Fremden zubrachte, für ihn von Bedeutung. Mit offenen Augen und unermüdlicher Wißbegierde hatte er Vieles gesehen, was ihm Belehrung gab, die Umgegend von Paris, die Kammer der Abgeordneten, wiederholt die königliche Bibliothek, die Sammlungen, die Theater und Demoiselle Mars, den letzten Bourbonen und das Begräbniß des Marschall Lauriston, den Circus Franconi, Demoiselle Garnerin und die Spielhöllen des Palais Royal. Aber auch die Exercirplätze und Schenken der Soldaten, dort hatte er mit gespannter

Aufmerksamkeit die militärischen Uebungen und Bräuche beobachtet, es konnte ihm doch vielleicht in Griechenland von Nutzen
sein. Ebenso die politische Stimmung der Pariser und das
Leben der Straße, es war ihm Freude gewesen mit jungen
Franzosen zu verkehren, er hatte ihnen deutsche Lieder gesungen
und dafür von ihnen die Chansons von Beranger gelernt und
hatte als Deutscher unter dem fremden Völkchen sein Wesen
kräftig behauptet. So einmal, wo seine Bekannten sich verabredet hatten, die spröde Tugend zu brechen, welche der Ger-
mane gegen die Pariserinnen bewies; sie hatten ihn im Rocher
de Cancale zu einem Champagnerfrühstück mit artigen Damen
gezogen und Alles klug eingefädelt. Aber es war ihnen nicht
geglückt, und als Junghanns an der Barriere von dem Heim-
reisenden bewegten Abschied nahm, durfte er ihm sagen: „so
wie du ist noch Keiner aus Paris gegangen.“

Ein Vierteljahr in Paris ist für eine Studentenkasse starke
Zumuthung, selbst wenn ihr Besitzer weite Reisepläne von
Hause mitgebracht hat. Mathy hatte auch in Paris sogleich
Gelegenheit gefunden Stunden zu geben, um wenigstens etwas
einzunehmen. Aber sein Reisegeld reichte doch nicht für den
Eilwagen, er wanderte zu Fuß auf der Landstraße nach Deutschland zurück. Es war in den Augusttagen, der Gewitterregen
goß auf ihn und die Sonne des schönen Frankreichs warf
heiße Strahlen auf sein Antlitz. Er kehrte zurück im Herzen
nicht ohne leidvolle Entsagung, aber er zog in blühender
Gesundheit durch die Landschaften dahin, freundlich die Be-
gegnenden grüßend. Das Ränzel auf dem Rücken, braun,
hager, in seiner geraden Haltung mit Schnurrbart sah er
aus wie ein Soldat. Er begegnete einem Trupp Conscribir-
ter, sie stellten sich auf der Chaussee geradlinig auf und grüßten
lachend: „Guten Morgen, Sergeant!“ „„Guten Morgen, Kameraden; richt’ euch!““ und so commandirte er die Bewegungen
auf Französisch weiter, welche er in Paris beim Einüben der
Rekruten beobachtet hatte. Sie folgten ihm lustig. „Brav,

Kameraden!" — „„Aber Sie trinken mit uns eine Flasche
Wein, Sergeant!"" — „Danke, gute Kameraden!" — Und die
Jünglinge schieden. Wieder einige Tagereisen später traf er
auf der Straße einen Fuhrmann, dem der Wagen umgefallen
war und der Geschirr und Ladung nicht zurecht bringen konnte;
der Wanderer legte sogleich das Ränzel ab, griff kräftig an,
half abschirren, den Wagen aufrichten und wieder einladen in
angestrengter Arbeit. Als Alles im Stande war, nestelte der
Fuhrmann an seinem Gurt ihm ein Trinkgeld zu reichen,
Mathy versagte die Annahme. Da gerieth der gekränkte Fran=
zose in Aufregung: er sei ein honetter Mann und man könne
von ihm annehmen. So nahm Mathy das Geld, begleitete den
Fuhrmann bis zum nächsten Dorf, ließ für das empfangene
Trinkgeld Wein auftragen und lud den Fuhrmann dazu ein.
Da ging diesem das Herz auf und er begann die Deutschen
zu rühmen, die erst helfen und dann sich bei der Belohnung
so erweisen.

Nach einem Marsch von zwölf Tagen traf Mathy mit
wunden Füßen in Mannheim ein, er ging zuerst in die
Schwimmschule, dann zu den Seinen. Als er in der Heimat
ankam, waren seine Studiengenossen schon zu den Arbeiten
für das erste Staatsexamen nach Karlsruhe einberufen, er
meldete sich sofort — Herbst 1828 — bei der Behörde und
wurde bereitwillig zur Prüfung zugelassen. Wie er in das
Examenzimmer trat, sahen die Anderen erstaunt von der Arbeit
auf, und einer seiner Universitätsfreunde, Zollikofer, sprang
vergnügt empor und rief in seiner Noth: „Dich schickt unser
Herrgott, ich weiß nicht, wie ich meine Arbeit machen soll."
Mathy bestand die lange Prüfung, welche unter den Aspiranten
für schwierig galt, als bester und wurde „sehr gut befähigt"
zu den Ehren und Hoffnungen eines Kameralpraktikanten —
was etwa den Würden eines preußischen Regierungsreferendars
entspricht — eingezeichnet.

Der Kameralpraktikant.

Die Büreaukratie, in welche Mathy jetzt aufgenommen
wurde, war um das Jahr 1829 in den kleinen Staaten
Deutschlands die regierende Körperschaft, deren Interessen und
Herkommen kein Fürst und Minister ungestraft verletzte. Sie
bildete dort eine Genossenschaft von Familien, Schul= und
Studiengefährten, die so vielfach mit einander verbunden war,
daß sie jeden Angriff auf ihren amtlichen Einfluß und jede
Zumuthung einer ungewohnten Thätigkeit abzuwehren verstand.
Unter den Gliedern des deutschen Bundes aber war Baden in
besonders ausgezeichneter Weise ein Beamtenstaat. Dort hatten
die Häupter des Beamtenthums nicht mit einem reichen, land=
säßigen Adel zu theilen, welcher die oberen Stellen in Hof, Heer
und Staat standfest behauptete, sie allein, die Söhne der Gebil=
deten und der einsichtsvollste Theil aufstrebender Volkskraft,
hatten seit dem Anfange des Jahrhunderts die kleinen Landes=
gebiete, aus denen das Großherzogthum Baden zusammengesetzt
wurde, durch ihre Ordnungen und Gerichtshöfe, aus ihren
Aktenbündeln und Amtsstuben geleitet, und sie hatten in stolzer
Abschließung vom Volke ihren Mitgliedern Gesinnung und
Verhalten beaufsichtigt, sogar die Ehe erlaubt oder verweigert.
Nur eine große Genossenschaft, die in ihrem Staat mächtiger
angesiedelt war als sie selbst, betrachteten sie mit Scheu: die
katholische Kirche. Aber vor dem Landesherrn und dem Volk
durften sie sich rühmen, daß sie nach mancher Richtung mehr

gethan hatten als die Beamten in anderen Staaten. Durch bedeutende Geschäftsmänner und Lehrer: Winter, Nebenius, Böckh, Rau war ihre Vorbildung für Finanzen und Landescultur eine besonders gründliche geworden, und sie haben nach dieser Richtung bis in die Neuzeit ihrem alten Ruf Ehre gemacht.

Von allen deutschen Staaten, welche die napoleonische Zeit überdauerten, war Baden in gewissem Sinn der neueste. Auch Baiern und Würtemberg waren durch geistliche und weltliche Trümmerstücke des Reiches stark vergrößert, doch das alte Stammland des Herrscherhauses bildete in ihnen immerhin einen sichern Mittelpunkt, in welchem Fürstengeschlecht und Volk durch Recht und Herkommen verbunden waren. In Baden aber war das Erbe der Herrenfamilie ein verhältnißmäßig kleiner Theil des stattlichen Flächenraums, welcher durch den Reichsdeputationsreceß von 1803 und die Friedenschlüsse von Preßburg 1805 und Wien 1809 zu einer politischen Einheit zusammengeworfen ward. Vielleicht nirgendwo ward so Verschiedenartiges an Stamm, Vergangenheit, Glauben so emsig zu einem Staat geformt. Das napoleonische Civilgesetzbuch wurde zum badischen Landrecht ausgearbeitet, Verwaltungs- und Justizbehörden und Stadtordnungen eingeführt, gleichförmige directe und indirecte Besteuerung gegeben, Gleichheit der Maße und Gewichte vorbereitet, bald darauf das lutherische und reformirte Bekenntniß in eine evangelische Landeskirche vereinigt. Dennoch wären die Schwierigkeiten für das langgestreckte, schmale Grenzland unüberwindlich gewesen: Franken, Schwaben, Alemannen als Bevölkerung, die drei Confessionen in altem Hader, der Schwarzwald halb würtembergisch, die Pfalz halb bairisch, die alten Städte am Bodensee am liebsten schweizerisch. Dazu drohende Gefahr von Außen, nicht nur an der französischen Grenze, sondern was gefährlicher war, durch die Ansprüche Baierns an die badische Pfalz. Deshalb war die Verfassung, welche der sterbende Großherzog

Karl im August 1818 dem Lande gab, nicht nur wie die von
Baiern und Würtemberg, eine Stütze für die landesherrliche
Gewalt, sondern nothwendige Bedingung für die Erhaltung des
Staatsgebietes, welches endlich auch im Frankfurter Receß von
1819 durch die Großmächte anerkannt wurde. Diese Bedeutung
hat die Verfassung für Baden bis zur Gegenwart behalten. Und
man darf behaupten, daß nur die Arbeit der Beamten und die
Arbeit der Volksvertreter diesen Staat geformt und erhalten
haben. Dennoch war, seltsam zu sagen, nirgend in Deutsch=
land die Trennung zwischen Staatsdienern und Abgeordneten
so schroff als dort; auf beiden Seiten Hochmuth und Miß=
trauen selbst dann, wenn das Ministerium liberale Neigungen
hatte, so daß beide unverbunden wie Oel und Wasser in dem
Gefäß des Staates schwebten. Das ist für Baden mehr als
einmal verhängnißvoll geworden.

Freilich auch Baden entzog sich nicht dem Einfluß der
Reaction, das verfassungsmäßige Leben siechte von 1822 bis
1830, die Regierung änderte an der Verfassung, die Stände
sollten nicht jedes zweite, sondern jedes dritte Jahr berufen,
das Budget nicht für zwei, sondern für drei Jahre bewilligt,
die zweite Kammer nicht alle zwei Jahr zu einem Viertheil,
sondern alle sechs Jahr vollständig erneuert werden.

Gerade diese letzte Erfindung der Reaction gab dem poli=
tischen Verfassungsleben einen plötzlichen Aufschwung. Ende
März 1830 war Großherzog Leopold zur Regierung gelangt,
die Julirevolution hatte in Frankreich einen großen Verfassungs=
bruch lehrreich bestraft. In Baden wurde im Jahr 1831 eine
Neuwahl der gesammten Kammer nöthig. Durch das ganze
Land ging es wie das fröhliche Ahnen einer besseren Zeit,
überall wurden neue Männer gewählt, welche die Forderungen
der Gegenwart vertraten, darunter eine Anzahl unabhängiger
Liberaler, welche in der That damals das Vertrauen des
Volkes verdienten und bis zum Jahre 1848 eine Bedeutung
behaupteten, die weit über die Grenze von Baden hinaus ging.

Seitdem galt der badische Landtag fast immer für den ersten und wichtigsten in Deutschland. Das Ministerium wich der Aufregung im Volke und an seine Stelle trat ein anderes, welchem Winter, Vorstand der inneren Verwaltung, Namen und Ansichten gab, ein Mann, dem eine verfassungsmäßige Versöhnung zwischen Regierung und Volksvertretung ernsthaft im Sinne lag. Von dem neuen Landtag wurden die ursprünglichen Bestimmungen der Verfassung wiederhergestellt, alle großen Fragen, die für das moderne Staatsleben der Deutschen Bedeutung hatten, wurden auf seiner Rednerbühne verhandelt, die schwierigsten Punkte des deutschen Staatsrechts: Bund und Einzelstaaten, Finanzen und Volkswirthschaft wurden hier heftig und lehrhaft, zuweilen mit Geist und nicht gemeinem Wissen erörtert. Die Worte der Abgeordneten fanden in der Presse des Landes reichliche Verbreitung, überall entstanden kleinere politische Zeitschriften, eine Anzahl junger Journalisten rührte sich in jugendlicher Wärme. Die Regierung gab nach und eröffnete Aussichten für die Zukunft. Schnell folgten einander die Anträge auf Ablösung der Zehnten und Frohnden, auf eine Gemeindeverfassung, auf Ordnung des Civilprozesses, öffentliches und mündliches Gerichtsverfahren, Schwurgericht, Trennung der Justiz von der Verwaltung, Preßfreiheit, Ministerverantwortlichkeit. Der Staatshaushalt wurde durch gründliche Berathungen des Budgets und der thatsächlichen Ausgaben beleuchtet, Ersparnisse mit Ernst gefordert, Vervollständigung der finanziellen Vorlagen durchgesetzt. Die Namen der Volksvertreter, welche die großen Verbesserungen beantragten, von Itzstein, von Rotteck, Welcker, wurden durch ganz Deutschland mit Verehrung und Abneigung genannt. Dieser schnelle Aufschwung des Verfassungslebens in Baden brachte aber die volksthümliche Regierung in arge Verlegenheiten, das gefährliche Beispiel des verfassungsmäßigen Regimentes drohte andere Südstaaten zur Nachahmung und zu einer Abweichung von der Politik der großen Cabinette zu verleiten, Baden wurde von den

Gewaltigen des Bundes angefeindet und geplagt. Das badische Preßgesetz wurde 1832 nach kurzem Bestehen vom Bundestage aufgehoben — es war die Antwort des Bundes auf das Hambacher Fest —, der Sturm auf die Constablerwache zu Frankfurt im nächsten Jahr veranlaßte die Niedersetzung der Centralbundescommission, welche der Regierung Badens unablässig anlag, durch Polizeidruck und Verfolgung die gefährlichen Ausschreitungen des Liberalismus zu bändigen. So wurde der Aufschwung, den das Verfassungsleben in Baden genommen, gebrochen, mühsam und unsicher hielt sich das Ministerium durch einige Jahre zwischen dem Unwillen der Liberalen und dem Mißtrauen der Großmächte, auch die Festigkeit und Gesinnungstreue der Abgeordneten wurde harten Proben unterworfen, und der Begeisterung folgte bei Manchem Muthlosigkeit.

Mathy hatte 1828 die untersten Stufen der großen Staatstreppe betreten, auf welcher Glückliche langsam und vorsichtig schreitend zum Antheil an der höchsten Herrschaft aufstiegen. Und Alles ließ sich gut für ihn an. Nach dem Examen ging er in die Vaterstadt Mannheim zurück, practicirte ohne Gehalt auf der Obereinnehmerei und wohnte im Hause seiner Mutter. Er gab wieder Stunden um sich Einnahmen zu schaffen und unterrichtete mehre Schüler und Schülerinnen im Französischen. Er war wieder der treue Berather seiner Mutter und Schwester, überwachte und lehrte seine Brüder, verkehrte in den Freistunden mit einigen Universitätsfreunden, wurde von Töchtern und Müttern Mannheims mit Achtung betrachtet und erwies sich auch in größerer Geselligkeit als einen ritterlichen jungen Mann, der zu schönen Hoffnungen berechtigte. Er wurde Secretär der Casinogesellschaft und erhielt den besonderen Dank des Vorstandes, als er von Mannheim schied. Denn am 1. Oktober 1829 ward er aus diesem Stillleben nach Karlsruhe versetzt. Dort arbeitete er, schon mit kleinem Gehalt, bei dem Centralbüreau der directen Steuern. Er empfahl sich seinen Vorgesetzten durch Fleiß, Kenntnisse und Urtheil, im Jahre 1830 verfertigte er eine statistische Darstellung des Flächengehalts an urbaren Ländereien, Waldungen und ungebauten Strecken im Großherzogthum, wofür ihm das Finanzministerium seine besondere Zufriedenheit aussprach und eine Vergünstigung von 50 Gulden gewährte. Im nächsten Jahr schrieb er über Einkommensteuer.

Seitdem gönnte man ihm in den höchsten Regierungskreisen Beachtung und betrachtete ihn als ein Talent, von dem Bedeutendes zu hoffen sei. Seit dem Januar 1832 wurde er im Secretariat der Steuerdirection beschäftigt. Außerdem hatte man ihm die Katastrirung einiger Ortschaften in der Nähe von Karlsruhe überwiesen, und diese Arbeit gewährte ihm zu seinen 400 Gulden Gehalt einige Einnahmen und einen guten praktischen Einblick in die Verhältnisse des badischen Ackerbaues.

Aber dem hoffnungsvollen Praktikanten war nicht beschieden in der gefügigen Dienstbarkeit eines Staatsamtes zu beharren. Kurz nachdem er nach Karlsruhe versetzt war, begannen zu gleicher Zeit eine mächtige Leidenschaft und politische Ueberzeugungen feindselig gegen sein Beamtenthum zu arbeiten. Er wurde Bräutigam, und er wurde Journalist.

Getrennt von seiner Familie und von dem vertraulichen Verkehr mit alten Freunden, fühlte er sich in den ersten Wochen zu Karlsruhe unbehaglich allein und er verabredete mit seiner Schwester Auguste, daß sie im Frühjahr von Mannheim übersiedeln solle, ihm einen kleinen Haushalt zu führen. Denn er hatte jetzt festen Gehalt und durfte sich schon ein wenig fühlen. Während er so dachte, knüpften sich an eine Erinnerung seines treuen Herzens die neuen Bande, welche fortan sein Leben leiten sollten. Die warme Freundschaft für Valentin Stromeyer stellte ihm zwei Brüder des Jünglings nahe, Max und Franz. Max war Oberrevisor in Karlsruhe, Franz, ein geistvoller und frischer, aber flüchtiger und zerfahrener Gesell,

war Kameralpraktikant und verjuchte sich als Journalift;
dem einen Bruder sollte er die Bekanntschaft der Geliebten
verdanken, mit dem zweiten wurde er politischer Tagesschrift=
steller. Er gab sich bei Max Stromeyer in Mittagskoft.
Dort sah er Anfang Januar 1830 zum erstenmal die Schwester
seiner Freunde, Anna. Ihre Mutter war gestorben, der Bru=
der hatte sie von Tauberbischofsheim in sein Haus geholt.
Als sie im Trauerkleide an einem Morgen in das Zimmer
trat und ihm das Bild des Jugendfreundes in die Seele rief,
da stand sofort der Entschluß bei ihm fest, daß diese seine
Frau werden solle oder keine. Ihr aber war nicht im Augen=
blick ebenso zu Muthe, als sie den fremden Mann erblickte,
der damals zwar erst 23 Jahr alt war, aber weit älter aus=
sah, und hager, schweigsam, das Antlitz sehr ernst, unter den
Freunden stand.

Solange er lebte, dachte er dieser ersten Begegnung und
seines schnellen Entschlusses, und er verlangte immer halb
scherzend halb im Ernst, noch in seiner letzten Krankheit, daß
die Geliebte ein ähnliches Gefühl in der ersten Stunde der
Begegnung gehabt haben sollte. Das konnte diese der Wahr=
heit gemäß niemals zugeben, er aber wurde nicht müde sie
darum zu necken und sich der Erörterung zu freuen. Damals
freilich barg er, wie seine Art war, die Empfindung still in
sich, konnte jedoch nicht umhin seiner Familie in Mannheim
etwas zu verrathen, indem er mit angenommener Ruhe an seine
Schwester Auguste schrieb: „Max hatte seine jüngste Schwester,
ein sehr gebildetes und liebenswürdiges Frauenzimmer von —
ich weiß nicht wie viel Jahren zu sich genommen, du wirst
dieselbe gewiß lieb gewinnen." Diese Gleichgiltigkeit und dazu
das warme Lob gaben den Frauen daheim zu denken.

Es war natürlich, daß er sich erbot Fräulein Anna Stunde
zu geben. Glückliche Stunden, gehobene Stimmung, in denen
er ihr würdig, aber mit pochendem Herzen gegenüber saß.
Ueber der französischen Grammatik erblühte eine echt deutsche

Liebe, sie wurde zur dauerhaften Flamme, welche seinem Leben
Wärme und stille Weihe gab.

Während er noch zwischen Hoffnung und Zweifel umhergeworfen wurde, trat er einst — am Abend vor seinem
Geburtstage — in sein Zimmer, das ihm jetzt sehr öde und
einsam erschien; da sah er ein zierliches Päckchen liegen ohne
Brief, ohne irgend ein Zeichen woher es kommen möge, er
öffnete und fand eine prächtige Frauenarbeit darin. Es darf
nicht verschwiegen werden, daß es ein Paar Hosenträger waren,
wie sie damals die Herren zu tragen und die Mädchen zu
sticken pflegten. Er stand betrachtend davor und ihm kam
ein Gedanke, der sich nach geheimen Forschungen als richtig
bewährte; er beschloß das Gefühl der Absenderin zu ehren und
sich nicht merken zu lassen, daß er sie errathe. Diesen Vorsatz hielt er getreulich, indeß ist anzunehmen, daß er seine
Begeisterung über das Geschenk doch in einer Weise kund gab,
durch welche die Unbekannte zu der Ansicht gelangte, daß er
die gute Meinung völlig würdige. Auch die Bedeutung dieses
Ereignisses vermochte er seiner Familie nicht ganz zu bergen,
denn nachdem er davon berichtet hatte, fügte er Befehle für
seinen Schneider hinzu, und er, der sonst sorglos über seine
Kleidung hinwegsah, schrieb mit unerhörter Genauigkeit alle
Einzelheiten vor und bestimmte sogar die Farbe eines neuen
Rockes. Dieser schöne grüne Rock wurde bei Manchen, die
ihn kannten, ein deutliches Zeichen seines Gemüthszustandes.

Aber die Freundschaft zwei reiner Seelen wurde noch
durch andere gemeinsame Anschauungen geweiht. Anna brachte
aus der stillen Landstadt in die Residenz mit einem Herzen,
das freundlich gegen die Menschen war wie das seine, mit
wahrhaftem Gemüth und einem hellen Verstande auch Empfänglichkeit für alle großen Fragen, welche ihre Brüder und die
Genossen des Hauses beschäftigten. Jetzt wurde sie schnell die
Vertraute des Freundes, theilte seine Begeisterung für ihres
Volkes Recht und Größe, freute sich mit ihm über mannhaften

Widerstand gegen die Gewalt und erhielt ihren Antheil an dem Zorn der Männer über jederlei Rückschritt in Staat und Kirche. Sie verstand sich auch selbständig gegen den Geliebten zu behaupten, besser als die Brüder. Und falls einmal, wie zuweilen geschah, sein Wesen heftig losbrach, dann begegnete er einem gleichkräftigen Sinn, und ihr fester Widerstand zwang ihn zur Ruhe. Man darf annehmen, daß in Beiden der Eifer heiß aufloderte, wenn er sich tyrannisch erhob, um Solchen furchtbar zu werden, die ihr freundliche Aufmerksam= keit erwiesen; denn ihr schuf Zorn, daß er Mangel an Vertrauen verrieth. Er mochte das Tanzen nicht gern leiden, das ihr lieb war, und machte Miene ihr zu wehren, was sie doch nur freiwillig meiden wollte aus Rücksicht für ihn. Dabei aber war derselbe Mann, der sonst so geharnischt unter den Leuten einherschritt, gegen sie von einer rührenden Weichheit und in seiner ernsten Art von hochsinniger Ritterlichkeit, und das war er nicht nur darum, weil er sie liebte, sondern was dem Weibe vielleicht noch mehr gilt, er hielt sich in Haltung und Rede ehrfurchtsvoll gegen ihr ganzes Geschlecht. Und diese Gesinnung gegen Frauen ist ihm sein Lebelang geblieben. So geschah es, daß in einfachem bürgerlichem Dasein, in ruhigem Tagesver= kehr ohne wichtige Ereignisse des Privatlebens, zwei gute und kräftige Menschen in großer Liebe sich verbanden.

Als Mathy ihrer Liebe sicher war, mit ihr vor den ältesten Bruder trat, sie von ihm zur Frau zu begehren, und dieser die nahe liegende Einwendung machte, daß Mathy noch nicht in der Lage sei einen eigenen Hausstand zu begründen, da sagte Mathy fest: „wir können warten." Aber er hatte bereits seine Pläne, die ihm die Vermählung möglich machen sollten.

Mathy war unter die Schriftsteller gegangen. Sein Vater war literarisch thätig gewesen unter schwierigeren Ver= hältnissen, zuweilen gezwungen seinen Namen zu bergen, er selbst war von lehrhaftem Wesen und hatte von früher Jugend

den starken Trieb gehabt, das, was er in sich zur Klarheit
gebracht hatte, Andern mitzutheilen. Die gesammte Bildung
seiner Nation war vorzugsweise literarisch, das geschriebene
Wort war, da die Predigt einen Theil ihrer Macht verloren und
die Rednerbühne ihren Einfluß noch nicht gewonnen hatte, das
einzige Mittel auf größere Kreise zu wirken. Auch verständige
Rücksicht auf seine Kasse trieb ihn dazu, die Stunden, welche
er in dieser Weise verwandte, mochten ihm schnellere Einnahmen
schaffen als Privatunterricht. Ach, die Honorare für Bücher
und Zeitschriften waren damals gering im Verhältniß zur
Gegenwart, aber auch bescheidene Erträge waren für seine
mäßigen Bedürfnisse ein gewichtiger Zuschuß. Er begann seine
Thätigkeit als Journalist zuerst ohne Namen, auf den an=
spruchslosen Seiten des Karlsruher Unterhaltungsblattes (III.
Jahrg. 1830): Natur und Völkerleben, z. B. eine Beschreibung
von Paris, kleine Geschichten, Aphorismen. Aber wenige
Monate darauf erregte die französische Julirevolution einen
Sturm in den Völkern Europas, ein neues Geschlecht von
Journalisten und Politikern erstand. Auch Mathy gehörte zu
denen, welche von ganzem Herzen Beruf und Neigung fühlten,
für die Erhebung der Nation aus der undeutschen Politik des
Fürsten Metternich zu arbeiten.

Ueberall durch ganz Deutschland war von den Tagen der
Pariser Barrikaden bis zum Hambacher Fest der Liberalismus
in eroberungslustigem Aufschwunge. Es waren für Mathy
glückliche Jahre, jede Woche brachte unerhörte Erfolge, das alte
System fiel in Trümmer, die Völker regten sich, einen neuen
Staatsbau zu bilden oder an der Gesetzgebung Antheil zu
gewinnen. Jetzt durfte er mit der Geliebten außer den Hoff=
nungen auf die eigene Zukunft auch die größere für das
Vaterland austauschen. Aber er war mit 24 Jahren darin
den meisten seiner Altersgenossen unähnlich, daß er Reform
wollte, keine Revolution. Auch ihn drängte die neue Zeit zum
Schreiben, und was war die Arbeit, die erste selbständige Schrift,

welche er herausgab? Eine kleine Abhandlung: Vorschläge
über die Einführung einer Vermögenssteuer in Baden. (Karlsruhe 1831.) Während seine Altersgenossen hochtönende Toaste
ausbrachten und heftige Artikel gegen purpurtragende Fürsten
schrieben, sann er über eins der schwierigsten Probleme der
Staatswissenschaft nach, dessen richtige Lösung für den Wohlstand des badischen Volkes von Wichtigkeit war und der liberalen
Partei eine Handhabe für die neue Gesetzgebung werden konnte.
Es gibt wenig schriftliche Aeußerungen aus seiner Feder, welche
so bezeichnend für die ernste Richtung des künftigen Staats-
manns sind als dieser kleine Aufsatz. Er folgte darin prüfend
einem Gesetzentwurf, welchen zehn Jahr früher das Finanzministerium ausgearbeitet hatte, und knüpfte neue Vorschläge
daran. Daß es eine Jugendarbeit ist, erkennt man leicht aus
der Ueberfülle von Ideen, welche er in seiner gedrungenen
Weise wie Lehrsätze vorträgt, und aus der Verbrämung durch
kleine geschichtliche Anspielungen. Aber der Inhalt ist doch sehr
klug erwogen. Es ist in Wahrheit ein Vorschlag zur neuen
Ordnung der gesammten directen Besteuerung,*) dem man vielleicht nur den Vorwurf machen kann, daß seine Grundsätze für
große Staatsverhältnisse zu künstlich sind. Die Arbeit beruht
auf genauester Einzelkenntniß, sehr sorgfältig sind die Anschläge
des Ertrags und vortrefflich die Anweisung zur Einführung
und Erhebung der neuen Steuern, wobei er — für Baden
neu — vor allem Mitwirkung der Gemeinden fordert.

Er reichte die Schrift der zweiten Kammer ein, sie wurde
nach einem rühmenden Bericht Rotteck's, mit großer Anerkennug

---

*) Besteuert soll werden das reine Vermögen — Einkommensteuer;
ferner die menschliche Arbeit — Gewerbsteuer, welcher der Bequemlichkeit
wegen auch die Betriebscapitalien zugerechnet werden müssen; dann die
mittelbar productive oder Geistesthätigkeit — Klassensteuer. Neben der
Vermögenssteuer soll eine niedrige, neugeordnete Grund-Häuser-Gefällsteuer
fortbestehen. Die Gründe dafür sind scharfsinnig entwickelt. Manches in
der kleinen Schrift verdient noch heut Beachtung.

unter der damals neuen Bezeichnung „ſchätzbares Material“ der Kammerbibliothek einverleibt.

Dieſe Schrift hatte ihm nicht nur bei den Regierenden Anerkennung verſchafft, auch die Oppoſition der Kammer wurde aufmerkſam auf den jungen Beamten, der, wie verlautete, ihren Anſichten ſo nahe ſtand, und deſſen Fachkenntniſſe ihr ſo werth= voll ſein konnten. Mathy trat mit den babiſchen Führern der Volkspartei in perſönlichen Verkehr und Rotteck veranlaßte ihn die babiſchen Kammerberichte für die Augsburger Allgemeine Zeitung zu übernehmen. Im Jahr 1831 begann ſeine Ver= bindung mit der großen Zeitung Süddeutſchlands, welcher er länger als funfzehn Jahre bis zur Gründung der deutſchen Zeitung treu geblieben iſt. Dies Verhältniß wurde für Mathy werthvoll; es gab ihm einigemal in ſchwerer Zeit die ſicherſten Einnahmen, es bot ihm Gelegenheit zu einer politiſchen Wirk= ſamkeit in die Weite, es legte ihm früh den Zwang auf, den Ausdruck — nicht den Inhalt — ſeiner Ueberzeugung dem Stil einer großen Zeitung anzupaſſen, welche damals unbe= ſtritten für das erſte Blatt in deutſchen Landen galt und von Politikern und Diplomaten aller Parteien geleſen wurde. Er ſtimmte oft nicht mit ihrer Richtung und Haltung überein und kam wol auch einmal zu ſchriftlichen Auseinanderſetzungen mit dem Redacteur Kolb, aber beide Theile wußten recht gut, was ſie einander werth waren. So wurde Mathy allmählich zum politiſchen Journaliſten, und er gewann die Anſicht, daß es möglich ſei, durch ſolche Arbeit nicht unbedeutende Wirk= ſamkeit und Stützen des äußern Lebens zu finden.

Zum Hambacher Fest.

Es war ein großer Tag für Baden, als nach dem Antrag
Welcker's von Beginn des Jahres 1832 die Censur abgeschafft
und ein Preßgesetz erlassen wurde. Leider war diese Befreiung
des geschriebenen Wortes nichts als ein kurzer Vorfrühling,
nach wenig Monaten welkte unter dem kalten Nordwind, der
von Frankfurt her in das Land wehte, das lustige Grün der
neu entstandenen Blätter und noch einmal legte sich die Eis-
decke über die jungen Hoffnungen.

Aber ohne Ahnung des kommenden Unheils rührten sich
seit dem Januar die Federn der Liberalen, in Baden entstanden
mehre politische Zeitungen, welche in keckem Muth der alten
Regierungsweise Krieg ankündigten, Franz Stromeyer begann
mit einigen Bekannten zu Mannheim den „Wächter am Rhein"
herauszugeben, eine Zeitschrift, die durch den warmen und
herausfordernden Ton ihrer Aufsätze sofort die Herzen der Leser
gewann und den Machthabern unbequem wurde. Auch Mathy
wurde Mitarbeiter des Blattes.

Ebenso freuten sich die Volksvertreter ihrer Erfolge und
die Hoffnungen der Entschiedenen gingen hoch. Es galt jetzt
die Aufregung im Volke, der sie so Großes verdankten, zu
steigern und sich unter einander zum Kampf gegen die Regierungen fester zu verbinden.

Eine Darstellung unserer Parteien seit 1815 würde lehren,
daß stets die herrschende ihr Gegenbild heraustrieb, welches bei

entgegengesetzter Richtung auch die größte Aehnlichkeit mit der
feindlichen Partei hatte, ebenso wie der Halm emporschießt,
indem sich über einem Blatt das entgegenstehende erhebt, und
wie jede Farbe ihre Ergänzungsfarbe im Auge bildet. Die
Regierungen hatten nach Tilgung Napoleons über den Lebens=
bedürfnissen ihrer Völker eine Gemeinschaft ihrer dynastischen
Interessen verkündet, die Opposition im Volke verlor genau in
demselben Maße den nationalen Charakter und die liberalen
Anschauungen und Forderungen verbanden alle Unzufriedenen
Europas zu einer großen Familie. Wie den Regierungen russische,
östreichische, französische Reaction als eine Stärkung des eigenen
Bestandes erschien, genau ebenso war im deutschen Volk der Pole,
der Italiener, der mißvergnügte Franzose ein werther Bundes=
genosse. Wie die Regierungen durch Censur und rohe Unter=
drückung des gedruckten Wortes die Aeußerungen jeder Unzu=
friedenheit, auch der Berechtigten ersticken wollten, gerade ebenso
begrüßte die Volkspartei jede geheime Druckschrift, jedes ent=
schlossene Wort mit Freude trotz dem Bedenklichen des In=
halts. Wie die Staatspolizei Gewalt übte und auch gesetzlichen
Widerstand als persönliche Beleidigung gegen die Regierenden
betrachtete, ebenso galt jede Polizeimaßregel und jeder politische
Richterspruch im Volke für eine ungesetzliche Tyrannei, und
jeder Verfolgte für ein schuldloses Opfer der Gewalt, welchem
zu helfen eine edle Pflicht sei. Und wie den Regierungen der
verächtlichste Mensch, wenn er sich als gesinnungstreues und
gefügiges Werkzeug brauchen ließ, willkommen war, gerade
so ertrugen auch die Besten in der Opposition Fanatis=
mus, Selbstsucht, hohle Eitelkeit, Gewaltthätigkeit und unehr=
liche Mittel ihrer Mitglieder. Aus völligem Umsturz aller
Verhältnisse hatten sich die neuen Staaten gebildet, jeder der
Lebenden wußte, wie willkürlich und zufällig die Regierungen
waren, die der Wiener Frieden hinterlassen hatte; zahllose Rechte
und wohlbegründete Ansprüche waren unter dem Heerwagen
der nächsten blutigen Vergangenheit zu Staub zermalmt, die

Regierenden mit ihren Beamten forderten jetzt vergeblich Ehr=
furcht vor den Gesetzen, welche sie in beständiger Sorge um
die eigene Dauer, zuweilen mit bösem Gewissen gaben, auch
die Opposition erklärte und wollte gesetzlichen Fortschritt,
aber kein Scharfblickender konnte sich bergen, daß auf diesem
Wege kein friedliches Ende abzusehen war, und der besonnene
Patriot unterschied sich von dem Verschwörer zuweilen nur
dadurch, daß er an den Erfolg gewaltthätiger Mittel nicht
glauben konnte. Nur wenige der Besten erkannten, daß nichts
als eine vieljährige Schulung des Volkes zum politischen Leben,
allmähliche Entwickelung des Wohlstandes und der praktischen
Tüchtigkeit zu einer Besserung führen werde.

So war es auf dem ganzen Festlande Europas vom
Tajo. bis zum Dniepr. Aber die Deutschen hatten gleich den
Italienern noch ein besonderes politisches Leiden. Sie waren
als Deutsche aufgerufen worden zur Vertreibung der Fremd=
herrschaft, hatten Blut und die letzte Habe dafür eingesetzt,
und die Folge aller großen Gefühle, leidenschaftlicher Anstren=
gungen und feierlicher Versprechen war für einen großen Theil
der Deutschen öde Kleinstaaterei geworden. Der eigene Klein=
staat erschien dem Patrioten damals wie eine dürftige Interims=
wohnung. Seine besten Pflichten und heißesten Wünsche gehör=
ten einem Ideal, welches keinen stärkeren Feind hatte als
die bestehenden Staatsgewalten. Wol Jeder dachte sich die
Verwirklichung dieses edlen Traumbildes anders; als sicher
erschien dem Süddeutschen nur, daß es nicht Oestreich, nicht
Preußen, nicht deutscher Bund werden sollte.

Unterdeß hielten die siegesfrohen Liberalen Süddeutschlands
für ein gutes Mittel die Regierungen zu schrecken und das Volk
zu gewinnen, wenn sie die altheimische Freude an massenhafter
Geselligkeit für die Politik verwertheten. Es waren unter den
Vaterlandsfreunden so viele edle und große Männer, welche
für ihren opfervollen Kampf auf der Rednerbühne und in der
Presse einen Dank der Nation verdienten, es waren so merk=

würdige und ruhmvolle Tage, in denen man lebte, daß eine Weihe derselben durch feurige Worte und lustigen Trunk geboten schien. Schnell folgten einander die Festtage zu Ehren der jungen Freiheit. Am 29. Januar 1832 gaben die Rheinbaiern ihrem Helden, dem Advocaten Schüler, eine große Festfeier, bei welcher dem Königthum von Gottes Gnaden offene Fehde erklärt und die „unbedingte Volkssouveränetät" als Grundlage für die Wiedergeburt Deutschlands erkannt wurde. Seitdem löste ein Fest das andere ab. Am 1. April z. B. veranstalteten Abgeordnete und Journalisten zu Weinheim ein Fest der badischen freien Presse, an welchem auch Freigesinnte anderer Landschaften Theil nahmen, sogar Ausländer. Für den 27. Mai endlich schrieben mehre Bürger aus Neustadt an der Hardt, angeregt durch den Vorkämpfer Rheinbaierns Siebenpfeiffer, eine große Volksversammlung auf der Schloßruine Hambach aus, um „der Deutschen Mai" zu feiern. Die bairische Regierung machte einen schwachen Versuch zu verbieten, aber die Stadtgemeinden der Rheinpfalz sendeten ihr heftige Einsprüche, in Landau fand sich kein Bürger, um die nöthigen Lieferungen für eine Militärmacht zu übernehmen, welche in das Schloß gelegt werden sollte. Das Verbot der Versammlung wurde zurückgezogen und die liberale Presse erklärte feierlich, daß sie den Namen des Regierungsbeamten, der eine große Hoffnung des deutschen Vaterlandes zu vernichten gesucht, der Nachwelt übergebe, doch nur darum, damit diese ihn richten möge.

Schon am 26. Mai trafen große Züge von Patrioten in Neustadt ein, die meisten auf offenen Wagen, die mit Eichenlaub bekränzt, mit der deutschen Fahne geschmückt waren. Glocken läuteten, Böller krachten und Freudenfeuer brannten auf den Höhen der Hardt, Abordnungen kamen fast aus allen Staaten des Westens. Am Festtage bewegten sich die Theilnehmer nach Stämmen geordnet, darunter der ganze Landrath von Rheinbaiern, im Zuge vom Marktplatz nach der Schloßruine Hambach, Frauen und Jungfrauen umgaben die polnische

4*

Fahne, die Festordner die deutsche Fahne, welche die stolze Auf=
schrift trug: „Deutschlands Wiedergeburt.“ Begeisterte Fest=
stimmung, in vielen Augen Thränen der Rührung. Das erste
Lied, gedichtet von Siebenpfeiffer, sangen dreihundert Hand=
werksburschen nach der Melodie des Reiterliedes: „Hinauf,
Patrioten, zum Schloß, zum Schloß.“ Auf den höchsten Zinnen
der Ruine wurde die deutsche Fahne aufgepflanzt, auf einem
Vorsprung die polnische, an dreißigtausend Personen schätzte
man die Menschenmenge, denn auch die Frauen waren geladen
und die liebe Jugend war nicht ausgeblieben. Unter den
Städten, welche Besucher gesandt hatten, werden Leipzig und Kiel
als die östlichsten aufgezählt, Altpreußen und Oestreicher nicht
genannt. Und nun begannen die Reden. Zuerst sprach Sieben=
pfeiffer starke Worte, in denen er die Regierungen hart schalt
und den künftigen Tag begrüßte, „an welchem die Fürsten
die bunten Hermeline feudalistischer Gottstatthalterschaft mit
der männlichen Toga deutscher Nationalwürde vertauschen
müßten, wo die deutsche Jungfrau den Jüngling als den
würdigsten erkennen würde, der am reinsten für das Vater=
land erglüht, wo der Beamte und der Krieger sich nicht mit
der Binde des Herrn und Meisters, sondern mit der Volks=
jacke schmücken würden — den Tag, wo ein gemeinsames
deutsches Vaterland sich erheben sollte, das alle Söhne als
Bürger begrüßt.“

Nicht weniger feindselig gegen die Fürsten, aber in vielem
verständiger sprach Wirth, welcher vor der Eigensucht Frank=
reichs warnte und die Deutschen aufforderte in ihr politisches
Glaubensbekenntniß den Satz aufzunehmen: daß die Freiheit
nicht auf Kosten des Ländergebietes Deutschlands erkauft werden
dürfe; in dem Augenblick, wo fremde Einmischung stattfinde,
müsse die Opposition gegen die inneren Verräther aufgehoben
und das Gesammtvolk gegen den äußern Feind zu den Waffen
geführt werden. Zuletzt rieth er zur Wahl von etwa zwanzig
Männern, „welche an Geist, Feuereifer und Charakter ausge=

zeichnet wären, um als Führer der Nation in heiligem Bunde
die deutsche Reform zu leiten, als Apostel der Freiheit durch
Reden und Presse zu wirken." — Seine Warnung, daß man
von Frankreich nichts hoffen sollte, gab Anstoß. Aber aus
Frankfurt wurde dem Redner ein deutsches Schwert als Ehren=
geschenk überreicht.

Jetzt häuften sich die Redner um den hohen Rednerstuhl,
auch an andern Stellen, wo ein Sprecher erstand, drängten sich
die Zuhörer. Viele Lieder wurden gesungen. Immer wieder
wurde der Polen rühmend gedacht, und behauptet, daß Aufgabe
der Deutschen sei, die Völker im Osten zu befreien. Denn
viele Polen schritten als Schaar im Zuge und lagerten in
besonderem Zelt unter den aufgeschlagenen Buden. Sie hatten
eben erst das Beispiel einer Erhebung gegen Tyrannengewalt
gegeben. Die jetzt als Flüchtlinge so achtungsvoll den Deut=
schen zuhörten, hatten im wirklichen Kriege die Waffen getragen,
stattliche Männer, in deren bleichem Antlitz man die Spuren
überstandener Leiden fand, bescheiden, vornehm, hilflos, elegisch.
Mehre von ihnen sprachen selbst herzergreifende Worte, auch
ein Franzose sprach, ein Bekannter Mathy's, der mit diesem
zum Feste gereist war, der Journalist Lucian Rey aus Straß=
burg, er gab auf französisch die tröstliche Versicherung, daß
Frankreich das Rheinbaiern sich nicht begehre. Zu den hef=
tigsten Rednern gehörte Franz, der Bruder von Mathy's
Braut, welcher alle Anwesenden zu einem Schwur aufforderte,
daß sie mit Gut und Blut das Vaterland und dessen Freiheit
schirmen wollten vor jeder Gewalt von Innen und Außen.
Mathy sagte ihm nachher, er hätte besser gethan nicht zu reden.

Schweigend stand Mathy unter den Anwesenden und wahr=
scheinlich erregten ihm manche geschwollene Phrasen der Redner
Unzufriedenheit. Auf einer radirten Zeichnung des Festes,
welche der Maler Brenzinger, später Gatte der Schwester
Mathy's, entwarf, ist Mathy abgebildet in der Mitte des
Vordergrundes, wie er die Hände seiner beiden Begleiter an

die Brust drückt. Man darf zweifeln, daß **er** in solcher Weise
ergriffen war. Aber seinem jugendlichen Sinn bot doch das
Neue des Festes, die Menschenmenge, die Zahl ansehnlicher
Häupter des Fortschrittes, das sinnbildliche Zeichen deutscher
Einheit, welches stolz von der alten Burgruine nach dem Rhein
wehte, große Gedanken.

Den Reden folgte ein Festmahl, wie bei Deutschen natürlich,
1400 Personen mit Toasten und Gesängen. Spät am Abend
zogen die Versammelten nach Neustadt an der Hardt zurück
und füllten die Stadt mit ihrer Festfreude, welche sich auch
durch Tanz in mehren Bällen ausdrückte. Noch drei Tage
nachher wogten Menschenmassen von der Stadt zu dem Schlosse
und immer wieder wurden Anreden gehalten.

Derselbe Tag wurde auch anderswo festlich begangen, sogar
in Paris vereinigten sich die Deutschen unter dem Vorsitz
Lafayette's mit Söhnen anderer unzufriedener Völker zu einer
Festfeier. Der lustige Tag wurde „Tag der Wiedergeburt des
Vaterlandes" genannt. Aber gegen diese tönende Bezeichnung
stach es sehr ab, wenn Wirth am Schluß seiner Festbeschreibung
die unsichere Ansicht aussprach, daß dies Ereigniß doch wol
von wichtigen Folgen für unser Volk sein müsse. Die Deutschen
sollten jetzt in Vereine zusammentreten, Männer und Frauen
in allen Theilen Deutschlands, und sollten großartige Geld=
mittel zusammenbringen, um die Presse zu unterstützen.

Das war der äußere Verlauf des Hambacher Festes, den
Führern galt die Gelegenheit zu vertraulicher Besprechung für
nicht minder wichtig. Es war nach dem Wartburgsfest deutscher
Studenten die erste große Festdemonstration im deutschen
Volke, hochgepriesen und übel berüchtigt. Die Gegenwart, welche
an dergleichen Feste mit ähnlichem Redeschwall gewöhnt ist, wird
leichter geringschätzig darüber urtheilen, als das Bemerkens=
werthe daran würdigen. Es waren warmherzige kleine Leute,
welche dort zusammenkamen, nicht gewöhnt sich anderswo als
in der Kirche und beim Jahrmarkt in großer Zahl zu gesellen.

Was damals dem Deutschen lieb werden und ihn fortreißen
sollte, das mußte ihm in poetischer Verklärung oder als
pathetische Forderung in die Seele fallen, beim Festzug unter
Blumengewinden, mit Marsch und Musik, im Liede, das durch
die Menge gesungen wurde. Dazu begehrte der Deutsche auch
die schöne Natur, das Sonnenlicht, welches über der Landschaft
seiner Väter und einem sagenberühmten Strom glänzte, die alte
Burgruine, welche ihn mahnte, daß er auf den Trümmern
alter Zeit das Neue schaffe, den goldenen Wein und den lustigen
Kreis treuer Kameraden. Endlich die Gesellschaft der Frauen;
wenn sich ihre Wänglein rötheten und die Taschentücher wehten,
war dem Redner ihr Beifall ein süßer Lohn, und der Jüngling
der sie so innig zu verehren bereit war, fühlte sich selig in
dem Gedanken, daß alles Schöne und Holde um ihn lachte,
schwirrte und klang. Dies zusammen versetzte den Deutschen
in einen behaglichen Rausch. Dabei aber war seine politische
Einsicht gering, noch schwächer seine wirkliche Theilnahme am
Staat. Er fühlte den Druck des fürstlichen Familienregi=
mentes nnd die Beamtenherrschaft als sehr lästig wegen der
Zumuthung, die ihm gestellt, zuweilen, weil dadurch sein sitt=
liches Gefühl verletzt wurde, aber er war für sich allein, im
Hause ein Philister, ohne eigenen Willen, gar nicht bereit
dauernde Pflichten für das Ganze zu übernehmen, wenn sie
das Behagen seines Privatlebens störten. Deshalb geschah
es, daß die Menge, ja auch ihre Führer durch Jahrzehnte
in Eifer und Begeisterung geriethen, so oft sie den Zauber
geselliger Aufregung empfanden, und gleich darauf wieder als
Einzelwesen in Ermüdung und Kleinmuth widerstandslos der
bestehenden Macht zufielen, ja, daß viele von ihnen in Zeiten
der Anregung mit stillem Mißtrauen gegen sich selbst bemerk=
ten, wie ihnen die Trunkenheit kam, und vergebliche Versuche
machten sich dagegen zu wehren. Diese gesellige Berauschung
der Deutschen für politische Ideen, welche vom Hambacher Fest
bis über den badischen Aufstand die Menschen fortgerissen hat,

wird in der Zukunft als eine besondere Erscheinung im deutschen
Volksleben betrachtet werden, welches den letzten Jahren einer
großen Periode deutscher Lyrik ebenso eigenthümlich ist, wie
die asketische Verzückung dem Mittelalter, und der Wander-
drang den Jahren der Kreuzzüge. Und es liegt ein gewisser
Humor darin, daß gerade zu derselben Zeit, in welcher begeisterte Volkssprecher ihre Landesherren mit gutem Grunde
als Todfeinde der deutschen Einheit und Freiheit anklagten,
diese Landesherren durch ihren Beitritt zum Zollverein eine
weit dauerhaftere Grundlage der deutschen Einheit schufen, als
damals in den schnell bewegten Gemüthern warmherziger Fest-
genossen vorhanden war; und daß zu derselben Zeit harte,
eigennützige Geschäftsleute, welche von Politik wenig wissen
wollten, durch die Fabrikate, welche sie verfertigten, und die
Eisenbahnactien, welche sie zeichneten, die Landesgrenzen emsiger
austilgten als die Festredner. Denn jedem Volke wird das
Maß der Freiheit im Grunde bestimmt durch die Beschaffenheit
seiner Lebensbedürfnisse auf allen Gebieten menschlicher Thätigkeit; der politische Enthusiasmus allein vermag größere Freiheit
schwerlich zu bringen, keinenfalls zu erhalten. Aber wohlge-
merkt, auch keine Regierung, und sei sie noch so sehr um die
wirklichen Interessen ihres Volkes bemüht, vermag auf die
Dauer zu bestehen, wenn sie in ihrem Volke nicht Wärme und
Hingabe für den Staat rege zu erhalten weiß.

Damals standen die rathlose Begeisterung der Liberalen
und die schwächliche mürrische Vorsorge der Regierungen für
das reale Wohl feindselig gegen einander, seitdem haben die
Träume der Volksführer von 1832 gleich dem Sauerteige
gewirkt, der, an sich unschmackhaft, unser tägliches Brot genieß-
bar macht. Ihre Ideen, bekämpft, vielfach abgeändert, haben
zum großen Theil gesetzliches Leben gewonnen, Fürsten und
Volksvertreter, alle politischen und socialen Parteien haben dafür
und dagegen gerungen.

Die Männer, welche an dem Hambacher Fest mit ganzem

Herzen Theil nahmen, nannten sich selbst zum Unterschied von den gemäßigten Liberalen die Entschiedenen. Ihnen allen war wol gemeinsam, daß sie die Herrschaft der erlauchten Familien in den deutschen Staaten für eine ungemüthliche Erfindung der Vergangenheit hielten, welche schwerlich anders als durch Beseitigung des monarchischen Princips unschädlich gemacht werden könnte. Denn man merke wohl, sie waren fast sämmtlich aus den Staaten des Rheinbundes. Wer aber näher zusieht, erkennt leicht, daß unter ihnen schon damals zwei grundverschiedene Auffassungen der Politik hervortraten. Die einen stehen in Abhängigkeit von der französischen Bildung jener Jahre, sie verkünden Gemeinsamkeit der liberalen Interessen in Europa, die Pflicht für jede fremde Volksfreiheit sich zu begeistern, sind nicht frei von communistischen Ideen und begünstigen den Kampf gegen das Capital. Die andern stehen fest auf deutschem Volksthum, betrachten die demokratische Bewegung Frankreichs mit Mißtrauen und sind dem Treiben der Socialisten abhold. Es waren diese beiden Richtungen, welche sich achtzehn Jahre später in den badischen Kammern und anderswo feindselig trennten, die erstere steht noch heut in schwächlichem Kampf gegen das neue Staatsleben der Deutschen, die zweite hat ihre Versöhnung mit dem monarchischen Wesen geschlossen und wird durch die liberalen Parteien unseres Staates vertreten.

Freilich waren damals auch die deutsch gesinnten Patrioten, welche sich nicht mit den unsicheren Träumen von allgemeinem Weltbrand und europäischer Republik befriedigten, in verhängnißvoller Unsicherheit über den Umfang ihres künftigen Deutschlands. Wie die östreichische Ländermasse dazu stehen sollte, wußte keiner zu sagen. Es ist noch lange nachher ein ganzes Jahr parlamentarischer Verhandlungen nöthig gewesen, um darüber eine politische Forderung zu erzeugen. Und ferner war ihnen das Wesen des preußischen Staates fast unbekannt. Sie vergaßen gern, daß Preußen damals vierzehn Millionen

Deutſche umfaßte, faſt mehr als die kleineren Bundesſtaaten
zuſammen, und daß eine feſtgeordnete Einheit, die bereits die
reichliche Hälfte des Ganzen war, bei jeder Neubildung deutſcher
Verhältniſſe ein entſcheidendes Wort ſprechen mußte. Gern
tröſteten ſie ſich mit der Annahme, daß man auch in Preußen ſehr
unzufrieden ſei und daß Viele aus der Rheinprovinz gern unter
ihnen getagt hätten, nur daß ſie die heimiſche Polizei ſcheuten.
Ja, die preußiſche Regierung war ihnen beſonders anſtößig.
Der König hatte ſeinem Volke eine Verfaſſung verheißen und
ſein Verſprechen nicht erfüllt, die preußiſche Diplomatie ſuchte
mit Eifer die liberalen Anläufe der ſüddeutſchen Kammern zu
verdächtigen, Preußen galt für einen Militärſtaat, der doch nicht
den Muth habe eine kriegeriſche Politik zu verfolgen, die
preußiſchen Landſchaften endlich ließen ſich mit unerträglicher
Fügſamkeit das harte Staatsweſen gefallen. Man hatte im
Süden keine Ahnung, wie groß dort im Oſten die Armuth,
der Mangel an Capital und an überſchüſſiger Menſchenkraft
nach zehn Jahren des Krieges, einer fortdauernden feindlichen
Beſetzung, einer planmäßigen Ausſaugung des Landes und
nach einer unerhörten Anſpannung für die Befreiung geworden
war, man wußte nicht, wie ſehr das Gedeihen der alten Provinzen durch die ruſſiſche Grenzſperre niedergehalten wurde, wie
Handel und Handwerk in mehren hundert Städten noch nach
dem Frieden zurückkamen, wie langſam dort die Erſparniſſe zu
Capitalien zuſammenfloſſen und wie dieſe Erſparniſſe des Volkes
durch Jahrzehnte faſt ſämmtlich verwendet wurden, um in dem
Creditſyſtem der Landſchaften die tiefverſchuldeten Grundbeſitzer
zu erhalten und einen allgemeinen Bankerott abzuwehren. Wahr-
lich die Zuſtände der alten Provinzen Preußens in jener Zeit,
noch niemals wahrheitsgetreu geſchildert, wären wol der brüder-
lichen Theilnahme des deutſchen Weſtens werth geweſen. Denn
dort im Oſten war kaum eine Familie, die nicht an Gut und
Leben ihrer Angehörigen ſchwer beſchädigt war und ſich in dem
lebenden Geſchlecht mühſam heraufrang. Die Deutſchen von

der Elbe bis zum Memel hatten hohen Preis dafür gezahlt, daß
Schwaben, Alemannen und Pfälzer die Möglichkeit erhielten,
in ihren Kammern mit einer deutschen Regierung um verfassungsmäßige Freiheit zu streiten. Daß bei solcher Lage des
Staates auch die äußere Politik Preußens lange unfrei war
und ängstlich beflissen, im Bann der heiligen Allianz die
mühsam geschaffene Ordnung zu bewahren, war nicht unnatürlich, und darum wird das Urtheil der Geschichte über
die Regierung Friedrich Wilhelms III bereinst vielleicht milder
sein als das seiner Zeitgenossen war. Schon im Jahr 1832
hing das politische Geschick Deutschlands weit weniger an den
Kammerverhandlungen im deutschen Westen als an der Höhe
des Tagelohns in Schlesien und der Mark. Daß die Liberalen Süddeutschlands davon keinerlei Kunde hatten, war der
Grundfehler ihrer Rechnung. Unterdeß übten in Preußen
dreitausend Turnlehrer, zu denen der Staat großentheils
Söhne des armen Adels verwandte, die Söhne litauischer
Waldbörfer und die Söhne der Großbürger von Köln zu
streitbaren Männern, welche dadurch immer noch viel mehr
von Zucht und Hingabe an den Staat erhielten, als die
patriotischen Veranstalter des Hambacher Festes der großen
Masse ihrer Landesgenossen zu geben vermochten.

Uns wird es leicht dies zu übersehen und es ist geringes
Verdienst, den Irrthum eines früheren Geschlechtes darzulegen.
Worin jene Männer irrten, das haben sie schwer gebüßt, viele
mit Glück und Leben, aber sie waren damals, wenn auch ebenso
einseitig und beschränkt wie ihre Gegner in den Regierungen,
doch in vielen Gedanken, die sie verkündeten, Vertreter der
idealen Habe unserer Nation und der großen politischen Wahrheiten, auf denen jetzt das Staatsleben der Deutschen ruht.
Sie haben verkündet und sind vergangen, damit wir leben.
Das darf auch den Gefallenen die Nation nicht vergessen.
Vieles in jenen Anfängen erscheint uns schwächlich, es waren
in Wahrheit harte, aufreibende und menschenvertilgende Kämpfe,

von beiden Seiten sanken die Opfer, es waren nicht deutsche Journalisten und Professoren allein, welche darum in Irrsinn endeten, und es waren nicht Journalisten und Handwerksgesellen allein, welche darum aus dem Lande ihrer Väter in die Verbannung getrieben wurden.

Für Mathy war der Besuch des Hambacher Festes folgenreich. Nicht nur, weil er dabei den Kreis seiner politischen Bekannten mehrte und weil sein erstes Zeitungsunternehmen sich an die Anregungen dieses Tages knüpfte. Wichtiger noch wurde das Fest für seine späteren Jahre und in anderer Weise als vielleicht er selbst in der Feststimmung für möglich gehalten. Hier hatte er eine außerordentliche Zahl ansehnlicher Männer in politischem Rausche gesehen, voll von Eifer und Zorn. Und kurze Zeit nachher, als es darauf ankam Ueberzeugung zu bethätigen und einen männlichen Willen zu erweisen, wie bestand die Mehrzahl? Wie bewährten sich die helltönenden Redner und die jubelnden Hörer? Auch solche, die nicht streng geprüft wurden, wie unsicher, kühl, furchtsam bewiesen sie sich nach der Heimkehr und Ernüchterung. Er war schon seiner Anlage nach allem Schwulst und gebauschter Rede abhold, aber die kalte Nichtachtung, mit welcher er später bei jeder Gelegenheit den Wortschwall der Rednerbühne und geräuschvolle Volksdemonstrationen betrachtet hat, die verdankte er unter anderm auch den Erfahrungen, die er nach dem Hambacher Feste an sich und seinen deutschen Zeitgenossen machte.

6.

Der Zeitgeist.

Durch die neue Preßfreiheit Badens wurde Mathy zur Herausgabe einer politischen Zeitschrift angeregt. Auch die Eindrücke des Hambacher Festes führten ihn dazu, es war Losungswort der liberalen Opposition, daß durch neue Ortsblätter in den kleinen Kreisen des Volkes das Verständniß für Fragen der Gegenwart gesteigert werden müsse. „Der Wächter am Rhein" aber, zu dem Mathy gearbeitet, war seitdem in seinen Angriffen gegen bestehende Staatsgewalten so heftig aufgeflackert, daß Mathy mit dem Blatt unzufrieden wurde.

Am 14. Juni 1832 wurde das Probeblatt ausgegeben, Anfang Juli die erste Nummer der neuen Zeitschrift: „Der Zeitgeist, ein Volksblatt für Deutschland." Karlsruhe, bei W. Hasper. Das Blatt auf Actien gegründet erschien zweimal, dann dreimal wöchentlich, zwei Jahre hindurch bis zum Oktober 1834; es sollte eine wesentlich politische Zeitschrift sein mit belehrender Tendenz, welche die politischen Neuigkeiten in bequemer Uebersicht zusammenfaßte, und Mittheilungen über örtliche Angelegenheiten brachte, vor allem Aufsätze über Tagesfragen, über Pflichten und Rechte des Staatsbürgers, gegen Tyrannei und Uebergriffe der Beamten, über Verfassung und öffentliches Recht des Auslandes u. s. w. Vorbild für die Einrichtung wurde die deutsche Tribüne, welche Wirth seit dem 1. Juli 1831 in München, später in Homburg herausgab.

Die politischen Blätter, welche überall in Süddeutschland
neben den ältern Tageszeitungen erstanden, gehören zu den
bedeutsamen Erscheinungen jener Jahre der erwachenden poli=
tischen Bewegung, sie bezeichnen einen Fortschritt im Gebiet des
rheinischen Guldens gegenüber der faden Belletristik, welche
damals noch das literarische Kleinleben in den Ländern des
Thalers darstellt. Während in der Mark der Beobachter an
der Spree, in Schlesien der Hausfreund, in Dresden mit
höheren Ansprüchen Theodor Hell's Abendzeitung und in Leipzig
ein halbes Dutzend ähnlicher Blätter schwache Gedichte und
seichte Novellen in das Haus des wohlhabenden Bürgers trugen,
verbreiteten kleine süddeutsche Zeitschriften in sehr entschiedener
Parteifärbung Kunde von den großen sachlichen Angelegenheiten
der Nation. Sie hatten einen engen Wirkungskreis, wenn
nicht der Name des Herausgebers einmal entferntere Leser an=
zog, die meisten mögen wol wie der Zeitgeist höchstens tausend
Abonnenten gezählt haben, denn sie lagerten dicht nebeneinan=
der, weil jede Stadt, die ansehnlich in ihrer Landschaft stand, ihr
eigenes Blatt begehrte, sie hatten deshalb auf örtliche Anforde=
rungen Rücksicht zu nehmen und wußten sich nicht immer gegen
Klatsch zu wahren, aber die Richtung aller war nach den
großen politischen Angelegenheiten. Viel Wortschwall und übel
gerichteter Jugendzorn kam in ihnen zu Tage, aber auch nicht
gemeine Begabung. Den liberalen Blättern traten bald conser=
vative und ultramontane entgegen, und bis zum Jahre 1848
knatterte im ganzen Südwesten trotz Censur und Verfolgungen
das Kleingewehrfeuer der jungen Krieger von der Presse. Dort
wurde die Thätigkeit eines Redacteurs ein gewöhnlicher Weg
zum Volksvertreter und Politiker, fast jeder Führer der Oppo=
sition stand in Verbindung mit einem oder mehren Blättern
und benutzte die Spalten, anzugreifen oder zu vertheidigen.
Und es ist eine ernste Betrachtung, welche Summe von Geistes=
kraft und Arbeit in den kleinen Kreisen des vielgetheilten
Vaterlandes damals für politische Wirkungen verausgabt

werden mußte, wie knapp die Geldmittel und wie unsicher das
Leben der Zeitschriften und ihrer Leiter war. Ist doch noch jetzt
der Verbrauch von Menschenkraft in der deutschen Tagespresse
vielleicht fünfmal so groß als in Frankreich und England.

Es ist deshalb lehrreich, das Stillleben des Zeitgeistes zu
betrachten. Mathy durfte schon darum nicht sein Blatt als
Redacteur zeichnen, weil nach dem Gesetz für diese verant=
wortliche Thätigkeit außer badischem Staatsbürgerrecht auch
ein Alter von mehr als dreißig Jahren nothwendig war. Da
in Baden die neuen Journalisten der Opposition fast sämmt=
lich in jugendlichem Alter standen, mußten Strohmänner als
verantwortliche Herausgeber genannt werden. Der Mann,
welcher beim „Zeitgeist" solcher Anforderung zu entsprechen
hatte, war nach Wahl der Druckerei Erasmus Bartlin, der
Packer und Ausläufer. Als diesem angezeigt wurde, daß
er zum Redacteur bestellt sei und dafür einen Gehalt von
36 Kreuzern für die Woche beziehen werde, hatte er zwar gegen
den Titel an sich nichts einzuwenden, weigerte sich aber bedäch=
tig in eine Steigerung seiner Einnahme zu willigen, weil er
ein starkes Mißtrauen gegen die Zumuthungen hatte, die man
ihm dafür machen werde. Indeß fand er sich bald in sein
neues Amt, erhielt ein Gefühl seiner Bedeutung und trug in
einem neuen Rocke die Zeitung durch die Straßen aus. Waren
die Karlsruher mit irgend einem Zeitgenossen unzufrieden, so
sagte Erasmus beruhigend: „Der Mathy und ich werden's
ihm schon geben", wenn er aber die Nummer zum Censor
trug, stellte er mit Selbstgefühl sich allein vor: „Hier bringe
ich mein Blatt." Einst hatte die Zeitung über Beschlagnahme
einer Nummer Beschwerde erhoben und Erasmus mußte als
Redacteur mit dem Rechtsanwalt nach Rastatt an das Hof=
gericht. Da versprach er bei der Abreise tapfer: „Wenn ich
hinauskomme, denen werd' ich's sagen", und da das Blatt
Recht bekam, frohlockte er laut und freute sich seiner Tüch=
tigkeit. Sonst erwies er sich in jeder Weise eifrig für seine

Zeitung und als Mathy später in Untersuchungshaft kam,
trug er ihm treulich das Essen zu. Nur mit den Setzern
stand er auf gespanntem Fuß, sie neckten ihn, und als der
„Zeitgeist“ einst unter seinen Anzeigen als Naturwunder einen
Herrn aus Afrika ankündigte, mit außerordentlichem verfilztem
Haarwuchs, sonst von liebenswerthem Charakter und guter
Tenorstimme, und ein kleiner Holzschnitt die seltsame Gestalt
dem schaulustigen Publikum empfahl, da hatten die boshaften
Setzer es gerade so eingerichtet, daß der gesperrte Name des
Redacteurs Bartlin unter das groteske Brustbild zu stehen
kam. Darin erkannte Bartlin mit Recht eine beabsichtigte
Kränkung und weigerte sich diese Nummer auszutragen.

Es ist selbstverständlich, daß Mathy als Journalist in
Vielem die Färbung theilte, an welcher damals die Entschiedenen des deutschen Liberalismus erkannt wurden. Was bei
Anderen als Strohfeuer loderte, war bei ihm heiße Glut,
und die mühsam gebändigte Energie seiner Empfindung gab
zuweilen seinem Ausdruck eine Strenge, welche die Betroffenen
sehr verletzte und der kriegslustigen Jugend die Ansicht nährte,
daß diesem Genossen das wildeste Wagniß nach dem Herzen
sein müsse. Aber Mathy war darin klarer, ja, und auch besser
als Andere, daß er gewaltsame That, welche den schwachen
Rechtszustand zerbrechen wollte, niemals billigte, und wo ihm
ein solcher Plan vertraut wurde, aus seiner Abneigung niemals
einen Hehl machte. Es war nicht nur sein Verstand, welcher
die verhältnißmäßige Stärke der bestehenden Regierungsweise
und die große Schwäche eines unpolitischen Volkes erkannte,
es war auch bei einem beherzten Mann, der sonst sein eigenes
Leben und Glück nur zu leicht auf das Spiel setzte, eine starke
sittliche Empfindung, innerer Widerwille gegen Geheimtreiben
und Verschwörung und gegen die Benutzung gläubiger Ge-
müther. Nicht die republikanische Form, sondern der männlichere Sinn der Regierten und das Wachsthum ihrer Lebenskraft müsse zu größerer Freiheit verhelfen, alles Heil sei von

einem gesetzlichen Widerstand zu hoffen, welcher Schritt für
Schritt den Beamtendespotismus einschränke, indem er den
durch Gesetz und Verfassung gestatteten Kampf unermüdlich
fortführe. Da in Preußen und Oestreich die Möglichkeit eines
solchen gesetzlichen Kampfes mit der Regierung nicht vorhan=
den war, so betrachtete er beide Staatsregierungen als die
großen Feinde der Freiheit, aber er begriff aus der Ferne doch
so viel von dem preußischen Staatswesen, daß er die Bedeu=
tung einsah, welche Preußen für Deutschland haben könne, und
er zürnte deshalb der Schwäche und Unselbständigkeit zu
Berlin. Auch er war noch geneigt, jeden Kampf eines frem=
den Volkes gegen die Mächtigen in poetischer Verklärung zu
sehen, aber er war vor Allem gut deutsch, der zornig aufflammte,
wenn fremde Ueberhebung die Tüchtigkeit der Landsleute angriff;
der Pfälzer mochte das Lebhafte und Anmuthige der franzö=
sischen Art sehr gern leiden, aber er haßte die Ansprüche der
Nachbarn recht innerlich. Vor Allem aber war er völlig un=
berührt von der Frivolität, welche in die deutsche Literatur
gedrungen war, und obenan stand ihm, daß der höchste Vorzug
deutscher Natur die Achtung jeder religiösen Ueberzeugung und
die Innigkeit der Ehe und des Familienlebens sei. Als er einige
Jahre später in der Schweiz erfuhr, daß Gutzkow seiner Wally
wegen durch das badische Preßgesetz verfolgt werde und in Unter=
suchungshaft gekommen sei, schrieb er: „Ich theile die Ansichten
von Herrn Gutzkow und Comp. über religiöse und moralische
Gegenstände durchaus nicht, allein die Art, wie man gegen sie
verfährt, empört mich. Man lasse die Leute schreiben, ist ihre
Sache schlecht, so wird sie schon gehörig gewürdigt werden."
Er war als Journalist in der günstigen Lage, daß er über
Staatswirthschaft und Verwaltung gründliche Vorbildung mit=
brachte, und nicht nur als fleißiger Schüler seiner Lehrer,
welche unter den besten zählten. Er hatte auch in diesen Fragen
einen praktischen Instinkt, er begriff sehr wohl, daß keine Theorie
der Nationalökonomen für den Staatsmann die Bedeutung

eines gesetzgebenden Herrn, nur die eines eifrigen Freundes
haben dürfe, den der Schaffende mit Neigung anhört, ohne
ihm das eigene Urtheil in bestimmtem Fall gefangen zu geben.
Er war vor jeder neuen Frage bemüht, durch angestrengte
Arbeit eine möglichst genaue Kenntniß der wirklichen Verhältnisse zu gewinnen, bevor er sich eine Ansicht bildete, und er
machte dafür die umfassendsten Studien. Wo er einmal fehl-
griff, geschah das nie aus falscher Doctrin, sondern weil die
Beobachtungen, auf denen seine Ansichten ruhten, unvollständige
waren, und deshalb ist bei ihm mit der Vermehrung seiner
Erfahrungen ein steter und sicherer Fortschritt zu erkennen.
Der junge Schriftsteller war in die Opposition getrieben und
seine Begabung machte ihn zu einem lästigen Gegner der Regierung. Doch er fand nach seiner ganzen Natur vielleicht einmal Freude am Kampf, aber niemals Befriedigung an dem
Widerspruch als solchem. Er war angelegt zum Lehrer und
Bildner seines Volkes, vielleicht des Staates, und es war ein
Unglück seiner Zeit und er hat es immer als ein Unglück für
sich selbst gefühlt, daß sein ehrlicher Liberalismus zum Kampf
gegen die schaffenden Gewalten des Staates genöthigt war.

Hoffnungsvoll begann Mathy seine Zeitung. Auch ihm
war es ein gutes Gefühl als junger Redacteur zum ganzen
Volke zu sprechen; dies war ja ein sehr bescheidenes Unternehmen, aber er durfte sich zutrauen etwas daraus zu machen,
nicht lange und seine Thätigkeit mochte ihn in den Stand setzen,
die Geliebte heimzuführen. Er begann die erste Nummer mit
dem Aufsatz: Wie soll der Bürger seine Theilnahme am öffentlichen Leben kundgeben? Diese Nummer wurde am 4. Juli
ausgegeben, den Tag darauf beschloß die Bundesversammlung
zu Frankfurt, daß die Preßfreiheit in Baden — trotz einem
vorsichtigen Preßgesetz — mit der Sicherheit Deutschlands un-
verträglich sei. So wurden die jungen Lebenshoffnungen des
Redacteurs nach den ersten Stunden an der Wurzel geknickt.
Der Zeitgeist druckte in einer der nächsten Nummern das ver-

hängnißvolle Protokoll der Bundesversammlung: Maßregeln
für Ordnung und Ruhe, vollständig ab und umgab die Num=
mer mit einem Trauerrand. Wol war für Mathy Grund
zur Trauer, die neue Pflicht, welche er auf sich genommen
hatte, bedrohte ihn jetzt mit einem widerwärtigen unablässigen
Kampf, der stets demüthigend und stets sieglos sein mußte
und auch das wackerste Herz mit Erbitterung füllte, mit dem
Kampf gegen die Censur.

Er merkte sogleich das Leiden. In einer der folgenden Num=
mern, welche die neue Censurverordnung Badens mittheilte,
wurde ihm die Betrachtung, die er darüber angestellt, gänzlich
gestrichen, und der Text des Blattes hatte einen weißen Bogen.

Die Jüngeren des lebenden Geschlechts kennen die Censur
nur vom Hörensagen. Gegen kein Leiden des alten Beamten=
staates sind so viele Tintenfässer geworfen und so starke Donner=
schläge von der Rednerbühne geschleudert worden. Aber die
heftigsten Anklagen gegen die Censur gaben nur unvollständig
den Jammer, die Verstimmung und die Verbitterung wieder,
welche durch diese tyrannische, freche und täppische Gouver=
nante in die Seelen des Volkes kamen. Sie machte den
Schriftsteller zum Rebellen und den Leser hämisch. Kein Feind
der Monarchie hätte ein besseres Mittel erdenken können, die
Herrscher ihrem Volke widerwärtig zu machen. Denn un=
geheuer erschien der Hochmuth und unerträglich die Selbstsucht,
welche unternahm dem Volk das Urtheil über seine eigenen
Interessen zu wehren und jedes freie Wort in den Hals des
Sprechenden zurückzustopfen. Sogar die wohlmeinende Regie=
rung erschien dem Schreibenden als ein pedantischer, beschränkter,
feindseliger Schulmeister, und genau dieselbe boshafte Schaden=
freude, welche der Zwang der Schule in den Schülern ent=
wickelt, empfand der Schriftsteller gegenüber der streichenden
Staatsgewalt. So oft er über Tagesfragen schrieb, fühlte
er die Demüthigung: er war in einem Zustand beständiger
Gereiztheit, sein Bestreben ein eigenes Urtheil in die Oeffent=

5*

lichkeit zu bringen, wurde ein unablässiger Haber der List mit unvernünftiger Gewalt. Täglich kam er in Versuchung, ironisch mit versteckten Stacheln wehe zu thun wo er nicht mit offenem Wort kämpfen durfte, schlau zu verhüllen und doch boshaft anzudeuten. Und ebenso waren Millionen deutscher Leser gewöhnt zwischen den Zeilen zu errathen und gehässig auszumalen. Mathy hatte Recht, wenn er später einmal die ganze erbitterte Stimmung des Volkes gegen die Regierungen, welche bis 1848 so bezeichnend für Deutschland war, ein Leiden des Censurstaats nannte. Da hingegen, wo der Schriftsteller ungestraft sich ergehen konnte, brach der Eifer in übermäßig gesteigertem Ausdruck hervor; weil man der Sache nicht auf den Leib gehen durfte, half man sich mit allgemeinen, hochgespannten, heftigen Redensarten. Das verdarb Manchem den Charakter, Vielen den Stil. Noch heut ist zuweilen an Männern, welche ihre Schule unter der Censur durchgemacht haben, etwas von den Eigenheiten des Censurstils zu erkennen, von furchtsamer Zurückhaltung, kleinem Witz und Phrasen. Auch darum ist der deutliche und feste Ausdruck in den Aufsätzen Mathy's aus jener Zeit erfreulich, er sticht gut ab gegen den Ton anderer Blätter. Und nur da, wo seine Rede eine humoristische Färbung erhielt, durfte man noch in späteren Jahren aus den allzu feinen Strichen und dem vorsichtig verhaltenen wohlerwogenen Ausdruck schließen, daß auch ihm in der Jugend die Laune durch die Rücksicht auf einen argwöhnischen Censor gebändigt worden war.

Wehmüthig waren die Erfahrungen, welche der Zeitgeist unter der wiederhergestellten Censur machte. Im zweiten Vierteljahr hatte Mathy nach einer Rundreise des Großherzogs einen Haupt-Artikel geschrieben: „Der Kalif Achmet", in welchem er erzählt, wie ein wohlmeinender Fürst des Orients durch seine schlauen Minister über die Stimmung des Landes getäuscht wird, dabei hatte er einige Minister ohne Vorliebe, aber mit Laune portraitirt und ihre Namen ins Griechische übersetzt.

Diese Geschichte machte gewaltiges Aufsehen, denn der Censor hatte die Anspielungen und die griechischen Namen nicht verstanden und das Stück als eine orientalische Lesefrucht sorglos durchgehen lassen. Dafür erhielt er einen Verweis, wurde natürlich argwöhnisch und strich seitdem mit zorniger Entschlossenheit. Vollends nach dem Frankfurter Attentat im nächsten Jahre übte er sein Amt ohne alle Barmherzigkeit, fast jede Nummer hatte lange Censurlücken, und seine Striche wurden — was damals noch erlaubt war — durch leere Stellen, weiße Blätter, dicke schwarze Striche oder durch das Wort „Censurlücke" in außerordentlich fetter Schrift bemerkbar gemacht. Ja, der Censor begnügte sich nicht zu streichen, er fügte auch einer Mittheilung zu: „Wird auf höheren Befehl als falsche Nachricht bezeichnet, Polizeiamt der Residenz." Eine Zeitlang übte ein Ersatzmann des Censors diese zerstörende Thätigkeit in ganz ungewöhnlicher Weise. Da er den Auftrag hatte in jeder Nummer kräftig zu wirken, so strich er ohne Wahl bald den Anfang, bald das Ende eines Artikels, zwang den Autor eine Erörterung mit „und" anzufangen oder ließ den Vordersatz stehen und tilgte den Nachsatz, Alles ohne sich sonderlich um den Inhalt zu kümmern; er vernichtete eine harmlose phrenologische Betrachtung, welche der Dorfzeitung entnommen war, daß nämlich die Schädellehre den Kopf Napoleons für einen dummen Kopf erkläre, dessen Eigenthümer ein simpler braver Mann gewesen sei, während doch der Kopf in Wirklichkeit das gerade Gegentheil bewiesen habe. Darüber verlor Mathy die Geduld und stellte den Mann in der Amtsstube zur Rede: diese Art zu streichen sei völlig ungesetzlich, ja verbrecherisch; und wir fürchten, er sagte dem Censor, sie sei ein Unsinn und Blödsinn. Der Beamte war so eingeschüchtert, daß er nichts dagegen zu bemerken wagte. Doch half die Scene nur auf kurze Zeit.

Derselbe Schlag, welcher sein junges Unternehmen traf, warf ihn auch aus seiner Beamtenlaufbahn. Wahrscheinlich

wäre der Zwiespalt zwischen seinen Amtspflichten und seinem
Redactionsgewissen auch ohne Wiederherstellung der Censur
nicht ausgeblieben. Denn die Regierung, wie wohlmeinend
sie im Ganzen war, stand doch der liberalen Opposition oft
abweisend gegenüber und hätte in die Länge an ihrem jungen
Beamten literarische Thätigkeit auf eigene Hand schwerlich
ertragen. Indeß Mathy war unter dem Preßgesetz gar nicht
als Redacteur verantwortlich, und die Regierung mochte nicht
sofort Veranlassung zur Unzufriedenheit gefunden haben, wenn
sie eigener Ueberzeugung folgen durfte. Jetzt aber wurde sie
von Frankfurt stark bedrängt und hatte keine Wahl, sie mußte
scharf gegen ihre Presse einschreiten. Daß Mathy den Zeit=
geist leitete, war in Karlsruhe bekannt, ein neues politisches
Blatt war ohnedies damals eine wichtige Sache, auch der
Trauerrand hatte großes Aufsehen gemacht. Dennoch wollte
die Regierung den vielversprechenden Beamten nicht verlieren,
man häufte die Akten in seiner Stube, um ihm die journa=
listischen Allotria unmöglich zu machen. Das war vergebens,
seine Arbeitsfähigkeit schien unbegrenzt, er schrieb in der Nacht
und nicht nur in den Zeitgeist, auch als Mitarbeiter der All=
gemeinen Zeitung. Sein wohlwollender Vorgesetzter, Finanz=
minister Böckh ließ ihn kommen: „Wenn Sie sich entschließen
können, Ihre ganze Kraft der Regierung zur Disposition zu
stellen, sollen Sie eine Carrière machen, wie noch nie jemand
in Baden." Darauf Mathy: „Das heißt ja wohl, ich soll
für die Regierung schreiben?" Böckh: „Allerdings." Mathy:
„Nun, Excellenz, mit Ihnen wollte ich's wagen, wir beide
würden mit einander fertig, aber Ihre Herren Collegen —."
Da blieb der Regierung nichts übrig als den unbotmäßigen
Beamten zu entlassen. Am 21. August 1832 wurde durch
Entschließung des Staatsministeriums seine Enthebung von der
Secretärstelle ausgesprochen. Doch blieb er Kameralpraktikant
— diese Würde war in Baden gewissermaßen unzerstörbar
— und stand unter dem Staatsdienergesetz, behielt auch vor=

läufig seine Nebengeschäfte, Regelung der Grundsteuer in einigen Ortschaften.

Mathy war nicht mehr Beamter, er hatte den kleinen Gehalt verloren und ihm wurde schwer, den Zeitgeist durch die Klippen der Censur zu steuern. Dennoch behielt er eine fröhliche Zuversicht, er verdiente durch Zeitungsberichte und auch etwas bei seinem eignen Blatt, und er konnte noch viel mehr schaffen, wenn es noth that, Stunden geben, ein Buch schreiben; er fühlte sich gehoben durch das achtungsvolle Vertrauen, das ihm die Führer der Opposition zollten, und er war der Liebe seiner Anna sicher. Er überlegte mit ihr, beide muthig, voll Glauben an die Menschheit; die Vermählung wurde beschlossen und Mathy arbeitete seitdem mit doppeltem Eifer, um für den neuen Haushalt eine kleine Sparbüchse zu füllen. Er hatte darüber auch den Staat zu fragen. Denn als Kameralpraktikant war er nach badischem Gesetz verpflichtet, zu Schließung der Ehe eine Erlaubniß einzuholen, welche an den Nachweis eines Vermögens von 8000 Gulden geknüpft wurde. Er bat am 26. Mai 1833 das Finanzministerium, ihm entweder den Nachweis zu erlassen — was in anderen Fällen wol geschehen war — oder ihn aus der Praktikantenliste zu streichen, um, wie er sich ausdrückte, „mich auf diese Weise der Pflichten eines Verhältnisses zu entheben, dessen Rechte zu genießen ich, ungeachtet vierjähriger treugeleisteter Dienste, keine oder doch nur sehr problematische Aussichten habe." Er wurde sofort entlassen und ihm die kleinen Nebengeschäfte abgenommen.

Da gerade in den Wochen, wo er dem ersehnten Glück so nahe war, traf es ihn wieder wie ein Wetterschlag aus heiterem Himmel.

Am 3. April 1833 war der kopflose Aufruhr zu Frankfurt gewesen, Mathy hatte völlig nichts damit zu thun gehabt. Als einige Tage vorher Rauschenplat bei ihm eingetreten war und Andeutungen davon gemacht hatte, da war ihm der jüngere Mann ein Warner geworden, und als die Nachricht von dem

Straßenlärm nach Karlsruhe kam, hatte Mathy gegen die
Freunde seine Mißbilligung ausgesprochen. „Sie haben es gut
gemeint, aber dumme Streiche gemacht," sagte er damals.
Doch er war ein warmherziger Deutscher, er war als Freund
buchstäblich treu bis zum Tode, jeder politisch Verfolgte war
ihm ein mitleidwerthes Opfer der schlechten Gegenwart, sogar
wenn er die Person des Verfolgten nicht ehren konnte, war
ihm genug, daß einer in Noth und Jammer zu ihm Vertrauen
hatte, in solchem Fall wurde ihm jeder Fremde der Nächste, und
er frug wenig nach dem Gesetz. Und gar nicht nach dem eigenen
Heil. Diese Zuverlässigkeit hatte ihm unter der politischen
Jugend des Südens den Ruf eines treuen Nothhelfers verschafft,
und zu ihm kamen politische Flüchtlinge in der letzten Angst um
Freiheit und Leben, auch wenn sie ihn vorher kaum gekannt
hatten. Seit er nicht mehr im Staatsdienst war, betrachtete
er bei solchem Helferamt die verfolgenden Regierungen nur
als politische Gegner. Und er handelte darin ganz im Einverständniß mit seiner Verlobten. Ja es darf nicht verhehlt
werden, daß er sie bei diesen polizeiwidrigen Lebensrettungen
sogar als Gehilfin benutzte. So fand er einst in seiner
Wohnung einen Zettel, der ihn aufforderte in den Gasthof
„Die Sonne" zu kommen, ein Fremder bringe ihm Grüße von
Mannheim. Als Mathy in die Gaststube trat, traf er einen
Herrn, der ihm mit den Augen winkte, er erkannte einen Ost-
friesen Köhler, den er früher einmal in Mannheim als Reisenden
für irgend eine Parteibewegung gesehen hatte. Köhler
sagte ihm vor dem Kellner: „ich habe Aufträge für Sie", und
als der Kellner das Zimmer verlassen hatte, flüsterte er: „ich
bin auf der Flucht, dem Gensdarm und dem Gefängniß ent-
ronnen, ich habe keinen Hut, kein Geld, ich bin die ganze
Nacht gelaufen, will nach Straßburg." „Bleiben Sie sitzen,"
sagte Mathy kurz, „ich hole den Hut." Er kaufte diese Legi-
timation des deutschen Bürgers für freie Luft und führte den
Fremden darunter auf die Straße. Unterdeß war die Flucht

des Köhler der Polizei nach Karlsruhe gemeldet. Auf dem
Wege trafen Beide einen Polizeicommissar: „Wollen Sie voran=
gehen," sagte Mathy, „ich habe mit dem Herrn von der Polizei
etwas zu sprechen," er hielt den Beamten auf und verhinderte
ihn an der Beobachtung des Begleiters. Aber bei Mathy
konnte der Flüchtling unter diesen Umständen nicht weilen.
Da faßte Mathy den verzweifelten Entschluß, den Mann in
der Wohnung seiner Braut unterzubringen; Anna ging zu
einer Freundin und verweilte dort unter einem Vorwande
während der Nacht; der Flüchtling wurde in Anna's Stube
verschlossen, am andern Morgen in Begleitung der Damen
durch einen Miethwagen fortgebracht. Mathy traf denselben
Mann später in der Schweiz, er ist in London als Flüchtling
auf der Straße verhungert.

In ähnlicher Weise brachte Mathy noch drei Andere —
der letzte war sein Schwager Franz — heimlich durch die
Grenzwachen nach der Rheinpfalz und Frankreich, bei Nacht
auf Schmugglerpfaden unter persönlicher Gefahr, mit trotzigem
Herzen und zum Aeußersten entschlossen.

Es war nicht zu vermeiden, daß die Polizei von dieser
hilfreichen Thätigkeit des jungen Journalisten eine Ahnung
erhielt. Zwar in Baden war man nicht gerade beflissen zu
verfolgen, aber die Geflüchteten selbst sorgten dafür, der Central=
commission in Mainz Andeutungen zu den Akten zu senden,
denn sie hatten eine verzweifelt gemüthliche Weise ihr Ver=
schwörungswerk mitzutheilen, sie sprachen gern vertraulich in
den Schenken und sandten zur Heimat höchst vertrauliche Briefe
in Hut und Felleisen wandernder Handwerksburschen, welche
zuverlässig der Polizei in die Hände wandelten. Durch einen
solchen Brief kam Mathy als Fluchtbeförderer in die Akten
und Ende Mai 1833 erhielten die Behörden in Karlsruhe
den Auftrag, eine Untersuchung gegen ihn zu eröffnen. Er war
gerade in der Kammer und mit dem Kammerbericht beschäftigt,
als er verhaftet wurde, man hielt Haussuchung in seiner

Wohnung und fand dort Exemplare eines anstößigen Liedes auf die Getöteten von Frankfurt, welches allerdings auf seinen Betrieb an einem Sonntag Nachmittag in der Hasper'schen Druckerei gesetzt worden war.

Ach, es war unmittelbar vor dem Tage, den er seit Jahren heiß ersehnt und mit aller Anspannung seiner Kraft herbeizuführen gesucht hatte. Die Trauung war bestellt, das Brautkleid fertig, der Brautkranz gebunden, da kam seiner Braut nach Schwetzingen, wo sie bei ihrer Schwester, der Amtsphysikus Wilhelmi lebte, die Schreckenskunde. Sie eilte sogleich nach Karlsruhe und setzte durch, in den Rathhausthurm geleitet zu werden, wo Mathy in Haft saß. Seine ersten Worte waren: „Es kommt doch nicht ins Stocken mit der Hochzeit?"

Er blieb etwa vier Wochen in Haft, wegen der Flüchtlinge war nichts Belastendes auf ihn zu bringen, nur die Ermittelung, wo jenes Gedicht gedruckt sei, verzögerte seine Freilassung. Da beschloß Mathy der Sache ein Ende zu machen, und als sein Freund, der Faktor Malsch von der Hasper'schen Druckerei — jetzt Oberbürgermeister zu Karlsruhe — vor den Stadtdirector Baumgärtner geladen wurde, um Mathy gegenübergestellt zu werden, ging Mathy auf Malsch zu, reichte ihm die Hand und sprach: „Verzeih, ich habe gesagt, daß du es gedruckt hast, denn dies ist der einzige Grund, weshalb ich in Haft gehalten werde."

Endlich am 16. Juli kam Mathy mit zwei Freunden in Schwetzingen an, am 17. Juli war die Trauung im Hause Wilhelmi's durch den katholischen Pfarrer, dessen Kirche die Braut angehörte. Nach der Trauung führte Mathy seine junge Frau zu Karlsruhe in die neue Wohnung auf der kleinen Herrenstraße. Dort eine Treppe hoch hatten die Verlobten ein artiges Quartier eingerichtet, in der Mitte eine Stube mit zwei Fenstern, zu jeder Seite eine kleinere Stube, dazu Küche und schätzenswerthe Bodenkammer; es war Alles sehr hübsch. Mathy war glücklich. Am nächsten Morgen saßen die Neuvermählten am erſten Frühſtück, da polterte es auf der Treppe und Welcker rief als erſter Gaſt lauten Glückwunſch in das Zimmer. — Noch in den letzten Jahren ſeines Lebens richtete Mathy bei Spaziergängen mit ſeiner Frau gern die Schritte nach dem Hauſe, wo ſie in der Jugend den Haushalt begonnen hatten. Dann ſah er zu den Fenſtern hinauf und ſprach von alter Zeit.

Es wurde eine deutſche Ehe, treu, unzerſtörbar; das geliebte Weib im Herzen ſchritt er gefeſtigt durch allen Sturm des Lebens. Wie unabläſſig ſein Geiſt in den großen Aufgaben der Zeit arbeitete, ſein Glück fand er ſeitdem nur an der Seite ſeiner Frau, welche ſtark und feſt wie er, ſeine Vertraute bis zur letzten Stunde ſeines Erdenlebens blieb. — Damals war es weit ſchwerer als jetzt auf journaliſtiſche Thätigkeit ein Hausweſen zu gründen; Mathy hatte das doch durchgeſetzt und konnte nach der Vermählung ſeiner jungen Hausfrau einige hundert Gulden zeigen, die er für letzte Fälle zurückgelegt hatte.

Wie das Weſen Mathy's beſchaffen war, ſuchen wir an dem Höhepunkt, den er jetzt erreicht hatte, zu verſtehen. Freilich, keines Menſchen Leben wird irdiſchem Auge durchſichtig wie ein Kryſtall, auch der Freund kennt in dem Lebenshauſe des Freundes zwar ſehr gut die Kammern, in denen er ſelbſt eingewohnt iſt, weniger leicht ſieht er, wie der ganze kunſtvolle Bau ſich von Außen darſtellt. Und je wärmer die Neigung iſt, welche an einen Menſchen bindet, deſto ausſchließlicher empfängt man von ihm nur, was dem eigenen Weſen ent= ſpricht oder daſſelbe ergänzt. Karl Mathy war feſtgefügt und dauerhaft an Leib und Seele, geſcheidt, wahrhaft, beſcheiden. Sein Fühlen war ſtark und tief, durch heftige Erregung wurde er nicht verwirrt, ſondern gehoben, die heiße Leidenſchaft in ihm war nur durch früh erworbene Herrſchaft über ſich ſelbſt gezügelt; wo er liebte und ehrte, war er von inniger Hingabe, immer bereit ſich zu vergeſſen; wenn ihn etwas verletzte, wies er es heftig, oder was den Betroffenen noch härter ankam,

mit kaltem Hohn ab, und lange ist die Klage seiner Bekannten,
daß er allzu scharf und schonungslos sei. In seiner wuchtigen
und ernsten Natur war aber die Grundstimmung heiter und
lebensfrisch, oft brach dieser Frohsinn anmuthig als seine
Laune durch. An Energie und Willenskraft war er den meisten
Menschen überlegen, ein starker, entschlossener Mann; wo ihn
der Eifer erfaßte, griff er kräftig durch, auch da konnte er
rücksichtslos bis zur Härte werden. In manchen großen
politischen Fragen seiner Zeit wurde sein Urtheil sehr früh
selbständig, dann ging er seiner Umgebung mehre Schritte
voraus, was ihm längst klar war, wurde Andern erst nach
fruchtlosen Anläufen und falschen Schritten verständlich. Aber
es war gewöhnlich sein Schicksal allein zu stehen, er hat
stets einige treue Anhänger gehabt, nie eine Schule. Denn
seiner Tüchtigkeit fehlte die behende Bewegung, die höfliche
Nachgiebigkeit, rasches Eingehen in die Stimmung des Tages
und der pathetische Schwung, welcher die Seelen der Menge
anzieht. Er war im Ganzen weit mehr zu ernster Lehre und
That als zu gefälliger Vermittelung und zur Kritik geboren.
Dennoch wußte er, wo es ihm bei bestimmtem Geschäft darauf
ankam, die Einzelnen klug und mit Ueberlegenheit zu behandeln,
dann verstand er diplomatisch zu schonen und dem Andern
ohne Unehrlichkeit bequem zu werden. Aber derselbe Mann,
der in den größten allgemeinen Interessen wol einmal über
Andern stand, sorgte für sein eigenes Leben nicht mit der
gleichen Ueberlegenheit. Was ihm ansprechend entgegenkam,
von Menschen und Zumuthungen, dem gab er sich schnell und
bereitwillig hin, und manches dauerlose Verhältniß, und manche
getäuschte Hoffnung wurde ihm bereitet durch eine gewisse
Schwerfälligkeit, mit welcher sein Urtheil hinter dem auf-
lodernden Eifer zurückblieb. Diese Eigenheit, auffallend bei
einem ungewöhnlich gescheidten Mann, kam ihm zunächst aus
einer Ueberfülle von sorglosem Muth, der durch die frühe
Selbständigkeit hoch gesteigert war. Er barg sich die Bedenken

und Schwierigkeiten nicht, aber er war geneigt sie gering zu achten. Und um gerecht zu sein, auch die Freiheit der Wahl war ihm beschränkt. Denn ihn zwang die Noth des Lebens und die Sorge um die letzten Grundlagen des Daseins. Aber ebenso sehr ein anderes deutsches Angebinde, welches in der Wiege seinem Leben zugetheilt wurde. Der kräftige Mann hatte ein untilgbares Bedürfniß zu vertrauen und zu ehren, darin blieb er völlig ein treuer Deutscher, der aus kleinem Lebenskreise herausgewachsen war. Diese Bereitwilligkeit bei Andern die entsprechende Tüchtigkeit und Güte vorauszusetzen, hat ihm zuweilen persönliche Gegner geschaffen, wenn sich in ihm die Kritik fremder Schwäche nachträglich geltend machte, sie hat ihm selbst Enttäuschungen und Sorgen gehäuft, sie ist aber bis zu seinem Tode die Begabung seines Gemüthes gewesen, welche ihm nach den größten Leiden und den bittersten Erfahrungen Freude am Menschen und Freude am Leben erhielt, welche ihn überall schnell heimisch machte und ihm überall die Herzen derer gewann, die ihm nahe traten. Selten hat ein Deutscher sich in so vielen Verhältnissen versucht, denen einige Bedingungen der Dauer fehlten, aber selten hat Jemand so pflichtgetreu und kräftig die Schwierigkeiten besiegt, und selten ist Jemand durch die Erfahrungen, welche er darin machte, so wenig verdüstert worden, als er. Im Gegentheil, das Leben machte ihn milder und nachsichtiger und seine Freude an Allem, was ihm in Anderen gut und tüchtig erschien, inniger. Es dauerte lange und viel Lebenskraft mußte er verwenden, bis er eine sichere Herrschaft über die Verhältnisse gewann, bevor gebändigt wurde, was er zu reichlich besaß, und gesteigert, was nach seiner Anlage sich ungenügend geltend machte. — Drei und zwanzig Jahre war er alt, als er seine Neigung für das Leben an ein Weib fesselte, einen großen Theil der Lehrzeit, welchen sonst der einzelne Mann mit geringer Sorge besteht, kämpfte er als Ernährer einer Familie durch, das Ringen war schwerer, der Gewinn sicherer.

Gleich in dem ersten Jahre der Ehe bedurfte er das Glück des Hauses, um nicht unlustig zu werden. Er schrieb eine Anzahl guter Artikel für sein Blatt, aber der Censor blieb unversöhnlich. Vollends im Jahr 1834 wurde der Zeitgeist durch die Censurlücken zu einem Schatten und die Abonnenten durch die leeren Blätter vermindert.

Mathy hatte schon das Jahr vorher eine kleine Schrift: Erläuterungen zur Gemeindeordnung herausgegeben, welche als bequemes Handbüchlein mehrmals aufgelegt wurde. (3te Aufl. Karlsruhe 1834.) In dieser schweren Zeit redigirte er die Aufsätze des Zeitgeistes, welche durch eine Denkschrift von Nebenius für den Beitritt Badens zum Zollverein veranlaßt waren, zu einer Flugschrift unter dem Titel: Betrachtungen über den Beitritt Badens zu dem deutschen Zollverein, Karlsruhe 1834, Selbstverlag des Herausgebers. Die Schrift ist eine gemessene Abwägung der Nachtheile und Vortheile. Die Nachtheile: das geschmälerte Steuerbewilligungsrecht der Stände, Erhöhung einzelner Zölle namentlich auf Colonialwaaren, drohende Einführung des lästigen preußischen Mauthsystems gegen das Ausland. Die Vortheile: engere Verbindung der deutschen Staaten, freier Binnenverkehr, größere Festigkeit der Zollgesetzgebung, günstigere Handelsverträge, Aussicht auf Eisenbahnen, Kanäle, Gewerbefreiheit. Die Vortheile sind überwiegend, der Beitritt wünschenswerth. — Dieser kühle Ton läßt nicht die Wärme erkennen, womit Mathy schon damals den entstehenden Zollverein betrachtete. Die vorsichtige Haltung war aber durch seine Leser geboten, denn gerade die Liberalen Süddeutschlands betrachteten die geschäftliche Verbindung mit dem Preußen der heiligen Allianz als eine tödliche Gefahr für das Verfassungsleben ihrer Landschaften. Und was uns jetzt nach einer Erfahrung von 35 Jahren als unvollständige Würdigung des größten Fortschritts jener Jahrzehnte erscheint, war damals aus der Mitte der Entschiedenen eine mannhafte Erklärung selbständiger

Gesinnung, durch welche Mathy werthe Gesinnungsgenossen sehr
verletzte. Sein eigener Schwager Franz schrieb eine Schrift
im entgegengesetzten Sinne, welche weit mehr gefiel. Wie
innig ihm der Anschluß am Herzen lag, ist daraus ersichtlich,
daß er die Schrift ohne Namen auf seine Kosten drucken ließ,
von dem geringen Honorar, das er sich sorgenvoll erschreiben
mußte, der arme Journalist, in denselben Monaten, wo ihm
sein Blatt durch die Censur vernichtet, seine Freiheit durch
Untersuchungen bedroht wurde, wo er sich fragen mußte, ob
er selbst in der Heimat bleiben könne, um die er so patriotisch
sorgte.*)

Als ihm den 3. Mai 1834 ein prächtiger Knabe, sein Sohn
August geboren wurde, da ahnte der Vater bereits, daß seine
Zeitschrift nur noch wenige Monate dauern werde, und an
der Wiege des Kleinen überlegte er sorglich, wie es jetzt mit
ihm werden solle. Schon damals kam ihm der Gedanke nach
der Schweiz zu gehen und dort eine Anstellung als Lehrer
zu suchen. In denselben Wochen war es auch, wo er gegen
seinen Freund Malsch den Wunsch aussprach, in der Druckerei
Hasper's das Setzen zu lernen. Er könnte nicht wissen, ob er
diese Technik nicht noch einmal brauchen werde. Er griff die
Sache eifrig an und wurde der geheimnißvollen Kunst in
vierzehn Tagen mächtig. Während er einmal am Setzkasten
stand und ein englisches Manuscript des Lord Stanhope über
Kaspar Hauser gleich in deutscher Sprache setzte, kam Lord
Stanhope selbst in die Druckerei, Malsch führte ihn zu dem
Setzkasten Mathy's und sagte: „Hier habe ich einen Setzer,

---

*) „Ich habe eine Schrift über den Zollverein geschrieben, allein da
ich sie auf meine eigenen Kosten drucken ließ, so steht dahin, ob mir
der Absatz auch nur die Druckkosten ersetzen wird. Mit dem Zeitgeist
geht es dieses Jahr nicht glänzend, die in neuerer Zeit ganz unsinnig
gewordene Censur verhindert den Stoff für die Leser auch nur einiger-
maßen interessant zu machen." Brief Mathy's an seine Mutter vom
8. März 1834.

der aus dem Englischen ins Deutsche setzt." Verwundert sah
der Engländer sein Manuscript und das Erstaunen wuchs,
als Mathy ihn englisch anredete. Die Setzer in der Druckerei
waren stolz auf ihren Collegen, sie hingen ihm mit großer
Liebe an und suchten ihm ihre Gesinnung noch später in der
Schweiz zu erweisen; er selbst aber freute sich oft, daß die
erworbene Kunstfertigkeit ihm zu Statten kam, in der Schweiz
wo er die Aufsicht über eine Druckerei führen konnte, dann
in Mannheim als Buchhändler; und noch als Minister in
den letzten Jahren erwies er bei Staatsschriften, die er drucken
ließ, behaglich seine Kenntnisse in Cicero und Corpus, in
Correcturzeichen und Umbrechen.

Vergebens hatte Mathy die Leser des Zeitgeistes im letzten
Jahre durch eine unpolitische Zugabe: „Blätter zur Unter=
haltung" zu fesseln versucht, vergebens zog er im zweiten
Halbjahr die Zeitschrift enger zusammen und stellte den Preis
niedriger. Am Ende des dritten Vierteljahrs schloß er plötz=
lich mit der Erklärung: er halte nicht für angemessen, die
Censurbehörde länger zu belästigen, und könne den Lesern
nicht zumuthen, sich mit dem zu begnügen, was die Censur
übrig lasse.

Unterdeß war er bemüht andere Thätigkeit zu finden,
er nahm seine Tages= und Kammerberichte für die Allge=
meine Zeitung wieder auf. Er empfing mit Freude den An=
trag, Mitarbeiter an einem neuen Unternehmen von Rotteck
und Welcker, dem Staatslexikon, zu werden, und übernahm
eine große Anzahl nationalökonomischer Artikel, die zu den
besten des großen Lexikons gehören. In allen Wechselfällen
seines Lebens ist er diesem Werke treu geblieben, auch seit ihm
Vieles darin nicht mehr gefiel, arbeitete er mit in dankbarer
Erinnerung an den Werth, welchen die ersten Hefte für ihn
gehabt hatten. In einer zweiten Auflage überarbeitete er seine
Artikel und vervollständigte mehre Aufsätze Anderer. Als
später durch die Buchhandlung Brockhaus eine dritte umge=

arbeitete Auflage hergerichtet wurde, hat er sich wenigstens der Durchsicht seiner früheren Artikel nicht entzogen und noch in den letzten Lebensjahren daran gebessert.*) Eine literarische Thätigkeit von anderer Art wurde ihm nah gelegt, wenn er seinen kleinen Sohn in dem Arm hielt und an die Zeit dachte, wo er ihn zu kindlicher Geistesarbeit anleiten würde; er wurde Mitarbeiter an zwei periodischen Jugendschriften: „Quelle nütz= licher Beschäftigungen", in vier Sprachen, deutsch, französisch, englisch, russisch, und „Bildersaal für Geschichte, Natur und Kunst". Darein schrieb er kleine belehrende Aufsätze, die er der Fassungskraft der Kinder wohl anzupassen wußte.

So kam und ging der Winter, Licht im Hause und braußen der Himmel bewölkt, immer noch schwebten die politischen Untersuchungen über ihm. Als das Frühjahr nahte, verlor er die Gebuld.

Er hatte sich mit dem Plane getragen, eine Landtags= zeitung für Baden herauszugeben, wie er sie sieben Jahre später einrichtete. Der gute Plan scheiterte, weil die Regierung das Verweigern der Genehmigung in Aussicht stellte, wenn Mathy an dem Unternehmen betheiligt sei. Am 1. März 1835 wurde ein Bekannter Mathy's, Lieutenant Sold in Dur= lach verhaftet, weil man bei Durchsuchung eines Handwerks=

---

*) Seine Artikel sind folgende: Abandon, Abgaben, Auflagen und Steuern, Abholzen, Ablösungsarten, Ablösungskapital, Abmachung, Ab= rechnen, Absatz, Acceptation, Accise, Ackerbau, Ackerbauinstitute (Zusätze), Actiengesellschaften (Zusätze), Actienhandel, Activhandel, Abmodation, Aerarium, Agiotage, Alleinhandel, Amortisation, Anweisungen, Arbitrage, Assignaten, Aufkauf, Aufschlag, Ausgleichungsabgaben, Bank, Einkommen und Einkommensteuer, Eisenbahn (Zusätze), Englisches Bank= und Credit= system, Finanzoperationen (Zusätze), Fruchtsperre im Jahr 1846, Geld (Zusätze), Geldumlauf, Gewerb= und Fabrikwesen (Zusätze), Glücksspiele (Zusätze), Grundsteuer (Zusätze), Gefällesteuer (Zusätze), Handel, Häuser= steuer (Zusätze), Nationalökonomie, Octroi, Organisation der Finanzver= waltung, Papiergeld, Regie, Rheinoctroi, Schifffahrtsgesetze, Sperre, Stempel, Theuerung, Zehnt, Zoll, Zollverein.

burschen aus der Schweiz den Brief eines Flüchtlings an den
Offizier entdeckt hatte. Durch die Haussuchung fand man ein
Packet Briefe, welche Mathy dem Offizier zur Aufbewahrung
übergeben hatte, nichts Gefährliches, aber doch Briefe von
Flüchtlingen, welche Mathy für ihre Angelegenheiten in Anspruch genommen, auch zwei Briefe Itzstein's an Mathy, wahrscheinlich nicht frei von scharfen Aeußerungen gegen die Regierung. Endlich Ende März trat an spätem Abend Rotteck in
Mathy's Zimmer mit einer Nachricht aus Rastatt, die Central-
commission zu Mainz habe wiederholt größere Strenge gegen
die Umtriebe in Baden und Mathy's Verhaftung gefordert,
das Hofgericht zu Rastatt habe zweimal abgelehnt, ihn zu
verhaften, jetzt sei das Verlangen aufs Neue gestellt, und man
könne sich zu Rastatt dem Drängen nicht länger widersetzen;
auch Hofgerichtsadvocat Sander — der liberale Abgeordnete,
ein Bekannter Mathy's — rathe, daß sich Mathy auf einige
Zeit entferne, wenn auch nicht auf lange. Dasselbe riethen
andere Bekannte, auch Frau Anna redete tapfer zu. Er war
tief gekränkt und zornig. Vor zwanzig Monaten waren die
Akten jener ersten Untersuchung gegen ihn geschlossen worden und noch hatte man kein Urtheil gefällt, seitdem hatte
man mehrmal ohne Erfolg gesucht ihn strafbar zu finden,
in zwei Jahren hatte man fünf Haussuchungen bei ihm vor-
genommen. Jetzt glaubte er zu erkennen, daß die Behörden
entschlossen seien, ihn auf jede Weise zu verderben. Ja, er
mußte fort, aus der dumpfen Luft des Censurstaats wollte
er hinaus in ein freies Land, wo das Wort nicht in Fesseln
lag, und wo er als Fremder größere Freiheit hatte, durch
allerlei ehrliche Arbeit sich fortzuhelfen. In der Schweiz wollte
er Lehrer werden. Er gedachte still vorauszugehen, seine Frau
sollte ihm folgen, sobald er lohnende Arbeit gefunden.

Es war ihm hart von seinem Vaterland zu scheiden, sein
Weib zu verlassen kurz vor ihrer zweiten Niederkunft und ihr
fern zu sein in der schweren Stunde; seinen kleinen Sohn

zu verlassen, dessen Anblick seine Wonne war. Aber gerade diese Gedanken beflügelten ihm den Aufbruch, die Geliebte hatte als Braut den Schmerz gehabt ihn im Gefängniß zu sehen, in den nächsten Monaten, wo ihr jede Schonung noth that, durfte die Angst um einen gefangenen Gatten nicht verderblich werden. Für sie war die Trennung minderer Schrecken als eine Haft.

So faßte er seinen Entschluß. Manche seiner Freunde in Baden meinten später, er hätte nicht nöthig gehabt zu gehen, ihm habe daheim keine ernste Gefahr gedroht. Allerdings, seine Theilnahme an Politik war nur die eines ehrlichen Journalisten gewesen, aber er hatte wiederholt Flüchtlinge der gerichtlichen Verfolgung entzogen, und jeder Tag konnte ihn deshalb schwerer Verantwortung unterziehen. Er hielt, durch die ewigen Quälereien der Polizei gereizt, in solcher Stimmung vielleicht das Verfahren der Regierung gegen ihn für persönlicher und boshafter als es war. Er war auch allzu vertrauensselig in den Hoffnungen, die er auf die freie Schweiz setzte. Dennoch mußte man sagen, als er ging, handelte er nicht unter dem Zwange einer plötzlichen übermächtigen Stimmung, sondern nach dem Zuge seines ganzen Wesens und nach einem alten Plane. So wie er damals war, hätte er in der Heimat nur schwer die Versöhnung mit dem politischen Leben der deutschen Staaten gefunden. Seine Absicht theilte er nur wenigen Vertrauten mit, erst aus Straßburg schrieb er davon seiner Schwester und fügte hinzu: „ich habe ertragen, was nur immer möglich war, solange mir ein Schimmer von Hoffnung blieb, in meinem Vaterlande als nützlicher Bürger zu leben.“

II.

In der Schweiz.

1.

Die Ankunft.

Am 30. März 1835 ging Mathy am frühen Morgen
zu Fuß aus dem Thore von Karlsruhe, um durch die bairische
Pfalz und den Elsaß die Schweiz zu suchen, seine Frau begleitete ihn bis Lauterbach. Es war ein trauriger Abschied,
als er sich von ihr löste, er schritt einer unsichern Zukunft
entgegen auf Flüchtlingspfaden, und hinter ihm folgte wie sein
Schatten die Flüchtlingssorge. Da er den Elsaß betrat, wurde
ihm eine Vorempfindung von dem Treiben, dem er sich näherte,
an der französischen Grenze wartete sein Schwager Franz,
um ihn in alte und neue Bedrängnisse einzuweihen. Dieser
war mit den Flüchtlingen in der Schweiz zerfallen, das junge
Deutschland, dessen Mitbegründer er selbst gewesen, hatte ihn
unfreundlich, in düsterer Sitzung, zum Tode verurtheilt, nicht
als einen Verräther, sondern weil er 300 Franken aus der
neuen Bundeskasse zweckwidrig verwendet hatte. Man hatte
sich enthalten, dies Urtheil dem Schuldigen mitzutheilen, damit er sich nicht in den Zeitungen darüber beschwere, auch
hatte man in einem Rest von Menschenfreundlichkeit vorläufig
den Richterspruch nicht vollstreckt, aber die Sache war unter den

Flüchtlingen doch bekannt geworden, es gab viel Kopfschütteln und üble Nachrede, und Mathy verwandte einige Tage in Straßburg, um, soweit er vermochte, seinem Schwager die Fürsprache angesehener Liberalen zu werben.

Mathy war mit dem Entschluß abgereist sich von den politischen Plänen der Ausgewanderten ganz fern zu halten; was er jetzt sah und hörte, mußte ihn darin bestärken. Längs dem französischen Oberrhein war unter den Flüchtlingen und den Patrioten ein reger Verkehr, sie fuhren ab und zu, grüßten einander mit vertraulichen Zeichen, hielten geheimnißvolle Unterredungen und lagerten in den Wirthshäusern. Kam ein Handwerksgesell oder anderer Reisender, den sie als Gesinnungsgenossen betrachteten, so suchten sie ihn zu werben, ähnlich wie Corpsstudenten an der Landstraße die zureisenden Füchse. Zumal in der Landschaft von Basel, wo damals Stadt und Land sich feindlich getrennt hatten, trieben die flüchtigen Deutschen häufig umher. Als Mathy zu Fuß nach Liestal kam und im Gasthof sein Name genannt wurde, umdrängten auch ihn einige wandernde Politiker. Unter diesen Georg Peters aus Berlin, der in Greifswald Jura studirt hatte und von Bern ausgewiesen war, weil er als Comitémitglied des jungen Deutschlands einen Aufruf an das deutsche Volk und Militär unterzeichnet hatte. Dann der oft genannte Dr. Georg Fein aus Helmstädt. Dieser hatte in Braunschweig mitgeholfen, da Herzog Karl verjagt wurde, war als wandernder Burschenschafter auf süddeutschen Universitäten umhergezogen und hatte in gespreizten Reden eine neue Zeit verkündet, in der „Thor" und Wuotan nicht mehr die blutigen Opfer des Studentenduells heischen würden. Dann hatte er an der deutschen Tribüne des Dr. Wirth gearbeitet, war wegen des Hambacher Festes in Untersuchung gekommen und nach der Schweiz geflohen. Auch dort trieb er unstät umher, richtete deutsche Gesellenvereine ein, von denen er als „Vater Fein" geehrt wurde, predigte Unabhängigkeit des Menschen von

unnützen Bedürfnissen, zu denen er Halstuch und Weste, aber
auch Seife, Tischtuch und Teller rechnete, achtete jedoch die
trinkbaren Erfindungen der Civilisation; ein cynischer Gesell
mit schiefen Augen, gestülpter Nase, struppigem Langbart, ver=
worrenem Haar. Er war einer der wenigen Flüchtigen jener
Zeit, welche bis zur Gegenwart gedauert und nach langen Irr=
fahrten in der Schweiz ein friedliches Alter gefunden haben.

Damals zu Liestal wurde Mathy von den Flüchtlingen in
Fein's Wohnung geladen, dort bemühten sie sich ihn in ihre
Politik einzuweihen, ja, sie wollten ihn sogleich in ihren Bund
aufnehmen, Mathy brach kurz ab, verweigerte jedes Ehrenwort
ihre Mittheilung geheim zu halten und erklärte, daß er über=
haupt nicht die Absicht habe, sich in der Schweiz mit Politik
abzugeben. Fein war durch die Zurückweisung seines Antrags
beleidigt, aber Mathy freute sich der Abfertigung. Er ging
weiter, an den Freiheitsbäumen der Dörfer in Baselland vor=
bei, über die Höhen des Jura; an der Berner Grenze rief
ihm ein Landjäger zu: „Wo wolli Si usi?" Mathy, der ohne
Paß war, gab keine Antwort und ging weiter.

Am 9. April kam er in Bern an. Dort traf er einen
Universitätsfreund Stephani, der ihn fröhlich begrüßte und
sogleich zu anderen deutschen Flüchtlingen, Bekannten Mathy's
führte. Darunter war Freieisen mit seiner Frau, einer
Frankfurterin, ein gutherziger, phlegmatischer Mann, welcher
Musikstunden gab, sich um schöne Literatur kümmerte — er
hat über Friederike von Sesenheim geschrieben, — gern und
gut vorlas und den Theetisch des flüchtigen Haushalts durch
die Poesie unserer großen Dichter zu verschönern wußte. Dann
war Rauschenplat da, im Begriff, zu den Christinos nach
Spanien abzugehen, und Professor Siebenpfeiffer, der nach
seiner Flucht aus Frankfurt an der Universität Bern Collegien
las und in Zurückgezogenheit unter seinen Büchern lebte,
schon damals mit gebrochenem Lebensmuth. Mathy hatte
Empfehlung an die Professoren W. Snell und Troxler, er

wurde zuvorkommend aufgenommen und erhielt gute Hoffnung
auf Beschäftigung, ja auf eine Anstellung. Dennoch merkte
er sogleich, daß es nicht mehr so leicht sei als einige Jahre
früher, in der Schweiz gesicherten Aufenthalt zu finden. Die
Zahl der Fremden, welche Arbeit suchten, war groß und die
Behörden der Schweiz erwiesen sich, von den Großmächten
bedrängt, nicht eben bereitwillig, den Flüchtlingen und was
diesen ähnlich sah, ohne nähere Prüfung den Aufenthalt zu
gestatten. Mathy hatte keine Heimatspapiere mitgebracht und
nur die Fürsprache einiger angesehener Männer verschaffte ihm
die Erlaubniß in Bern zu bleiben. Da Freieisen gerade ein
Landhaus in Lindenegg gemiethet hatte mit schöner Aussicht
und überflüssigem Raum, so gab Mathy sich bei ihm in Woh=
nung und Kost. Mit guter Laune richteten sich die Deut=
schen in dem Landhause ein, ein Karren mit Kühen bespannt
brachte Mathy's Gepäck, das Brennholz fuhren die Männer
selbst in kleinem Wagen bei heftigem Regen herzu. In dem
Haushalt war das Leben ein wenig studentisch unordentlich
und nicht gerade reichlich, aber es war eine harmlose Gesellig=
keit, am Morgen das Frühstück mit Aussicht auf Mönch und
Jungfrau, am Abend eine Flasche Landwein mit Shakespeare's
Sommernachtstraum oder mit Jean Paul's Siebenkäs, am
Tage schlenderten die Anderen umher und zehrten an ihren
Hoffnungen, Mathy arbeitete. Er correspondirte für die All=
gemeine Zeitung und schrieb fleißig für die Quelle nützlicher
Beschäftigungen, er begann schon damals seine Schrift über
die Abschaffung des Zehnten im Kanton Bern und verfaßte
die Abhandlung: „Geschichte der Berner Finanzen" für Rau's
Archiv, er gab deutschen Bekannten englische Stunde und
richtete mit einigen Italienern gegenseitigen Unterricht im
Italienischen und Deutschen ein. Den Abendgesellschaften der
Flüchtlinge entzog er sich ganz; traf er einmal mit größerer
Zahl zusammen, so verstand er wohl, die zudringliche Plump=
heit der Schwächeren abzuweisen. Dennoch gab ihm unter

den Deutschen Ansehen und Vertrauen, daß er gewissermaßen
freiwillig gekommen war, nicht durch ein feindseliges Urtheil
gehetzt. Und da er sorglich für Andere dachte, so kümmerte
er sich sogleich um die Unterstützungskasse für die Hilflosen,
die er übel geordnet fand, er zeichnete einen Wochenbeitrag, der
für ihn viel war, übernahm die Rechnung, entwarf ein Statut,
und wurde mit Freuden in den Ausschuß des Unterstützungs=
comités gewählt. Er hat, solange er in Bern war, den größten
Theil der wohlthätigen Arbeit für die hilflosen Deutschen
besorgt. Snell und Troxler zeichneten ihn vor Anderen aus
und waren um seine Zukunft bemüht. Man schlug ihm vor
über Nationalökonomie an der Universität zu lesen, er aber
meinte mit Recht, daß diese Thätigkeit ihm nur geringe Aus=
sichten für die Zukunft und schwerlich eine Anzahl Hörer bieten
werde, man stellte ihm auch Lehrerstellen in Aussicht, um die er
sich bewerben könne. Unterdeß ergab sich nichts Sicheres. Am
häufigsten besuchte er in diesen Monaten das Haus des Pro=
fessor Siebenpfeiffer, dessen Gattin an unheilbarer Krankheit
litt, und obwol sie ihren Zustand recht gut erkannte, doch
freundlichen Antheil an dem Geschick Mathy's nahm. Oft
saß er neben der Kranken und war mit zarter Theilnahme
um sie bemüht, die stille Trauer, welche über dem Hause lag,
entsprach der sorgenvollen Stimmung seines Innern.

Die beste Freude fand er an der Natur und der kräftigen
Rührigkeit des Schweizervolkes. Im Frühlingslicht glänzte
um ihn eine neue Welt, die Pracht der Alpen erfüllte ihn
an jedem Tage mit neuem Entzücken, solange er lebte, gaben
die Bilder großer Natur seinem Sinn erhebende Eindrücke
und poetische Stimmung. Aber auch die bunten Trachten der
Einwohner, Sitte und alterthümlicher geselliger Brauch freuten
ihn sehr. Er beobachtete einen Aufzug junger Schweizer, die,
theils Oberländer theils Emmenthaler, bei einem Volksfest zu
Pferde und Fuß in Verkleidung durch die Straßen Berns kamen:
in Ritterrüstungen, als Türken, als alte Schweizer, wobei

Wilhelm Tell und sein Sohn nicht fehlten, mit zwei Bären, einem schwarzen und einem weißen, mit Fahnen und Musik. So zogen sie durch die Straßen, machten zuweilen Halt, tanzten und führten Kunststücke auf, zuletzt gingen sie vor die Stadt und begannen den Schwingkampf, in dem die Emmenthaler Sieger blieben.

Während er Arbeit suchte und mit den Menschen sich einlebte in frischer Empfänglichkeit für Gutes, das sie ihm boten, Widerwärtiges kurz von sich abhaltend, waren seine Gedanken doch immer bei der Heimat. Er las in der Fremde mit patriotischer Freude, daß Baden am 17. Mai 1835 dem großen Zollverein beigetreten war. Und er lebte im Stillen immer mit ihr, die er in schwerer Frauensorge zurückgelassen, und mit dem Knaben, der vielleicht den fernen Vater nicht wiedererkennen würde, und wenn er in seinem Tagebuch die schöne Landschaft schilderte, setzte er für sich selbst hinzu: „liebe Nanny, ich sage dies zu dir". Sein frohester Gedanke war, daß er mit seinen Lieben in dieser Alpenherrlichkeit zusammen leben werde. Wenn er aber vergebens einen Brief Anna's erwartete, dann packte den leidenschaftlichen Mann eine furchtbare Angst und unter quälenden Träumen und Schreckensgedanken über ihre Lage verbrachte er die Stunden der Einsamkeit, dann saß er finster unter den Anderen und schwor grimmig, keinen Menschen zu sehen bis er Kunde habe.

Als er erfuhr, daß am 23. April seine Frau von einem Knaben glücklich entbunden sei, vermochte er vor Glückseligkeit nicht zu schreiben, er fing sogleich einen Brief an, aber er sah, daß Mangel an Verstand darin war, schickte ihn nicht ab und schrieb am nächsten Tage einen andern. Sogleich aber begann von Neuem die Angst um ihr Befinden. Endlich nach langem Sehnen und verzweifelter Ungeduld erhielt er am 27. Mai Nachricht, daß sein Sohn auf den Namen Karl getauft, daß seine Frau in der Genesung sei und daß sie in vierzehn Tagen mit einer Dienerin nach der Schweiz kommen werde. In steigender Aufregung vergingen die Tage, es wurde ihm fast unmöglich zu arbeiten, ja auch nur seine Aufmerksamkeit auf etwas fest zu richten, emsig trug er Unentbehrliches in seine kleine Wohnung, und rüstete sich seiner Frau bis an die Grenze entgegenzugehen. Unterdeß las er immer wieder die letzten Briefe Anna's, wendete den Kalender um und dachte an die Stunde wo er sie wiedersehen würde. Aber bange Ahnung und Sorge schlich über die frohe Erwartung, sie gewannen die Oberhand. Würde sie genesen? Würden die Verwandten und Freunde, denen er die Sorge für das Liebste übergeben hatte, sie auch ziehen lassen, mit zwei kleinen Kindern, in das fremde Land, in eine unsichere Zukunft? Denn er hatte Fremden das Recht eingeräumt, für das Wohl seiner Frau zu sorgen; was war denn er selbst in diesen schweren Wochen für sein Weib? Ein Flüchtiger, der vergebens die Mittel suchte, ihr und seinen Kleinen Sicherheit des Lebens zu geben. Er erwartete den Brief mit der Nachricht, an welchem Tag seine Frau die Schweiz betreten werde; aber der kräftige Mann hatte nicht den Muth auf der Post darnach zu fragen, weil er fürchtete, der Eindruck einer verneinenden Antwort werde so gewaltig sein, daß er ihn vor den Anwesenden nicht verbergen könne. Er ging in die Stadt, las Zeitungen und kehrte wieder zurück ohne die Post aufzusuchen. Endlich stürmte er doch hin und wieder hin: kein Brief! Da eilte er außer sich vor Zorn und Verzweiflung in das Freie, ein Bekannter, den er traf, wies nach dem Himmel, wo ein schweres Gewitter heranzog. Dem Ungeduldigen war das gerade recht. Als er in das Gehölz bei Reichenbach kam, brach ein ungeheures Wetter über ihn los, der Regen rauschte wie ein Gießbach, große Hagelstücke schlugen Blätter und Aeste um ihn herab und fuhren wie Peitschenhiebe um seine Mütze und seine Hände, dichter Nebel füllte das Gehölz, die Straße verwandelte sich nach wenigen Sekunden in einen reißenden Strom. Wie betäubt suchte er durch den

Aufruhr der Elemente seinen Weg. Aber der Kampf in der
Natur löste ihm die Spannung. Auf der Rückkehr sah er
die Getreidefelder vom Hagel zerschlagen, die Kirschen haufen=
weise auf der Straße liegen. Das Gewitter währte über zwei
Stunden, der Donner rollte furchtbar, die Blitze flogen wie
Raketen über die Stadt. Und er ging erfrischt nach Hause
um einen herzlichen Brief an seine Frau zu schreiben. Glück=
licherweise brachte der nächste Morgen einen Brief Anna's
mit der Nachricht, daß sie am Abend des 16. Juni in Basel
eintreffen werde.

Von seinem Freunde Stephani begleitet brach Mathy von
Bern auf, seinen Lieben über den Jura bis nach Basel ent=
gegenzugehen. In einer Ungeduld, die ihm fast die Besinnung
nahm, ging er von Basel zum Thore hinaus bis an die
badische Grenze, dort sah der Auswanderer in die dämmerige
Landschaft seiner Heimat hinein, die er nicht zu betreten wagte;
er konnte nichts erspähen. Er ging wieder zurück. Sie kommt
nicht. Da geriethen ihm die Gedanken in einen Wirbel, daß
er für seine Sinne fürchtete, eine Angst überkam ihn, die ihm
fast das Herz brach, endlich fand er Erleichterung in einem
Strome von Thränen. Er winkte dem Freunde, daß dieser
statt seiner noch einmal an das Thor gehen möchte. Während
er so aufgelöst im Schmerze saß, rollte ein Wagen, sein Weib
stand im Zimmer und hielt ihm den Sohn entgegen, den das
Auge des Vaters noch nicht geschaut hatte.

Am nächsten Morgen fuhr er als ein glücklicher Mann
seine Familie über Solothurn nach Bern. Die Wohnung
zu Lindenegg war doch nur ein Gesellenquartier und bestand
schlecht vor der neuen Hausfrau. Als Mathy die Thür
öffnete, schlug ihm der dicke Rauch entgegen, der neue Haus=
rath, den er gekauft, war in Unordnung, Einiges fehlte, die
garstigen Dienstleute in der Küche verschwanden, und der
glückliche Vater mußte gleich nach der Stadt eilen, Brot, Nacht=
lichter und ein Feuerzeug kaufen; die Kinder schrien, der

kleine August litt am Husten, der Vater spielte mit ihnen, trug sie auf den Armen und kochte Thee. Und wieder eilte er nach der Stadt noch manches Hausgeräth zu erwerben, denn für eine Wiege hatte er zwar gesorgt, aber anderer Bedarf einer Kinderstube fehlte sehr. Die erste große Ausgabe war ein schöner Kinderwagen.

Nur wenige Tage konnte sich Mathy des friedlichen Stilllebens in seiner Familie erfreuen, dann mußte er nach Biel aufbrechen, dort sein neues Amt anzutreten.

Denn er hatte eine Anstellung gefunden. Und das war so gekommen. In den ersten Tagen seines Berner Aufenthaltes war ihm bei einem Bekannten ein kleiner brauner Flüchtling aus Italien unter dem Namen Roussilon vorgestellt worden, es war Angelo Usiglio, ein Israelit aus Modena, kein Gelehrter, aber ein zuverlässiger Mann, der vertraute Cassirer und Geschäftsführer Mazzini's. Neben ihm Giovanni Battista Ruffini und dessen Bruder Agostino, zwei schöne hochgewachsene Jünglinge, Genuesen aus angesehener Familie, denen ihre vornehme Bescheidenheit und ihr Schicksal eine ungewöhnliche Theilnahme bei den warmherzigen Deutschen verschafft hatte. Man erzählte, daß sie ihrer Sache große Geldopfer gebracht und die glänzendsten Aussichten preisgegeben hatten, daß ein dritter Bruder sich aus Verzweiflung im Gefängniß getödtet, daß sie selbst nur mit großer Gefahr und durch die Anstrengungen einer heldenhaften Mutter dem Tode entgangen waren. Die Italiener und Mathy hatten einander wohl gefallen, sie hatten in gutem Einverständniß über Literatur und Heimat geplaudert. Allmählich machte sich's, daß sie übereinkamen, einander gegenseitig italienisch und deutsch zu lehren. Diese Stunden, bei denen Mathy mehr lernte als die Italiener, wurden wieder Veranlassung, daß Usiglio dem Deutschen, dessen Wesen er wahrscheinlich prüfend beobachtete, eine Abhandlung Mazzini's zur Uebung im Lesen und Uebersetzen gab. Mathy sprach seine Uebereinstimmung mit großen

Gedanken darin aus, Usiglio gönnte ihm dafür Mittheilungen über Mazzini. Darauf erhielt Mathy ein kurzes artiges Billet von Mazzini, worin ihn dieser ersuchte, den Prospekt für eine neue Zeitung: „La jeune Suisse" ins Deutsche zu übersetzen. Das that Mathy. Darauf kam Usiglio zu ihm und bot ihm die Stelle des Uebersetzers bei dem neuen Journal, das zu Biel in französischer und deutscher Sprache erscheinen sollte, mit 1200 Schweizer Franken Gehalt an, und Usiglio kam gerade in den Tagen, wo Mathy in leidenschaftlicher Bewegung um das Schicksal und die Reise seiner Frau sorgte. Der Antrag traf die rechte Stunde, er bot Mathy genau Alles, was an festem Gehalt nöthig war, um einer Familie den Unterhalt zu sichern, er hob ihn auf einmal aus demüthigender Sorge, er war wahrscheinlich auch freundlich für Mathy gemeint, und doch — Mathy bat sich kurze Bedenkzeit aus. Die Zeitung hing mit einer Gesellschaft zusammen, der er unter keinen Umständen angehören wollte. Aber was darin gedruckt werden durfte, hatte völlig nichts mit dem Geheimbund zu thun, eine Zeitung ist kein Schlupfort, in dem sich Geheimnisse bergen, und er sah wohl, daß er mit den Zielen des Blattes in den Hauptsachen einverstanden sein könnte. Er sprach darüber mit Siebenpfeiffer und dessen Frau, beide redeten nicht zu. Endlich nahm er doch an, — es war an dem Tage vor jenem Gewittersturm — er machte nur die Bedingung, daß er die Stellung jederzeit ohne Angabe des Grundes verlassen könne. Man ging bereitwillig darauf ein. Es war ihm gesagt worden, daß die Zeitung zum 1. August beginnen solle, jetzt wurde der 1. Juli als Anfangstermin festgesetzt und Mathy erfuhr, daß er sogleich nach Biel übersiedeln müsse.

So spann sich der Faden, an welchem Leben und Glück Mathy's während der nächsten Jahre hängen sollte.

2.

Giuseppe Mazzini.

Bei weitem der einflußreichste unter den Flüchtlingen
jener Zeit war Mazzini. Den Machthabern Europas galt
er für einen ruchlosen Verschwörer und gewissenlosen Häupt=
ling von Meuchlerbanden, den entschiedenen Liberalen für einen
reinen Charakter, tiefsinnigen Politiker, für den großen Mär=
tyrer der Freiheit. Denn die Culturzustände Italiens in
unserem Jahrhundert wurden damals vom Auslande vielleicht
weniger verstanden als die Cultur des alten Roms unter
Nero und Papst Leo X. In dem Mutterlande der geistlichen
Congregationen und frommen Brüderschaften nahm jeder
Verein zu politischem oder socialem Zweck die mittelalterliche
Form einer Bundesbrüderschaft an. Wie die geistlichen Orden
gegenüber den weltlichen Staaten das unsittliche Recht behaup=
teten, alles Denken und Thun ihrer Mitglieder zu beherr=
schen, ja in geistlicher Gerichtsbarkeit über Schicksal und Leben
derselben zu entscheiden, ebenso schlossen sich die entgegengesetz=
ten Bestrebungen im Volke durch Sinnbilder, Erkennungs=
zeichen, Würdestufen, geheime Obere sorgfältig von dem Staat
und den Nichteingeweihten ab. Wie jeder Mönch wurde auch
der Liberale ein zugeschworner Mann, welcher seinen Oberen
in allen Ordensfachen unbedingten Gehorsam gelobte, und wie
der abtrünnige Mönch durch geheimes Ordensgericht zu lebens=
länglicher Klosterhaft und Einmauerung verurtheilt wurde,
weil die Aufklärung des weltlichen Staates nicht mehr gestatten

wollte ihn auf dem Scheiterhaufen zu verbrennen; gerade so wurde der Verräther eines politischen Geheimbundes durch geheimes Gericht seiner Häupter gefehmt und dem Messer der Brüder überliefert. Sogar die menschenfreundlichen Freimauer waren in Italien zu Verschwörern geworden, aus ihnen und gegen sie entstanden zahlreiche Geheimbünde, seit der französischen Revolution und der Herrschaft Napoleon's I rührten sie sich in jeder Landschaft und für jede Parteibestrebung. Nicht nur für Republik, Verfassung und Menschenrechte, sondern ebenso eifrig für das Königthum und die römische Kirche. Gegen die Carbonari, Köhler, welche sich seit dem Ende des achtzehnten Jahrhunderts aus Neapel über die Halbinsel breiteten, stand in Neapel die reactionäre Genossenschaft der Calderari, Keßler, im Kirchenstaat die der päpstlichen Sanfedisten. Immer war bei diesen Verbindungen das Streben der Führer, sich in besonderen Vereinen über die Masse zu erheben, um unerkannt zu bleiben und besseren Schutz gegen Verrath und Spionage zu finden. So standen über den Sanfedisten die Concistoriali, Kardinäle und Adelige der Kirchenpartei, so über den Car= bonari die Welfen, später die Hohe Venta. Diesen leitenden Genossenschaften gehörten dann auch die Führer der größeren Verbindungen mit ähnlichem Zweck an. Sogar die Banditen hatten einen Verein der „alten Marschälle" als Verbindung der Häupter. Diese Vereine übten nicht nur Gerichtsbarkeit bis zum Tode über die eigenen Mitglieder, sie fällten Urtheile auch gegen ihre Gegner. In Italien war hinterlistiger Mord bis zur Gegenwart ein nationales Laster, vollends politischer Meuchelmord galt in dem Vaterlande des Mucius Scävola und Brutus, des Macchiavelli und Borgia sogar oft als hohe Tugend. Die Ritterlichkeit der Germanen, welche dem Tod= feind gleiche Waffe und gleichen Vortheil einzuräumen befiehlt, war den Italienern gewöhnlich ebenso unverständlich, wie sie Griechen und Römern gewesen ist, auch im oberen Theil der Halbinsel, wo deutsches Blut in der Bevölkerung überwiegt, war dieses Ehrgefühl der Ahnen in der Empfindung des Volkes geschwunden. Und man darf ohne Uebertreibung sagen, daß in einem Volk von edelster Anlage, dessen kluger Geist, feine Empfindung und leidenschaftliches Pathos so oft auf die anderen Culturvölker Einfluß geübt haben, noch im Jahr 1815 der Einzelne und sein Leben sehr wenig werth waren, und daß die Pfaffenherrschaft und schwache Landesregierungen dort eine Verderbniß der Verwaltung und des Rechts, eine Unsicherheit des Lebens und des Eigenthums bewahrt hatten, welche den besten Männern der Nation Ehrgefühl und politische Sittlichkeit verminderten.

Die Wirksamkeit der geheimen Gesellschaften ist schwer abzuschätzen. Sie haben seit dem Anfange unseres Jahrhunderts wesentlich dazu geholfen, die Italiener zu politischer Theilnahme aufzuregen, und später das Verlangen nach einem einheitlichen Staat volksthümlich zu machen. Wo sie revolutionäre Aufstände veranlaßten, sind sie fast immer an Ueberschätzung ihrer Kräfte, an Untüchtigkeit der Führer und Unzuverlässigkeit der meisten Mitglieder kläglich gescheitert, vergebens suchten sie durch furchtbare Eide, durch geheime Verurtheilungen und Dolchstöße ihren Bund zu sichern, und ihre Pläne dadurch zu bergen, daß sie ihre dienenden Genossen über die Personen der Führer in Unsicherheit ließen. Derselbe Mangel an politischer Redlichkeit, welcher Verschwörer machte, schuf auch Verräther; die Gesellschaften kämpften unablässig und fruchtlos gegen Spione, welche sich immer wieder bis zu hohen Graden in die Führerschaft einzudrängen wußten, gegen die Charakterschwäche ihrer Leiter, denen im entscheidenden Augenblick der Entschluß fehlte, und gegen das eitele phrasenhafte Gebahren der Mitverschworenen, welche sich in dem düstern Geheimniß der Vorbereitungen gefielen und im Licht des Tages die Festigkeit von Kriegern schwerer fanden, als die von duldenden Opfern.

Die größte Thätigkeit erwiesen seit 1815 die Carbonari, sie hatten Murat unterstützt und gegen ihn gearbeitet, sie erhoben sich 1820 in Neapel für die spanische Verfassung, welche keiner von ihnen kannte, und machten den Kronprinzen von Neapel zum Generalstatthalter, wofür dieser, der eben erst Haupt der Keßler gewesen war, die roth=schwarz=blaue Schleife der Köhler an seine Brust steckte. Sie spielten 1821 bei der Militärrevolution von Piemont mit, bewaffneten ihre Studenten im Universitätsgebäude zu Turin, ließen durch ihre Offiziere zu Alessandria die Wiederherstellung des Königreichs Italien verkünden und wußten einige verhängnißvolle Stunden des Prinzen von Carignan, Karl Albert zu beeinflussen. Nach Wiederherstellung der östreichischen Oberherrschaft durch=zogen sie die ganze Halbinsel mit ihren Minengängen, seitdem scheinen die landschaftlichen Schwurgesellschaften sich enger geeinigt zu haben, sie verbanden sich mit den geheimen Gesell=schaften in Frankreich, die Hohe Venta trat unter den Einfluß französischer Interessen und wandelte sich in Paris zur Haute Vente Universelle um.

Giuseppe Mazzini, ein junger Rechtsgelehrter, im Jahr 1808 aus wohlhabender und angesehener Familie Genua's geboren, war vor dem Jahre 1830 Rekrut der Carbonari gewesen. Die italienische Jugend war schon damals miß=trauisch gegen Willensstärke und Zielpunkte ihrer unbekannten Leiter, ihr galt aber doch für werthvoll, daß in dem Bunde ein Sammelpunkt der Patrioten vorhanden sei. Auch Mazzini übte sich frisch weg mit seinen Altersgenossen in den ersten Proben der Verschwörungskunst. Bald verfiel er dem gewöhn=lichen Schicksal verrathen zu werden, und zwar, wie er annahm, durch einen der hohen Würdenträger des Bundes; er wurde mit Anderen verhaftet, dabei auch der Mann, welcher für das Ober=haupt der Carbonari in Genua galt. Als Mazzini mit seinen Genossen zwischen Gensdarmen fortgeführt wurde, gelang ihm auf dem Wege in der Nacht dem Andern, in dem er den Häuptling vermuthete, zuzuraunen: es ist möglich, daß ich vor Ihnen frei werde, geben Sie mir Aufträge, nennen Sie mir

Namen von Häuptern der Hohen Venta in anderen Städten
Italiens." Der Angeredete antwortete hilflos: „ich weiß Ihnen
keinen Auftrag zu geben und keinen Namen zu nennen, aber
ich bekleide Sie mit meiner ganzen Vollmacht." Mazzini zuckte
die Achseln, diese Gesellschaft schien ihm unfähig etwas Gemeinsames durchzuführen. In der Veste Savona saß er fünf Monate, von dem hohen Gemäuer sah er wie aus einem Adler-
nest auf das glitzernde Meer hinab. In diesem Kerker faßte
er den Plan einen neuen Bund zu stiften unter der heißen
Jugend Italiens gegen die alten Träger ausgeglühter Kohlen,
und er gelobte sich für diesen Bund zu leben, sobald er frei
werde. Sein Leugnen und der Mangel an Beweisen öffneten
ihm das Gefängniß, man ließ ihm die Wahl zwischen polizeilicher Beaufsichtigung in einer kleinen Binnenstadt Piemonts
oder Verbannung auf unbestimmte Zeit. Es war charak-
teristisch für ihn und wurde sein Verhängniß, daß er — im
Beginn des Jahres 1831 — die Verbannung wählte. Die
letzten Monate hatten den Italienern nicht nur die Julirevolution, auch den Tod des Papstes und des Königs von
Neapel gebracht, in Mittelitalien rührten sich überall die Verbündeten, am herzhaftesten die von Modena gegen die ungewöhnliche Erbärmlichkeit ihres Herzogs Franz IV. Es waren
tapfere Knaben, die Blüthe des Landes, welche dort unter
Waffen traten. Mazzini wagte sich heimlich nach Savoyen
zurück, ging von da nach Genf und Lyon, wo die alten Emi-
granten einen Freischarenzug vorbereiteten, und als die französische Regierung hinderte, nach Corsika, wo die Verschworenen
sich sammeln wollten. Aber die Aufregung in Italien wurde
unterdrückt, wieder waren, wie die Jugend behauptete, die
Führer schwach gewesen; Mazzini ließ sich in Marseille nieder.
Da bestieg Karl Albert am 27. April 1831 den Thron Sar-
biniens. Der König hatte zehn Jahre zuvor für einen Genossen
der Carbonari gegolten, viele italienische Patrioten setzten unge-
messene Hoffnungen auf ihn. Um dies Vertrauen als nichtig

zu erweisen, richtete Mazzini, der den Sinn des Königs zu erkennen glaubte, einen offenen Brief an diesen, worin er ihm seinen früheren Abfall von der Sache Italiens vorwarf und die harmlose Zumuthung stellte, zur Sühne seiner Schwäche jetzt für Italien die Rolle Washington's zu übernehmen, und er setzte dem Brief als Motto die Formel der spanischen Cortes vor: „y si no, no." Er wartete einige Monate, die Antwort der Regierung war, daß Mazzini's Signalement an alle Küstenwachen ausgetheilt wurde. Und gerade in diesen Monaten hing sich ein unheimliches Gerücht an Mazzini's Namen. Zu Rodez in Südfrankreich wurden in der Mittagsstunde des 31. Mai 1831 zwei italienische Flüchtlinge, Emiliano und Lazzareschi mit der Frau des einen durch Dolchstiche niedergestreckt, nur die Frau blieb am Leben, ein Spion lieferte der Behörde die Abschrift eines geheimen Todesurtheils, das in barbarischem Italienisch abgefaßt und von Mazzini und La Cecilia unterschrieben war; aber die Assisen von Aveyron sprachen Mazzini frei, weil sie befanden, daß der Zettel des Spions gefälscht, und der Mord Folge eines entstandenen Streites sei. Jedenfalls gehörte Mazzini damals nicht zu den Häuptern der Carbonari und der Venta. Die Polizei der Großmächte jedoch fuhr lange fort ihm jene Frevelthat zur Last zu legen, viele Jahre nachher wurde der Fall in England öffentlich besprochen, damals als der Minister Graham die unter Mazzini's Adresse einlaufenden Briefe erbrechen ließ, bis er durch Angriffe im Parlament zu einer Art Ehrenerklärung für Mazzini veranlaßt ward. Endlich wurde diese erste Anklage über späteren, zuletzt über den Bomben Orsini's, vergessen.

Nach der Abrechnung mit Karl Albert gründete Mazzini Anfang 1832 die Gesellschaft des jungen Italiens in scharfem Gegensatz zu den alten Gesellschaften der Carbonari. Die Carbonari hatten alle Unzufriedenen aufgenommen, auf die Zahl, nicht auf die Tüchtigkeit der Mitglieder gesehen, sie

7 *

hatten weder feste Grundsätze noch Zielpunkte gehabt, ihre Führer waren im Ganzen für den Bundesstaat und verfassungsmäßige Monarchien gewesen, hatten ihre Kraft im Militär, Patriziat, dem wohlhabenden Bürgerthum gesucht und gern mit den auswärtigen Staatsmännern unterhandelt, sie hatten sich an Frankreich gehängt und gedachten die Zukunft Italiens von dem guten Willen dieser Macht abhängig zu machen. Der neue Bund dagegen forderte Befreiung des Bodens und der Geister von fremder Herrschaft. Ihm galten die bevorrechteten Klassen Italiens für verderbt, nur in dem Volke sah er Kraft und einzige Grundlage der Nationalität, er forderte eine Republik Italien ganz für das Volk und durch das Volk, aber auch Bildung und Erziehung zur Freiheit. An Stelle der Willkür, des Egoismus, der Rache soll das Pflichtgefühl treten, in dem Bunde selbst an Stelle des alten Geheimnisses und des mystischen Formenkrams offene Verkündigung seiner Grundsätze und Lehren, das Geheimniß darf nur für „die inneren Operationen" bleiben. Der Bund braucht Apostel für seine nationale Mission, und diese Verkünder der neuen Lehre sollen zunächst die Verbannten sein. Noch höhere Ziele hat der Bund zu erstreben, eine neue Versöhnung des Einzelbürgers und der Gesammtheit des Volkes, er soll einen vergeistigten und veredelten Gottesglauben an die Stelle des Papstthums und des französischen Skepticismus und Materialismus setzen, soll den alten Zwist zwischen heiliger Ueberlieferung und dem Gewissen des Einzelnen durch die neue Idee der Humanität versöhnen. Die Bekenner des neuen Staats werden weder Protestanten noch Katholiken sein, an Stelle des geoffenbarten Christenthums wird zuletzt der Glaube an den Gott treten, welcher sich unablässig in dem Menschengeschlecht offenbart.

Aber dieses letzte und größte Ziel der Genossenschaft ziemte klug zu verhüllen, nur die Weisen des Bundes durften es kennen. Denn in der katholischen Kirche sah Mazzini damals noch ein Mittel zur Wiedergeburt Italiens, sie zuerst müſſe mit vaterländiſcher Geſinnung erfüllt werden, denn der katholiſche Glaube ſei einmal der innerlichſte Ausdruck italieniſchen Volksthums, und zwei Reformationen zu gleicher Zeit, eine kirchliche und eine politiſche, vermöge überhaupt kein Volk durchzukämpfen. Unterdeß ſei es Aufgabe, die Kirche mit der Kritik und den Idealen zu durchſetzen, welche der deutſche Proteſtantismus, die Freimaurer und die Dichter Deutſchlands und Italiens verkündet hätten.

Für dieſe Lehre grub Mazzini rüſtig ſeine Minengänge. Das junge Italien gründete zu Marſeille ein Journal: „La giovine Italia“ und ließ allgemeinverſtändliche Belehrungen und Broſchüren druden; die Verbindung gewann Anhang in der italieniſchen Handelsflotte, welche faſt ganz der nationalen Richtung zufiel, darunter der Nizzarde Maria Joſeph Garibaldi, damals Kapitän eines Handelsſchiffes, der deshalb noch im April 1864 zu London in einem Toaſt den Mazzini als ſeinen verehrten Lehrer begrüßte. Durch die Schiffer und beträchtlichen Koſtenaufwand überſchwemmte der Bund Italien mit ſeinen Schriften. Die Abneigung gegen die Carbonari vorſichtig bergend, ſetzte er ſich in Verbindung mit allen fremden Geheimgeſellſchaften ohne einer die Herrſchaft einzuräumen, an allen geeigneten Punkten der Landgrenze errichtete er Stationen, zu Malta und Corſika für die Seeküſten.

Die franzöſiſche Regierung hatte für Mazzini im Jahr 1832 einen ſtreng überwachten Aufenthaltsort feſtgeſetzt, gern hätte ſie ſeine Zeitſchrift unterdrückt, aber das Blatt hielt ſich vorſichtig und gab keine rechte Veranlaſſung, da wies ſie Mazzini aus Frankreich aus, aber er wußte ſich ſo klug abzuſperren, daß er ſich noch ein Jahr gegen alle Nachforſchungen der Polizei in Frankreich behauptete. Unterdeß machte die Ausbildung des Bundes ſchnelle Fortſchritte, er verbreitete ſich von den Grenzen über die ganze Halbinſel. Eine plötzliche Begeiſterung durchfuhr die Thatluſtigen. Was die Verbrüderung forderte und ahnen ließ, war genau im Geiſte der Zeit, jede Phraſe erſchien dem

Sehnen der italienischen Jugend wie eine Verheißung, man fühlte sich wieder stark gegen die bestehende Gewalt und lustig zu neuem Wagen. Eine Erhebung wurde mit den Führern in Italien verabredet. Mazzini selbst unternahm vom Auslande Savoyen in Aufruhr zu setzen. Aber das junge Italien bestand seine erste Probe schlecht, die neuen Leiter hatten keine Erfahrung, die alten Carbonari verhielten sich feindlich, die Regierung von Sardinien entdeckte durch einen Zufall die Verzweigungen der Gesellschaft in der Artillerie, der bevorzugten Waffe Piemonts, und mußte durch scharfe Maßregeln den rechtzeitigen Ausbruch zu hindern. Mazzini aber ging doch aus Frankreich nach Genf und unternahm unter üblen Ahnungen den kraftlosen Einfall nach Savoyen. Er hatte sich, um das Geld dafür zu erhalten, widerwillig entschlossen, von dem Grundsatz des jungen Italiens: „a cosa nuova uomini nuovi, principii non nomi" abzugehen und den Kriegszug unter den Befehl des Ramorino, eines Glückssoldaten des Freischärlerthums, zu stellen, er hoffte wahrscheinlich den alten Haudegen zu überwachen, fand aber, daß seine Einwirkung auf ihn geringer war als die der Pariser Venta. Ramorino setzte die traurigen Aufstände von Grenoble und Lyon ins Werk und versäumte darüber die Zeit für Savoyen. Der Einfall scheiterte an der Grenze. Mazzini verstand auf seine Niederlage durch einen hellen Angriff zu antworten. Er brach öffentlich mit den Carbonari, schalt ihren veralteten pfäffischen Formkram, klagte ihren Centralausschuß, die berüchtigte Hohe Venta an, sie brüte zu Paris über der bedingungslosen Einheit Europas im Sinne Gregor's VII., sie wolle die Grundsätze der Freiheit durch Frankreich, durch Paris, ja durch einige Ehrgeizige ausnutzen lassen, ihre schlechte Maschine werde im Geheimen durch die Cabinette Europas gelenkt. — Darauf barg er sich in der Schweiz und knüpfte dort in geheimnißvoller unendlicher Thätigkeit die zerrissenen Fäden seiner Verbindung wieder zusammen. Es war bezeichnend für ihn, wie er das that. Seine Lehre war schon vorher recht umfangreich gewesen, jetzt baute er das System noch höher. Konnte die Jugend Italiens allein sich nicht frei machen, so mochten andere Völker helfen. Er war jetzt unter mißvergnügten Schweizern, Deutschen, Franzosen, Polen, er setzte also zu seinem luftigen Hause neue Flügel und ein höheres Stockwerk.

In dem Verbrüderungsakt des jungen Europas vom 15. April 1834, welchen Mazzini ausarbeitete, und in seinem Buch: foi et avenir stellt er wieder der alten Schule der Menschenrechte seine neue Schule der Pflicht gegenüber. Aller politische Fort= schritt hat sich auf die Nationalität zu stützen, jedes Volk hat eine andere Bestimmung und fördert die letzten Zwecke der Menschheit. Endziel ist die Gleichberechtigung Aller in einer republikanischen Verbindung der Völker, jedes Volk entscheidet auf Nationalcongressen über seine eigenen Angelegenheiten, die allgemeinen Interessen auf einem gemeinsamen Congreß. Da= für soll sich die Jugend aus ganz Europa in nationalen Bünd= nissen sammeln. Jede Landsmannschaft soll sich nach dem Vorbild des jungen Italiens einrichten, ihre Verfassung nach den Bedürfnissen ihres Volksthums selbständig formen, alle Lands= mannschaften zusammen bilden das junge Europa, welches durch einen Centralausschuß der Führer unter Mazzini's Vorsitz geleitet wird.

In dem Vaterlande von Kant und Hegel ist es schwer zu begreifen, wie ein solches Ideal eines Zukunftsstaates, das sich nur in einer Reihe von schönen Redensarten offenbart und die thatsächlichen Staatsverhältnisse mit kalter Nichtachtung ver= wirft, seinen Erfinder zu einem vielbesprochenen Politiker machen und die gebildete Jugend einer menschenreichen Nation länger als ein Jahrzehnt mit opfermuthiger Hingabe erfüllen konnte. Unsere Fanatiker sind fast immer Menschen, denen ein auf= fälliger Mangel an Bildung und an Kenntniß des Lebens das Urtheil beschränkt; wenn sich unter uns eine stärkere Kraft in Schwärmerei, falscher Doctrin und maßlosem Eifer verirrt, wird sie kräftig durch den ruhig abwägenden Verstand und

das Gemüth der Landsleute widerlegt. Mazzini war schon
damals ein Mann von ungewöhnlich reicher Bildung und
feinster Empfindung, keine schöpferische Natur, aber voll von
der poetischen Sehnsucht, auf die Menschenwelt wie auf ein
fertiges Kunstwerk zu schauen. Er hatte viel gelesen und aus
der Poesie und Geschichte der Nationen starke Eindrücke von
Schönheit und Größe des Menschengeistes empfangen. Ihm
aber fehlte, wie fast allen seinen Landsleuten, die Zucht der
Gedanken, welche unsere Schule gibt, er war in diesem Sinne
Autodidakt, ein Dichter ohne eigene Poesie und ein Denker
ohne eine sichere Verarbeitung seiner Beobachtungen. Seine
Lehre war ihm selbst ein großer Fund, er sah das ferne Ziel
deutlich vor sich in heller Verklärung, außerdem nur die
nächsten Schritte seines Weges, nicht die Abgründe, denen er
seine Anhänger zuführte.

Doch fehlte ihm keineswegs der italienische Zug von
praktischer Schlauheit. Ohne unehrlich gegen sein System zu
werden, verstand er wie ein italienischer Kunstliebhaber die
Bilder seines Zukunftsstaates vor jedem Einzelnen anzupreisen
und in gutes Licht zu stellen. Für den Gebildeten die edle
Humanität, für das Kind der Straße die Gleichheit, dem
Bettelmönch hob er die Bedeutung der Kirche hervor, in der
nicht die Kardinäle, sondern die Volksprediger gelten sollten,
dem Fremden bot er die eigenthümlichen Culturrechte und die
göttliche Bestimmung jedes Volksthums.

Aber in seinem innersten Wesen war er weit mehr Lehrer
als Politiker. Gerade vielleicht, weil die eigene schöpferische
Kraft in ihm nicht groß war, fand er eine dauerhafte Freude,
in Anderer Seelen zu senden, was er als wahr, schön, heilsam erkannt hatte. Wer ihn nur als Verschwörer kennt, dem
entgeht der bessere Theil seines Wirkens. Ein großer Theil
der Thätigkeit des jungen Italiens, trotz aller Einseitigkeit
der fruchtbarste, war durch kleine Bücher, durch Uebersetzung
und Bearbeitung fremder Literaturwerke Bildung zu verbreiten.

Eifrig suchte er bei allen Culturvölkern, was auf die Italiener wirken könne, gern dachte er dabei an den niedern Klerus, der sehr wohl für die Bewegung zu gewinnen sei. Und besonders dafür erschien ihm die romantische Literatur der Deutschen als eine gute Hilfe. Nicht in jedem Jahr könne man das gründliche Heilmittel einer Revolution anwenden, immer aber sei es möglich, ein politisch verunglücktes Volk durch Bücher zu erziehen. Deshalb arbeitete er in der Schweiz unablässig für die „Volksbibliothek", welche der Bund in Italien drucken und verbreiten ließ. Und zu diesem Zweck mußte er sich, wie schwer ihm dies bei seiner unvollkommenen Kenntniß der deutschen Sprache wurde, die Söhne des Thals von Zacharias Werner selbst zu übersetzen. Solche Werke ließen sich, meinte er, ohne Hinderniß in Italien verbreiten. Ein Buch von so ungeheurem Erfolge wie die deutschen Stunden der Andacht werde in Italien verbrannt, die Poesie aber habe freieren Eingang, und darum müsse man sie benützen auf die Seelen zu wirken.

Freilich vermögen Mazzini's literarischer Geschmack und künstlerische Einsicht, wie sie in seinen Aufsätzen aus jenen Jahren ausgesprochen wurden, vor dem deutschen Urtheil nicht immer zu bestehen. Aber wer seine große Abhandlung über Byron und Goethe, die er im Jahre 1837 für das Monthly Chronicle schrieb, unbefangen würdigt, wird seinem Geistesleben Antheil nicht versagen. Das volle Verständniß schöner Kunst ist ihm nicht aufgegangen, die Tendenz des Kunstwerks ist ihm wichtiger als die künstlerische Idee, seine Auffassung, daß die höchste Aufgabe des poetischen Genies sei, mit Seherblick den Inhalt einer werdenden Culturepoche der Menschheit vorgreifend darzustellen, wird man als einen verhängnißvollen Grundirrthum der Arbeit in Kauf nehmen müssen. Ihm sind Goethe und Byron die großen Dichter einer sich abwärts neigenden Bildungsform. In sehr vielen Einzelheiten aber ist das Urtheil scharfsinnig und fein, der Ausdruck eines vornehmen Geistes. Zumal die achtungsvolle Würdigung Goethe's, der doch in seiner heitern Kunstgröße diesem Italiener sehr unheimisch ist, sticht vortheilhaft ab gegen die flache und wegwerfende Art, in welcher der deutsche Liberalismus damals die größte Dichterkraft Deutschlands behandelte. — Die Lehre des jungen Italiens fand auf der Halbinsel aber zumeist deshalb so schnelle Verbreitung, weil sie mehr durch die edlen Seiten der Menschennatur zu wirken suchte als die alten Geheimbünde. Möge der deutsche Leser das ohne Widerspruch anerkennen. Es ist wahr, auch dem jungen Italien folgte der Fluch, welcher jeder geheimen Verbindung anhängt, die sich zum Herrn über Leben und Tod Anderer aufwirft, dieser Fluch hat die Wirksamkeit des neuen Bundes überall gelähmt, er hat Heil in Unheil verwandelt und vielleicht Herz und Gedanken des Stifters selber allmählich mit dunklen Schatten umzogen. Dennoch wurde damals die neue Lehre als ein großer Fortschritt empfunden. Waren die alten Verschwörungsmittel, Eidschwur, Dolch, abgeschmacktes Ceremoniell auch nicht ganz beseitigt, sie waren auf ein geringeres Maß beschränkt, dem jungen Rekruten war doch der Weg gezeigt, auf dem er sich heraufzuarbeiten habe, er sollte lernen sich selbst erziehen und mit großen Gedanken erfüllen. Die Theorie Mazzini's war die eines hochsinnigen Mannes, es war immer sein Wunsch, durch die edelsten Seiten der Menschennatur zu wirken, er war so zartfühlend, daß ihn das Leiden Anderer sehr traurig machte, in der Zukunft des Staates, wie er ihn dachte, sollte die Todesstrafe ganz abgeschafft sein. Das war die Luft, in der er am liebsten athmete, in die er das ganze Menschengeschlecht hinauf heben wollte. Aber er war Italiener, die Kirche und die Staatsgewalten seiner Heimat arbeiteten mit sehr geringer Sittlichkeit, überall sah er Lüge, Heuchelei, Eigennutz, Bestechung, Hinterlist, da erschien es leider nothwendig, List gegen List, Verstellung gegen Lüge zu setzen. Ohne Zweifel hat seine Humanität nicht selten die gehobenen Dolche zorniger Bundesbrüder von dem Leben eines

Gegners abgewehrt, und ihm jeden politischen Mord seiner
Partei anzurechnen, wäre ebenso ungerecht, als einen Koch da=
für verantwortlich zu machen, daß die Krebse am Herdfeuer
roth werden. Aber wahrscheinlich däuchte auch ihm zuweilen
als widerwärtige Nothwendigkeit, damit sein idealer Staat
lebendig werde, die landesüblichen Mittel des Schreckens und
der Strafe zu gebrauchen gegen Schwache und Verräther,
gegen große Feinde der bürgerlichen Gesellschaft, welche sich
selbst durch das Unrecht, das sie seiner Lehre zufügten, der
edlen Humanitätsrechte beraubt hatten, die er den Eingeweihten
gewähren wollte.

Und auch vielen Fremden erschien wie eine erhebende Ver=
kündigung, daß er jeder Nationalität das Recht zusprach und
die Pflicht auflegte, sich nach eigenthümlicher Anlage zu selb=
ständigem, andern Völkern gleichberechtigtem Leben heraufzu=
arbeiten. Diese Lehre, obwol nicht neu, obwol nicht sehr klar,
hat in ihrer begeisterten Verkündigung wesentlich dazu bei=
getragen, den heimatlosen Liberalismus des europäischen Fest=
lands national zu machen. Nicht nur dem Italiener war
ein Gewinn, daß die Vaterlandsliebe Mazzini's der französi=
schen Frivolität und Anmaßung den Fehdehandschuh entgegen=
warf, — in seinem jungen Europa gab es lange kein junges
Frankreich —; auch der Schweizer gewann aus diesen Ideen
das Vertrauen, über einer Umgestaltung der Kantonregierungen
eine bessere Staatsorganisation der gesammten Schweiz zu
fordern, und mancher verlaufenen deutschen Seele klang es als
eine große Neuigkeit, daß sie, die der Reihe nach für Griechen,
Franzosen, Polen geschwärmt hatte, vor Allem verpflichtet sein
sollte, recht tüchtig deutsch zu sein. Durch das junge Europa
wurde das Wort Nationalität zu einer umlaufenden Scheide=
münze des Liberalismus, und auf Umwegen hat die Lehre von
dem Recht jedes Volksthums bis zur Gegenwart und in die
fernen Ostländer Europas gewirkt. Sie hat in Landschaften
gearbeitet, an welche Mazzini damals noch wenig dachte, sie

ist noch jetzt der Schlachtruf stürmischer Jugend unter Slaven, Magyaren, Rumänen, vor Allem in dem jungen Rußland.

Und diese Lehren wurden mächtig unterstützt durch die Persönlichkeit des Propheten, welcher geheimnißvoll wie inspirirt auf seine Umgebung wirkte. Seit dem Frühjahr 1834 lag Mazzini in dem kleinen Bad Grenchen, Kanton Solothurn, unter dem Namen Strozzi verborgen. Am 18. September erließ der Vorort ein Kreisschreiben, worin er die Ausweisung des Fremden forderte. Die Kantonsbehörden antworteten, daß sie ihn nirgend finden könnten, und obgleich der östreichische Gesandte, Herr von Bombelles, unzufrieden behauptete, er mache sich anheischig ihn in drei Tagen durch seine Kundschafter zu entdecken, so blieb Mazzini doch noch zwei Jahre unangefochten in seinem Versteck, nur einmal durch Solothurn verhaftet, aber sogleich wieder entlassen. Der Zugang zu ihm war nicht leicht, nur wenige der politischen Flüchtlinge wußten wo er weilte und seine Vertrauten verstanden vortrefflich ihn unsichtbar zu halten. Man näherte sich ihm mit scheuer Achtung wie einer hohen Persönlichkeit. Seine Wirthe im Kurhause sprachen gegen die Bevorzugten, denen er sichtbar sein wollte, mit Ehrfurcht und Sorge über ihn: er arbeitet bis tief in die Nacht, er verläßt Tagelang nicht das Zimmer, er lebt von nichts als von schwarzem Kaffe und seinen Cigarren, raucht zu viel und sieht kummervoll aus. Er selbst eine kleine schmale Gestalt von feinen Formen, damals mit weichem schwarzen Haupthaar in dünnen Locken, schwarzem Vollbart, braunem Gesicht mit sanften Zügen, welchen Arbeit und Sorge einen schmerzlichen Ausdruck gaben, vor Allem mit zwei großen schwarzen Augen, deren strahlendes wechselndes Licht so mächtig wirkte, daß man nur die Augen sah, wenn man mit ihm sprach, auch im Hause zierlich und auffallend gewählt gekleidet; in der Unterhaltung ein Meister, der wie ein großer Herr Jedem wohlzuthun wußte, vortrefflich zu hören verstand, nie den Sprechenden unterbrach und dabei immer das Gespräch mit

Ueberlegenheit leitete, beweglich in Geberde und Ausdruck, auch
wo er selbst erörterte, immer mit schön gehaltener Lebendigkeit.

So war Mazzini damals im Alter von etwa 30 Jahren,
ein zartfühlender, begeisterter Mann, edel in der Erscheinung
und menschenfreundlich in seiner Lehre und dabei doch ein harter, unritterlicher, rücksichtsloser Fanatiker, der ohne Bedenken
mit Menschenleben schaltete, ein echter Sohn des Landes, in
welchem der Cäsarismus und das Papstthum aufgewachsen
waren, die er so töblich haßte. Auch als Lehrer der Jugend
glich er einem strengen römischen Bischof, der seine Glaubens-
ansicht der schlechten sündigen Welt aufdrängen will mit allen
Mitteln, durch Predigt, Liebe und gutes Beispiel und durch
Verdammung und Austilgung verstockter Gegner.

Ihn traf noch, da er lebte, die Vergeltung, welche das
Schicksal Jedem bereitet, der Gedanken und Thaten eines ganzen
Volksthums zu beherrschen unternimmt. Er hatte das viel-
köpfige Unwesen der Carbonari vernichtet, und einen neuen Geheimbund an die Stelle gesetzt, für dessen leitenden Geist er
allein galt. Dafür wurden alle Sünden und Mißerfolge des
jungen Italiens ihm allein auf das Haupt gelegt. Als er
zehn Jahr die Jugend seines Vaterlandes geführt hatte, erhoben
wackere Piemontesen laut ihre Stimme gegen die Bundeswirthschaft und seine republikanischen Träume, neue Zielpunkte
gewannen das Herz seiner Italiener, bescheidener und praktischer wurde die Arbeit einer neuen politischen Schule. Und als
in Wahrheit ein Königreich Italien erstand und als der Staat
ungleich war dem Ideale des Propheten, der in der Fremde
alterte, da vermochte er sich nicht mehr mit dem neuen Leben
zu versöhnen. Daß doch das Königshaus Karl Albert's die
Herrschaft erhielt, daß Savoyen verloren ward, daß die verhaßte Uebermacht Frankreichs Werkzeug der Rettung werden
sollte, das erschien dem Republikaner und Patrioten unleidlich.
Härter wurde der doctrinäre Eigenwille, gewaltsamer die Mittel,
Verbitterung und Haß entstellten ihm die Bilder der That-

sachen und Menschen; ruhelos fuhr er in Europa umher, die
Gewalt seines alten Rüstzeuges war klein geworden. Seine
Versuche den neuen Staat zu verstören, raubten ihm die gute
Meinung vieler Anhänger; gegen den Geheimbund kämpften
jetzt siegreich die Preßfreiheit, die Rednerbühne, die mächtigen
Forderungen eines wirklichen Staates. Wer für die Geschicke
einer Nation auf die Dauer segensreich arbeiten will, vermag
das nur in der Nation selbst, unablässig gezogen, gehemmt
und gefördert durch Leben und Leiden, durch Gedanken und
Mängel seiner Umgebung. Nicht der Prophet, sondern der
Staatsmann, nicht ein Verbannter, sondern der Beamte, nicht
Mazzini, sondern Cavour hat den Staat Italien geschaffen;
aber unter den Männern, welche als Verkünder besserer Zukunft und als Opfer schlechter Gegenwart das Alte zerstörten
und das Neue vorbereiteten, und welche in uneigennütziger und
beharrlicher Hingabe für das Vaterland wagten, duldeten und
sündigten, unter diesen Patrioten aus der Dämmerzeit Italiens zwischen tiefer Nacht und aufbrechendem Licht wird von
der Nachwelt auch die düstere Gestalt Mazzini's mit Trauer
und Theilnahme betrachtet werden.*)

---

*) Der Verfasser dieser Biographie hat vorhandene vertraute Briefe
Lebender, soweit diese ihm aus dem Nachlaß Mathy's zugänglich wurden, nur dann gelesen und benützt, wenn er die Genehmigung der Ab-
sender vorher eingeholt hatte, oder als zweifellos voraussetzen durfte. Er
bedauert lebhaft, daß der Lebensbeschreibung dadurch manche werthvolle
Einzelheit entgehen mußte, aber er glaubte diese Entsagung allen Betheiligten schuldig zu sein. Von Mazzini fand sich im Nachlaß nur ein
Blatt, welches einige biographische Angaben enthält. — Im Ganzen bot
der Nachlaß für diese Lebensgeschichte kurze Bemerkungen über die Pariser
Reise; über den Schweizer Aufenthalt ein zuweilen unleserliches Notizbuch in englischer Sprache, zu dem letzten Abschnitt seines Lebens Tage-
bücher seit dem Jahre 1851, bei denen aus naheliegenden Gründen rück-
sichtsvollste Benutzung geboten war. Für die Jahre der Jugend und der
politischen Kämpfe halfen von ungedruckten Hilfsmitteln spärliche Briefe
und Mittheilungen der Freunde.

3.

Das junge Europa und die junge Schweiz.

Der Bund des jungen Europas bestand seit dem 15. April
1834 aus drei nationalen Genossenschaften: jung Italien, jung
Deutschland, jung Polen, erst später trat die junge Schweiz
dazu. Das Aussehen dieser Vereine war trotz der gemeinsamen Richtung, Leitung und Bundeskasse sehr verschieden.
Jung Polen war fast nur ein Name, es zählte wenig Mitglieder, nach dem Savoyerzug waren die polnischen Flüchtlinge aus der Schweiz gewichen, sie hatten ohnedies eine starke
Zuneigung zu Frankreich, hofften auf die französische Regierung und französisches Geld, oder schlossen sich an die
geheimen Gesellschaften zu Paris. Das junge Italien hatte die
große Mehrzahl seiner Mitglieder außerhalb der Schweiz; den
Flüchtigen gebot Mazzini unumschränkt, mit wenigen Vertrauten
wob er an dem Netz, welches sich weit über Land und Mittelmeer hinzog. Er und seine Freunde waren Gentlemen, ihre
Entsagung glich der von geistlichen Ordensgenerälen, sie waren
nicht unbekannt mit der vornehmen Gesellschaft Europas, hatten
Verbindungen, welche ihnen manches Geheimniß der Cabinette
zugänglich machten, sie waren sich großer Geltung in der
Heimat bewußt und des Gehorsams Vieler, und verfügten
zuweilen als gewissenhafte Verwalter über größere Summen.
Sie hielten sich stolz und untadelig in selbstgewählter Armuth,
die kleinen Bedürfnisse eines Mannes von guter Gesellschaft,

der Lackstiefel, das Diner, die Havana=Cigarre waren ihnen
herkömmlich, und sie sahen wol betroffen um sich, wenn ihnen
dergleichen einmal fehlte. Die übrigen Italiener in der Schweiz
waren meist unterwürfige Werkzeuge, sie alle kannten den furcht=
baren Ernst ihrer Verbindungen und übten unter einander
strenge Polizei, welcher die Leiter eher Schonung als scharfes
Vorgehen anempfehlen mußten. Alle waren gewöhnt auf der
Hut zu sein, sie verkehrten still, vorsichtig, verschwiegen und
hatten bei den Schweizer Behörden den besten Leumund. Ihr
größtes Leiden waren die Spione, welche überall geargwöhnt
wurden und sich immer wieder unter ihnen einzuschleichen
wußten. Mit den Deutschen hielten sie guten Verkehr, soweit
die Sprache gestattete, aber mit den Franzosen vertrugen sie
sich schlecht. Die flüchtigen Franzosen galten auch den anderen
Nationen für lockere und unzuverlässige Gesellen.

Anders sah das junge Deutschland aus. Es war trotz
seiner Sendlinge, welche den Bund in die deutschen Landschaften
zu schmuggeln suchten, fast ganz auf Deutsche im Elsaß und
auf die Flüchtlinge in der Schweiz beschränkt. Dennoch war
es in der Schweiz immer noch der menschenreichste Bund, er
zählte etwa 250 Mitglieder in 17 bis 20 Sectionen, die sich
häufig auflösten und nur in lockerem Zusammenhange standen;
die Bundeskasse enthielt nach der confiscirten Rechnung 135
Franken 30 Rappen. Die Mitglieder waren fast ohne Aus=
nahme kleine Leute, Studenten, Techniker, Handwerksgesellen,
gesellig, geräuschvoll, eifrig und warmherzig, sehr mittheilsam
und üble Bewahrer von Geheimnissen, sie hielten jedoch unter
einander gut zusammen. Der ehrlichste Wille und die beste
Haltung war bei der Masse, unter den Arbeitern. Ihre
Führer aber waren sämmtlich von engem Gesichtskreis, ganz
fremd den großen Geschäften, fast jeder ein Streitkopf, manche
darunter verschrobene Menschen von flacher Bildung und eitler
Renommisterei. Fast alle hatten eine untilgbare Sehnsucht
nach behaglichem Dasein, nach Häuslichkeit und Familienleben.

selbst wenn ihre Sitten sie in einem geordneten Hauswesen nicht recht verwendbar machten; sie waren entweder verheiratet oder in ihrer unsichern Lage allzu geneigt ihr Herz in eheliche Bande zu hängen. Sie saßen am liebsten in der Schenke oder trieben thatlos umher. Ihre gefährlichste Thätigkeit war, daß sie in Lesevereinen die jungen Handwerker für den Bund zu erziehen suchten, beim Trunk scharfe Reden hielten und Flugblätter gegen die Tyrannen verkauften. Wenn sie sich verschworen, so war dies eine Unterhaltung wie früher in der Studentenzeit oder in der Gesellenherberge. Im Grunde aber hatten sie fast sämmtlich die Sehnsucht still zu hausen und mit ihrer Frau in der großen Republik Deutschland spazieren zu gehen. Dem Italiener Mazzini muß zuweilen schwer gewesen sein, Mißachtung seiner deutschen Geschäftsfreunde von sich fern zu halten. Der Mangel an Verständniß für große politische Verhältnisse, die ewigen Bedürfnisse, die Un= thätigkeit, die schlechte Parteizucht, hier und da wol auch ihre Bedenken und ihr moralischer Katzenjammer machten sie nicht vertrauenswürdig. Wenn Mazzini einmal zu Rauschenplat, der eine Zeit lang Docent des Kriminalrechts an der Univer= sität Bern war, von der edlen Milde des Zukunftstaates sprach, und begeistert frug, wie der Deutsche sich die künftige Einheit eines menschenwürdigen Strafrechts in Deutschland und Italien denke, dann platzte „der Kater" Rauschenplat heraus: „Als Standrecht" — er hatte sich zufällig diese Ansicht gebildet. Mazzini aber preßte krampfhaft die Hände zusammen und die staunende Enttäuschung, die in seinem Blicke lag, war wenig schmeichelhaft für den derben Gesellen, der so selbstzufrieden vor ihm stand. Auch unbotmäßig waren die Deutschen gegen ihren fremden Führer, er war ihnen zu vornehm und zu tyrannisch, oder, wie sie sagten, zu anmaßend. Hatten sie sich der heimischen Polizei darum entzogen, um in freiem Lande die Befehle eines geheimen Fremdlings schweigend hinzunehmen? Mazzini vermochte niemals der gemüthlichen Unordnung in dieser Landsmannschaft zu steuern. Und, um Alles zu sagen, jung Deutschland war eine klägliche und kraftlose Einrichtung, durchaus nicht des Aufhebens werth, das man in der Heimat davon machte.

Die junge Schweiz begründete sich erst ein Jahr nach den genannten Sectionen des jungen Europas. Am 15. April 1834 hatte Mazzini in einem Aufruf zu der Bildung dieses Vereins aufgefordert: „Patrioten der Schweiz, wir haben uns constituirt, schließt euch an, daß eine junge Schweiz entstehe. Jung ist mehr als ein Wort, es ist ein Programm, es drückt uns Allen verständlich aus, daß es hauptsächlich der jüngeren Generation vorbehalten ist, die Wiedergeburt Europas zu bewirken. Jedoch erinnert euch, daß die Zeiten der Symbolik vorüber sind, daß die Form oft Ideen erstickt hat, daß eine neue Verbindung damit endigen muß, der Staat selber zu werden. Wir sind einig, unser Streben der zukünftigen Generation zu weihen, wir zwar werden darüber hinsterben, aber wir sind nicht Männer der Ungeduld und des Egoismus, die Frucht wird, durch die waltende Vorsehung beschützt, von anderen Händen eingesammelt werden."

Diese Prophezeiung ist für die Schweiz schneller erfüllt worden als der Italiener meinte. Denn die Verbindung, welche durch seinen Aufruf angeregt wurde, war in der That grundverschieden von den übrigen Landsmannschaften des Bundes, praktisch in ihren Zwecken, gemäßigt in ihren Mitteln, nur durch ihren Namen und ein kühles persönliches Einvernehmen ihrer Stifter dem jungen Europa genähert. Fast in jedem Kanton der Schweiz stritt damals das alte Familienregiment gegen eine rührige Reformpartei, fast in jedem hatten die Parteien nach dem Brauch früherer Jahrhunderte mit den Waffen gegen einander gekämpft, und unablässig arbeitete der Gegensatz auf der Tagsatzung, in dem großen und kleinen Rath der Kantone, durch die Presse und durch Beschlüsse von Volksversammlungen. Aber trotz aller Erbitterung in der Politik

und trotz bösartigem Klatsch in den Familien verkehrten die
Gegner als Landgenossen, als Gevattern und Nachbarn ehrlich
mit einander im Geschäft und beim Wein. Die liberale Partei
war in siegreichem Fortschritte, in einigen Kantonen hatte sie
bereits die Herrschaft erobert, in anderen behauptete sie Einfluß
wenigstens in einzelnen Zweigen der Verwaltung; sie erhob
Widerspruch gegen die Einmischung der Mächte in schweizerische
Staatseinrichtungen, verlangte eine bessernde Umgestaltung ihres
Bundes, eine einheitliche Oberleitung, Freiheit der Glaubensbe=
kenntnisse, des Worts, des Unterrichts, der Presse, der Vereine,
des inneren Verkehrs, der Gewerbe, der Niederlassungen, Be=
freiung des Bodens von allen Feudallasten, Asylrecht, Einheit von
Maß, Münze, Gewicht, Einsetzung eines obersten Gerichtshofs.
Die Führer dieser Partei, zumal die in den deutschen Kantonen
und dem Waadtland, waren durchaus nicht gesonnen sich für die
europäische Revolution Mazzini's gebrauchen zu lassen, im
Gegentheil sie selbst überlegten und zweifelten, ob sie die Männer
des jungen Europas für ihre heimischen Zwecke benützen könnten.
Ihre Absicht war, einen großen Nationalverein zu gründen;
die Gerichtsbarkeit, welche das junge Europa über das Leben
seiner Mitglieder in Anspruch nahm, war für die Schweizer
ein Unsinn, und sie fanden keinen Vortheil darin, um der
Fremden willen sich mit allen Großmächten Europas auf den
Kriegsfuß zu setzen. So wurde fast ein Jahr verhandelt, ob
ihr nationaler Verein sich den Gedanken Mazzini's einiger=
maßen anbequemen und den Namen junge Schweiz annehmen
sollte. Endlich entschlossen sie sich doch zögernd und ohne
Wärme; wie es scheint, aus zwei wohlerwogenen Gründen:
Einmal hatte die Lehre Mazzini's unter den französischen
Schweizern des Jura bereits Anhänger gefunden und man
wollte eine Spaltung der Liberalen vermeiden, dann aber waren
die Schweizer vor einer großen nationalen Agitation in be=
sonders ungünstiger Lage. Die herrschende conservative Partei
hatte den Schulunterricht so vernachlässigt, daß den Liberalen

8*

damals allzusehr die Männer fehlten, welche die Bewegung der Presse zu unterhalten vermochten. Wo es galt die Feder zu führen und große Ideen im Volke zu verbreiten, waren sie fast ganz auf die Flüchtlinge angewiesen. Wollte der Verein zu kräftiger Wirksamkeit kommen, so bedurfte er einer neuen großen Zeitung, und dafür waren ihm die Verbindungen Mazzini's unentbehrlich. Deshalb kam ein Ausgleich zwischen der nationalen Partei und Mazzini zu Stande, in welchem sich die Schweizer bereit erklärten, ihren Verein die junge Schweiz zu nennen; sie gaben sich aber eine ganz selbständige Satzung, welche trotz ihrer Weitläufigkeit ein gesetzliches und ehrliches Vereinsstatut ist wie andere auch. Erst am 26. Juli 1835 vereinigten sie sich förmlich zu Villeneuve am Genfer See, zunächst etwa 25 Männer, die Mehrzahl aus den Kantonen französischer Zunge und dem Berner Jura. Die Kantonvereine sollten unter einem Centralcomité stehen, welches vorerst nach Biel gelegt wurde. Unter den Comitémitgliedern war der angesehene Arzt Dr. Schneider von Nidau, ein wackerer Vaterlandsfreund, wohlhabender und gemeinnütziger Mann, dem die Schweiz unter Anderem die Entsumpfung des Berner Seelandes verdankt; er wurde auch der neuen Zeit die beste Stütze. Er hat den Sieg seiner Partei erlebt und ist wiederholt in den großen Rath und die Regierung gewählt worden.

Um die große Zeitung möglich zu machen, hatten sich die Schweizer für junge Europäer erklärt. Aber der Gegensatz zwischen den weltumspannenden Idealen des Italieners und dem nüchternen Sinn der Schweizer bedrohte das Bündniß sofort mit ernsten Gefahren. Mazzini wollte in die Ferne wirken, soweit nur französische und deutsche Sprache reichen, und er wollte allem Volk Europas in seinem officiellen Blatt die große Politik des zukünftigen Staates verkünden; die Schweizer dagegen forderten Besprechung der heimischen Zustände, Kampf gegen ihre Kantonregierungen, Vertretung örtlicher Angelegenheiten und vorsichtige Schonung der Gewalten, welche ihren

Erfolg hindern oder fördern mochten. Eine Vereinigung dieser
Wünsche wäre unmöglich gewesen, hätte nicht Mazzini immer
wieder durch seinen Geist und seine persönliche Ueberlegenheit
fortgerissen, und wäre ihm nicht die aristokratische Tugend
eigen gewesen, im Einzelnen die Dinge gehen zu lassen.

Die zwiesprachige Zeitung, „La jeune Suisse, Die
junge Schweiz; ein Blatt für Nationalität", erschien
vom 1. Juli 1835 bis 23. Juli 1836 jeden Mittwoch und
Sonnabend, ein Bogen in größtem Format, der französische und
deutsche Text neben einander. Die Geldmittel waren durch
Actien zusammengebracht, welche sich meist in den Händen von
Mitgliedern der jungen Schweiz befanden. Das Comité zu Biel
hatte die oberste Leitung. Mazzini selbst verstand das Deutsche
nur mit Schwierigkeit, und die Mehrzahl der Actionäre gehörte,
wenigstens im Anfang, zur französischen Schweiz, deshalb
mußte der Redacteur ein Franzose sein. Diese Stelle erhielt
Granier von Lyon, früher Redacteur des „Proscrit", der unter
dem Namen Dumont in Biel auftrat, ein leichter Gesell, nicht
ohne Geist und Gutmüthigkeit, der den Schweizern öfter Anstoß gab, weil er sie auslachte und lockere Sitten nicht verbarg.
Nächst ihm gehörte zur Redaction der Uebersetzer, welcher angestellt war, die französischen Artikel in das Deutsche zu übertragen, und da sich bald ergab, daß die ursprünglich deutsch
geschriebenen Artikel häufig wurden, auch aus dem Deutschen
in das Französische zu übersetzen hatte. Und für diese Stelle
war Mathy ersehen.

Wenige Tage nachdem Mathy seine Familie von der
Grenze nach Bern geholt hatte, mußte er für seine Person nach
Biel übersiedeln. Er war dort sehr nöthig, seine Erfahrung,
sein festes Wesen und sein regelmäßiger Fleiß halfen die
Schwierigkeiten bewältigen, welche dem gewagten Unternehmen
schon vor dem Beginn Verderben drohten. Gleich um die
erste Nummer möglich zu machen, mußte er einen der Schweizer
Unternehmer begleiten, der auf einem Wäglein mit lahmem

Pferde nach Solothurn fuhr und dort vergebens nach Papier
suchte. In der Druckerei und dem Büreau der Redaction
fand Mathy eine bedenkliche Verwirrung, das Comité war
ohne jede Erfahrung in Preßgeschäften, die Betriebsgelder
waren ungenügend, weil man sich der frohen Hoffnung über=
ließ, daß die Zeitung sich bald nach ihrem Erscheinen selbst
erhalten werde, zwischen den Actionären gab es endlose Erörte=
rungen, lange Sitzungen und viel Gezänk, welche das ganze
Jahr nicht aufhörten. Wenn Actionäre und Comité Sitzung
hatten, wurde Mathy ersucht das Protokoll zu führen, und
wenn die Gesellschaft sich müde geredet hatte und rathlos
dasaß, fiel Mathy die Aufgabe zu, neue Auskunftsmittel vor=
zuschlagen. Auch die Enge der Druckerei und der Buchhand=
lung in Biel wurde hinderlich. Es war ein kleines Geschäft
ohne genügende Mittel, es litt Mangel an Lettern, Maschinen=
raum, Setzern, es ging aus der Hand eines Unternehmers in
die eines andern über, und die Verhältnisse wurden dadurch nicht
klarer, daß dem neuen Eigenthümer, Weingart, einem Mit=
gliede der jungen Schweiz, sich Schüler, ein Mitglied des jungen
Deutschlands, als Theilhaber gesellte, die Zwistigkeiten der
Vereine wurden dadurch in das Geschäft getragen. Bald nahm
die Firma den Titel Druckerei der jungen Schweiz an und suchte
Gelderwerb in Broschüren und unsicheren Unternehmungen,
welche Haß aufregten, der ohne zureichenden Grund auf die
Zeitung und auf den Schweizer Verein mit gleichem Namen fiel.
Auch die Setzer und Drucker mußten zuverlässige Leute sein und
unter den Gesinnungsgenossen gesucht werden. Zumal die
Setzer gehörten sämmtlich dem jungen Europa zu, sie waren
Flüchtlinge, eigenwillig und geneigt selbst Politik zu treiben,
nicht leicht in geordneter Arbeit zusammenzuhalten. Daß unter
diesen Umständen das Blatt überhaupt ein Jahr dauern, und
ein nicht unverdientes Ansehen erhalten konnte, verdankt es vor
Allem der Erfahrung, dem unendlichen Fleiß, der festen und
Achtung gebietenden Persönlichkeit seines deutschen Uebersetzers.

Er wußte überall zu schlichten, fand Hilfe in jeder Noth und
wurde bald der Vertraute, der Rathgeber und die letzte Zuflucht
aller Betheiligten, von Mazzini bis zu dem jüngsten Setzer. Kam
ein Leitartikel von Grenchen oder Nidau nicht zu rechter Zeit
an, so opferte Mathy die Nacht, um selbst die Lücke zu füllen.
Wenn der Herausgeber Weingart erfuhr, daß der französische
Redacteur zu unrechter Zeit einen Ausflug mit leichtsinnigen
Damen gemacht hatte, so erflehte er Mathy's Hilfe für die
nächste Nummer. Und wieder kam Granier zu Mathy und klagte,
wenn ihm der Herausgeber seinen Aufsatz beschnitten hatte.
So gab es gleich im Anfang einen Auftritt, weil Granier in
einem Artikel einen großen Monarchen des Nordens assassin
couronné genannt hatte. „Das ist beleidigend", meinte Herr
Weingart, „wenn Sie z. B. gesagt hätten: nie hat die Hölle
einen schwärzeren Abschaum ausgespien, so würde dieser Aus=
druck bezeichnend, aber keineswegs beleidigend gewesen sein."
— In der Setzerstube begann Mathy seine Thätigkeit damit,
daß er sich erbot, in den Abendstunden die deutschen Setzer
französisch zu lehren; kamen ehrbare Flüchtlinge, welche Arbeit
begehrten, so setzte er durch, daß sie an die Setzkästen gestellt
wurden, einige Wochen umsonst, dann mit ganzem Setzerlohn.
Und er wußte zu machen, daß sie die ersten schweren Wochen
Kost erhielten. Dafür lohnten ihm die Arbeiter mit rühren=
dem Vertrauen, sie wußten auch, daß er in Karlsruhe selbst
das Setzen gelernt hatte, und betrachteten ihn mit Stolz als
einen von ihrer Kunst, brauchte einer von ihnen Hilfe, so
erbat er Mathy's Fürsprache. Wenn sie sich der Nachtarbeit
weigerten, so wußte er sie dafür zu bestimmen. Es waren
einige tüchtige und ehrenwerthe Männer darunter, diese lud
Mathy auch einmal des Sonntags in sein Haus zu einem
Braten und guten Haustrunk. — Zuletzt nach harter Tages=
arbeit und manchem Nachtwachen, nach vielen Erörterungen
und manchem Zwist im Redactionszimmer und der Druckerei
fehlte am Ende des Vierteljahrs wol gar das Geld, um dem

Ueberseßer seinen bescheidenen Gehalt auszuzahlen, und der
zuverlässige Dr. Schneider mußte aushelfen.

Unter diesen knarrenden Mißtönen wurde die Zeitung La
jeune Suisse ein seltsames journalistisches Unternehmen. Die
Nummern gestalteten sich gewöhnlich folgendermaßen: Ein
langer Leitartikel in großem Stil und würdiger Haltung ver=
trat die Theorie, häufig schrieb Mazzini selbst diese Belehrungen,
die dann wohl zu schulmeisterlich geriethen, den Lesern zu viel
zumutheten und sich zu sehr an das ganze Europa wandten.
Dennoch würde mancher Leitartikel noch jetzt einem maßvollen
liberalen Blatte Deutschlands sehr wohl anstehen, wenn man
von dem gelegentlichen Betonen republikanischer Gesinnung
absieht und erwägt, daß viele Wahrheiten, die damals dem
Leser neu waren, seitdem Gemeingut der Nationen geworden
sind. Nächst dem Leitartikel nahm den größten Raum ein
die Besprechung der schweizerischen Interessen, auch hier war
die Haltung im Ganzen weit besser als in den Ortszeitungen,
doch drang auch viel von der groben, heftigen, schonungslosen
Sprechweise ein, welche die kleinen Blätter der Schweiz noch heut
nicht überwunden haben. Dazu kamen in einem kurzgefaßten
politischen Bülletin die Neuigkeiten des Auslands, bei denen ein
herber und schneidender Ton auffällt, — in dem man zu=
weilen die Feder Mathy's erkennen möchte — und dazwischen
plumper Klatsch der Flüchtlinge, der durch auswärtige Bericht=
erstatter hineingetragen wurde. Sicher gaben die beleidigenden
Ausfälle gegen die großen Regierungen des Festlandes immer
noch vorsichtig die Stimmung wieder, mit welcher die Liberalen
in der Schweiz, und vollends die Flüchtlinge, die bestehenden
Staatsordnungen betrachteten, aber keinem Unbefangenen konnte
zweifelhaft sein, daß solche Hiebe, welche am liebsten auf die
Fürsten und deren Minister zielten, das Blatt von den ersten
Nummern mit Untergang bedrohten. Für die Schweiz war
die neue Zeitung ein wirklicher Fortschritt, zum erstenmal
fanden hier die Schweizer die gemeinsamen Angelegenheiten ihrer

Heimat energisch und in großem Sinne behandelt, den wider=
wärtigen Kantönlihaber bekämpft und die patriotischen Wünsche
für eine Gesammtverfassung eindringlich vorgetragen. Aber
es war nicht weise, die Mächte des Auslandes in jeder Nummer
daran zu erinnern, daß die höchst wünschenswerthe Umwand=
lung der Schweizer Verfassung von denen gefordert wurde,
welche zugleich den Umsturz fremder Regierungen für noth=
wendig hielten.

Die Zeitung erregte in der Schweiz großes Aufsehen, ihre
Haltung fand auch unter den Liberalen starken Widerspruch,
wie jeder Parteizeitung zu geschehen pflegt, am meisten wenn
sie auf Geld vieler Parteigenossen gegründet ist. Den Heraus=
gebern selbst machte ein anderer Umstand mehr Beschwerde.
Es war nicht unnatürlich, daß die Flüchtlinge das Redactions=
zimmer für ein bequemes Büreau hielten, bei dem sie Geld,
Beschäftigung, Zeugnisse, jede Art von Auskunft, vielleicht sogar
anmuthige Unterhaltung suchten. Und nicht immer waren die
Gäste ehrliche Kameraden. Jede Gesandtschaft der großen Mächte
besoldete ein Rudel Spione, darunter die verworfensten Gesellen,
welche durch ihre Lügenberichte die Besorgnisse der Cabinette
steigerten, persönliche Gegner aus Rachsucht falsch anklagten,
in der Schweiz zu thörichten Wagnissen aufstachelten, in jedem
Fall das eigennützige Bestreben hatten, sich werthvoll zu er=
weisen, indem sie die Thatsachen düster färbten. Daß ein solcher
Mann, der Preuße Ludwig Lessing, in der Nacht des 4. No=
vember 1835 zu Zürich durch neunundvierzig Stichwunden er=
mordet wurde, wahrscheinlich von erbitterten Flüchtlingen, scheint
Andere in ihrem ruhmlosen Beruf nicht gestört zu haben. Für
jene Missethat aber, deren Urheber nicht entdeckt wurde, wurde
ein Jahr darauf von den Regierungen an dreihundert Flücht=
lingen schonungslose Rache geübt. Zur Zeit war allerdings
im Büreau der jungen Schweiz der Widerstand gegen Spione
mehr ergötzlich als ernsthaft. So trat an einem der ersten
Tage der Jeune Suisse ein Italiener mit einem Galgengesicht

an das Büreau und wollte als Flüchtling ein Gesuch um Geld in die Spalten des Blattes eingerückt wissen, er wurde kalt abgefertigt. Als Mathy aber deshalb bei Usiglio anfing, hörte er schon auf der Treppe eine rauhe, von Klagetönen unterbrochene Stimme; als er in das Zimmer trat, sah er einen athletischen Italiener — es war Modena, einer der Vertrauten Mazzini's, später Schauspieler — welcher den Landsmann mit den schlechten Gesichtszügen am Kragen hielt. Der Bedrängte benutzte die geöffnete Thür um einen Fluchtversuch zu machen, aber Modena packte ihn aufs Neue, und der Geknuffte flehte jämmerlich um Hilfe. Endlich ließ Modena den Mann los, warf ihn mit einem heftigen Tritt kopfüber die Treppe hinab, Hut und Stock hinterdrein, und sagte zornig zu Mathy: „Das ist ein feiler Spion, ein elendes Gewürm, welches einen Mann von Ehre verderben kann." — Kurz darauf bat wieder ein italienischer Verbannter auf dem Büreau um Unterstützung. Herr Weingart ging aus sich zu erkundigen und sagte dem Fremden nach der Rückkehr, man wisse, daß er nicht gern arbeite und in der Welt umherschweife, die Mildthätigkeit patriotischer Männer zu mißbrauchen. Man könne deshalb nichts für ihn thun. Der Italiener war ein ausgezeichnet schöner Mann, der seine sämmtliche Habe in einer Pappschachtel mit sich trug, er zog den Schweizer bei Seite und forderte Erklärung, wer solche falsche Gerüchte ausgesprengt. Natürlich wurde ihm die Auskunft verweigert, da ergrimmte der Fremde und legte Hand an den Herausgeber der Jeune Suisse. Die Redaction fuhr dazwischen und in dem Büreau entwickelte sich eine Wuthscene. Der Italiener forderte den Schweizer auf Pistolen, er schrie, bebte und weinte, sein Mund war krampfhaft verzerrt, sein Antlitz furchtbar entstellt. „Ich werde Ihnen Genugthuung auf Schweizerart geben," versetzte der Zeitungsbesitzer ungerührt und ballte die Faust. Mit vieler Mühe vermittelte die Redaction: der Italiener brauche nur zu beweisen, daß er ein Verbannter sei, damit sei Alles gethan. Der Italiener warf eine Menge Briefe auf

ben Tisch, bie es wirklich bewiesen, unb schluchzte babei wie
ein Kind. Der arme Flüchtling! er war allmählich herunter-
gekommen, hatte sich bis bahin immer für einen Mann von
Ehre gehalten, jetzt brach es ihm fast das Herz, als er plötzlich merkte, wie ihn Andere beurtheilten. Die Setzer fühlten
das theilnehmend heraus, sie traten zusammen, machten für
ihn eine Gelbsammlung unb einer von ihnen schrieb ihm einen
Empfehlungsbrief. Nach seiner Entfernung kam ein Landsmann
bes Gekränkten, bestätigte, baß bieser ein Verbannter sei, aber
gern ben großen Herrn spiele. Doch hatte sich ber Unglückliche erboten für fünf Batzen täglich zu arbeiten.

Auch bie deutschen Flüchtlinge gönnten bem Rebactions-
zimmer nicht immer bie Ruhe, welche für ben guten Stil eines
Leitartikels so wünschenswerth ist. Der unholbe Fein brängte
sich heran, um mit einem deutschen Besucher von besserer Art
ben Streit fortzusetzen, ben er am Tage vorher im trunkenen
Muth unter ben Handwerkern angefangen hatte, er wurbe von
seinem Gegner geforbert unb ba er seine Mitwirkung bei einem
Zweikampf beharrlich verweigerte, aber auch seine Beleidigung
nicht widerrufen wollte, von bem Andern mit einem Scheit
Holz zum Abzuge genöthigt. Freunblicher war bie Begrüßung
mit einem andern Haupte bes jungen Deutschlands, welches
ber Rebaction gern sein Vertrauen schenkte. Dies war Dr.
Ernst Johann Hermann von Rauschenplat, ein alter Bekannter Mathy's. Seinen Beinamen „Kater" verbankte er ber still
zuwartenben Schlauheit seines Ausbrucks. Er trug einen breiten, bichtbehaarten Kopf, schief geschnittene Augenliber, starke
Backenknochen, um Lippe unb Kinn starrte ein grannenartiger,
scheibenförmig gestutzter blonder Bart, im Uebrigen war er
ein kleiner, gebrungener Gesell von sicherem unb entschlossenem
Auftreten, muthig bis zur Tollkühnheit, ohne Bedürfnisse, ber
kluge Obysseus von jung Deutschland. Er verkehrte kurz an-
gebunden mit aller Welt, fanb eine Freude barin mit einem
gewissen Kater-Humor seine Gegner persönlich heimzusuchen

und in Verlegenheit zu bringen, war sonst im Grunde gut=
herzig und überall bekannt. Auch in gefährlicher Zeit trat er
unbefangen solche Leute an, welche die Amtspflicht hatten die
Freiheit seiner Bewegungen zu beschränken, dann verstand er
sehr gut hingeworfene Worte: daß am Epheustrauch wol ein
Blatt zu viel sei, daß eine Ofenkachel oder Dachschindel ent=
fernt werden müsse, und entwich geräuschlos der Gefahr.
Manche Abenteuer, welche er bestanden haben sollte, wurden
unter den Flüchtlingen als lustige Sage erzählt. So seine
Thaten zu Dipflingen. Er trieb nämlich seit dem Frühjahr
1833 im Kanton Basel umher, um sich als Rechtsanwalt nieder=
zulassen. Aber die Unruhen des Kantons waren dieser fried=
lichen Absicht nicht günstig. Stadt und Landschaft lagen im
Krieg, eine eidgenössische Commission hatte die Landgemeinden
des Kantons zwischen Stadt und Landschaft getheilt. Da
bemächtigte sich Rauschenplat eines kleinen Judendorfes Dipf=
lingen am Ausgange des Homberger Thals; der Ort hatte
in seinen Abstimmungen mehre Mal zwischen Stadt und Land=
schaft Basel geschwankt, jetzt wollte er weder zur einen noch
zur andern gehören. Die Stadt Basel versuchte Gewalt, Land=
jäger rückten ein, hieben den Freiheitsbaum um und besetzten
den Ort. Dagegen begannen die Nachbargemeinden zu schar=
muziren und durch nächtliche Streifzüge die Besatzung der
Städter zu beunruhigen, bis die Landjäger endlich abzogen.
Nunmehr erklärte sich Dipflingen in einem Schriftstück vom
20. Mai 1833, welches Rauschenplat schön stilistirt hatte, für eine
unabhängige Republik, welche übrigens bereit sei, wenn die
Eidgenossenschaft ihr innere Unabhängigkeit verbürgen wolle,
sich an Baselland anzuschließen. Es war ein stolzer Traum,
der prosaische Vorort erkannte die Dipflinger Verfassung nicht
an. Am Orte selbst brach unter den 59 Activbürgern eine
Gegenrevolution aus, welche die Gemeinde wieder unter die
Stadt stellte. Bevor die Landjäger von Basel auf's Neue
einrückten, retteten sich die beiden Volksanwälte. In der Nacht

des 27. Mai schlug vor dem einzigen Wirthshause Dipflin=
gens ein Mann den von ihm gesetzten Freiheitsbaum nieder
lud ihn der Länge nach über einen Wagen Heu, holte Weib
und Kind, setzte sich auf den Baum und fuhr der nächsten
Gemeinde von Baselland zu. Als Nachhut des Wagens schritt
mit Kugelbüchse und Waidtasche eine kleine Gestalt in zorni=
gem Muth, es war Doctor Rauschenplat, der Mann auf dem
Freiheitsbaum sein Dipflinger Gastwirth. Ungeachtet dieser
Niederlage wurde Dipflingen doch die Veranlassung zur völ=
ligen Trennung der Kantontheile, denn zwischen den Landjägern
der Stadt und den Bauern der Umgegend begannen neue
Scharmützel, die Fehde wurde heftiger, Basel unternahm am
3. August 1833 jenen Ausfall mit sechs Geschützen und 1500
Mann Truppen, welcher mit einem verlorenen Treffen endigte
und der siegreichen Landschaft sämmtliche Gemeinden diesseits
des Rheins in Besitz gab. — Im Frühling 1835 machte
Rauschenplat von Bern eine Fußreise nach Barcelona, um als
Freiwilliger gegen die Carlisten einzutreten, im Sommerrock,
mit schottischem Umschlagetuch und einer treuen wachstuchenen
Reisetasche, welche in späteren Steckbriefen immer als „Kriegs=
ranzen" verdächtigt wurde. Er kehrte aber im Beginn des
nächsten Jahres wieder zu deutsch redenden Menschen zurück.
Aus der Schweiz flüchtete er später nach Straßburg, dort
erwirkte er sich Aufenthalt und zusagende Beschäftigung auf
dem Stadtarchiv, kümmerte sich ernsthaft um mittelalterliche
Kunst und Quellenwerke der deutschen Rechtsgeschichte, freute
sich eine Zeit lang der Aussicht das französische Bürgerrecht
zu erhalten, bequemte sich in dieser Zeit zu Frack und geglät=
teter Haartracht, rauchte aus der kurzen französischen Thon=
pfeife und trank mit den Bürgern Straßburgs ihr heimisches
Getränk. Aber sein Wunsch wurde in Paris nicht erfüllt,
auch bei Besetzung einer Archivstelle wurde ihm ein Franzose
vorgezogen. Da war ihm der Elsaß verleidet, zum ersten=
mal kam ihm das Gefühl, ein elender Heimatloser zu sein.

Er suchte seinen Frieden mit der badischen Regierung zu machen, betheiligte sich 1848 am Vorparlament und trat dort Allen unerwartet sogleich zur Partei der Gemäßigten. Doch die Stetigkeit des Willens war ihm verloren, er fuhr ruhelos umher, der Gram über ein vergebliches Leben nagte an seinem Gehirn, er endete im Irrsinn.

Auch die lyrische Poesie trat an das Journal der jungen Schweiz, sie fehlt selten unter den Himmlischen, welche einem deutschen Redacteur nahen. Da war zuerst Harro Harring; von den Abenteurern, welche sich den Flüchtlingen gesellten, wol der abgeschmackteste, ein Geck und Prahlhans. Er stammte aus Schleswig, während des griechischen Freiheitskrieges war er als Philhellene nach München gekommen, um einige Helden von Patras und Missolunghi auf die Bühne zu bringen und sich eine Anstellung als Theaterdichter durchzusetzen; nach dem polnischen Aufstande hatte er in Straßburg als Quartiermeister der polnischen Emigration die ersten Spenden der Mildthätig- keit eingesammelt, er behauptete damals Cornet beim Groß- fürsten Constantin gewesen zu sein und trug eine Krakusen- mütze; dann hatte er als poetischer Beobachter den Savoyer Zug mitgemacht und war der angemessene Geschichtschreiber dieses Abenteuers geworden. Seitdem lebte er als großer Herr in einer Villa bei Biel, die der Eigenthümer, ein reicher Vater- landsfreund, ihm zur Verfügung gestellt hatte, dort machte er Verse und malte in Oel undeutliche Bilder seiner Hauswirthe, denn er war noch lieber Maler als Dichter. Er kam auf das Büreau, forderte Beachtung durch die Presse und den Druck seiner Gedichte durch das Geschäft. Als man sich schrift- lich weigerte, auf seine unbilligen Bedingungen einzugehen, schrieb er hochfahrend eine sehr ausfällige Antwort. Gegen diese Stilprobe suchte die bedrängte Druckerei Zuflucht bei Mathy und dieser entgegnete wie der Gesell verdiente. Auf dem Büreau erwartete man eine Ausforderung. Aber der Dichter gerieth dadurch in die Stimmung der Demuth, wider-

rief innig jeden kränkenden Ausdruck und erbot sich, seine
Poesien auf Actien drucken zu lassen. Er suchte seitdem Mathy's
Bekanntschaft, drang ihm in die Wohnung, erduldete in seiner
Selbstzufriedenheit gleichmüthig die kalte Ironie Mathy's und
den Spott der Anwesenden und erklärte zum großen Miß-
behagen der Gesellschaft seine Absicht, ein neu verfaßtes Drama
vorzulesen. Dies wurde unmöglich, weil der kleine Sohn
Mathy's das Manuscript vom Tische geworfen und in der
Stille so behandelt hatte, wie der Amor Correggio's das Häuf-
lein brennender Liebesbriefe. Harring ließ sich ein Jahr darauf nach England ausweisen und meldete später einmal seinen
Bekannten in der Schweiz, daß er sich als Dolmetsch einer
Weltumseglungsfahrt angeschlossen habe, er werde künftig den
Ocean allein bewohnen und sich so den Verfolgungen entziehen, welche die „Polizei der fünf Welttheile" über ihn ver-
hängt habe.

Ein anderer Lyriker der Flüchtlinge, ein besserer Dichter
und ein harmloser, treuherziger Mann war Wilhelm Sauer-
wein. Wenn er einmal von Bern nach Biel kam, empfingen ihn
fröhliche Gesichter und warmer Händedruck, der beste Lohn des
deutschen Liedersängers. Dieser, ein echter Sohn der Stadt
Frankfurt, war dort Lehrer gewesen und hatte mit guter Schul-
bildung und einer hübschen kleinen Begabung Zeitungsbeiträge
in der Weise seines Vorbildes Börne geschrieben, am liebsten
gegen die Judengasse und den Bundestag. Er war es, der
seinen Mitbürgern mit Humor die Person eines Frankfurter
Schullehrers sammt der Schule dramatisirte: „der Gräff, wie
er leibt und lebt," unter ähnlichen Schilderungen örtlicher Gestalten eine der besten, ein harmloses und lustiges Büchlein.
Durch das Frankfurter Attentat wurde der Dichter sehr aufgeregt, er ließ sich verleiten, eine sichere Stellung in der Vaterstadt zu verlassen und nach der Schweiz zu wandern. Zuerst
betrachtete er die Händel in Baselland, welches damals den
Flüchtlingen unendlichen Stoff zu Zeitungsartikeln gab, aber

er fand Vieles schlechter als in Frankfurt und trug keinen
andern Gewinn mit sich fort, als die Ansicht, welche er gern
aussprach, daß dort jeder zweite Mensch den Titel Präsident
führe und seinem Nachbar das Weinglas ins Gesicht werfe.
Auch in Bern fand er kein Glück. Er ärgerte sich über die
deutschen Journalisten, welche den Burgsdorfer Volksfreund
redigirten, bald die Monarchen anbellten und bald vor ihnen
krochen, und ärgerte sich noch mehr über den Hochmuth der
radikalen Schweizer Blätter und über ihre verachtenden Ausfälle auf Deutschland. Er versuchte Stunden zu geben, aber
die Einnahmen waren ungenügend, er mußte sich bequemen,
für die Buchhandlung Jenny eine Reihe Flugschriften zu übersetzen, von denen eine unter seinem Namen erschien, den Abscheu der Berner Conservativen erregte und ihn um seine
Stunden brachte. Mit stoischer Gelassenheit sah er seine
Hilfsquellen versiegen, keinem Bekannten klagte er, er las um
so fleißiger sein einziges Buch, den Homer in der Ausgabe
von Tauchnitz, rauchte französische Thonpfeifen schwarz und
hungerte. Im Jahr 1836 verschaffte ihm ein Freund eine
Hauslehrerstelle in der Nähe von Lyon, dort träumte er auf
dem Lande still vor sich hin, bis er 1842 an einem Nerven-
leiden erkrankte, er trug auch diese Heimsuchung mit Geduld, lag mehre Jahre gelähmt im Hotel Dieu von Lyon und
wurde endlich durch die Sorge seiner Freunde nach der
Vaterstadt geschafft, wo der arme ehrliche Mann im Kranken-
hause starb.

Unterdeß sangen die wandernden Handwerksgesellen seine
kleinen Lieder, von denen eines, das Lieblingslied der Flüchtlinge im jungen Deutschland, oft vor Mathy's Wohnung er-
klang und hier eine Stelle beansprucht:

> Wenn die Fürsten fragen,
> Was macht Absalon,
> Könnt ihr ihnen sagen:
> Ei, der hänget schon.

Doch an keinem Baume
Und an keinem Strick,
Sondern an dem Traume
Einer Republik.

Wollen sie gar wissen,
Wie's dem Flüchtling geht,
Sprecht, er ist zerrissen
Wo ihr ihn beseht.
Gebt nur eure großen
Purpurmäntel her,
Das gibt gute Hosen
Für das Freiheitsheer.

Fragen sie gerühret:
Will er Amnestie?
Sprecht, wie sich's gebührct,
Er hat steife Knie;
Ihm blieb nichts auf Erden
Als Verzweiflungsstreich'
Und Soldat zu werden
Für ein freies Reich.

Dies Lied mit seinen unbilligen Ansprüchen an die fürst-
liche Garberobe drückt genau die Gemüthstimmung der deutschen
Flüchtlinge in jenen Jahren aus: wilde Bummelei, untilgbaren
Respekt und — im Innern hoffnungsarme Entsagung.

———

Ein Jahr in Biel.

Während Mathy in Biel die Zeitung einrichten half, fuhr er jede Woche nach Bern zu seinen Lieben; wenn er bis Mitternacht gearbeitet hatte, warf er sich zur Reise angekleidet auf's Bett, um für die Nachtfahrt der Post gerüstet zu sein, und als er einmal in übergroßer Erschöpfung den Abgang verschlafen hatte, eilte er die sechs Wegstunden so tapfer zu Fuß hinterdrein, daß er fast zu gleicher Zeit mit dem Wagen in Bern ankam. Anfang August 1835 führte er Frau und Kinder nach Biel in die eilig ausgestattete Wohnung.

Die Stadt in schöner und fruchtbarer Gegend am Fuß des Jura und am Ufer des Sees, in mildem Klima, zählte damals etwa 3000 Einwohner, einen guten Schlag, der zwiesprachig den Verkehr zwischen dem französisch redenden Gebirge und der deutschen Ebene vermittelte. Auf der Nordseite der Stadt lag am schönen, lindenbeschatteten Freiplatz das Wohnhaus Mathy's, zweistockig, hellgelb getüncht mit grünen Jalousien, der Hofraum ein Rasenplatz, in der Ecke ein reichlich gießender Röhrbrunnen; eine steile Mauertreppe führte auf zwanzig Stufen zu dem kleinen Hausgarten hinauf, in dem das Haus stand, fern von Straßenstaub und Getöse, im kühlen Baumschatten und frischer Bergluft. Denn hinter ihm erhob sich Gelände mit freundlichen Landhäusern, Blumen- und Weingärten. Wer einige hundert Schritt in den Weinbergen stieg, der blickte auf der einen Seite in liebliche Thäler des

Jura, auf der andern über das reiche Culturland der Ebene auf Gletscher und weiße Gipfel der Berner Alpen.

Aus dem Arbeitszimmer Mathy's aber sah man über die Linden des Platzes auf fünf alterschwarze, epheubewachsene Thürme. In dem mächtigsten dieser Thürme, mit den weiten Fensteröffnungen im Oberstock, hatte zweihundert Jahre vorher ein deutscher Flüchtling, Jacob Rosius, gehaust, dessen Namen der Thurm und der Platz noch heut trägt. Ihn hatte im Beginn des 17. Jahrhunderts das Religionsgezänk aus der schwäbischen Heimat Biberach in die reformirte Schweiz getrieben, er war in Biel Schulmeister, Pfarrer, Schriftsteller gewesen, hatte aus dem Thurm die Sterne beobachtet und den hundertjährigen Kalender verfertigt, aber er hatte keinen Frieden gefunden, er war auch in der Schweiz der Gottlosigkeit angeklagt worden und in Haß und Noth vergangen. Wenn Mathy von seiner Nachtarbeit an das Fenster trat, dann sah er die düstere Masse des Rosiusthurmes vor sich gegen den Sternenhimmel ragen. Sollte sein Schicksal werden wie das jenes alten Flüchtlings? Wenn aber der schwarze Schatten auf die Hoffnungen seiner Seele sank, dann konnte er aus der Nebenstube die ruhigen Athemzüge seiner Lieben vernehmen, den Laut einer Kinderstimme und die leisen Schmeichelworte einer Mutter.

Noch schien das Sonnenlicht des ersten Sommers ihm freundlich in Haus und Hof, auch unter den Deutschen lebte die Mehrzahl noch in ungebrochenem Muth. So wurde er an einem Herbstsonntage — es war der 18. Oktober — eingeladen mit einer großen Gesellschaft deutscher Landsleute eine Fahrt über den Bieler See nach der Petersinsel zu machen, auf welcher einst Rousseau gewohnt hatte. Es war seit Monaten sein erster Ausflug in größerem Kreise und die Hausfrau mußte zureden bevor er sich entschloß. Um Mittag fuhr die Gesellschaft, etwa vierzig junge Männer, auf zwei Schiffen vom Kanal ab. Sie waren aus allen deutschen Landen und aus allen Ständen, Handwerker, Kaufleute, Studenten, Techniker,

9*

Musiker und Schriftsteller. Fröhlich schwamm das Schiff über
den See, die schwarze Flüchtlingssorge saß heut als kaum sicht=
barer Schatten beim Steuer, das Auge der Fahrenden flog
über die Rebgelände des Jura und die langgestreckten Felsen=
dächer dahinter und suchte wieder auf der andern Seite die
Schneepracht der Berner Alpen, die frohe Jugend schoß Pistolen
ab und bei dem jungen Wein wurden Lebehoch gerufen auf
Uhland, Wirth und andere werthe Männer, die damals als
Volksführer galten, auf Freiheit und Brüderlichkeit aller Völker
und auf das schönste Land deutscher Zunge, die Schweiz, zu=
gleich das freieste und von so hoher politischer Bildung! und
die Deutschen im Schiff die glücklichen Mitbewohner! Viele
der Anwesenden waren einander fremd, aber das Herz ging
ihnen auf, als die Sonne auf Berge und Wasser schien und
sie begannen fröhlichen Gesang. Unter ihnen stand ein junger
Mann im grauen Sommerkleid mit breitem Strohhut von
mittler Größe, breit von Brust und Schultern, mit gebräuntem
Antlitz und braunem Haar, um Mund und Kinn einen kurz
gehaltenen dichten Rundbart, Hals und Brust offen, kräftig
der Mund, blaugrau und stark gewölbt die Augen unter hoch=
gezogenen buschigen Brauen, der Blick von Falkenschärfe. Er
begann ein Lied von Beranger genau mit dem fremdartigen
rhythmischen Fall, den der Franzose hat, und doch sprach er
daneben ein recht ehrliches pfälzer Deutsch.

So wird Mathy von einem Freund geschildert, der ihn
an jenem Tage zum erstenmal sah. — Manche feurige Rede
wurde gehalten; darunter eine für einen französischen Republi=
kaner, der gerade aus St. Pelagie entkommen war und in
Genf krank lag, damit man den Mann unterstütze. Und gern
wurde von den Deutschen gegeben. — Es war der 18. Oktober.
Wie kam es doch, daß unter den Männern, welche aus allen
Theilen Deutschlands stammten, auch nicht einer an den ruhm=
vollsten Gedenktag seines Volkes mahnte? Wodurch war die
Erinnerung an den Heldenkampf der Väter den warmherzigen

Söhnen so unbehaglich geworden, die für einen kranken Franzosen so eifrig sammelten? — Doch die Luftfahrer wurden auf andere Weise daran erinnert, daß sie Deutsche waren, auf der Insel geriethen sie mit einem Schweizer und mit Tirolern, welche diesen begleiteten, in Zwist; der Schweizer zog einen Stockdegen und wurde von den Deutschen entwaffnet, aber die Festfreude war gestört. Mathy ging allein und besuchte das dürftige Zimmer, in dem Rousseau gehaust hatte.

Denn trotz Allem fühlten sich die deutschen Flüchtlinge in der Schweiz nicht heimisch, sie wurden mit Kälte und Argwohn betrachtet. Natürlich, sie waren ungerufen gekommen, viele gaben durch ein ungeordnetes Leben groben Anstoß, viele waren hilfsbedürftig; auch die Fähigeren, welche in Unterricht und Verwaltung der Kantone wesentliche Hilfe sein konnten, galten Pfahlbürgern und Bauern für Eindringlinge. Seit der Reformation und dem dreißigjährigen Kriege war bei jedem stärkeren Wogenschlage im deutschen Volke die Brandung bis an die Schweizer Berge geschlagen und jede Sturmwelle hatte in den Gemeinden der Eidgenossen fremdartige Geschöpfe zurückgelassen. Es gab in der Schweiz nicht wenige, welche die Flüchtlinge ohne Unterschied als einen Auswurf der trüben deutschen Fluth verachteten. Seit der französischen Revolution waren mehre Geschlechtsfolgen Deutscher eingeströmt, die früheren hatten zum Theil eine Bedeutung gewonnen, als Professoren, Lehrer, Regierungsbeamte. Auch diese, und wenn sie längst das Bürgerrecht erlangt hatten und dem Lande werth geworden waren, empfanden das abschließende Wesen der Altheimischen. Noch abgeneigter war die Meinung der Schweizer geworden, seit in den letzten Jahren der starke Zudrang verbannter Fremdlinge den Regierungen und Gemeinden politische Unannehmlichkeiten bereitete. Dazu kam, daß die Flüchtlinge durch ihre rücksichtslose Kritik das kleinbürgerliche Selbstgefühl der Einheimischen verletzten, denen das radikale Wesen der Fremden phrasenhaft und unzuverlässig erschien.

Sogar die entschiedenen Liberalen der Schweiz, welche Wissen und Bildung der Fremden mit Vortheil für ihren Parteikrieg gebrauchten, traten selten zu ihnen in ein herzliches Verhältniß, die Flüchtlinge hatten leicht die Empfindung für fremde Zwecke ausgebeutet zu werden, und die Schweizer waren eifersüchtig den Fremden nicht zu viel Einfluß zu gestatten.

Mathy war mit den Zuständen der deutschen Heimat höchlich unzufrieden, aber wenn er sie jetzt mit dem Leben in der Schweiz verglich, wurde sein Urtheil allmählich in Vielem milder. Er war jetzt unter Republikanern und das Meiste, was er in den ersten Monaten an ihnen sah, gefiel ihm nicht. Er fand eine harte Selbstsucht, die in der Staatsverwaltung allzusehr den eigenen Vortheil suchte, eine Parteileidenschaft, welche unwürdige Verwandte und Genossen in alle guten Stellen drängte, die Gegner mit bösartigem Klatsch und harter Ungerechtigkeit behandelte, er sah, wie das Parteiinteresse fast überall mehr galt als der wahre Nutzen des Kantons oder der Gemeinde, und daß im Ganzen die obere Verwaltung unbehilflicher, ja gewaltthätiger war als daheim. Und er begann allmählich an die Büreaukratie in Deutschland freundlicher zu denken. Ihre Pflichttreue war ja nicht die höchste Männertugend, zu sehr fehlte die selbstthätige Willenskraft, zu häufig war in politischen Lebensfragen des Staates Gesinnungslosigkeit; aber es lag doch auch in der mühevollen Aktenarbeit und in der selbstlosen Hingabe des Einzelnen an die große Maschine etwas, das man mit Theilnahme und guter Laune betrachten konnte; und er schrieb darüber an einen Freund, der ihn in der Schweiz besucht hatte: „ach, süße Erinnerung an die Akten, an das Ab- und Zuschreiben, das ich aller angewandten Mühe ungeachtet nicht vergessen kann. Wenn du an dem Kataster von Durlach sitzest und in den Steuerzetteln meinen Namen liesest, wenn das Grundsteuercapital nicht klappt und du die fehlenden sieben Kreuzer nicht finden kannst, dann denke freundlich an mich in der Frembe."

Von Herzen freute er sich über die tüchtige Art des Schweizer Volkes, daß die Menschen von so kräftigem Entschluß waren, so anstellig, und so stolz auf ihre Freiheit und die Selbständigkeit ihrer Gemeinden. Wenn er sah wie schlecht ihre Schulen lehrten, und wie wenig die höheren Anstalten für Jugenderziehung leisteten, so hielt er sich gern an den Gedanken, wie viel man aus diesem Volk machen könne. Aber weit weniger Achtung flößten ihm die anspruchsvolleren Kreise ein, mit denen er zu verkehren hatte — es war im Kanton Bern, und die Berner waren damals bei den Schweizern selbst nicht gut beleumdet —. Sie däuchten ihm trotz ihrer Anmaßung grob und allzu bar der offenen Herzlichkeit und der humanen Bildung, welche in den Mittelschichten der Heimat so verbreitet war. Schon in Deutschland war er vor Allem ein guter Deutscher gewesen und hatte sich über nichts so geärgert als über den Mangel an nationalem Selbstgefühl. Jetzt erschien ihm die Wärme und Innigkeit der deutschen Bildung, der heitere Antheil an Poesie und Kunst, auch das Bedürfniß feineren Lebensgenusses als eine Lichtseite in den monarchischen Staaten der Heimat.

Er sah Schweizer Bataillone in Biel ·einrücken, ergötzte sich wieder über die mannhaften Gestalten und daß so viele ältere Leute darunter waren. Hier war in der That das Volk in Waffen, und er rühmte in einem Briefe nach der Heimat noch als Vorzug dieses Volksheers, daß diese Leute nicht in jedem Fall auf Kommando schlagen werden, nur wenn ihnen selbst die Sache gefalle. Aber zu gleicher Zeit betrachtete der Deutsche den Mangel an kriegerischer Zucht und die Willkür der einzelnen Soldaten mit lebhaftem Mißfallen und er erzählte in einem Briefe, daß ein Soldat seinen Tschako verloren hatte, daß ein anderer um acht Uhr zu Abend aß, statt um sieben Uhr auf seinem Posten zu sein und dazu sagte: „morgen ist man strenger, aber heut ist's nicht so nothwendig." Der Abmarsch war auf fünf Uhr angesetzt, er erfolgte halb acht Uhr, weil die Offiziere zu spät kamen. Einer derselben mit gelben Lederhandschuhen, kommandirte seine Mannschaft, die das Kinn auf die Mündung der Gewehre stützte, „Gewehr in Arm!" Da riefen die Soldaten: „Ziehen Sie zuvor Ihre gelben Hand= schuhe aus!" Der Offizier wandte sich beschämt um und ging fort und seine Soldaten riefen ihm nach: „Gelbe Handschuhe!" Der Burgsdorfer Volksfreund feierte in tönenden Phrasen die Unbesiegbarkeit der Schweizer Waffen: „Halt! donnerts aus dem eidgenössischen Stutzen und die königlichen und kaiserlichen Garderegimenter sinken dahin." Mathy sah mit zorniger Ver= achtung, daß die Thoren, welche so schrieben, deutsche Flücht= linge waren, welche den Schweizern schmeicheln wollten.

In der Fremde wurde ihm das Heimatsgefühl inniger und bewußter, in der Republik wurde sein Urtheil über die Ein= seitigkeiten des heimischen Staates maßvoller.

Mathy täuschte sich keinen Augenblick darüber, daß seine eigene Stellung sehr unsicher war. Zwar fürchtete er nicht ein Verbot der Zeitung in der Schweiz, aber er sah, daß das Blatt nur durch die Arbeit der zugewanderten Fremden mög= lich wurde, und daß diese in der Schweiz keinen Tag vor Ausweisung sicher waren. Er durfte sich sagen, daß gerade er dem Unternehmen unentbehrlich war, aber die Actionäre und das Comité der jungen Schweiz zuckten mit den Achseln, wenn ihnen zugemuthet wurde, bei der Regierung oder im Volke etwas zu wagen, um die Männer ihrer Zeitung im Kanton festzusetzen. Und Mathy glaubte zu bemerken, daß er zwar für einen nützlichen Arbeiter gelte, daß er aber für sein eigenes Schicksal von seinen Geschäftsfreunden keinerlei thätige Theilnahme zu erwarten habe, welche diesen politische Unbe= quemlichkeiten bereite.

Nur zu wenigen Fremden trat Mathy in ein unbefangenes Verhältniß, welches ihm als ein Gewinn erschien, und einer davon war Mazzini. Von Biel nach Grenchen waren zwei Wegstunden, den Vertrauten Mazzini's, Ruffini und Usiglio, war Mathy lieb geworden, der Italiener merkte bald, daß der Deutsche die zuverlässigste Arbeitskraft seines Lieblingsunternehmens wurde. Da war es natürlich, daß er dem Uebersetzer der Jeune Suisse besondere Beachtung schenkte. Er war klug genug um zu verstehen, wie weit er mit Mathy gehen durfte, der nichts von seinen geheimen Gesellschaften wissen wollte, zuweilen mit Humor, zuweilen mit Unwillen auf die ganze Bundeswirthschaft hinsah, und der zu jeder Zeit nur das eigene Gewissen als Richter über sein Thun anerkannte. Mazzini behandelte ihn, wenn sie einmal einander sahen, mit besonderer Auszeichnung, zog ihn über deutsche Literatur und Rechtsverhältnisse zu Rath, forderte ihn auf, die Schuld von Müllner für die italienische Bibliothek zu übersetzen, was Mathy that; ja, er suchte sein besonderes Vertrauen, und gönnte ihm brieflich seine geistvollen Einfälle und großen Auffassungen der Weltereignisse. Auch Mathy betrachtete mit Achtung den anders geformten Mann, der an Jahren ihm gleich, so welterfahren und fertig vor ihm stand; die untilgbare Eigenschaft des Deutschen, jede fremde Menschennatur nach dem Bedürfniß des eigenen Gemüthes zu deuten, ließ auch ihn nur die edlen Seiten des Italieners sehen und Mazzini hütete sich ihm andere zu verrathen. Und so bestand zwischen beiden Männern bei aller Zurückhaltung, welche jeder sich aufzulegen hatte, ein menschliches Verhältniß, dessen wohlthuende Anregung Mathy bis über Mazzini's Abreise nach England hinaus empfand. Was aber beide einander vertraulich machte, war im Grunde doch, daß jeder ein Lehrertalent war, der Deutsche methodisch, ruhig, mit freudiger Anerkennung jeder eigenartigen Lebenskraft, der andere geistreich, nervös erregt, der Jugend seine Inspirationen gebieterisch auflegend. Schwerlich ahnten beide damals, daß die verschiedene Anlage sie nach entgegengesetzter Richtung von einander abführen sollte, der junge Deutsche sollte durch bescheidene, unablässige Thätigkeit in dem eigenen Volke zu einem Politiker großen Stils werden, dem jungen Ita-

liener nahmen abenteuerliche Pläne und doctrinärer Eifer all=
mählich die Möglichkeit als Bildner seines Volkes zu wirken.

Stärker war die Anziehungskraft, welche das Wesen
Mathy's und die Innigkeit seines deutschen Haushaltes an
Giovanni Ruffini, dem Gefährten Mazzini's, bewiesen, zwischen
ihnen entstand eine herzliche Freundschaft, welche durch das
ganze Leben dauerte. Das milde und schön angelegte Wesen
Ruffini's fand in der Beschäftigung mit englischer Literatur,
bald in schöpferischer poetischer Thätigkeit ein neues Gebiet
idealer Ziele, welches ihn der Verschwörungsluft enthob, in
der er aufgewachsen war. Wohl möglich, daß die Bekannt=
schaft mit dem einen Deutschen in der Schweiz ihm dazu
geholfen hat allmählich von dem Zauber frei zu werden, mit
dem Mazzini ihn gefesselt hielt. Den tiefen Eindruck, welchen
Mathy's wohlgewogene Kraft auf den italienischen Dichter
gemacht, hat dieser noch vor wenig Jahren durch die liebevolle
Schilderung Mathy's in seinem Buche: „Ein stilles Plätzchen
im Jura" gezeigt.

Freilich, die Thätigkeit Mathy's ließ wenig Zeit der Muße
übrig. Sein Tagesleben war angestrengte Arbeit, solche Arbeit,
welche müde machte und geringe Freude gab. Eine große
Zeitung übersetzen, wöchentlich zweimal jede Nummer vom ersten
bis zum letzten Buchstaben bald ins Deutsche, bald ins
Französische! Da war's noch eine Erholung, wenn er für die
„Quelle nützlicher Beschäftigungen" kleine Aufsätze schrieb, wie
sie dem Kindesalter gerecht sind, und für die junge Seele aller=
lei Spiele und Verstandesübungen ausdachte, denn dabei hatte
er seine eigenen Kleinen im Sinne, und er besaß eine gute
Weise auf die Fassungskraft der Kinder lehrreich einzuwirken.
Gern arbeitete er Nationalökonomisches für die Augsburger
Allgemeine Zeitung, es war sein Wunsch, ihr stehender Bericht=
erstatter mit festem Gehalt zu werden. Seine Stellung in
dem Geschäft der jungen Schweiz wurde dadurch verwickelter,
daß er für einige Zeit mit Granier und Ernst Schüler die

Druckerei übernahm, er wurde dazu aufgefordert, um Ordnung
in das Geschäft zu bringen. Ihn freute, daß er keine Staats=
erlaubniß und keine anderen Weitläufigkeiten nöthig hatte, und
er war kurze Zeit geneigt, gute Hoffnungen auf diese Theil=
haberschaft zu setzen. Die Druckerei arbeitete damals mit zwei
Pressen, neun Setzern und drei Lehrlingen, er dachte auf kleine
Unternehmungen. Die erste war eine Volksbibliothek in deut=
scher und französischer Sprache, monatlich eine Lieferung für
einen Batzen. Und diesem Unternehmen blieb er ein treuer
Mitarbeiter, auch als er längst von Biel und der Druckerei
getrennt war. In dem Geschäft zwang der Mangel an Geld=
mitteln zu neuen Aenderungen, das Verhältniß zu den Actio=
nären wurde immer schwieriger; der Redacteur Granier, welcher
Mathy aufrichtige Anhänglichkeit bewiesen hatte, schied aus und
erhielt einen unfähigen Nachfolger, Dumoulin, der keinen Leitar=
tikel zu schreiben vermochte. Da mußte wieder Mathy aushelfen.

Sein ganzes Glück, der Quell seiner Kraft und Heiter=
keit war sein kleines Heimwesen, die Gattin, die Kinder. Kaum
hatte er den Haushalt in Biel eingerichtet, so lud er fröhlich
Bekannte aus Baden zum Besuch. „Komm,“ schrieb er einem
derselben, „dann führe ich dich in meinen Weinbergen herum,
ich habe sie zwar Anderen zur Benutzung übergeben, aber sie
liefern doch schöne Trauben und guten Most.“ In seinem
Hause verkehrten außer Dr. Schneider, der sich als Hausarzt
und als zuverlässiger Rathgeber bewährte, fast nur Landsleute
von der deutschen Seite des Rheins. Unter ihnen Ernst
Rochholz, damals Lehrer am Gymnasium in Biel, welcher ein
reges poetisches Empfinden, warme Liebe zu altdeutscher Lite=
ratur und ein feines Verständniß für alles Volksthümliche
an den Abendtisch brachte. Im deutschen Haushalt wird jeder
Bekannte, der über geistigen Erwerb lebendig zu berichten weiß,
ein werthvoller Gewinn, was er von seiner Geisteshabe dar=
bietet, wird den Hörenden doppelt erfreulich, weil es aus der
Seele eines vertrauten Mannes kommt, und wieder das Wesen

des Freundes erscheint geadelt durch alles Gute und Schöne, das er spendet. Die Bekanntschaft mit Rochholz war für die Familie Mathy in der Schweiz eine wahrhafte Bereicherung ihres Lebens, und er hat sich ihnen durch fünf sorgenvolle Jahre unverändert als ein anhänglicher und treuer Freund bewährt.

Im friedlichen Stillleben verging der Winter, zu freier Zeit fuhren die Männer Schlittschuh auf der schönen Eis=fläche des Sees und lasen am Abend aus deutschen Dichtern vor, und die Hausfrau erwies sich nicht nur als treue Genossin bei klugem Männergespräch, sondern an großen Festtagen auch durch besondere Kunst in Küchle und Glühwein. Selten fehlte beim Sonntagsbraten der Zuspruch von Bekannten. Zwar von dem politischen Treiben der Ausgewanderten hielt Mathy sich fern, aber die Theilnahme an ihrem persönlichen Schick=sal und ihrer Noth war vielleicht nirgend größer als in seinem Hause. Ein armer Flüchtling, aus einem Kanton vertrieben, müde und krank, will in den Gasthof, wird bei seinem Eintritt wegen einer Schuld von 41 Batzen von der Wirthin mit Vor=würfen empfangen. Da geht er fort ohne zu essen und zu trinken und kommt zu Mathy, dort erhält er das letzte Geld, das gerade im Hause ist, zu Kost und Reise. Und wieder ein Flüchtling, ein deutscher Russe, kommt aus Oestreich, mit einer langen Er=zählung seiner Leiden, aber ohne jede schriftliche Beglaubigung. Ob seine Erzählung Wahrheit ist oder nicht, er ist müde, hungrig, ohne Geld. Mathy gibt ihm fünf Franken und ver=schafft ihm ein Frühstück, ladet ihn aber nicht zu seinem beschei=denen Mittagsmahl, weil sich schon ein Gast eingefunden hat und er Frau Anna in Verlegenheit zu setzen fürchtet. Doch als der Fremde geschieden ist, erhält Mathy strenge Vorwürfe von seiner Hausfrau, weil er den Armen weggeschickt.

Obgleich Mathy mit Arbeit reichlich beladen war, nahm er doch noch eine neue Tagespflicht auf sich. Seit dem März 1836 gab er Unterricht auf dem Gymnasium zu Biel. Zuerst

vertrat er Rochholz in deutschen Stunden, dann mit drei bis
vier Stunden täglich den erkrankten Lehrer der Mathematik
in den beiden Oberklassen. Diese Lehrstunden machten ihm
große Freude, er stand jetzt vor Anbruch des Tages auf, um
Zeit für seine literarischen Arbeiten zu gewinnen, und theilte
die Stunden zwischen der Redaction und der Schule. Die
Erziehungsbehörde und die Schüler waren mit seinem Ver=
fahren und den Fortschritten ausnehmend zufrieden, es wurden
ihm hohe Lobsprüche und wiederholte Andeutungen gemacht,
daß man ihn ganz für das Gymnasium zu gewinnen wünsche.
Diese Möglichkeit wurde ihm für einige Zeit zu einer guten
Aussicht.

Mit frischem Muth blickte Mathy von der Terrasse seines
Hauses auf die schöne Schweizerlandschaft, die in neuer Früh=
lingspracht vor ihm lag, auf die alte Stadt Biel und den
schwarzen Thurm des Rosius, wenn er sein Weib am Arm
hielt, wenn sein ältester Knabe, kaum zweijährig, tapfer die
Stufen der Gartentreppe auf und ab kletterte, und wenn er
sein deutsches Kind in der Fremde das erste dreisilbige Wort
nachsprechen lehrte, es war das Wort „Vaterland“. Stillver=
gnügt feierte er am 16. Juni 1836 den Jahrestag seines Zu=
sammentreffens mit seiner Gattin auf Schweizer Boden. Und
er schrieb am Abend folgende Worte nieder: „Wir gedachten
des Tages in dem Gefühl derselben Liebe gegen einander, oder
einer noch größeren, wenn dies möglich wäre. Wir hatten
ein gutes Jahr verlebt, obgleich viele Sorgen zu überstehen
waren. Unsere Kinder sind gesund und wir auch, ich habe
Arbeit gehabt und genügenden Verdienst, um der lieben Nanny
und den Kindern ein bequemes Leben zu schaffen. Aber ich
arbeite mit Freude für sie und danke Gott, daß er mir die
Gelegenheit dazu gegeben.“

Wenige Wochen darauf wurde er verhaftet und des Landes
verwiesen.

5.

Während der Flüchtlingshatz.

Längst betrachteten die großen Regierungen des Festlandes den Verkehr ihrer entronnenen Flüchtlinge in der Schweiz mit Abscheu. Sie erhoben Einspruch gegen den Schutz, welchen die Kantone den Unruhestiftern gewährten, sie verboten ihren Handwerksgesellen das Betreten der Schweiz, forderten die Heimkehr der Ausgewanderten und drohten den Säumigen mit Entziehung des Heimatrechts, sie verschärften die Aufsicht über den Grenzverkehr und unterhielten ganze Haufen von Spähern an den Grenzorten und im Lande. Zuletzt drohten sie, wenn die Schweiz durch ihr Asylrecht die Pflichten gegen die Nachbarstaaten verletze, werde man die Grenze völlig sperren und der Schweiz eine neue Behörde schaffen. Die Schweiz, durch Parteihaber zerrissen, war nicht in der Lage gewesen, die Flüchtlinge soweit zu bändigen, als die Pflicht gegen die bestehenden Staatsregierungen der Nachbarländer nöthig gemacht hätte, sie war jetzt wieder nicht in der Lage, den Mächten, welche ihr die Unabhängigkeit gewährleistet hatten, den Widerstand entgegenzusetzen, zu dem sie berechtigt gewesen wäre. Die conservative Partei in der Schweiz war um so mehr bereit dem Drängen des Auslandes nachzugeben, da ihr selbst, wo sie noch im Besitz der Macht war, die Verbindung der Flüchtlinge mit den Liberalen gefährlich wurde. Auch viele Liberale, die sonst den Flüchtlingen nicht abgeneigt waren, wurden jetzt durch die Sorge um Verkehr und um die Unabhängigkeit der

Heimat geängstigt, und die Meinung war weit verbreitet, es
sei gerathen, die Flüchtlinge zu opfern. Bern war damals
Vorort, die Conservativen hatten dort noch die Herrschaft über
die vollziehende Staatsgewalt und willig leitete die Berner
Centraldirection, von der eidgenössischen Kanzlei beauftragt,
eine Untersuchung ein. Gewaltthätig wie das Drängen der
Regierungen war auch das Verfahren der Untersuchungsrichter.
Man griff zornig unter die Fremden, warf in das Gefängniß,
verhörte oberflächlich und übergab die Verhafteten meist ohne
Urtheil den Landjägern, um dieselben nach Frankreich abzu-
liefern, von wo sie wie Verbrecher nach England geschafft
wurden. Andere wurden ihren heimischen Regierungen ausge-
liefert, noch Andere mit dem Zeugniß der Schuldlosigkeit aus
der Haft entlassen und dennoch Landes verwiesen. Dabei
fand ein ausgedehntes Brieferbrechen und viel Spionage und
Belästigung Unbetheiligter statt, die aufgeregten Polizeibeamten
erlaubten sich arge Uebergriffe, die leitende Behörde, in solchen
Untersuchungen unerfahren, handelte plump und roh, sogar die
amtliche Verschwiegenheit fehlte, Papiere, die man mit Beschlag
belegt hatte, kamen durch die Polizei in das Publikum, ja in
öffentliche Blätter. Jeder Fremde, der in den letzten Jahren
zu dauerndem Aufenthalt in die Schweiz gekommen war, galt
für verdächtig, wenn ihn nicht sein Rang und seine Verbindung mit den Conservativen schützte. Da man beobachtet
hatte, daß die Mitglieder der Handwerkervereine sogenannte
Kriegsnamen trugen, so schloß man, daß jeder Scherzname
aus der Jugendzeit, wie sie im Verkehr der jungen Deutschen
gewöhnlich sind, seinen Besitzer als Mitglied einer geheimen
Gesellschaft verrathe. Ein Küfergesell, der den Namen Stück-
faß bekommen hatte, weil ihm ein volles Weinfaß auf dem
Straßenpflaster geplatzt war, wurde wegen des Namens nach
England verwiesen, angesessene Schweizer Bürger wurden als
heimatlose Flüchtlinge eingezogen, in dem Verzeichniß politischer
Verbrecher, welches die Berner Centralpolizei im Oktober 1836

drucken ließ, stehen unter 153 Nummern verdächtiger Fremb=
linge Schuldige und Unschuldige in bunter Unordnung, darunter
auch Schweizer. Und kurz darauf sahen sich badische Gerichte
zu der Erklärung genöthigt, daß dies Verzeichniß und der vor=
gesetzte Bericht des Untersuchungsrichters keinen amtlichen
Glauben beanspruchen könnten. War vollends Jemand als
Schriftsteller unbequem geworden, so hatte er die übelste
Behandlung zu erwarten.

Bei alledem fand das Vorgehen der Untersuchungsbehörde
Hindernisse, welche in der kantonalen Selbständigkeit der ein=
zelnen Landschaften lagen. Nicht überall waren Gemeinden
und Kantonbehörden geneigt der Untersuchungscommission Vor=
schub zu leisten, sie drückten die Augen zu, warnten wol auch
die Verfolgten, und nicht wenigen Flüchtlingen gelang es sich
irgendwo zu verstecken bis der erste Zorn der Verfolger ver=
gangen war, andere flohen von Ort zu Ort, bis sie müde,
muthlos, abgehetzt doch der Polizei in die Hände fielen. Das
heftige Verfahren zerstörte vielen arbeitsamen Männern die An=
fänge einer glücklichen Lebensstellung, welche sie in der Fremde
mühsam gewonnen hatten, es erregte allmählich auch den
Schweizern Scham und Unwillen, es wurde überall als eine
gewaltthätige, gesetzwidrige Ueberstürzung verurtheilt, und ist
unter dem Namen „die Flüchtlingshatz" bis zur Gegenwart
berüchtigt geblieben.

Am wenigsten Erfolg hatte das Bemühen der Berner Polizei
Mazzini zu ergreifen, im Anfange versuchte man, wie es scheint,
durch Usiglio mit ihm zu unterhandeln und bot dem Unerfind=
lichen freie Abreise nach England, wenn er sich nur entferne.
Später wurde mancher Spürzug nach ihm vergebens unter=
nommen und vergebens ein Preis auf seine Entdeckung gesetzt,
noch einige Monate lebte er ungehindert in seinem Versteck,
bis er in der Stille nach England übersiedelte. Es war von
da bis in die neueste Zeit wiederholt sein Schicksal, in der
Schweiz gesucht und nicht gefunden zu werden.

Am 28. Juni 1836 kam Polizeipräfekt Roschi von Bern
in Biel an; er ließ sofort einige Setzer der Zeitung verhaften,
darauf den Herausgeber und den Drucker, Weingart und
Schüler; die Verhöre begannen. Mathy fuhr fort an der
Zeitung zu arbeiten und machte sie zuletzt fast allein mit einigen
Setzern fertig. Aber am 11. Juli Abends 6 Uhr wurde er selbst
verhaftet, wenige Tage zu Biel im Gefängniß gehalten, am 15.
nach Bern geschafft, und sechs Tage darauf verhört: über seine
Geschäfte bei der jungen Schweiz, über die Tendenz des Blattes
und die Eigenthümer, über die geheime Verbindung der jungen
Schweiz und des jungen Deutschlands, über seine Beziehungen
zu einzelnen politischen Flüchtlingen. Mathy antwortete:
„Ueber die Tendenz gibt das Blatt selbst am besten Aus=
kunft, über die Eigenthumsverhältnisse die bekannte Commission,
welche dasselbe leitet; über die Verbindungen weiß ich nicht
mehr, als was die Zeitungen seit Wochen mit großer Aus=
führlichkeit erzählen; ich bin Mitglied von keiner Verbindung,
weder einer geheimen noch öffentlichen, weder einer politischen
noch nicht politischen; ich habe seit meinem Aufenthalt in der
Schweiz so zurückgezogen gelebt, als nur möglich; wenn sich
Jemand an mich wendete, habe ich mich stets gefällig bewiesen.
Ich bin bereit, über Alles, was mich selbst betrifft, Auskunft
zu geben; ich werde nicht dazu beitragen, einem Bekannten
Unannehmlichkeiten zu bereiten." Roschi: „Sie sind als gegen=
wärtiger Bewohner des Landes den Bevollmächtigten der Re=
publik Treue und Wahrheit zu leisten schuldig, sonst haben Sie
keinen Anspruch auf den Schutz der Landesgesetze." Mathy:
„Da doch von Gesetzen die Rede ist, so bitte ich mir zu sagen,
welchen Termin das Gesetz bestimmt, um einen Verhafteten
von der Ursache seiner Verhaftung in Kenntniß zu setzen."
Roschi: „Sie sind dazu da, um Antwort zu geben, nicht um
Fragen zu stellen." Mathy: „Ich habe nur eine Bitte gestellt,
dazu hatte ich aber gute Gründe. Es sind jetzt zehn Tage,
seit ich von meiner Familie und meinem Geschäft weggerissen

wurde und gefangen gehalten werde. In allen Gesetzgebungen gibt es Bestimmungen darüber, in welcher Zeit ein Angeklagter von der Ursache seiner Verhaftung in Kenntniß gesetzt werden muß." Roschi (mit Ungeduld): „Fertig." Mathy: „Man hat damit angefangen, die Gesetze gegen uns zu verletzen und wir befinden uns in der nämlichen Lage, als ob wir in die Hände von Wilden gefallen wären." Roschi: „Es steht Ihnen später der Weg des Rechtes offen."

Nach dem Verhör befahl Roschi, dem Verhafteten das Schreibzeug zu nehmen, allein Mathy wußte sich zu helfen und schrieb wiederholt an seine Frau.

Frau Anna war von dem Schreck der Verhaftung schwer erkrankt, dennoch fuhr sie am 24. Juli nach Bern, ging zum Altschultheiß Tavel, den sie unpaß fand, wurde mit Mühe vorgelassen und setzte dem wohlmeinenden aber schwachen Mann scharf zu. „Ich muß meinen Mann wieder haben, ich und die Kinder können den Ernährer nicht länger entbehren." Tavel antwortete: „Ich kann jetzt nicht um die Geschäfte sorgen, ich bin krank." „Ich auch," entgegnete Frau Mathy. Da sah Tavel in das abgehärmte Gesicht, ergriff seinen Hut und ging in die Sitzung. Gerade zu derselben Zeit wurde dem Verhafteten im Verhörzimmer mitgetheilt, daß er durch Landjäger nach Frankreich geschafft werden sollte. Er hielt um einen Aufschub von vierzehn Tagen an, seine Angelegenheiten zu ordnen. Am nächsten Tage wurde er durch Tavel's Vermittelung seiner Haft entlassen und von Anwesenheit seiner Frau in Kenntniß gesetzt. Er eilte zu ihr, fand sie schwer krank und führte sie nach Biel zurück. Einige Tage darauf fuhr er selbst zu Tavel. Dieser machte ihm keine Hoffnung, daß er in der Schweiz ferner geduldet werden würde, versprach aber Aufschub der Ausweisung bis zum 1. September. In Frankfurt sei eine Specialuntersuchung über das Gebahren der Schweizer Flüchtlinge angestellt und die Akten nach Zürich gesandt und Mathy's Name komme darin vor. Aufrichtig-

versicherte der Schultheiß, er verabscheue die Diplomaten, seit
vier Jahren sei kaum ein Brief über die Schweizer Grenze
gekommen, der nicht von den deutschen Regierungen geöffnet
worden. Da kehrte Mathy nach Biel zurück, hielt sich die
nächsten Wochen still in seinem Hause mit neuen Versuchen
irgendwo Duldung zu finden, unter getäuschten Hoffnungen.
Jeder Tag brachte Schreckensnachrichten, von Abneigung der
Schweizer die Fremden zu schützen, von Verhaftungen, Flucht
und jammervollem Schicksal der Landsleute.

Natürlich war Mathy's nächster Wunsch nach Baden zurückzukehren, er ließ durch Bekannte deshalb Erkundigungen einziehen, man schrieb ihm, er würde verloren sein, wenn er
zurückkäme. Von Freunden wurde ihm Reisegeld nach England geboten, Empfehlungsbriefe, später auch eine Erzieherstelle
in einem englischen Hause, wenn er Weib und Kind zurück-
lasse, für die gesorgt werden solle. Er antwortete kurz: „Nie."

Am letzten August war die Frist abgelaufen, die ihm in
Biel vergönnt war, am nächsten Tage hatte er die Ausweisung
über die französische Grenze zu erwarten, da brach er auf,
von Rochholz begleitet, der unterdeß eine Professur am Gymnasium zu Aarau angetreten hatte, und jetzt nach Biel gekommen
war, seine Hilfe anzubieten. Es war zum zweitenmal ein
trauriger Abschied. Frau Anna hatte sich von ihrer Krankheit erholt, die Wohnung war neu eingerichtet, um das
Haus reiften an Hecken und Stauden die Früchte, der kleine
August sah froh nach den blauen Trauben am Spalier. Es
war ein behaglicher Sitz der stillen Arbeit und des Familien-
glückes, da schied der Vater wieder von Weib und Kind, heimlich eine Stätte zu suchen wo er haften konnte. Und wenn
er keine fand, was dann? Vom nächsten Morgen war er auf
Schweizerboden rechtlos und geächtet, vorsichtig hatte er auf
der Landstraße, im Wirthshaus die Fragen der Neugierigen
abzuwehren, das Auge der Polizeibeamten zu meiden, welche
überall nach Flüchtlingen spähten, die Bekannten sammelten

10*

sich vor seiner Wohnung. Die Schüler der ersten und zweiten Klasse des Gymnasiums kamen sämmtlich ihm mit Anreden zu danken und Abschied zu nehmen, das ganze Personal der Druckerei hatte sich eingefunden ihm beim Auszuge das Geleit zu geben. Kräftig drängten Mann und Frau die Bewegung zurück, die Kinder, welche nicht ahnten, was der Aufbruch des Vaters bedeutete, riefen ihm lustig von der Gartenterrasse nach, der älteste Knabe bat, daß der Vater ihm ein Oberländer-häuschen als Spielzeug mitbringe.

Das Reisegeleit zog mit dem Heimatlosen bis nach Gren-chen, sein nächster Weg war zu Dr. Kasimir Pfyffer, dem Führer der liberalen Schweizer von Luzern. Dort war eine Möglichkeit Duldung zu finden. Schon auf der Landstraße erfuhr er, wie streng die Luzerner Polizei nach fremden Wan-derern spähe. Vor dem Thore traf er auf die Professoren Haupt und Wibel aus Aarau, sie waren zu einem Besuch mit dem Schiffe nach Luzern gefahren und gleich am Lan-dungsplatz wegen mangelnden Reisepasses verhaftet worden. Erst nach argwöhnischem Verhör hatte man sie entlassen. Vorsichtig betraten die Reisenden die Stadt. Mathy führte im grünen Kittel den Einspänner, den er von Willisau genom-men, am Zaum durch das Thor, die nachrufenden Stimmen der Thorwache mußte der Kutscher in seinem Schweizerdeutsch abwehren. Die Reise war vergeblich, Pfyffer war abwesend und wurde erst in acht Tagen zurückerwartet. Auf der großen Straße der Vergnügungsreisenden ging der Wanderer weiter über den Rigi, zum erstenmal sah er von diesem Gipfel auf die weite Landschaft; zu Küßnacht barg er sich einige Tage in dem Gasthause eines Patrioten, dessen Frau, eine Enkelin Wieland's, mit freundlichem Antheil für den Landsmann sorgte. Von da eilte er nach Zürich, zu versuchen ob dieser Kanton ihm den Aufenthalt gestatten werde. Ohne Freude sah Bürger-meister Heß ihn in das Zimmer treten. Doch wich er dem eindringlichen Gesuch und gab eine Hoffnung für den Fall,

daß Roschi in Bern bescheinigen könne, Mathy sei nicht Mitglied der geheimen Gesellschaften. Es war ein flüchtiger
Sonnenblick. Mathy schrieb die gute Kunde sogleich seiner
Frau und bat sie was möglich sei zu versuchen. Sie nahm
auf der Stelle einen Wagen, fuhr nach Bern zu Roschi und
forderte das Zeugniß für ihren Mann. Als sie am Schreib-
tisch des Beamten stand, las sie in einem Briefe, an dem er
gerade geschrieben, den Namen ihres Mannes. Roschi verhandelte und wollte in das Zeugniß schreiben, daß nichts erwiesen sei, Frau Anna sah ihm über die Schulter, hielt ihm
die Hand und sagte nachdrücklich: „Gar nichts dürfen Sie
hineinschreiben, ihm ist hart Unrecht geschehen." Der Beamte
schrieb in das Zeugniß, daß Mathy nicht Mitglied des jungen
Europas gewesen sei, daß die Akten nichts Belastendes ergeben
hätten und daß seinem Aufenthalt außerhalb der Schweiz
nichts im Wege stehe.

Unterdeß ging Mathy weiter bis an die badische Grenze,
traf in Kreuzlingen mit Freunden zusammen, schrieb an die
Regierung des badischen Seekreises, ob man ihn in Ruhe lassen
werde, wenn er zurückkehre, und erwartete im Hause eines
Freundes ungeduldig die Antwort. Aber aus dem Ministerium
in Karlsruhe kam an den Vermittler der Bescheid, wenn
Mathy zurückkehre, werde eine Untersuchung gegen ihn einge-
leitet werden, es liege Schweres gegen ihn vor. Jetzt erst ver-
zichtete Mathy auf die Rückkehr nach der Heimat. Als letzte
Hoffnung blieb Zürich. So kehrte er nach vier Wochen unsicheren Suchens in die Nähe Biels zurück. Von Bad Grenchen ging er in einer Mondscheinnacht unbemerkt an seine
Wohnung in Biel und rief leise den Namen seiner Frau, sie
hörte die Stimme, kam schnell herab und ließ den Flüchtling
ein. Noch einen Tag weilte er verborgen in dem Hause, wo
er Alles zur Abreise gepackt fand, dann ging er in heimlicher
Nacht nach dem Kanton Solothurn zurück, seine Frau mit Kindern und Sachen folgte am nächsten Tage.

Mathy hatte beschlossen sich zunächst nach Aarau zu wenden. Dort war wenigstens ein Theil der Regierungsmänner liberal und er fand gute Freunde und zuverlässige Fürsprache. Am späten Abend kam die Familie in Aarau an, von den Bekannten noch nicht erwartet, in den nächsten Tagen miethete Anna eine kleine Wohnung im Haus des Professor Schnitzer.

Und wieder getäuschte Erwartungen. Noch einmal fuhr Mathy nach Zürich, und jetzt gab Bürgermeister Heß ganz geringe Hoffnung, ja er rieth das Bittgesuch an die Regierung vorläufig zurückzuhalten. Auch der französische Gesandte, welcher wegen eines Passes nach Frankreich für die Familie angegangen wurde, erklärte, nur einen Laufzettel für wenige Tage zur Durchreise nach England geben zu wollen, er wisse wohl, Mathy sei feindselig gegen Frankreich. Es war so weit gekommen, daß ein Bekannter rathen durfte, Mathy möge für sich und seine Familie die Beförderung durch Frankreich annehmen. Unter diesen Umständen blieb nichts übrig, als es darauf zu wagen, ob man in Aarau ungesehen und unbeachtet bleiben werde, bis die erste Strenge der Verfolgung vorüber sei. Es war ein sehr unsicherer Aufenthalt, jeden Tag die Duldung zweifelhaft, auch im Verkehr mit Anderen die größte Vorsicht geboten. Das Leben der Familie hing jetzt allein an dem schriftstellerischen Erwerb, und dieser Erwerb wurde durch die politischen Verhältnisse, durch die Entziehung des freien Verkehrs und durch die eigene Unruhe aufs Aeußerste erschwert. Dazu kamen Schrecken und Trauer über das Schicksal Anderer, überall Flucht, Noth und Jammer, der eine Bekannte im Gefängniß erkrankt, andere ausgewiesen, andere hilflos und elend in entlegenen Thälern dahinfahrend. Diese Nachrichten, welche täglich aufs Neue erregten, waren fast schlimmer als die eigene Unsicherheit.

Seit dem ersten Tag, an welchem Mathy die Schweiz betrat, hatte er mit inniger Theilnahme die Gefahren beobachtet, welche das Leben in der Fremde dem Flüchtlinge be-

reitet, und jenes besondere Leiden, welches man wol die Krank=
heit der Flüchtigen nennen darf. Am leichtesten überwanden
diesen Feind noch die deutschen Arbeiter, sie fanden, obgleich
gestört und verfolgt, nach schweren Tagen doch vielleicht eine
Stätte für ihre bescheidene Thätigkeit, wußten auch in den
Stunden der Noth besser zu entbehren und sich durchzuschlagen.
Und nicht wenige von ihnen haben die Verfolgungen jener
Jahre überdauert und sich in der Fremde oder daheim zu
ansehnlichem Wohlstande emporgearbeitet. Weit mehr litten
solche, welche mit höheren Ansprüchen gekommen waren. Noch
bevor sich der Verfolger erhob, in den Tagen politischer Gast=
freundschaft verloren sie ihre Zeit in Versuchen und Plänen,
reisten unstät von einer Stadt in die andere, aus der Schweiz
nach Frankreich, vielleicht nach England und wieder zurück.
Während sie Luftschlösser in die Zukunft bauten und ihr Selbst=
gefühl mit Träumen nährten, wurden sie flüchtiger und schwächer.
Hatten sie daheim als Gelehrte ernste Studien begonnen, hier
fehlten ihnen die Bücher, auch die Anregung eines starken wissen=
schaftlichen Verkehrs, waren sie mit einigen Geldmitteln nach
der Schweiz geflohen, ihre Einnahmen minderten sich schnell
in hastigen Versuchen und zweifelhaften Unternehmungen.
Auch ihre Thatkraft wurde geringer, der Kleinmuth kam und
er mußte verscheucht werden durch wüste Geselligkeit, ein un=
gesunder Hoffnungsrausch kam, sanguinischer und wunderlicher
wurden die Pläne, unpraktischer das Wollen, selbst wenn sich
einmal Gelegenheit bot, irgendwo fest zu wurzeln, zitterte ihnen
in den Nerven eine fiebrige Unruhe und die Beschränkung auf
einförmige Thätigkeit erschien unmöglich; der Geist wurde durch=
löchert und der Leib geschwächt. Auch das Pflichtgefühl im
Privatverkehr wurde geringer, sie gewöhnten sich auf Kosten
Anderer zu leben, zu fordern und nicht zu leisten. Freilich,
es waren Deutsche, etwas von dem warmen Herzen blieb,
leicht und gern theilte einer, der gerade hatte, dem andern mit
und treulich halfen sie einander ihre Kartenhäuser bauen, die

der nächste Windhauch zerriß, und ermuthigten einander in
ihren Wahngedanken von dem bevorstehenden Sturz der Ty=
rannen. So waren sie schon in der friedlichen Zeit erkrankt,
jetzt aber war die Verfolgung gekommen und gehäufte Trüb=
sal, die Hatz war gegen sie auf und die Meute bellte hinter
ihnen, ob sie im Kerker lagen, oder ob sie wie gescheuchtes
Wild dahinfuhren, jetzt überkam sie die Ermattung, eine
stumpfe Gleichgiltigkeit, vielleicht die Verzweiflung. Schnell
wurden sie alt und welk an Leib und Seele, losgerissene
Blätter, welche im Wirbel umhertrieben, viele hat der Gram
getötet, viele sind schlecht geworden, nicht wenige haben im
Wahnsinn geendet. Wer diese Zeit überstand ohne Einbuße
von Lebenskraft und Pflichtgefühl, der mußte ein festes Gefüge
haben an Körper und Geist.

Auch Mathy fühlte, daß er geprüft wurde. Er arbeitete
angestrengter als je. Um zu verdienen übersetzte er die Denk=
würdigkeiten von Lucian Bonaparte, und später das Werk von
Grellet=Wammy „Handbuch der Gefängnisse", er schrieb Dia=
loge und eine Schweizerchronik für die Volksbibliothek in Biel,
übertrug Oehlenschläger's Correggio für die italienische Volks=
bibliothek ins Französische. Jede freie Stunde benutzte er
sich zu fördern, gerade jetzt arbeitete er sich in Hegel's Logik
hinein, um seinen Geist durch regelstrenges Denken zu be=
schäftigen, er zog Ricardo nach seiner Gewohnheit aus und
schrieb sich Erläuterungen dazu. Aber seine Gesundheit litt
unter dem Zwange, welcher seinen Bewegungen auferlegt
war; als ein tapferer Bergsteiger, Schwimmer, Eisfahrer
empfand er täglich das Bedürfniß nach frischer Luft und körper=
licher Thätigkeit, jetzt saß er viel in die enge Wohnung gebannt;
auch wo keine Gefahr war, fehlte ihm die Lust auszugehen,
er fühlte wie ihm der Unmuth kam, die Niedergeschlagenheit
und Ueberdruß an der Arbeit. Seiner Frau suchte er die
trübe Stimmung zu verbergen und er wunderte sich, warum
sie in Thränen ausbrach und das Zimmer verließ, als ein

Bekannter die Nachricht zutrug, daß der Flüchtling Weber, Redacteur der Nationalzeitung, sich erschossen habe, sie hatte den Mann doch wenig gekannt.

Auch die Sorgen des Hauses wurden schwerer, seine Knaben erkrankten, er half seiner Frau bei der Pflege und in der Wirthschaft und wachte die Nächte über den Kranken. Noch größer wurde seine Noth: Frau Anna selbst erkrankte töblich. Der Gram der letzten Monate und ein zufälliger Schreck in den Weihnachtstagen warfen sie vor der Zeit in die Wehen, das frühgeborene Kind starb an Schwäche, sie selbst rang mehre Tage zwischen Tod und Leben, er saß die zwölf Nächte der Wintermitte an ihrem Lager, that jede Handreichung und lauschte auf ihre schwachen Athemzüge. Als der Arzt die Hoffnung gab, daß die größte Gefahr vorüber sei und sie bei ruhiger Pflege wol genesen werde, da löste sich auch die Starrheit in seinem Innern. Die Erhebung aus dem größeren Schmerz befreite ihn von dem Druck der kleineren Sorge und er sah wieder muthiger in die Zukunft.

Die Gatten hatten in ihrem zurückgezogenen Leben nur wenige Bekanntschaften gemacht, aber die Theilnahme an dem Geschick der Bedrängten war groß und manches Zeichen von herzlicher Freundschaft wurde ihnen ein Trost. An einem Abende, als Frau Anna in Lebensgefahr lag, war ein Bekann= ter aus Aarau durch das Leid der guten Menschen so er= schüttert worden, daß er draußen auf der Treppe niederkniete und für die Rettung der Frau betete; der genesenden Mutter und den Kindern wurden von den Hausfrauen allerlei gute Dinge zugesandt, auch aus Baden kam manches Zeichen treuer Freundschaft. Die Bekannten: Hagenauer, Aebi, Wibel, Haupt, nicht zuletzt Rochholz mahnten dringend die liberale Schulbe= hörde das Talent Mathy's im Aargau fest zu halten. Das wurde berathen und ihm Aussicht auf eine Lehrerstelle am Gymnasium eröffnet, wenn er sich einer Prüfung unterziehe. Als nun Frau Anna wieder ein wenig zu Kräften kam, hielt

der Gatte mit ihr am Lager ein verständiges Gespräch über
die Zukunft und berichtete ihr von den neuen Hoffnungen, und
Beide beschlossen muthig, daß er sich jetzt recht ernstlich vorbereiten solle, damit er ehrenvoll in der Prüfung bestehe. Mit
Feuer ergriff Mathy die neuen Bücher, er saß Tag für Tag
über Literaturgeschichte und mittelhochdeutscher Grammatik, las
und erklärte, von Rochholz angeleitet, alte deutsche Dichter.
Während die Landschaft in Schnee gehüllt lag und die Früh-
lingsstürme um die Fenster tobten, und während im Lande
der Zorn gegen die Flüchtlinge noch immer obenauf war, klangen in dem Haushalt der Flüchtigen leise die Verse Walthers
von der Vogelweide, der Nibelungen und Gottfrieds von
Straßburg. Der Wille Mathy's war wieder auf ein festes
Ziel gespannt, seine gute Laune kehrte zurück, die Hausfrau
hörte mit leichterem Herzen zu, wenn die Männer ihr den
Heldentrotz des Hagene und die zornigen Lieder der Minne-
sänger gegen die Pfaffen des dreizehnten Jahrhunderts ver-
deutlichten. Wenn die Gatten am Abend allein saßen, nachdem
die Kinder in Schlaf gesungen waren, dann las Mathy am
liebsten aus der Weisheit des Brahmanen von Rückert vor.
In dieser Zeit der Verwirrung gab die heitere Ruhe und
Gedankenfülle indischer Weisheit Beiden die sicherste Befreiung.
Denn nirgend ist der Segen schöner Poesie dem Deutschen
größer, als wenn er müde den Druck beengender Wirklichkeit
empfindet. Und nur die Dichtung verdient als völlig schön
gerühmt zu werden, welche die Seelen vieler Menschen in
solcher Lage zu größerer Freiheit heraufzuheben vermag.

Aber das friedliche Stillleben der Familie wurde wieder
durch den Zorn der Mächtigen verstört. Noch war der Verfolger hinter ihnen. Anfang April 1837 begann der Polizeidirektor von Aarau, ein Deutscher, Herr von Schmiel, der
seit den Freiheitskriegen dort hauste und durch die Gunst der
Conservativen heraufgekommen war, sich gegen Mathy's Anwesenheit zu sträuben. Um die Regierung des Kantons

kämpften Liberale und Conservative, die Polizei war in den
Händen der feindlichen Partei, welche ihre Gegner im Kanton
ebenso umlauerte wie die Fremden und sogar durch die Nacht-
wächter den Verkehr der liberalen Regierungsmitglieder überwachen ließ. Jetzt sandte die Polizei den Weibel mit dem
Befehl in das Haus, daß Mathy den Kanton auf der Stelle
verlassen solle. Man ließ ihm nicht einmal Zeit, ein Gesuch
zu schreiben, welches seiner Frau und den Kindern den Aufenthalt gestatte, und die Freunde mußten dies für Frau Anna
thun. Und wieder zog Mathy flüchtig aus einen Ort zu
suchen, wo er rasten könne. Jetzt war nicht mehr Bern, sondern Luzern der Vorort und dort bessere Hoffnung eine Erlaubniß zum Aufenthalt zu erlangen. Während Mathy aber
in Luzern warb und Versprechungen erhielt, kam von Aarau
die Nachricht, daß auch Frau Anna mit den Kleinen ausgewiesen sei, und daß die Freunde ihr eine Zuflucht in der
Nähe bereiteten. Mathy eilte nach Aarau zurück, kam zur
Nacht in seine Wohnung, fand wieder Alles zum Aufbruch
gepackt und besprach mit seiner Frau, daß er die Aussichten im
Aargau keineswegs aufzugeben gedenke und mit ihr für die
nächsten Wochen nach Grenchen übersiedeln werde, bis er seine
Prüfung zu einer Lehrerstelle trotz der Polizei durchgesetzt habe.
Im Morgengrau ging er zu Fuß voraus, die Hausfrau folgte
mit Kindern und Sachen im Wagen. In Solothurn wechselten
die Reisenden Kutscher und Fuhrwerk und kamen am Abend
in Bad Grenchen an, wo sie bereits erwartet und freundlich
empfangen wurden. Dort erhielt Mathy in den nächsten
Tagen eine Einladung des Schulraths, sich am 2. Mai im
Regierungsgebäude von Aarau zur Prüfung einzustellen. Zwar
theilte der Polizeidirektor Mathy's Ausweisung dem Schulrath mit, dieser aber antwortete, daß er die bereits erlassene
Aufforderung nicht zurücknehmen werde.

Selten ist eine Lehrerprüfung unter gleich erschwerenden
Umständen durchgesetzt worden. Mathy fuhr, um die Land-

straße zu vermeiden, zu Schiff von Solothurn nach Aarburg und ging von da am finstern Abend nach Aarau, vor dem Thore von seinen Freunden erwartet. Während er sich in der Stadt barg, frug die Polizei wieder bei dem Schulrath an ob Mathy in der Stadt sei, der Schulrath entgegnete, er habe davon keine Kenntniß, und die Polizei schrieb zurück, sie werde den Befehl des kleinen Raths ausführen und Mathy sofort verhaften, wenn er sich zeige. Bei dieser Sachlage gab es für Mathy kaum einen andern sichern Aufenthalt als das Regierungsgebäude selbst, in welchem die Prüfung stattfand. Dorthin ging er in der Frühe und weilte während der beiden Tage des Examens, von den Freunden bewacht. Am letzten Tage aber kam der Polizeidirektor Schmiel mit einem Brigadier, Landjägern und Dienern vor das Haus, stellte seine Leute auf Posten und wartete die Rede des Candidaten ab, die der schriftlichen und mündlichen Prüfung folgen sollte und bei welcher der Polizei Zutritt nicht zu versagen war. Wenn Mathy während der Probestunden die Reihe der Schüler entlang ging, sah er lachend durch das Fenster die grünen Uniformen der aufgestellten Landjäger. Aber dem Prüfungsaus= schuß war bei der Sache nicht ganz wohl, er entband ihn von der Rede mit der Versicherung, er habe seine Befähigung zur Genüge erwiesen. Von einigen Freunden wurde er aus dem Saal durch ein Hintergebäude entführt, mit andern Kleidern versehen, welche ihn unkenntlich machen sollten, in eine Kutsche gesetzt und in scharfem Trabe der Kantongrenze zugeführt. Das Grenzamt mußte umgangen werden, durch die wilde Gegend des Rothsees schritt Mathy von Rochholz begleitet dem Vierwaldstädter See zu, um in Luzern bei der Kanzlei des neuen Vorortes auf Grund des Zeugnisses die Aufhebung des Ausweisungsbefehls zu bewirken.

Mathy war vorher leidend gewesen, die Anstrengung der letzten Tage und des Weges hatten ihm arg zugesetzt, plötzlich brach er zusammen, hielt die Hände wie im Schmerz auf die

Brust gepreßt und lag stumm auf dem Waldboden. Nochholz lief mit dem ledernen Reisebecher nach Wasser. Als er damit zurückkam, hatte Mathy sich erholt, er beruhigte den Begleiter und verlangte nur ein wenig zu ruhen. Nach kurzer Zeit erhob er sich, betheuerte, es sei nur ein Anfall von Krampf gewesen und forderte das Versprechen, daß der Freund seiner Frau nichts davon sagen möge.

In Luzern erhielt Mathy jetzt sichere Verheißungen und kam vergnügt in Grenchen an. Sein Prüfungszeugniß er-klärte ihn zu jeder Stelle an höherer Schule vorzüglich befähigt.

Freilich, noch war ihm langes Harren bestimmt. Die Lehrerstelle in Aarau wurde durch die angestrengten Bemühun-gen einer Coterie, welche den Deutschen abgeneigt war, einem Andern zugetheilt. Auch die Polizei wollte sich nicht zur Ruhe geben, Roschi in Bern begann sogar eine neue Untersuchung gegen Mathy, in Solothurn wurde insgeheim angezeigt, daß er sich trotz des Ausweisungsbeschlusses doch im Kanton aufhalte; auch die Berner schrieben nach Solothurn und forderten seine Ausweisung. Dort aber war man nicht allzu scharf. Mathy erhielt einen Wink, daß man ihn suchen werde, und zweimal mußte er heimlich aus dem Bade entweichen, um den Ver-haftbefehl, welchen die Landjäger in das Dorf trugen, zu ver-meiden. Einmal, da er gerade zu den Seinen zurückgekehrt war, bewahrten ihn seine Knaben, damals von drei und zwei Jahren. Diese wurden, als sie auf der Thürschwelle saßen, von einem Beamten ausgefragt, ob der Vater daheim sei; aber ohne daß es ihnen eingelernt war, behaupteten die Schelme, Vater sei verreist, und als der fremde Mann sich entfernt hatte, kamen sie leise zum Vater herauf, ihn zu warnen.

Doch Mathy verlor nicht den Muth, er hatte erfolgreich die ersten Schritte gethan, um eine Anstellung zu gewinnen, er warb beharrlich um jede andere Lehrstelle, von der er Kunde erhielt. Endlich im Oktober 1837 wurde ihm die frohe Nach-richt, daß sein Name zu Bern von der Verbannungsliste gestrichen sei. Er athmete die Luft eines neuen Lebens, die schwarze Flüchtlingssorge, die zuletzt wie ein Gespenst ihn umher gescheucht hatte, wich von ihm. Jetzt durfte er sein ehrliches Gesicht wieder überall frei zeigen. Und bald darauf liefen von Solothurn, Aarau, später aus dem Berner Lande Botschaften ein, daß die Haftbefehle widerrufen seien, und daß er kommen möge, man sei thätig ihm ein Amt zu suchen.

Unterdeß hatte Mathy in seiner Zurückgezogenheit die früher begonnene Schrift über den Zehnten wieder aufgenommen. Im Kanton Bern wurde von der nationalen Partei die Aufhebung dieser Abgabe eifrig erstrebt. Dr. Schneider in Nidau, wel=cher wußte, daß Mathy mit einer Schrift darüber beschäftigt war, veranlaßte, daß durch den patriotischen Verein des Amts=bezirks Nidau ein Preis von hundert Schweizer Franken für die beste Arbeit ausgesetzt werde. Unter den drei eingegangenen Abhandlungen — eine war von Siebenpfeiffer — wurde die von Mathy für die beste erklärt, von einer Volksversammlung im November 1837 mit dem Preise versehen und zum Druck bestimmt. Diese Schrift*), wenig in Deutschland bekannt, ist eine sehr sorgfältige nationalökonomische Erörterung mit geschicht=licher Einleitung über Ursprung und Wandlung des Zehn=ten, sie war für Mathy, solang er lebte, nicht nur heitere Erinnerung an einen kleinen Erfolg, er war auch sonst in seiner anspruchslosen Weise damit zufrieden und dachte öfter daran, sie im geschichtlichen Theil umzuarbeiten — er hatte dafür ernste Studien gemacht — und neu herauszugeben. Die Anerkennung, welche ihm diese Schrift in der Schweiz ver=schaffte, war damals für ihn das Erfreulichste, auch solche, welche ihn gar nicht kannten, sprachen davon, daß man einen Mann von diesem Urtheil und so gründlichen Kenntnissen

---

*) Der Zehnt, wie er war, wie er ist und wie er nicht mehr sein wird, mit besonderer Berücksichtigung des Zehntwesens im Kanton Bern, von Karl Mathy. Biel, Buchdruckerei von Schneider und Comp. 1838.

nicht verlieren dürfe; die Leiter der Regierung im Kanton Solothurn schenkten ihm seitdem angelegentliche Beachtung.

Am 31. Januar 1838 wurde ihm seine Tochter Amalia geboren. Sorge und Pflege dieser Wochen wurden durch eine neue Aussicht erleichtert. Die Regierung des Kantons Solothurn beschloß in Grenchen selbst eine Distriktsschule zu errichten, man hatte den Wunsch Mathy als Lehrer anzustellen, wenn die Schulcommission der Gemeinde Grenchen ihn vorschlagen werde. Dies geschah. Sogar der katholische Pfarrer sprach sich zu Mathy's Gunsten aus und erklärte damals — es hat ihm später leid gethan —, er habe Mathy lieber als manchen Katholiken. Am 13. März erhielt Mathy von Solothurn die Urkunde seiner Ernennung zum Lehrer der Secundarschule von Grenchen.

6

Der Schulmeister von Grenchen.

Mathy selbst hat an anderer Stelle (im letzten Bande der
Bilder aus der deutschen Vergangenheit) die Jahre geschildert,
wo er in Grenchen Lehrer war. Jene Niederschrift ist nicht
nur ein reizendes Idyll, Ton und Stimmung sind auch für
den Schreiber sehr bezeichnend. Jeder einzelne Zug darin
ist so wahr, wie nur ein ehrlicher Mann mit sehr gutem
Gedächtniß aus eigener Vergangenheit schildern kann; aber
durch ein freudiges und dankbares Gemüth ist zugleich ein
heiteres episches Licht in die Schilderung gekommen. So lebte
Grenchen für ihn in der Erinnerung. Aber so wohlthuend
war ihm der Aufenthalt erst durch sein eigenes Verdienst
geworden. Der Biograph darf nicht verschweigen, daß Mathy
das Behagen, welches ihn zuletzt unter den Dorfinsassen umgab,
und die Liebe und das Vertrauen, welche ihm beim Abschied
und in seinem ganzen Leben so werth waren, nur durch harte
Entbehrungen und durch die Tüchtigkeit seines Wesens nach
und nach erworben hat. Er hat später in sehr verschiedenen
Kreisen sich warme Anerkennung erobert, nirgend vielleicht war
die Mühe härter, das Verdienst größer als in dem Kirchdorf
am Jura. Da war natürlich, daß der errungene Sieg ihm
die Erinnerung an die Stätte besonders lieb machte.

Das Dorf Grenchen im Kanton Solothurn, unweit der
Berner Grenze, stand damals mit einer gewissen Unbotmäßigkeit nicht nur dem eibgenössischen Vorort, sondern sämmtlichen

Regierungen der Welt gegenüber. Es war eine Freistätte für
Mazzini gewesen und den Herren von Bern war durchaus
nicht gelungen ihn herauszuholen. Auch Mathy hatte dort
wiederholt die letzte Zuflucht gefunden. Zum Asyl Flüchtiger
war der Ort nicht gerade durch die politische Bildung seiner
Einwohner geworden, denn die Wahrheit zu sagen, diese waren
damals bei Conservativen und Liberalen übel beleumdet. Der
zuverlässige Schirmvogt der Flüchtlinge war ein trotziger alter
Mann, der unter dem Namen Vater Girard in der ganzen
Umgegend bekannt war. Er war ein echter Nachkomme der
harten, Freiheit liebenden, bedächtig zuschlagenden Bauern-
gestalten des Mittelalters, nicht wie sie der Dichter geschildert
hat, sondern wie sie in Wirklichkeit den Pfeil auf einen ver-
haßten Landvogt anlegten oder mit der Axt einem rittermäßigen
Bedrücker den Kopf spalteten. Sein eigenes Leben war reich
an wilden Erfahrungen. Als im Jahr 1814 in der Schweiz die
aristokratischen Regierungen in östreichischem Sinne wiederhergestellt wurden und auch in der Stadt Solothurn sich die
alten Familien, welche vor 1798 am Ruder gewesen waren, in
der Neujahrsnacht plötzlich als Regierung ausriefen, da beschlossen eine Anzahl kühner Männer vom Lande und aus der
kleinen Stadt Olten, unter ihnen Girard und Munzinger,
dies nicht zu leiden. Sie erstiegen in der Nacht des 2. Juni
1814 die Mauern der Kantonstadt, Girard seine Axt in der
Hand, befreiten die Gefangenen ihrer Partei und besetzten
einige öffentliche Gebäude. Aber die Eindringer wurden durch
die Aristokraten zurückgetrieben, Berner Truppen rückten in
den Kanton, die Aufständischen zu entwaffnen und zu verhaften. Girard entfloh in den welschen Jura, dort hauste er
zwischen Wald und Felsen und zog mit seinen Getreuen auf
unwegsamen Grenzpfaden daher, nicht zum Vortheil für die
Zolleinnahmen Frankreichs und der Schweiz. Bis zum Jahr
1830 war er seiner Bürgerrechte beraubt. Erst die Volksversammlung von Bastal im December 1830, von ihm und

seinen Schicksalsgenossen veranlaßt, machte dem Junkerregiment im Kanton Solothurn ein Ende und setzte ihn wieder in seine Ehren ein. Unterdeß hatte er die heilkräftige Quelle des Ortes gefaßt, einen Kursaal gebaut und darin eine Gastwirth= schaft eingerichtet, in welcher er die Zureisenden des kleinen Bades aufnahm. Seitdem saß er einflußreich und gefürchtet in Grenchen, während sein alter Gefährte Joseph Munzinger von Olten, einer der mannhaftesten und besten Politiker der Schweiz, 1830 Mitglied der Kantonsregierung wurde, zwei Jahre darauf in einer Commission der Tagsatzung eine Bundes= verfassung der Schweiz entwerfen half und im Jahr 1848 zu den sieben Männern des Bundesraths gehörte, welche die neue Landesregierung der Schweiz darstellten.

Durch seine eigenen Schicksale war der alte Girard ein warmer Freund aller entschlossenen Unternehmungen geworden, die gegen Fürsten, Herren und dergleichen gerichtet waren; auch darum waren ihm ansehnliche politische Flüchtlinge achtungs= werth, ohne daß er sich weiter um ihre Pläne kümmerte. Denn bei klugem Urtheil über Naheliegendes fand er keine Freude an mühseligem Nachdenken und weitzielenden Entwürfen. Aber er las mit einem finstern Lächeln des Einverständnisses immer wieder die alten Kalenbergeschichten vom Tod gewaltthätiger Landvögte und von der Erniedrigung stolzer Patrizier. Als Wirth des Bades nahm er die Fremden zugleich in Kost und Pflege und trug redlich Sorge dafür, daß ihm seine Gäste nicht durch die Landjäger entführt wurden. Kamen die Ver= folger vorn in das Haus herein, so führte er seine Schütz= linge hinten hinaus in die Schluchten des Jura, welche sich dicht bei seinem Hause öffneten und deren geheime Stiege wenige so gut kannten als er. Unterdeß bot seine Familie den Verfolgern Brot und Wein, die der alte Waldgänger dem geretteten Gast gewissenhaft auf Rechnung setzte.

Dem Städter von Solothurn galten die Grenchner im Jahr 1838 als ungefüge Dorfmenschen mit wilden Gewohn=

heiten, welche im Regen noch den leeren Sack um die Achseln schlugen statt eines Mantels, und Regenschirme für eine verächtliche Neuerung hielten, altfränkisch auch in ihrer Staatstracht, der rothen Juppe der Frauen und den hundertfaltig gesteppten Schlotterhosen der Männer; die Weinschwelge der Schweiz hatten besonderen Groll gegen die Grenchner, gaben ihnen den häßlichen Beinamen Traubendrescher und erzählten, als man dort einmal die steinharten Trauben nach Ortsbrauch mit dem Flegel zerquetscht, sei eine Weinbeere ihrem Herrn ins Gesicht gesprungen und habe ihm ein Auge ausgeschlagen. Der Protestant aber hielt die Grenchner für besonders eifrige Katholiken, deren Rechtgläubigkeit geschichtlich begründeten Ruhm hatte. Denn hinter dem Choraltar der Dorfkirche wurde ein Kessel gezeigt, als Bewahrer des Kirchenöls, die alte Beute eines religiösen Kriegszuges. Im sechzehnten Jahrhundert wandte sich die Nachbargemeinde Selzach der neuen Lehre zu und hielt die Fasttage nicht mehr. Das ärgerte die Grenchner, sie machten, wie die Sage kündet, gerade an einem Fasttage einen bewaffneten Einfall in Selzach, überraschten die Nachbarn wie sie ruchlos Schinken kochten, und brachten den Fleischtopf als Siegeszeichen heim. Dafür gewannen sie ein kirchliches Ehrenrecht, denn wenn am Maitage die Gemeinden den Bittgang nach Solothurn unternahmen, dann zogen die Grenchner zuerst vor allen anderen in der St. Ursuskirche ein. Nur den terminirenden Kapuzinern von Solothurn war Grenchen ein werther Ort und ihre Verbindung mit dem Dorfe weit älter als der Kessel von Selzach. Wenn sie sich im Frühjahr auf dem Kirchplatz des Dorfes aufstellten und den Ruf erschallen ließen: „Hoho, go Schnäcke ufläse!", dann schaarten sich sämmtliche Kinder und folgten ihnen nach, an allen Hecken und Weinbergen Schnecken suchend bis in die Almende, und ein Wagen fuhr langsam nach mit offener Bütte, in welche die Schnecken geworfen wurden. War man bei der Dorfmühle angelangt, die wahrscheinlich einst ein Klosterlehn gewesen war, dann

11*

hatte der Sigrist das Recht, die auf diesen Tag von den Hausfrauen gebackenen Schneckenbrote einzuheimsen; in einen Korn-
sack verpackt, trug er sie auf den Gemeindeplatz ins Dorf zurück
und theilte davon den Kindern, als Sold für die gesammelten
Schnecken. Wer die meisten Brote empfing, hatte die Ehre
des Tages, außerdem verschenkten die Kapuziner Heiligenbilder,
Rosenkränze, Scapuliere.

Mathy hatte fast ein Jahr im Bade gewohnt, es war für
seine Verhältnisse eine sehr theure Freistatt gewesen. Jetzt bezog
er mit der Schule vergnügt ein eigenes Haus, „Güggi's Stöckli“
genannt, eine Art Blockhaus, das auf Standbalken gesetzt war
und im Nothfall durch untergelegte Walzen von einer Stelle zur
andern geschafft werden konnte. Er war Lehrer und Fremder
in einer Gemeinde, in welcher Lehrersein und Fremdsein nicht
dazu beitrug ein Ansehen zu geben. Der geringe Gehalt war
zwar festgesetzt, aber eine regelmäßige Zahlung war nicht zu
erlangen, Holz hatte man ihm genug bewilligt, aber es stand
im Bergwald und es war nicht sofort Bereitwilligkeit da, dasselbe zu rechter Zeit zu fällen und an das Haus zu fahren.
Der Grenchner war gewöhnt den Schullehrer zu dutzen und
geneigt ihm allerlei schriftliche Arbeiten zu überweisen, daß er
Zinsrodel und Lehnbriefe ins Reine schreibe, Taufsprüche und
Grabschriften dichte, streitige Landmarken bestimme und Acker-
güter vermesse. Auch an Mathy kamen solche Zumuthungen,
Frau Anna war zuweilen unzufrieden, er aber unterzog sich
diesen Nebendiensten mit immer gleicher, nie widersprechender
Geduld. Er hatte hier Schutz gewonnen, ein gesichertes Dasein
für seine Lieben, er allein wußte, mit welchen Schmerzen er
seit Jahren diese Sicherheit entbehrt hatte, und er war entschlossen sich durchzusetzen. Es waren enge Verhältnisse, und
es waren oft nur kleine Anstöße, aber sie bedrängten im Anfange unablässig. Als die Schule eröffnet werden sollte, fehlte
es überall an den unentbehrlichsten Lehrmitteln, Mathy mußte
den Schülern die ersten Arbeitshefte schenken, Tintengläser und

Tinte in die Schulbänke schaffen. Die kalte Gleichgiltigkeit
der Einwohner und böser Wille Vieler, die der Pfarrer auf=
stachelte, wurden ihm fortwährend fühlbar, er mußte die gute
Neigung jedes Einzelnen erobern. Zuerst gewann er die Herzen
der Schüler.

Die Bezirks= oder Secundärschulen wurden überall, wo
die liberale Partei der Schweiz zur Regierung gekommen war,
mit schnellstem Erfolge in Baselland, im Aargau, und durch
Gesetz vom 17. Juni 1838 in Solothurn eingerichtet. Nach
dem Plane lehrten sie als Fortsetzung der Elementarschulen
Religion, deutsche und französische Sprache, bürgerliche Ge=
schäftsaufsätze, Arithmetik und Geometrie, Buchhaltung, Geo=
graphie, Geschichte und heimische Staatseinrichtungen, Natur=
kunde mit besonderer Rücksicht auf Haus= und Landwirthschaft
und Gewerbe, Gesang, Schönschreiben und Zeichnen. Der
Lehrgang war zweijährig, der Eintritt stand Jedem frei, der
aus der Anfangsschule entlassen war und die nöthigen Vor=
kenntnisse besaß, der Unterricht war für die Schüler ohne
Unterschied des Wohnorts unentgeltlich; wie der Eintritt war
auch der Abgang im Gegensatz zur Elementarschule freiwillig,
ebenso die Errichtung der Schule durch die Gemeinden, der
Staat erleichterte nur die Einführung und sicherte den Bestand,
indem er dem Lehrer den Gehalt verbürgte. Diese Schulen
haben, zumal in den Dörfern der Schweiz, eine große Bedeu=
tung gewonnen, sie sind dort wesentliche Helfer für Bildung
der ländlichen Bevölkerung, die besten Vermittler für Ueber=
gang in einen andern Lebensberuf. Mathy eröffnete die Schule
mit 22 Knaben, später stieg die Zahl auf einige 30, für 8 der
fähigsten, „die Garde“, errichtete er eine lateinische Klasse.
Der Unterricht war 4 Stunden täglich, nur am Morgen,
er gab den ganzen Unterricht allein, dafür erhielt er außer
Wohnung und Holz einen Gehalt von 600, später 800
Schweizer Franken. Seine Lehrweise, soweit sie aus Be=
richten der Schüler und aufbewahrten Schulheften erkennbar

ist, beruhte allerdings auf der ungewöhnlichen Persönlichkeit
des Dorflehrers. Er behandelte die halbwüchsigen wilden
Knaben sanft und liebevoll, traute ihnen stets das Ehrgefühl
Erwachsener zu und zeigte aufrichtige Freude an jedem ernsten
Bestreben. Die sichere Ueberlegenheit, welche nie in Aerger
verloren wurde, und sich immer ruhig, wohlwollend, herzlich äußerte, flößte den Schülern eine Ehrfurcht ein, welche
jede ernste Strafe unnöthig machte. Sie lasen ängstlich in
seinem Gesicht und die leiseste Miene von Unzufriedenheit
genügte für Tadel und Ansporn. Er hielt vor Allem darauf,
daß ihre Beobachtungen genau und eingehend wurden und daß
sie die aufgenommenen Thatsachen deutlich, geordnet, bis ins
Einzelne berichteten, schriftlich und mündlich. Wenn er ihnen
eine Maschine erklärte, so ruhte er nicht, bis auch der schwache
die Einzelheiten völlig verstanden hatte und die Hauptsache davon in richtigen Linien kunstlos zu zeichnen vermochte. Ihm
kam nicht darauf an, daß sie viele Constructionen zu erklären
wußten, nur daß sie das Vorgestellte völlig begriffen. Es ist
deßhalb eine Freude zu sehen, wie verständlich in den kleinen Aufsätzen der Knaben die Einrichtung schwierigerer Gegenstände:
Feuerspritze, Uhr, Auge, Kalender berichtet ward. Wo er
Beobachtungen niederschreiben ließ, welche die Schüler selbst
ohne Anleitung gemacht: über die Vortheile des Winters, über
Nutzen der Land= und Wasserstraßen, Schilderung eines Spa-
ziergangs, da hielt er wieder darauf, daß jeder nur nieder=
schrieb, was aus ihm selbst kam, und erst wenn der Gedanken=
gang der Schüler beendigt und der Aufsatz abgeliefert war,
dann gab er ihnen die Gesichtspunkte, welche ihnen fehlten.
Er besserte auch ihre Hefte gewöhnlich nicht und hielt über=
haupt wenig von dem Eingehen auf begangene Fehler, ihm
schien, daß damit in den Schulen viel Zeit verloren werde.
Wenn er gerade Etwas vornahm was die Knaben stark beschäf=
tigte, so frug er nicht nach dem Schluß der Stunde und
hörte nicht eher auf, als bis die erregte Theilnahme in dem=

selben Niedersitzen befriedigt war, er beobachtete auch den
Stundenplan nicht immer, sondern bevorzugte, wofür sich
gerade bei den Schülern lebhafte Wißbegierde zeigte; es waren
der Unterrichtsgegenstände zu viel, er ließ vorläufig Gesang
und freies Handzeichnen aus. Und er vereinfachte den Plan
auch dadurch, daß er regelmäßig die Kenntnisse, welche die
Schüler in einem Unterrichtsgegenstande erworben hatten, für
den andern verwerthete, für deutsche Aufsätze und Briefe den
Gewinn der Stunden, in denen er erzählte oder erklärte, und
wieder für Geschichte und Naturkunde die kleinen Anregungen,
welche Tagesereignisse oder ein Spaziergang gegeben hatten.
Freilich, Hauptsache war immer der Zauber, welchen die Persönlichkeit eines gebildeten und kräftigen Mannes auf die
Schüler ausübte, die Gedanken, welche er in ihnen anregte,
und die Empfindungen, welche er an sich beobachten ließ, und
dafür waren ihm ein werthvolles Mittel nicht nur die Schul-
stunden, auch weite Spaziergänge, ja längere Ausflüge, z. B.
nach Neuenburg, nach Solothurn. Dann drängten sich die
Schüler um ihn und lauschten auf das gemessene Urtheil,
welches er etwa über Vorfälle des Tages oder der Vergangenheit aussprach, und stolz wurden sie sich der eigenen Heimats-
liebe bewußt bei der Herzlichkeit, mit welcher er sich unter ihnen
über die Natur freute. Er selbst fand in dieser Bändigung
der wilden Dorfknaben eine dauernde Freude und es ist merkwürdig, wie werth ihm jeder Einzelne geblieben ist. Daß seine
Einwirkung auf das ganze junge Geschlecht des Dorfes tief und
dauernd war, erfuhr er noch in späteren Lebensjahren.

Gleich im Frühjahr, als er die eigene Wohnung bezog
und seinen Hausrath, der in Aarau stand, erhielt, war das
Erste, daß er seine Mutter und Schwester fröhlich einlud ihn
im Sommer zu besuchen. Beide kamen, es war ihm wie
eine Versöhnung mit der Heimat und er führte sie zu allen
Menschen und zu allen Stellen der Umgegend, welche ihm
lieb waren.

Schneller freilich als die Dorfbewohner wurde ihm die
Landschaft vertraulich; war ihm einmal das Herz schwer, so
stieg er mit seinen Lieben oder allein in die Berge und fast
immer fand er unter Herdengeläut und Bergtannen, im
Ausblick auf die hohen Schneegipfel die Heiterkeit wieder. Als
er zum erstenmal zu der schönen Fernsicht kam, welche man
von der Bergweide über der Wandfluh hat, hörte er den
Senn dort oben den Kuhreihen singen, dessen erster Vers so
lautet:

> Der Ustig wott cho,
> Der Schnee zergeit scho,
> Der Himmel isch blaue,
> Der Gugger hat g'schraue,
> Der Meye syg cho.
> Lustig use – n – us em Stall
> Mit be lube Thüene:
> Uest schöni Zyt isch cho,
> Lust un Freiheit wartet scho
> Dinne - n – uf be Flüehne.

Der Text war den Sennen nach der alten Weise von
G. J. Kuhn, Pfarrer zu Burgdorf, zurechtgemacht. Die
Melodie und die einfachen Worte klangen in die Seele des
Wanderers wie ein vertraulicher Willkommen, den ihm die
Berge boten. Seitdem lenkte er die Schritte gern dorthin
auch mit werthem Besuch, jedesmal bat er um den Reihen
und sang ihn selber von Herzen mit. Und es war ihm dann
auch recht, wenn die Gäste dem Senn seinen Gebirgstrank,
die Jenzele — Branntwein aus den Wurzeln der Gentiana
bereitet — lobten.

Ein anderer besuchter Weg war die Teufmatt, für die
Kinder eine weite Fahrt, denn sie war 2½ Stunden vom Dorfe
entfernt. Dort stand eine Sennhütte mit Wirthschaftsrecht,
und die Kinder erhielten g'schwung'ne Niedle (geschlagenen
Milchrahm), wozu sie den Zucker und Zimmt in der Düte

mitbrachten. Die Männer aber fanden Gelegenheit auf einer kunstlosen Kegelbahn um eine Flasche Wein zu schieben.

Einst im Sommer 1838 stieg Mathy die Burgmatt hin- auf und schritt mühsam über Wasser und Steingeröll durch eine Schlucht, die wie ein Thor zwischen dem hohen Bettlachstock und dem Burgfelsen zu einer weiten Thalmulde führt, mit üppiger Weide und einer Sennhütte. Die bergumschlossene Senkung führt den Namen Bettlachberg und scheint durch einen Bergsturz gebildet, reichlich liegen die Versteinerungen umher, darunter schöne Ammoniten. Ein kleiner Waldbach rieselt am Fuß des Bettlachstockes hinab, den Mathy auf einem schmalen Steg aus Baumstämmen überschritt. Da sah er am Waldrand in einer Niederung ein winziges schindelbedecktes, steinbelastetes Blockhaus, das etwa sechs Schritt lang, vier Schritt breit war, der Eingang nur drei Fuß hoch mit dicker Thür versehen, in der Wand rechts und links ein Guckfenster aus einer einzigen Scheibe; es war wie eine Zwerghütte aus dem Märchen, und eine kleine Rauchwolke, die aus dem Schornstein stieg, mahnte an Frau Holle, die hier ihr Süpplein kochte. Aber aus der niedrigen Thür stieg ein großer Mann hervor, ein Fünfziger von gerader Haltung in der Tracht eines Arbeiters, er grüßte und lud Mathy ein in die Hütte zu treten. Mathy tauchte hinein und freute sich der Sauberkeit des kleinen Raumes, die geglätteten Balken der Wand fest verfugt, rechts von der Thür ein Kasten, ein Meisterstück der Zimmerarbeit, der von dem Bewohner aus einem Holzblock geformt war und als Sitzbank diente, links neben der Thür die Feuerstelle, ein Viereck aus Steinen gepflastert mit niedriger Einfassung, an der hintern Wand die hohe Bettstatt mit frischem Stroh ver- sehen, darin ein runder Holzklotz als Kopfkissen; unter dem Bett war das Kellerloch, mit Obst, Kartoffeln und Butter ganz gefüllt, an der Wand reichliches Zimmergeräth und der Stolz des Hausherrn, ein halbes Dutzend Blechlöffel. Alles blank geputzt in sauberer Ordnung, die groben Dielen gefegt, die

Kleider ohne Flecken, Schuhe und Strümpfe ohne Löcher. Mathy saß bei dem Manne nieder, und was er von diesem erfuhr, erschien ihm wie aus anderm Jahrhundert. Salomon Gutknecht war auch ein Heimatloser und hatte sich selbst, ohne Jemand zu fragen, das kleine Haus gezimmert, in dem er Sommer und Winter lebte. Seine Eltern waren aus einem andern Schweizerdorf als Landfahrer in den Bettlachberg gekommen und hatten sich dort eigenwillig eine Hütte gebaut, aber zweimal wurde ihnen die Hütte niedergebrannt und Salomon glaubte, daß es die Bürger von Bettlach gethan hatten, um die fremde Familie zu vertreiben. Salomon lief als junger Gesell aus der Wildniß, schlug sich als Reisläufer zu Kriegs- volk und ging mit den Franzosen nach Neapel. Dort war ihm des Essens zu wenig, er begehrte einfache Kost, aber die Schüssel gefüllt; er wurde also fahnenflüchtig und stellte sich dazu stumm, hing sich eine Suppenschüssel um, und wenn er ange- halten wurde, hielt er die Schüssel hin und forderte durch Geberde zu essen. So kam er durch ganz Italien bis Basel, dort trat er wieder in ein französisches Regiment, das nach Spanien marschirte. Wenn die Franzosen spanische Priester fingen, welche verdächtig waren, Kameraden zu Tode gemartert zu haben, dann riefen sie den starken Schweizer mit dem Schmiede- hammer, und er mußte die Gefangenen mit langen Nägeln an die Bäume schlagen. Aus Spanien zog er mit seinem Regiment nach Deutschland. Dieses Land lobte er. Er hielt auch etwas von Napoleon. Als ihm Mathy mittheilte, die Franzosen wären noch immer nicht ruhig, erwiederte er bedäch- tig: „Daran ist wol ihr König schuld, weil er ihnen nicht genug zu thun gibt; Napoleon gab seinen Knechten immer Arbeit genug, Proviant gab er ihnen nicht mit auf die Reise, nur Pulver und Blei, damit verschafften sie sich Essen genug.“ Nach dem Sturz des Kaisers ging er heim ohne seinen Ab- schied zu verlangen. Er lebte einige Jahre in den Bergen des Jura bei Sennen und Bauern. Dann lief er in neuer

Reise unter die Schweizertruppen in Holland, wurde Sappeur und trug den größten Bart, der zu sehen war, so daß er auf Befehl des Obersten einem Maler sitzen mußte. Als die Schweizer in Holland verabschiedet wurden, ging der Lands= knecht wieder zu den Sennen des französischen Jura, aber es zog ihn nach dem Bergkessel, in dem die verbrannte Hütte seiner Eltern gestanden hatte. In demselben Jahre, in welchem Mathy nach der Schweiz kam, siedelte er sich mit seiner Axt am Waldesrand an, ohne sich um einen Ammann und Heimatsrecht zu kümmern. Doch vertrug er sich mit den Bettlachern; wenn sie mit Rossen auf den Berg kamen, gaben sie ihm die Kummete in Verwahrung; er reinigte die Weiden von aufschießendem Gestrüpp und Steinen und wurde dafür von den Sennen bezahlt; im Heuet und zur Ernte stieg er in die benachbarten Dörfer und arbeitete bei den Bauern. An hellen Sonntagen ging er auch in die Dörfer zur Kirche. Aber schwer ertrug er die Abwesenheit von seinem Bau und die enge Nachbarschaft in den Thälern. Seine liebste Arbeit war die Hütte schöner zu machen. Dort fristete er seine Tage durch Obst und Erdäpfel, den werthen Sappeurbart hatte er abgeschnitten, um den Leuten nicht ungeheuer zu werden, auch dem Rauchen entsagte er, weil es sich nicht vertrug mit seiner Waldkost ohne Brot und Fleisch. Wenn der Wintersturm über die Berge fuhr, saß er behaglich zwischen den Baum= stämmen, spähte, ob alle Fugen wohl verschlossen waren, und dachte an alte Zeit. Dann sprach er laut mit sich selbst. Wenn der Schnee in der Nacht seine Hütte überwehte, grub er sich am Morgen mit seinem Spaten einen Weg in die freie Luft. Auch der Gedanke an Krankheit erschreckte ihn nicht, er sagte: „Im Thale drunten hilft ja auch Niemand gegen das Sterben. Kindern droht man mit dem Butzemann, alten Sündern mit dem Teufel; ich habe beide nicht zu fürchten, ich bin ja nur ein armer Mann.“ — „Aber lange Krankheit im Winter?“ frug Mathy. Salomon blickte nach rückwärts, wo hinter einer Holzleiste sein Messer steckte. Verwandte hatte er kaum, nur einen Jugendgenossen in Bettlach, welchen man den Studenten hieß, weil derselbe als Knabe beinahe Latein gelernt hätte. Dieser unterschrieb seinen Namen stets unter Beifügung der drei großen Buchstaben F. O. S., welche bedeuteten fuit olim studiosus.

Der Waldmann führte seinen Gast ins Freie, er wies ihm zur Linken ein sorgfältig umzäuntes Stück Land, in dem er seine Erdäpfel baute, und einige Schritt höher, am Fuß einer mächtigen Buche, seine Ruhebank. Dort saß er am Abend und sah über das Seeland und das Emmenthal hinweg zu den Riesengipfeln der Berner Alpen, welche in der Abendsonne glühten, wenn die Hütte im tiefen Schatten lag. Dort war er am glücklichsten. Als Deutscher hatte er aber doch einen geheimen Wunsch. Da er zu Besançon in Garnison lag, sah er einen Thiergarten, nichts, was er in der Welt geschaut, hatte ihm so gefallen. Darum trug er sich mit dem Plan, bei seiner Hütte auch so etwas anzulegen. Weil es mit Bären und Löwen nichts sein konnte schon wegen der Kost, so dachte er an Ohreulen, einen Fuchs und anderes kleines Waldgethier. Aber sein Leidwesen war die Zeit der Ernte, wo er unten bei den Bauern weilen mußte. Wer sollte da die Käuze füttern? Diese Schwierigkeit konnte er nicht überwinden. — Mathy saß lange bei dem alten Kriegsknecht und lud ihn beim Abschied zu einem Besuch nach Grenchen. Einmal kam Salomon, Frau Anna setzte ihm Kaffe vor und andere Herzstärkung, er genoß mit Dank und sah sich bedächtig Alles an, Hausrath und Kinder. Beim Abschied aber sagte er: „Ich komme nicht wieder, weil ich zu arm bin Gleiches mit Gleichem zu vergelten."

Dennoch führte ihn die Noth wieder zu den neuen Bekannten. Ein Landjäger war an die Hütte gekommen um ihn zu vertreiben; er könne schlechtes Gesindel beherbergen, er habe in seiner Hütte sechs Blechlöffel, das sei verdächtig; und der

Ammann von Bettlach ließ ihn fordern und sagte ihm: jeder
Mensch solle in seiner Heimatgemeinde leben und einen Beruf oder Stand haben, Salomon gehöre nicht nach Bettlach.
Salomon antwortete: er habe den Armuthstand erwählt, der
sei ihm der liebste, zu arbeiten begehre er nicht, wenn er ohne
das leben könne. Die Armen könnten auch nur wenig stehlen,
denn man vertraue ihnen nichts an, nur den Reichen. Darauf verfertigte ihm Mathy ein Büchel, worein er ihm ein
Zeugniß guten Leumunds schrieb, und Salomon ging in die
Dörfer und sammelte viele Unterschriften für seinen Leumund.
Da mußte der Landjäger weichen und Salomon durfte in
seiner Hütte bleiben; er aber sagte zu Mathy mit verlegenem
Lächeln, wenn der Landjäger wiederkomme ihn zu vertreiben,
so werde er diesen mit der Waldaxt erschlagen, seine Hütte
anzünden und sich in die Flamme stürzen. Er hätte zuverlässig Wort gehalten. — Mathy schrieb endlich in das „Solothurner Blatt" (Nr. 101, 19. December 1838) einen Artikel:
„Salomo der Weise" und bewirkte dadurch, daß der harmlose
Mann bei den Gemeindebehörden größere Rücksicht fand, und
daß sein einsames Leben durch manche kleine Freundlichkeit
der Umgegend erleichtert wurde. Mathy selbst besuchte ihn
seitdem oft mit seinen Schülern oder mit Gästen, und dem
Einsiedler machte solcher Besuch Freude. — Als er älter
wurde, fühlte er sich doch hilflos und fügte sich zuletzt darein
im Dorf unter Menschen zu sterben. Seine Hütte wurde von
den Bettlachern abgetragen, aber die Erinnerung an ihn und
an seine gute Freundschaft mit dem fremden Lehrer dauert
noch in der Gegend.

Während Mathy Andern hilfbereit war, empfand er selbst
den Druck der engen Verhältnisse. Denn in dem Dorf war
der literarische Erwerb, auf den er immer noch angewiesen
war, sehr unsicher, er merkte, daß er für die Allgemeine Zeitung wenig zu berichten hatte, am bequemsten war ihm, für das
„Solothurner Blatt" Beiträge zu liefern, oder nach Constanz

für den „Leuchtthurm", und zuweilen für die „Seeblätter", deren Redacteur Fickler genau zehn Jahre, bevor er durch Mathy verhaftet wurde, diesen als Mitarbeiter für sein Blatt zu werben suchte. Mathy hatte für die Jugendzeitungen: die Quelle und den Bildersaal in den letzten Jahren trotz aller Hindernisse fleißig geschrieben und mehr als 500 Gulden Honorar zu fordern, jetzt kam die Nachricht, daß der Verleger sich heimlich aus zerrütteten Verhältnissen entfernt habe, und statt des gehofften Geldes erhielt Mathy zwei große Kisten mit Lithographien, Bilderbogen und Spielen für die liebe Jugend. Das war für ihn ein harter Verlust, und er mußte sich ohne Erfolg, einzelne Kinderspiele, z. B. das Kriegspiel, für den Verkauf im Einzelnen zurecht zu machen und mit Hilfe des Elementarlehrers Tschui in der Umgegend zu vertreiben. Einmal schnitt und pappte er die ganze Nacht, um dem Tschui die Ladung zu fertigen, und schrieb in sein Notizbüchel darüber: „Gutes Glück, es ist für Weib und Kind."

Denn der Unterhalt einer Familie, welche sich städtischer Bedürfnisse nicht ganz entschlagen konnte, war in dem Dorf kostspielig und mühevoll, auch gewöhnliche Marktwaaren mußten in der Stadt auf zwei Stunden Entfernung eingekauft werden; oft machte Mathy am Ende eines Arbeitstages den Weg und belud sich mit guten Dingen für das Haus. So kehrte er an einem finstern Abend des Jahres — es war am 8. September 1838 — bepackt mit kleinen Einkäufen der Wirthschaft bei strömendem Regen und heftigem Gewitter heim. Da schlug ein Blitzstrahl nieder, fuhr an dem Stock des ausgebreiteten Schirmes herab und durch den Papiersack, in welchem Mathy Kaffebohnen trug. Dieser bückte sich am Wege nieder, suchte in der Finsterniß die Bohnen zusammen und sammelte sie in einem Tüchlein. Zu Hause gab er die Bohnen in der ungewöhnlichen Hülle ab, und als Frau Anna befremdet auf diesen Einkauf sah: „aber, sie sind ja naß", versetzte er ruhig: „ich auch", und ging sich umziehen. Doch das eiserne

Gestränge des Schirmes verrieth ihn, es war durch den
Strahl stark beschädigt und sein Arm blieb lange steif und
schmerzhaft.

Als der Herbst kam, mußte der Wiederbeginn der Schule
aufgeschoben werden, weil der Ofen nicht gesetzt war; seinen
Gehalt konnte er von der Gemeinde nicht erlangen, die neu=
gewählte Schulcommission war ihm aufsätzig und er mußte
nach Solothurn gehen, die Regierung um das Geld zu bitten.
Zu Weihnachten war es wieder so; immer hatte er darauf
gehalten, den Weihnachtsabend in deutscher Weise zu feiern,
in diesem Jahre fehlte ihm der Muth, und er schrieb später
an einen Freund: „Im Jahr 1838 traute sich das Christkind=
chen nicht herein in die Wohnung des armen Schulmeisters.
Weib, Kinder, Magd lagen krank im Bette; ihn quälten außer=
dem noch die Sorgen um das tägliche Brot. Das nasse
Tannenholz im schlechten Ofen füllte die Stube mit Rauch.
Durch fingerbreite Ritzen der Fenster und Thüren wehte der
eiskalte Wind über die Köpfe der Kranken. Deine Glashar=
monika und Spielzeug bekamen die Buben nach und nach zur
Belohnung, wenn sie sich ruhig Blutegel setzen ließen. Mir
war es lieb, daß sonst Niemand Zeuge dieser Zustände war,
und wir priesen uns bei allem Ungemach noch glücklich in
eigener Wohnung zu sein, so schlecht sie war."

In diesen Wochen der Sorge erhielt er eine Nachricht,
welche ihn auf einige Tage die schwere Gegenwart vergessen
ließ: sein Name war auch in der Heimat von der Liste der
Verdächtigen gestrichen, in den Verfahren, welche gegen ihn
geschwebt hatten, war endlich ein völlig freisprechendes Urtheil
erfolgt, und ihm wurde angezeigt, daß seinem Aufenthalt in
Baden nichts im Wege stehe. Aber die Genugthuung, die er
darüber empfand, ging unter in der Trauer um einen Ver=
lust, der ihn und seine Frau mit gleicher Schwere traf, eine
liebevolle und treue Freundin in der Heimat, Frau Lemmé,
geborne Fecht, war unerwartet gestorben. Sie war für Frau

Anna die stille Vertraute schwerer Sorgen gewesen, und hatte
mit zartester Theilnahme jeden Wechsel ihres Schicksals begleitet,
war auch im vorletzten Sommer nach Bad Grenchen gekommen
und hatte einige Tage mit den Freunden in heiterm Verkehr
verlebt, ein hochsinniges Weib von stattlichem Wesen, schön an
Leib und Gemüth. Einige Tage trug Mathy die Trauerkunde
allein, er wagte nicht seiner Frau Mittheilung zu machen.
Es war ein edles Stück Poesie, die den Einsamen durch ihren
Tod verloren ging, die Büste der Verstorbenen stellte später
Frau Anna in dem Arbeitszimmer ihres Gatten auf. Das
war die leidvollste Zeit in Grenchen, und Mathy schrieb
damals in das Notizbuch: „Elendes Leben, wenn ich nicht auf
Unsterblichkeit hoffe, so werde ich durch die Ueberzeugung von
Sterblichkeit getröstet."

Aber wieder kam das Frühjahr, es hing seine Blüthen
an die Bäume hinter dem Schulhause und deckte die Matten
mit hellem Grün; der belebende Luftstrom, der von den Höhen
in das Thal wogte, gab dem Lehrer stärkere Spannkraft.
Mit der Schule ging es im Jahre 1839 rüstig fort, die
Regierungsherren aus Solothurn erwiesen dem Lehrer besondere
Hochachtung, die Knaben hingen treu an ihm und wären für
ihn durchs Feuer gegangen, die Sitte und der Corpsgeist, die
er den Schülern gegeben, gefielen im Dorfe, die Eltern der
Schüler nahmen warm Partei für die Fremden, die Familie
Girard hielt tapfer zu ihnen, auch die Gegner merkten, daß es
nicht gewöhnliche Leute waren, die in dem kleinen Schulhaus
wohnten. Der gutmüthige Kaplan sah zuweilen sehnsüchtig nach
Mathy's Hause hin, in das er sich wegen des Pfarrers nicht
wagte, und sogar der Pfarrer zog sich von offenen Angriffen
mit der Erklärung zurück, er wolle nichts von der Secundär=
schule hören, wolle auch nicht Widerspruch erheben, daß die
Gemeinde dafür sorge, und wolle keine Gründe für sein Ver=
halten angeben. Er beschränkte sich seitdem auf den kleinen
Krieg, auf völlige Nichtbeachtung der Schule und auf düstere

Andeutungen über die Folgen im Jenseits, die er zu gläubigen Frauen murmelte. Mathy zog jetzt in ein stattlicheres Haus, es war Häni's Hūs, damals das zweite Haus links, wenn man von Solothurn hereinkam — es hatte einen kleinen und einen großen Garten mit sechzig Obstbäumen, auch einen hübschen Stall, in dem er mehre Pferde unterbringen konnte, es kam aber nur eine Gais hinein. Dort vermochte die Hausfrau sich ein wenig bequemer einzurichten.

Auch unter den Dorfleuten lebte sich die Familie ein. Ebenso sehr als die Schule half ihnen ihre Häuslichkeit, die Freundlichkeit gegen Nothleidende und die thatkräftige Theilnahme an Allem, was den Eingebornen in Freude und Leid geschah. Daß der Mann und die Frau so gute Leute waren, das rührte den Grenchnern zuerst das Herz. Sie sahen wie er den ganzen Tag arbeitete und für Frau und Kinder sorgte. Freilich, um die eigene Bequemlichkeit kümmerte er sich wenig. Das hellbraune Röcklein, in dem er sein Examen gemacht hatte, trug er lange trotz der Einwendungen, welche Frau Anna dagegen erhob, und wenn sie den Hausrock einmal der bessernden Nadel unterwerfen wollte, lehnte er das wol mit den Worten ab: „Du hast sonst schon genug zu thun." Aber Andere, die er liebte, sollten stattlich erscheinen. Vor dem Spaziergange half er selbst seine drei Kleinen anziehen, er sah scharf darauf, daß die Kinderstiefelchen blank waren, half ihnen die Halskragen umlegen und putzte die Stahlschnalle des Gürtels. War ein größerer Honorarbetrag eingegangen, so gab er die ersten Goldstücke in der Stadt auf Shawl oder Kleid für die Hausfrau aus. Für seine Kinder hatte er bei der angestrengtesten Arbeit stets Zeit, seine Liebe und Geduld schien unerschöpflich. Er legte unverdrossen die Feder nieder, wenn sie baten, schnitzte ihnen Bogen und Pfeil, er zankte nicht, wenn August den Pfeil im Zimmer abschoß und den einzigen Spiegel der Wirthschaft zertrümmerte; sie zu erfreuen war er bei dem knappen Haushalt immer reich an Gaben und überreich an Erfindungen.

Noch ehe die Kleinen lesen lernten, wußten sie zahllose Märchen, Kindersprüche, Gedichte, deutsche und antike Heldensagen zu erzählen. Die reichbegabten wurden dadurch in hohem Maße mittheilend und erfinderisch, es war auch für Erwachsene eine Lust, mit diesen frischen Seelen zu verkehren, welchen die Eltern in ihrer Einsamkeit die volle Poesie und Innigkeit der Empfindung, aber auch kluge Gedanken zugetheilt hatten. Die holdselige Anmuth und Frische der Kleinen war so ungewöhnlich, daß sie überall im Dorf angelacht und in die Häuser geladen wurden, und wenn sie nach der Stadt kamen, blieben die Leute stehen und riefen ihnen zu. Sie wurden auch Lieblinge der Hausfreunde, von denen Professor Rochholz mit besonderer Zärtlichkeit für sie beschäftigt war. Er hatte das Jahr vorher in Aarau, wo Mathy wenig ausging, den dreijährigen August einmal mit auf's Eis genommen, das Kind war in eine offene Stelle gerathen, er hatte das untersinkende mit eigener Gefahr gerettet und in sein Tuch geschlagen. So trug er selbst bebend im Nachschreck den Kleinen nach Hause. Das Kind umschlang mit seinen Händchen fest den Nacken des Mannes, drückte den Kopf an seine Wange und sagte ihn küssend leise: „mein Lebensretter"; die Bedeutung des Wortes, das ihm wol früher in das Ohr geklungen, war ihm plötzlich aufgegangen. Seit dieser Zeit bestand zwischen den Weibern, dem Mann und dem Knaben, ein besonders inniges Verhältniß, und August sagte die Kindergedichte seines Freundes stets mit strahlenden Augen und ungemeiner Herzlichkeit her. Auch ein tapferer Knabe war er. Als einst Göggely, ein großer Storch, der im Bade gehalten wurde, zornig mit ausgespreizten Flügeln gegen den Kleinen losfuhr, breitete dieser mit den Händen sein Röcklein auch zu zwei Flügeln aus und fuhr ebenfalls gegen den Storch, so daß Göggi umkehrte. Auch oben auf der Bergweide kam er einst mit dem jüngern Bruder der Herbe zu nahe und Muni, der Stier, brach brimmend auf die Kinder ein, da pflückte August einen hohen Enzian und schwang den Blüthenstengel so kräftig gegen den Stier, daß dieser bei Seite ging, worauf der Kleine sich lachend in das Gras warf.

In den Winterabenden war die liebste Freude der Kinder eine schöne Laterna magica, die ihnen Rochholz schon in Aarau geschenkt hatte. Damals war an einem der ersten Abende, wo der Vater das Kunstwerk spielen ließ, das große Erd= beben gewesen, das Gehäuse hatte heftig geschwankt und die Gläser geklirrt. Jetzt sorgte der Vater für größte Mannig= faltigkeit der Bilder, erzählte dabei Geschichten und machte diese durch die Figuren deutlich. Darum, wenn das bunte Zauberlicht auf die Wände fiel, empfanden die Kleinen in den farbigen Gestalten alle Herrlichkeit der Welt, alte Helden, fremde Völker, Palmen und Löwen.

Als zum zweitenmal in der Dorfschule das Weihnachtsfest gefeiert wurde, war besseres Behagen, und Mathy schrieb an den Freund, der zum Baume gesteuert hatte, in diesem Jahr: „Es lebe das Christkind von 1839! Du, wie allemal der Kinder= beglücker! Ich hatte dazu noch über meine Kräfte mich ange= strengt. Diesmal, dacht' ich, können wir's machen; wer weiß, wie es nächstes Jahr aussieht! Fassen wir den Augenblick beim Schopf und richten eine echt deutsche Bescherung her! Also ward ein Baum hergeschafft, so groß, daß wir ihn ganz nieder stellen mußten, voll Zuckerwerk gehängt, daß nichts mehr daran ging, als Hauptzierde dein schöner Lebkuchen mit dem Kreuz; Kränze von Rosinen, dazu die Zuckerkugeln und Feigen, weiße Wachskerzen dran. Auf dem Moose vorn der herrliche Grieche — die Buben wußten gleich wer er ist; der König Diomedes, der die vier feuerschnaubenden Rosse hatte, die der Herkules holte; daneben aber noch eine ganz große Puppe und ein Lamm; hinten, von meiner Oellampe magisch erleuchtet, die Thiere einer mächtigen Arche Noah, jedes künstlich aus Holz geschnitzt; dann für jedes Kind besonders noch ein Teller mit Allerhand; für jeden Buben eine Flinte, ein Piccolo; dein Buch an Karls Platz, dann

12*

noch eines auf Augusts, mit wilden Indianern, Klapperschlangen, Soldaten u. s. w. — Die Seligkeit! Die Buben konnten schon die Nacht vorher nicht schlafen; der sonst schwerfällige Karl flog wie ein Vogel in die Stube; August erfüllte alle Räume mit Jubel, und dazwischen jauchzte die kleine Amalia! Unser Vergnügen war nicht minder groß. Jetzt darf's schon wieder einmal schlecht kommen, wenn nur alle gesund bleiben wie jetzt."

Die bescheidene Hoffnung, mit welcher Mathy das neue Jahr antrat, sollte ihn nicht täuschen. Als seine Schüler vor Weihnacht zu ihm kamen, ihn um ein Spiel für das Dorf zu bitten, und er ihnen das Trauerspiel Hans Waldmann von Wurstemberger zurichtete, da ahnte er nicht, daß die dramatische Kunst das letzte thun sollte, um den fremden Lehrer fest mit der Gemeinde zu verbinden. Die Proben, der festliche Auf-zug und die drei Aufführungen des Stückes wurden das große Ereigniß des Dorfes. Er selbst hat mit Laune ausführlich über den Verlauf dieses Volksfestes berichtet. Nur ein kleiner Zug bleibt nachzuholen; als die erste Aufführung sich dem Ende nahte, der ritterliche Bürgermeister von Zürich seinen Neidern unterlegen war und enthauptet werden sollte, da er-theilte der Darsteller des Helden — es war Tschui, Lehrer der Primärschule — dem abführenden Henker einen Wink, trat an den Rand der Bühne, hielt beide Hände als Schallbecher vor den Mund und brach in einen so mächtig starken Juch-schrei aus, daß die Fensterscheiben klirrten und den Zuschauern der Athem stockte, worauf er unter unermeßlichen Bravos bei fallendem Vorhang seinem finstern Schicksal entgegenging. Diese unerwartete Zuthat des Helden dürfte ästhetischer Kritik Anstoß geben, aber sie war richtiger Ausdruck der begeisterten Stimmung, in welche das ganze Alemannendorf durch die neue Kunstleistung versetzt war, zugleich ein Freudenruf über den Mann, der diesen Festgenuß bereitet hatte. Und man darf wol sagen, daß seitdem Mathy und die Seinen dem Dorf in einer gewissen poetischen Verklärung erschienen. Den Zuschauern war das innerste Herz erschüttert und gehoben, und sie ließen ihm, solange er lebte, zu Gute kommen, daß die Poesie ihnen einmal, wenn auch in sehr volksthümlicher Weise, die Seelen ergriffen hatte.

Das Frühjahr 1840 kam, die Obstbäume blühten wieder prachtvoll, der fruchtbare Boden des Gartens versprach der Hausfrau, welche klug die Pflanzung leitete, unendliches Gemüse; die Sennen zogen auf die Berge, zuerst der von der Teufmatt, er hatte den Winter über der Hausfrau Milch und Butter geliefert, er ließ sich's auch im Sommer nicht nehmen, alle Wochen schöne Sennbutter von der Matt herunter zu bringen. Auf dem untern Grenchenberg hauste Stelli=Sebis und auf dem obern Klischnhders Vit, der Gemeinschreiber, beide gute Freunde Mathy's. Da wurde es heimlich auf den Matten für die Familie, die Knaben sprangen rüstig den Bergweg voran, die kleine Tochter wurde auf dem Rücken die Bergsteilen im Galopp hinabgetragen. Auch das Bad füllte sich mit Kur= gästen, meist ehrbare Honoratioren aus den Nachbarstädten, ein holländischer Generalconsul, mehre ältliche Damen, welche jedes Jahr erschienen, wenn aber eine heiratete oder eine reiche Erbschaft that, dann kam sie nicht wieder; dann Pro= fessoren und Lehrer, auch einmal ein Fremder, dem es in der großen Welt zu unruhig wurde. In diesem Jahre aber zitterte die Bewegung aus der politischen Welt in dem stillen Bade, es war wie eine Ahnung großer Veränderungen, und wie der Beginn einer neuen Zeit für die Lebenden. Auch in der Nähe war fröhliche Aufregung, und das Bad zeigte sich großartig im Festkleide, denn das große eidgenössische Freischießen war diesmal in Solothurn, wol an 10,000 Schützen und soviel anderes Volk, daß alle Dörfer auf drei Stunden in der Runde besetzt wurden. Da war um Mathy's Haus ein fröhliches Treiben, viele Haufen Schützen zogen vorbei, 800 Neuenburger mit Musik, die Welschen aus Waadt, Genf, Freiburg und dem Berner Jura, die Kinder staunten und ließen ein weites Stück

auf der Landstraße mit. Und wenn Mathy einmal nach
Solothurn auf den Festplatz kam, fand er dort viele warme
Händedrücke und gute Bekannte aus allen Kantonen, und er
lernte manchen wackeren Mann kennen. Als vollends die
Schulferien kamen, löste ein Besuch den andern ab, darunter
die Professoren aus Aarau. Auch die Obsternte gerieth, unend=
liches Obst und ein Aepfelschnitz, der so gewaltig war, daß ein
ganzer Sack nach Aarau an die Freunde, und sogar einer in
den Zollverein an die Mutter geschickt wurde. Hätte nur einer
der überkräftigen Bäume Batzen getragen, meinte Mathy, so
wäre es gewesen wie im Paradies.

Unter den willkommenen Gästen des Schulhauses war
jetzt auch ein Offizier, der hoch zu Roß mit seinem Reitknecht
in das Dorf kam. Bruno Uebel war seit Nov. 1824 Leute=
nant im 2. preußischen Gardelandwehrregiment gewesen, hatte
von 1827—1830 die große Kriegsschule zu Berlin besucht,
Ende 1832 den Abschied auf sein Ansuchen in Ehren und mit
bestem Ruf erhalten. Darauf hatte er zu Bern an der
Militärzeitung gearbeitet, war mit guten Empfehlungen nach
Algier gegangen, den leichten Krieg kennen zu lernen, und dort
dem Stabe des Marschalls Valée zugetheilt worden. Nach
seiner Rückkehr trat er im Kanton Zürich als Major in Dienst.
Als dort am 6. September 1839 die Berufung von David
Strauß einen Aufstand des Landvolkes erregte, kommandirte
Uebel die vierunddreißig Mann Dragoner, mit denen er den
Münsterplatz gegen die anrückenden Aufständischen frei halten
sollte. Die Gewehre der Bauern waren in zehn Schritt Ent=
fernung auf die Reiter angelegt, diese griffen zu den Pistolen,
doch Uebel rief: „Lasset ihnen den ersten Schuß!" Eine
unregelmäßige Salve fuhr über die Helme, die Reiter brachen
ein und säuberten binnen fünf Minuten den Platz. Der
Major aber erhielt von der kopflosen Kantonbehörde den Be=
fehl zum Rückzuge. Da der Weg zur Kaserne bereits von
den Aufrührern gesperrt war, rückte er mit seiner Schwadron

aus der Stadt. Amtsbürgermeister Heß gab den Befehl, die
Regierungstruppen schnell zu entlassen, dem Offizier wurde die
Rückkehr nach Zürich vor der Hand unmöglich, denn die Leichen
der gebliebenen Landleute wurden in der Kirche ausgestellt, die
wilden Haufen vorbeigeführt und wüthend schrie die Menge:
„Seht, den hat der Preuße Uebel erschossen, dem hat er den
Kopf zerhackt." Vergebens rechtfertigte sich Uebel in einem
Bericht, den auch die Zeitungen veröffentlichten: Er habe als
Soldat den Befehl der Regierung ausgeführt, für seine Person
weder geschossen noch gestochen, sein Amt sei nicht gewesen drein
zu schlagen, sondern die Truppe zu führen. Da hatte die Regierung von Solothurn den Muth, sich den begabten Offizier
zu sichern, der auch als militärischer Schriftsteller Anerkennung
gewonnen hatte, er wurde Oberst und Inspector der Miliz
von Solothurn; sein Name lebt dort in gutem Gedächtniß
und in mancher Dorfschenke hängt sein Bildniß hinter Glas
und Rahmen. Mathy hatte in mehren Aufsätzen das Verhalten
der Zürcher Regierung beurtheilt wie sich's gebührte. Die
gute Freundschaft mit dem Offizier gab ihm Einblick in einen
neuen Kreis von Interessen, förderndes Gespräch und Freude
an einem tüchtigen Mann. Als Uebel seine junge Gemahlin,
eine gescheidte Münchnerin, nach Solothurn brachte, erhielt
auch Frau Anna ihren Antheil an der neuen Bekanntschaft,
nicht zuletzt die Kinder. Wenn der Offizier an freien Abenden
vor dem Schulhause abstieg und kleine Geschenke für die Kinder
aus den Pistolenholstern zog, da wurde der schlanke stattliche
Mann, die klangvolle Stimme, die soldatische Haltung, die Pferde,
welche zur Gais in den Stall geführt wurden, alle Geschichten,
welche der Soldat den Eltern erzählte, für die Kinder ein
unerschöpflicher Quell der Begeisterung, sie umstanden den Gast
mit inniger Bewunderung und dichteten sich eine neue Welt
aus Kameelen und Beduinen, sie stürmten den Atlas und
eroberten den Engpaß von Teniah, der kleine Karl ernannte
sich selbst zum Leibkabylen des Obersten Lamoricière, und

August, dem der Atlas eine Behausung alles Ungeheuern wurde, erklärte einen großen Käfer, den er gefunden — es war ein Hirschschröter — für einen Floh des Atlas. Seitdem erschienen in der Laterna magica am häufigsten fechtende Franzosen und Kabylen. Es war ein kurzes, aber anmuthiges Verhältniß verschieden geformter Menschen. Uebel, der sich von einem nahen Kampf im Orient überzeugt hielt und daran Antheil gewinnen wollte, ging zum zweitenmal nach Algier, dort wurde ihm in einem Gefecht der Schenkel zerschmettert, er starb zu Blidah, ein schöner ritterlicher Mann, von klarem norddeutschen Verstand und einem menschenfreundlichen Herzen. In ihm, der für Preußen ein verlorener Sohn war, lernte Mathy zum erstenmal einen ebenbürtigen Geist kennen, der aus dem eigenthümlichen Leben des preußischen Staats hergekommen war; wahrscheinlich ein Unzufriedener, aber doch in Vielem, was Mathy werth wurde, von preußischer Färbung. Der letzte Bekannte in dem republikanischen Lande hatte als ein sehr liberaler Mann im Dienste der gesetzlichen Macht auf das empörte Volk geschossen und die fanatische Menge hatte ihn darum als Mörder und Schlächter verflucht. Auch solche Beobachtungen wirken fort, ein Jahrzehnt darauf kam Mathy irregeleiteten Volksmassen gegenüber in ähnliche Lage.

Er merkte auch in seiner Nähe, daß die Liberalen in Vielem strengeres Regiment führen mußten, als unter der Verwaltung regierender Familien nöthig war. In den Gemeinwesen, welche durch altsässige Herren geleitet wurden, war Alles persönlich gewesen, bald Nachsicht, bald Willkür, hier Neigung und Anhänglichkeit, dort Haß und gewaltthätiger Widerstand. Die Liberalen aber forderten Herrschaft des Gesetzes und darum that ihnen noth, jede Stunde mit eiserner Beharrlichkeit darauf zu halten, daß bestehendes Gesetz mächtig war und nirgend Laune oder Gelüst der Einzelnen oder der Minderheit dagegen übermächtig wurde. Das lehrte die Geschichte fast jedes Kantons und Aehnliches hatte Joseph Munzinger,

der oberste Beamte seines Kantons, selbst zu Mathy gesagt.
Vor wenig Jahren hatte Mathy mit lebhaftem Antheil die
großen Gesichtspunkte Joseph Mazzini's beobachtet, die flam=
mende Begeisterung, das unruhige geheimnißvolle Treiben,
selbstgefälliges Spiel mit Ideen und Menschen, weitschichtige
Hoffnungen auf eine bessere Zukunft der Welt. Jetzt war
ihm in Joseph Munzinger ein praktischer Politiker der Gegen=
wart nahe getreten, der unter seinen Mitbürgern stand in
sicherem Haushalt, ehrlichem Geschäft, Theilhaber aller Tages=
ereignisse seiner Umgebung; der die Angelegenheiten seiner
Landschaft leitete wie sein Hauswesen, energisch, vorsorglich,
bescheiden, in engbegrenztem Kreise ein bedeutender Staatsmann.
Auch Munzinger hatte in der Jugend versucht, durch gewalt=
samen Umsturz eines unleidlichen Regiments seinem Vater=
lande besseres Gedeihen zu geben, auch ihm war der Versuch
mißlungen, aber er hatte sich nicht wie jener Andere von der
Heimat gelöst, sondern unter Verfolgung und Widerwärtig=
keit ausgehalten im Volke, in der Familie, im Geschäft, in der
Gemeinde, immer mit gesundem Egoismus auf sein eigenes
und fremdes Wohl bedacht, und dadurch hatte er sich und die
Forderungen seiner Partei durchgesetzt. Das war die deutsche
Art, und sie entsprach ganz dem Wesen Mathy's. Er selbst war
durch die nothgedrungene Thätigkeit bei der jungen Schweiz und
durch den Verkehr mit Unzufriedenen aus verschiedenen Staaten
in einem Dienst für fremde Pläne und Ziele fest gehalten
worden, jetzt war er nach ernsten Erfahrungen wieder auf
die Linie zurückgekommen, welche er schon bei seiner Reise in
die Schweiz als die Richtschnur seiner Wirksamkeit erkannt hatte.
Und er fühlte den Segen und die Tüchtigkeit, welche dauerhafte
Arbeit in einem fest umgrenzten Kreise von Rechten und Pflich=
ten dem Thätigen bereitet.

Er hatte in den Republiken der Schweiz viel von derselben
Beamtenwirthschaft, Tyrannei und Willkür erduldet, die ihn
einst daheim so tief verletzt hatten. Durch seine Beobachtungen

war ihm bestätigt, daß gerade nur die eigenthümlichen Verhältnisse der Schweiz dem Volke möglich machen, die ruhige
Festigkeit eines monarchischen Regimentes zu missen, und
daß die volksthümliche Staatsform der Schweiz nicht nach jeder
Richtung der Freiheit des Mannes günstig war. Endlich, daß
die Deutschen wegen Manchem, was sie vor den Schweizern
voraus hatten, und wegen Anderem, worin sie ihnen nachstanden,
in der Gegenwart sehr wenig geeignet waren die politische
Herrschaft völlig und allein den beliebten Helden des Tages
in die Hand zu legen. Unter der Härte und in der Tüchtigkeit der Schweizer Freistaaten war er allmählich gedulbig
geworden gegen die Härten der monarchischen Staaten und ein
billiger Schätzer ihrer Vortheile.

Enger wurden jetzt seine Beziehungen zur Heimat, auch
literarische uub politische Landsleute kamen nach Grenchen,
darunter der Buchhändler Winter aus Heidelberg, für Mathy
ein werther Geschäftsfreund, der ihm den Bücherverkehr mit
der großen Welt vermittelte. Viel wurde bei diesem Besuch
wegen der Rückkehr nach Baden verhandelt. In den Herbst-
ferien 1840 betrat Mathy nach fünfjähriger Abwesenheit als
Gast den Boden seiner Heimat, er ging seine Mutter zu
besuchen, die damals in Waldshut lebte, seine Rückkehr sehnlich
wünschte und von seinem hohen Beruf innig überzeugt war.
„Was wäre er jetzt, wenn er im badischen Dienst hätte bleiben
können?" sagte sie zu einem Freunde des Sohnes. „Wahrscheinlich ein Rath," meinte dieser. „Nein", rief die Mutter
stolz, „Minister." Sie sollte die Erfüllung dieses Ausspruchs
nicht erleben, es war das letzte Wiedersehen.

Mathy empfand ahnend, daß die Entscheidung über seine
Zukunft nahe sei. Zwar in Grenchen selbst, in den engen
Verhältnissen der Dorfschule, durfte er seine Kraft, die Frau
und die heranwachsenden Kinder nicht festbannen, wol aber
war in der Schweiz ihm Vieles, und er selbst nicht Wenigen
werth geworden, mancherlei Aussichten eröffneten sich, Erthei-

lung des Bürgerrechts im Kanton Solothurn, eine höhere
und besser ausgestattete Lehrerstelle; auch Gelegenheit zu anderer
Thätigkeit war geboten, er hatte z. B., durch seinen alten
Geschäftsfreund Dr. Schneider aufgefordert, bei der Cultur-
frage eines weiten Landstrichs — Regelung der Juragewässer
— das Protokoll in den Sitzungen geführt und mehrmals
Gesetzentwürfe ausgearbeitet, er war mit den Verhältnissen
der Schweiz besser vertraut als manche eingeborne Politiker,
und Munzinger wünschte aufrichtig ihn dauernd der Schweiz
zu gewinnen. Auch die Schweizer beurtheilte er jetzt weit
anders als im ersten Jahre unter den Flüchtlingen. Er sah,
die Mischung von Selbstsucht und Opferfähigkeit war hier
eine andere als in dem Deutschen, der Ausdruck heiterer Hingabe vielleicht ärmer, das Gefühl im Herzensgrund nicht
weniger kräftig. Jetzt war er zu der Gemüthsseite durchge-
drungen und er empfand, wie wohlthätig die naive, unver-
künstelte Empfindung seiner Umgebung ihm wurde. Aber er
sah auch die Hindernisse, welche dem Fremden entgegen standen,
und die Schwierigkeit seiner Stellung in den Parteikämpfen
und den auswärtigen Verwicklungen, durch welche die Schweiz
gerade jetzt wieder bedrängt wurde. Er war vor fünf Jahren
dem bösen Wetter ausgewichen, welches die Hoffnungen der
deutschen Liberalen niederschlug, aber er hatte immer die Heimkehr ersehnt und gesucht, er durfte hoffen, daß die Erfahrungen
der letzten Jahre ihm auch daheim zu Gute kommen würden.

Da kam Ende Oktober 1840 ein alter Bekannter, Buchhändler Groos, aus Mannheim nach Grenchen und bot ihm die
Stelle eines Redacteurs bei einer größeren neu zu gründenden
Zeitung an, welche in Karlsruhe erscheinen und im Sinne der
liberalen Opposition des Landtages geleitet werden sollte; die
Bedingungen waren nicht glänzend, aber unvergleichlich besser
als die Stellung in Grenchen, das Unternehmen hoffnungsvoll, eine thatlustige, sehr volksthümliche Landtagsopposition, der
Redacteur in fester Verbindung mit den liberalen Politikern der

Heimat, es war genau der Weg, welcher für Mathy eine Einwirkung auf die Politik Badens möglich machte. Es ist bezeichnend für ihn, daß er mit dem niedrigen Gehalt — 1000 Gulden
— ohne Weiteres zufrieden war, und nur forderte, der Verleger sollte sich Gewißheit verschaffen, daß Mathy's Betheiligung
der Zeitung nicht Nachtheil bringe und daß seine Person nicht
polizeilichen Mißhandlungen ausgesetzt sein werde. Auf diese
Bedingungen ging Groos gern ein, ein anderer Redacteur
Fischer, sollte unterzeichnen, Mathy aber ihm gleichberechtigt sein.

Als es aber zum Abschied kam, als Joseph Munzinger
seine Hand fest hielt, als seine Schüler mit Thränen in den
Augen zum letztenmal leise die Treppe hinab stiegen, und als
in der Stunde der Abreise das ganze Dorf sich um sein Haus
drängte, da wurde den Scheidenden die Rührung übermächtig,
und Beiden war als ob sie in das Dorf gehörten und sonst
nirgends anderhin in der Welt. Und wie es jenen harten
Einsiedler nach dem Bettlachberg zurückzog aus der weiten
Welt, so blieb auch ihnen bis in späte Lebensjahre die Sehnsucht nach dem Thal, in dem sie so arm gewesen waren, und
doch so reich an Liebe.

Der Präsident und Kleine Rath des Kantons Solothurn
aber schrieben für Karl Mathy, Secundarlehrer in Grenchen,
folgendes Zeugniß:

Hochgeehrter Herr! Die Erziehungscommission zeigt Uns
mit Schreiben v. 1. l. M. an, daß Sie auf den 20. Christ-
monat nächsthin Ihre Entlassung als Secundarlehrer in Grenchen verlangen, da Sie in eine für Ihre persönlichen Verhältnisse
gedeihlichere Thätigkeit berufen seyen. Nach den eingegangenen
Berichten hat in den drei Jahren Ihres Wirkens, vom 9. März
1838 an, die Schule, welche Sie grade in ihrem Entstehen
übernahmen und geistig gründen halfen, trotz den vielen Hinder-
nissen die erfreulichsten Ergebnisse geliefert. Um so dankens-
werther war Ihr Eifer, als Sie, zu einer größeren Laufbahn
befähigt, einen Ehrenpunkt darin setzten, sich ungetheilt auch

einem kleinen Wirkungskreise hinzugeben. Aber nicht nur als trefflicher Lehrer haben Sie die volle Anerkennung und Dankbarkeit der Schulbehörden, sondern auch durch Ihr Betragen als Privatmann allgemeine Achtung und Liebe verdient.

Wenn Wir Ihnen davon Zeugniß zu geben Uns verpflichtet halten, müssen Wir zugleich unser Bedauern ausbrücken, daß Ihre Privatangelegenheiten Ihnen nicht länger erlauben, in Ihrem Wirkungskreise fortzufahren. Indessen können Wir nichts anderes, als Ihnen hiermit die verlangte Entlassung auf das Ehrenvollste zu ertheilen und den Dank für Ihre mehrjährigen Leistungen als Secundarlehrer zu Grenchen auszusprechen.

Anmit benutzen Wir den Anlaß, Sie Unserer vorzüglichen Hochachtung zu versichern.

Solothurn, 2. Dec. 1840. Der Präsident.
J. Munzinger.

III.

Der Abgeordnete.

———

1.

Nach der Heimkehr.

Von den Gärten des südlichen Badens, in denen die Rebe zur Winterzeit ohne Bedeckung dauert, bis zu den letzten Dünen des preußischen Strandes, an welche die Ostsee ihren Bernstein wirft, von Lörrach bis Memel, sind in gerader Linie über Berg und Wasser ungefähr 180 Meilen, die längste Entfernung, in welcher Deutsche des Zollvereins ohne Unterbrechung neben einander wohnen. Groß ist der Unterschied in den Lebensgewohnheiten der Menschen aus dem neuen Staat des Oberrheins und aus den alten Provinzen des preußischen Staates. Sehr ungleich auch die Geschichte und die Staatskraft der beiden politischen Einheiten, von denen die südliche auf altem Colonistenland der Sueben und Burgunder, der Alemannen und Franken erwachsen ist, die große im Norden auf uraltem Heimatland der Sueben und Burgunder, welches sächsische und fränkische Auswanderer im Mittelalter von den Slaven zurückgewannen. Manche Aehnlichkeit aber rechtfertigt einen Vergleich, nicht nur sind beide Staaten Gebilde der neueren Zeit und durch ihr Fürstengeschlecht aus verschiedenen Stämmen zusammengeschlossen, beide bedurften auch seit dem

Pariser Frieden ein großes Staatsmittel, um ihren Bestand zu
sichern und ihre Bürger für die Idee des Staates zu erziehen.
Diese politische Turnanstalt war in Preußen die allgemeine
Dienstpflicht und Landwehr, in Baden die Rednerbühne des
Landtags. Beide Einrichtungen, welche die beiden entgegen
gesetzten Pole deutschen Lebens, Zucht und Freiheit, darstellen,
haben nach einander entscheidenden Einfluß auf die Bildung
eines deutschen Einheitsstaates ausgeübt. Jede freilich nach
dem Maße der Staatskraft, deren Zwecken sie dienen sollte.
Leicht verständlich für Liebe und Haß ist die Arbeit der preußischen Bataillone in den böhmischen Thälern und was darauf
folgte, weniger leicht ist die richtige Würdigung der langen
geistigen Arbeit, welche vorausgegangen. Aber die That der
Preußen vollbrachte nur was der Rath der Einundfünfzig von
Heidelberg achtzehn Jahr zum großen Theil vorher begehrt
hatte. Vieles Gewaltige, das im Jahr 1866 und den folgenden praktisch lebendig geworden ist, war bis in Einzelheiten
Ausführung der großen Forderungen, welche der Südwesten
Deutschlands durch lange Arbeit der Volksvertreter formulirt
hatte. Es war nicht die zweite Kammer Badens allein, welche
diese Forderungen stellte, auch die Hessen und Schwaben dürfen
ihren Antheil beanspruchen, aber die Bedeutung Badens als
Vorschule für die politischen Ideen, auf denen unser heutiges
Staatsleben gegründet ist, war doch die verhältnißmäßig größte.
Es war auch kein Zufall, daß schon im Jahr 1840 in
Baden lebhafter als bei Schwaben und Baiern empfunden
wurde, wie doch die Führung der deutschen Geschicke bei dem
großen schweigsamen Staatskörper Preußens stand. Denn
der Kriegslärm von Frankreich her bedrängte zumeist Baden.
Auch wer in Baden selbstgenügsam rühmte, daß der Südwesten Deutschlands der tapfere Vorkämpfer der Freiheit war,
und wer mit Groll und Abneigung von den preußischen Helden
des Exercierplatzes zu sprechen pflegte, bemerkte seit 1840 plötzlich, wie sehr durch die Geschicke Preußens die Thaten seines

eigenen Landtags gerichtet wurden. Der Thronwechsel in
Preußen war die letzte Hoffnung der badischen Opposition
geworden. Denn gerade im Jahr 1840 hatte der Großherzog
von Baden dem Druck der Metternich'schen Politik völlig nach=
gegeben. Winter war gestorben, sein Nachfolger Nebenius 1839
zurückgetreten. Ein Diplomat, von Blittersdorff, war in das
Ministerium gerufen, um dem constitutionellen Unwesen ein
Ende zu machen. Aber die Zeit war unglücklich gewählt, in
Frankreich wurden durch das Ministerium Thiers die alten
Gelüste nach der Rheingrenze in geräuschvollem Wortschwall
lebendig; die Gefahr eines Rheinkrieges machte gerade in Baden
unpraktisch, die Leidenschaften durch grelle Rechtswidrigkeiten
zu reizen, und die Ereignisse in Berlin machten sehr unwahr=
scheinlich, daß der Bundestag fortan in der alten Weise dem
östreichischen Willen folgen werde. Zum zweitenmal ging durch
die süddeutschen Landschaften die Hoffnung, daß die alte Zeit
der harten Bevormundung vorüber sei und der Tag freier
Regung gekommen. Wieder begann die Arbeit der Presse.
Unglücklich gewählt war auch der Anlaß, den das neue Ministe=
rium in Baden für seine rückschrittlichen Maßregeln im Jahr
1841 ergriff. Die Verweigerung des Urlaubs an Staatsdiener,
welche zu Abgeordneten gewählt waren, versetzte nicht nur die
Opposition, auch das treue Beamtenthum in lebhafte Unruhe.
Zwar verweigerte das Ministerium nur solchen Beamten den
Urlaub, welche in wichtigen Fragen nicht nach Wunsch der Re=
gierung stimmten, und die Mehrzahl der Beamten wußte sich
von dieser Vermessenheit rein, aber Herr von Blittersdorff hatte
im Eifer des Wortgefechts die Staatsdiener mit Werkzeugen
verglichen, die man zerbricht, wenn sie sich nicht fügen wollen, das
war ein Angriff auf das Selbstgefühl gerade der ansehnlichsten
Staatsdiener, welche in der Verfassung längst das Mittel
gefunden hatten, sich in der Hauptstadt Erholung, Vortheile,
Beförderung oder Beliebtheit beim Volke zu verschaffen. Der
Minister war verfassungsmäßig im Unrecht, denn schon im

Jahr 1820 war zwischen der Regierung und der Kammer die
Urlaubsfrage der Beamten geregelt worden, der Angriff gegen
Volksvertreter und Beamtenthum zugleich war aber auch der
größte politische Fehler, er lockerte die beiden Grundpfeiler des
Regentenhauses zu gleicher Zeit: Verfassung und Büreaukratie.

So war im Anfang des Jahres 1841, als Mathy in
die Heimat zurückkehrte, das gesammte Volk wieder zu reger
Theilnahme an der Politik herangezogen, das Beamtenthum
besorgt und unzufrieden, die alte Opposition durch neuen Muth
belebt; und er war berufen worden, weil die Liberalen fühlten,
daß ihnen noth thue sich durch neue Kräfte zu verstärken.

Der Abschied aus der Schweiz, die letzten Grüße der
Grenchner, dann die Trauer der Freunde in Aarau, wo die
Heimkehrenden noch einmal rasteten, das alles waren reine
und erhebende Eindrücke. Aber von der Stunde, wo Mathy
den Boden der Heimat betrat, drang beengend eine Unglücks=
botschaft nach der andern auf ihn ein. Wieder sollte ihm
begegnen, daß er beim Eintritt in neue Verhältnisse geprüft
wurde durch gehäuftes Leid. In Freiburg erfuhr er den Tod
eines alten Freundes Philipp Becker, weiterhin auf dem Wege
den Tod der Frau Groos, der Gattin seines Verlegers; als
er in Karlsruhe ankam, fand er seinen Freund ohne Fassung
und Hoffnung, völlig gebrochen, so daß dem Mann jede Thätig=
keit für die Zeitung schwer wurde.

Und die Residenzstadt selbst? Es waren die alten Straßen,
es waren die alten Gesichter, und es war die alte Alltäg=
lichkeit, in die er zurückkehrte. Alle Verstimmungen früherer
Jahre wurden wieder lebendig, da war der Censor, die Feind=
seligkeit vieler Gegner des seligen Zeitgeistes, der Hochmuth
und die düstern Mienen der Beamten; er begrüßte werthe
Freunde, aber auch bei ihnen fand er Besorgniß wie es jetzt
mit ihm gehen werde. Als Flüchtling war er geschieden, jetzt
erschien er Vielen wie ein Begnadigter, dessen ferneres Schick=
sal bedenklich sei, als ein kleiner Dorfschulmeister, dem es in

der Fremde auch nicht gelungen war. Sogar die alten Mit=
glieder der Landtagsopposition sahen ihm mehr ermüdet und
verbraucht als gekräftigt aus. Da er fortging, ein junger Jour=
nalist, waren sie ihm freundliche Rathgeber, in Vielem ein maß=
gebendes Vorbild gewesen; hinter dem kühlen Wohlwollen, mit
dem sie den Rückkehrenden empfingen, war bei Manchem etwas
Gönnerhaftes, das jetzt seinen Stolz verletzte. Wie sehr er
selbst gewachsen war an innerer Kraft und Erfahrung, das
merkten nur Wenige. Wer aus der Heimat geschieden ist, weil
ihn die Enge kleinen Lebens bedrängt hat, der darf bei der
Rückkehr nur dann auf fröhlichen Willkommen hoffen, wenn
er auswärts ruchbare Erfolge gewonnen hat. Dann sind die
alten Genossen stolz, daß er einer von ihnen war, und sie
betrachten seine Ehre als eine Vergrößerung ihrer eigenen;
wem aber die Fremde nicht weitschallendes Lob gegeben, dem
werden die Bekannten der Heimat am ersten krittelnde Beur=
theiler. Mathy war mit der warmen Empfindung heimgekehrt,
daß er in das Vaterland zu seinen Landsleuten gehöre, und
dieser gehobenen Stimmung entsprachen wenig die besorgten,
gleichgiltigen oder grämlichen Mienen, mit denen er gemustert
wurde. Aufs Neue ward seine Aufgabe sich unter ungünstigen
Verhältnissen eine Geltung zu erobern. Er hielt sich still
zurück, lebte fast nur in seiner Familie und arbeitete.

Das neue Blatt „die badische Zeitung" nahm ihn völlig
in Anspruch. Der geworbene Redacteur Fischer erwies sich
seiner Aufgabe nicht gewachsen und auf Mathy fiel nicht nur
die ganze Last der Redaction, auch die Sorge für Einrichtung
und Vertrieb, es fehlte noch sehr an Correspondenten und
Mitarbeitern und er hatte Vieles an der Zeitung selbst zu
schreiben, die nicht ein kleines Blatt, sondern von stattlichem
Umfang war, und täglich in acht Spalten Folio erschien, von
denen die letzten beiden Neuigkeiten der Literatur und Kunst
besprachen, zuweilen Feuilleton brachten. Als Beilage wurden
„Landtagsverhandlungen" mitgegeben, Berichte aus der zweiten

Kammer, welche Mathy nach Niederschrift in den Sitzungen verfaßte. Das war wieder mehr Arbeit, als wol ein anderer Redacteur auf sich genommen hätte.

Die badische Zeitung mußte nach dem ersten Halbjahr den Titel Nationalzeitung wählen, weil die Regierung so abgeschmackt war zu behaupten, daß ihr nachtheilig sei, wenn ein Oppositionsblatt sich badisch nenne; sie hat nur ein Jahr bestanden, aber sie gehört zu den besten Provinzialzeitungen, welche in Deutschland erschienen sind. Als Mathy begann, war die Meinung allgemein, auch unter seinen Bekannten, daß er aus der Schweiz eine größere Feindseligkeit gegen das bestehende Staatsleben mitgebracht habe und als gereizter Mann die Opposition schärfen werde. Diese Erwartung wurde getäuscht. Man war überrascht über den gehaltenen Ton der Zeitung beim Besprechen der heimischen und deutschen Verhältnisse. Sie brachte reichlich Berichte von auswärts, alle Neuigkeiten in kurzer gedrängter Uebersicht, auch eine Fülle von solchem Einzelwerk, welches dem Tagesleser ein politisches Blatt anmuthig macht. Außerdem größere Aufsätze aus Volkswirthschaft und Verkehrsgesetzgebung, wieder zum größten Theil von Mathy's Feder. Selten stand ein Leitartikel an der Spitze, aber die Correspondenzen waren großentheils von dem Redacteur für den Zweck der Zeitung zugerichtet, viele eigene Ansichten in der Firma auswärtiger Briefe mitgetheilt. Wahrscheinlich wählte Mathy diese Form, weil sie den Censor weniger herausforderte. Um den Inhalt seiner politischen Ueberzeugungen von damals zu kennzeichnen, genügt hier ein Satz: „Für Preußen ist der Rhein eine Besitzesfrage; eine höhere Weihe hat er für Deutschland, dessen Ansprüche freilich wenig vertreten sind, so lange es weder zu Land noch zur See, weder durch Gesandte noch durch eine Flagge beim Auslande repräsentirt ist. Und doch — das einzige preußische Recht von Gottes Gnaden wäre eigentlich, das Haupt des vereinten Deutschlands zu sein!" Es war ein

gereifter Mann, der am 3. Juli 1841 (Zeichen ⊙) so zu süddeutschen Lesern sprach.

Die Zeitung gewann Beifall und ungewöhnlich schnelle Verbreitung und galt für ein sehr hoffnungsvolles Unternehmen.

Aber der Redacteur stand erst im Anfange seiner Prüfungen; wie mit Keulen schlug das Schicksal seine Hoffnungen
nieder, bis es ihn selbst im Kern seines Lebens traf. Im
Februar erhielt er aus Waldshut die Nachricht von dem Tode
seiner lieben Mutter, er hatte sie noch nicht gesehen, seit er
aus der Schweiz zurückgekehrt war, ganz unerwartet kam die
erschütternde Kunde. Als er noch um die Mutter trauerte,
erkrankte sein Freund Groos, er saß am Krankenbett des
muthlosen Mannes und wachte die Nächte bei ihm, im Juli
starb der Verleger und mit ihm alle Hoffnungen, welche Mathy
auf die Zeitung setzen durfte, und alle Aussichten, welche er
für sein eigenes Leben daran geknüpft hatte. Die Vormund-
schaftsbehörde erklärte für die Hinterlassenen, daß die Zeitung
nach Ende des Halbjahrs von dem Verlage der Handlung
gelöst werden müsse. Mathy hatte in seiner hoffnungsvollen
Weise keinen förmlichen Vertrag mit dem zuverlässigen Freunde
gemacht, und es stand ihm eine lästige und nachtheilige Auseinandersetzung mit den Erben bevor. Auch der Censor lebte
noch und that wieder das Seine, um das liberale Blatt zu
dämpfen, er quälte durch seine Striche, welche jetzt gewöhnlich
nicht mehr durch Lücken im Text angezeigt wurden. Und
während Mathy mit diesem Mühsal rang, traf ihn in seinem
Hause der härteste Schlag. Er selbst berichtet darüber nach
der Schweiz in folgenden Worten:

„Lieber Rochholz! Mehr und besser soll ich dir schreiben,
als du mir? — Nein, Bruderherz — weniger und schlechter.
Unser August ist tot, unsere Amalia ist tot. — Das ist
Alles. Du warst der erste Freund dieser Kinder, du hast sie
oft glücklich gemacht, ihre erste geistige Entwickelung gepflegt
und gefördert, — du fühlst unsern unendlichen Schmerz.

Sage deiner Frau jetzt nichts für ihren herzlichen Brief als
den innigsten Dank der meinigen. Antworten kann sie jetzt
nichts, wenn sie nur leben kann. Niobe ist Niobe; Eins oder
Sieben! —

Das Schicksal hat endlich meine Achillesferse ausfindig
gemacht, gut gezielt und wohl getroffen. Die Kinder waren
unser Alles. Ihnen eine Heimat, eine Erziehung unter unsern
Augen zu geben, das hat uns vor Allem bewogen die Schweiz
zu verlassen; ich für meine Person mußte, daß mir hier Alles
zuwider sein würde. Jetzt freilich sind zwei davon erzogen!
O Ironie, gräßliche, des Schicksals!

Es sind heute 18 Tage, daß sich Amalia zu Bett legte;
sie hatte die Ruhr, welche bald die schlimmste Wendung nahm,
ins Nervenfieber umschlug und nach 18 tägigen Leiden am
1. Oktober Morgens 2 Uhr ihrem Engelsleben ein Ende machte.
Ein Paar Tage nach ihr bekam Karl einen Ruhranfall, der
aber leicht vorüberging. Als beide lagen, am 25. September
gesellte sich August dazu. Sobald Karl hergestellt war, schickte
ich ihn nach Schwetzingen zu Verwandten, und ich habe Nach=
richt, daß er wohl und munter ist. August aber, der muntere,
in letzter Zeit gesetzte, eifrige Lerner, starb heute Morgen 10 1/4
Uhr nach furchtbar langem und heftigem Todeskampf. Er
hatte erst seine Prüfung im Lyceum gut bestanden, lernte
zeichnen, woran er außerordentliche Freude hatte. Wir wen=
deten Alles an die Kinder. Verließen sie auch bis zum letzten
Athemzug nicht, ihre Worte schnitten wie Dolche in unsere
Herzen, so voll Zärtlichkeit, Liebe waren sie. Einen Kuß,
flüsterten sie, als sie nicht mehr reden konnten. Sie riefen
ihrem Karl. „Ich bin 9 1/2 Jahr alt geworden zu Haus,"
sagte August zwei Stunden vor seinem Tode und als ich ihm
bemerkte, daß er erst 7 1/2 sei, berichtigte er es, fügte aber nach
kurzem Besinnen bei: Nein 8 1/2, denn ich war ja schon 7. —
O, liebster Freund, wenn man die sterbenden Kinder hörte,
ein Stein hätte zu Wasser schmelzen müssen!

Nannchen ist ganz erschöpft. Achtzehn Tage und Nächte gab sie ein Muster mütterlicher Aufopferung. Sie hat das Unglaubliche geleistet. Sie muß mir bleiben und hat versprochen sich zu erhalten. Ich mußte am Tag Zeitung schreiben, Nachts wachte ich.

Die Schweiz liegt mir immer im Sinn. Kann ich Gelegenheit finden, so gehe ich wieder hin. Wäre ich geblieben, die Kinder lebten noch. Lebe wohl, grüße die Freunde und behalte lieb

Deinen
K. Mathy.

Heute, Augusts Todestag, meiner Frau Geburtstag,
4. Oktober 1841."

2

Kammer und Buchhandlung.

Eine Zeit dumpfen Schmerzes folgte. Mathy führte die Zeitung gewissenhaft bis zum Ende des Jahres, einige Partei= genossen wollten die Mittel zusammenbringen, um das gute Unternehmen in anderm Verlage zu erhalten, er meinte mit Recht, daß es damit zu Ende sei. Seine eigene Gesundheit war durch Nachtwachen und Kummer sehr angegriffen, er ver= kehrte wenig mit Menschen, wenn er einmal in das Freie ging, schritt er allein durch die Felder und beantwortete verschlossen die Grüße und Anreden gleichgiltiger Bekannten.

Seine Thätigkeit und sein Schicksal hatten ihm größere Theilnahme in den oberen Beamtenkreisen wach gerufen als er wußte oder für sich begehrte. Es war mehrfach die Rede davon, ob man seine Begabung nicht wieder für die Verwaltung gewinnen könne; wurden ihm einmal darüber Andeutungen gemacht, so wies er sie kurz und finster von sich ab.

Aus der Trauer hob ihn allmählich die Nothwendigkeit, sich nach neuer Arbeit umzusehen um seiner armen Frau willen und um das Kind, das ihm geblieben war; er schrieb Anfang des Jahres 1842 Artikel für das Staatslexikon, übersetzte für Rau's Archiv und trat allmählich wieder in Verkehr mit den Führern der badischen Opposition im Landtage. Im Herzen sehnten sich Beide, er und seine Frau, nach der Schweiz zurück, um dort in aller Stille für die Erziehung des Knaben zu leben, auf dessen Haupt sich alle Liebe und Sorge sammelte.

Mathy trat darüber mit seinen Schweizer Freunden in Brief=
wechsel.

Aber die Liberalen in Baden begriffen sehr wohl, welchen
Werth das journalistische Talent Mathy's für sie hatte. Mitte
Januar beschloß die Opposition des Landtags auf Vorschlag
von Sander, ein besonderes Blatt für Kammerverhandlungen
herauszugeben. Es war der alte Plan Mathy's, der ihm im
Jahr 1835 durch das Mißtrauen der Polizei vereitelt worden
war. Mathy war bereit, die Kammerzeitung wenigstens zu
beginnen, er entwarf sofort den Plan und betrieb eifrig die
Ausführung. Die Namen der Oppositionsglieder sollten dem
Blatte vorgesetzt werden, Mathy sollte Redacteur sein. Das
Ministerium erhob wieder Anstand gegen den Titel Landtags=
blatt, welcher nur officiellen Organen zukomme, hatte aber
gegen den Redacteur nichts einzuwenden. Das Blatt wurde
also Landtagszeitung genannt, und dieser Name erschien
den Beamten erträglich.

Bereits am 23. Januar begann Mathy seine Berichte.
Er war die mühevolle Arbeit gewöhnt, freilich wurde sie jetzt,
wo er nicht mehr als Berichterstatter eines Privatunternehmens
schrieb, weit umfangreicher und verantwortlicher. Am Vor=
mittage Kammersitzung, in welcher er ohne Hilfe von Anfang
bis zu Ende sein Protokoll führen mußte, denn stenographische
Berichte halfen damals noch nicht, am Nachmittag Einsammeln
der gehaltenen Reden, Niederschrift des Textes, am Abend
Theilnahme an den Versammlungen der Opposition, dann
Zusätze und Berichtigungen in der Druckerei, wo er oft bis
Mitternacht zu thun hatte. Die Reden wurden gewöhnlich nicht
nach ihrem ganzen Wortlaut mitgetheilt, er hatte also den
Inhalt wiederzugeben, die Hauptpunkte stark herauszuheben
und die dramatischen Zwischenspiele der Kammer eindringlich
darzustellen. Alte Uebung hatte den Meister gemacht, er
verstand die längsten Reden in kurzen Sätzen so richtig
und treffend zusammenzuarbeiten, daß der Redner zuweilen

Ursache hatte, sich bei der Logik seines Berichterstatters zu bedanken. Lauf der Debatte, Wechselreden, bedeutsame Züge traten dabei kräftig hervor, und immer war die mühevolle Arbeit zu rechter Zeit fertig. In dieser Art gab er ein so gutes und genaues Bild der Kammerthätigkeit, wie man es bis dahin in Baden nicht gekannt hatte. Die Wirkung des Blattes, welches im ganzen Land begierig gelesen wurde, war augenblicklich und außerordentlich. Mit freudiger Ueberraschung sah die Opposition, welche bedeutende Waffe ihr dadurch gewonnen war, wie schnell Antheil, Eifer und Vertrauen der Wähler gesteigert wurden. Natürlich fehlten auch kleine Verstimmungen nicht, laut beklagten sich die Gegner, daß ihre Reden in dem Berichte ungenau mitgetheilt würden — ein ungerechter Vorwurf, sie hatten im Gegentheil Ursache, sich bei dem Wahrheitssinn Mathy's zu bedanken; — dann daß die Reden der Opposition oft ausführlicher mitgetheilt wurden als ihre — das war in der Ordnung, denn es war ein Oppositionsblatt. Aber auch jedes Mitglied der Opposition verlangte für sich und seine Anträge besonders ausführliche Beachtung, die eitlen wurden gern empfindlich und gaben ihre Reden wol gar in andere Blätter zu unverkürztem Abdruck. Jedoch Mathy verstand mit ihnen fertig zu werden, er hatte gegenüber der Mehrzahl allerdings die überlegene Empfindung, welche ein gescheidter Berichterstatter von Kammerreden gegen die Helden der Rednerbühne in geheimer Seele zu nähren pflegt, er kannte genau die Mängel ihres Wissens und die Fehler ihrer Sprechweise, er behandelte die leere Eitelkeit durchaus nicht nachsichtig und vertrat seine Rechte in den Zusammenkünften der Partei einigemal so entschieden, daß die Empfindlichkeit sich nur selten laut herauswagte. Ganz gestillt wurde sie freilich nicht, und daß die Thätigkeit eines Referenten für die Presse zwar zuvorkommende Behandlung, aber nicht gerade warme Zuneigung erwirkt, sollte auch Mathy erfahren. Indeß, ihn kümmerte das wenig. Er durchbrach oder übersah.

Auch sein Verhältniß zum Censor war jetzt ein anderes gewor-
ben. Seine Arbeit wurde nach außen durch die Führer der
Opposition gedeckt, deren öffentliche Angriffe der Beamte vielleicht noch mehr fürchtete als die Verweise des Herrn v. Blittersdorff. Während der Censor im Anfang nur zu bestimmten Stunden, welche ihm selbst zusagten, lesen wollte, mußte
er sich auch darin bald dem Vortheil des Blattes fügen, und
der stärkste Angriff, welchen die Polizei längere Zeit gegen den
Redacteur wagte, war der, daß man ihn einigemal zu einer
Strafe von 5 Gulden verurtheilte, weil er Anträge einzelner
Mitglieder in der Eile ohne Censur hatte drucken lassen. Der
Absatz der Landtagszeitung wurde so groß, daß sie einen nicht
unbedeutenden Ueberschuß abwarf, und die Opposition beschloß
in ihrer Freude, daß dieser Ertrag dem Redacteur zu Gute
kommen sollte.

Nur einen Monat hatte das neue Unternehmen gedauert,
da wurde die Kammer aufgelöst, aber diese Wochen hatten hin-
gereicht, Mathy in eine ganz andere Stellung zu versetzen. Er
war mit den hervorragenden Mitgliedern des Landtags in feste
Geschäftsverbindung getreten, sein Name wurde im ganzen Lande
mit Anerkennung genannt, die Regierung betrachtete ihn nicht
freundlicher, aber mit Scheu. Und die Besseren unter den
Abgeordneten fühlten sich ihm persönlich verpflichtet. Auch er
hatte die Männer genauer kennen gelernt, mit denen er fortan
auf Jahre eng verbunden sein sollte. Es waren alte Bekannte
darunter, Itzstein von würdigem Wesen, aber leer und unwissend, der mit salbungsvollen Phrasen und mächtigen Tisch-
reden vor Allem die Frauen zu bezaubern verstand, Welcker,
der ehrliche Polterer, mit seiner gemüthlichen Seichtheit und
dem gutherzigen Eifer, Kuenzer, der treue Freund der Aufklärung, ein katholischer Geistlicher von der guten alten Art,
dann der reichbegabte, ehrgeizige, herrschlustige Sander, Hoffmann, vor Mathy's Zeit in Finanz und Handel der stärkste
Arbeiter, und unter den jüngeren Bassermann, ein edelgeformter,

beredter Mann, der ihm in diesen Wochen von Allen am nächsten trat.

Als sich am 19. Februar die Opposition in gehobener Stimmung, und wie Brauch ist, bei Mahl und Toasten zum letzten Mal versammelte, fühlten Alle, daß sie einen Theil ihrer Erfolge und Hoffnungen der Thätigkeit Mathy's zu danken hatten. Man rief ihm zu, daß er in die Kammer müsse, es gab viel geräuschvolles Lob für ihn, in Bassermann war es wirkliche Herzenswärme.

Mathy's Thätigkeit war vorläufig beendet; was die Neuwahl und die nächsten Kammern für ihn bringen würden, blieb unsicher, und ihm lag die Schweiz noch immer im Sinn. Gerade jetzt erhielt er von dort einen Antrag nach dem andern. Die Gemeinde Buren, Kanton Bern, lud ihn als Lehrer zu sich und wollte ihm das Bürgerrecht ertheilen, aber die Regierung in Bern, wo noch alte Verstimmung nachklang, erhob Bedenken und Mathy weigerte sich deshalb anzunehmen. Und wieder war die Rede davon, für Mathy eine Schule in Bucheggberg, Kanton Graubündten, zu gründen und ihn als Bürger aufzunehmen. Endlich beschloß die Gemeinde Grenchen ihn dadurch nach der Schweiz zu ziehen, daß sie ihn aus Dankbarkeit zu ihrem Bürger machte.

Das Frühjahr 1842 begann, Mathy siedelte mit seiner Familie nach Schwetzingen über, wo er sich bei dem Schwager seiner Frau, Dr. Wilhelmi einmiethete und sofort die Gelegenheit ergriff, den Töchtern seines Verwandten Stunde zu geben. Während er von da mit den Schweizern verhandelte, drängten die politischen Bekannten, er sei für Baden nöthig und müsse bei den Neuwahlen für die Kammer als Bewerber auftreten. Bassermann kam und bestand auf dem Eintritt, Welcker schrieb, seine Wahl solle durchgesetzt werden. So wurde Mathy veranlaßt, ein Weinpatent zu erwerben. Um nämlich für die Kammer wählbar zu sein, mußte man eine gewisse Summe ʼntweder an birekten Steuern bezahlen oder an Besoldung er-

halten. Die erwählten Abgeordneten, welche dieser Voraus=
setzung nicht genügten, pflegten ein Patent zu lösen, welches
ihnen die Berechtigung zum Weinhandel gab, und den nöthigen
Steuerbetrag zu zahlen verpflichtete. Diese humoristische Weise
dem Gesetz zu entsprechen war kein neuer Brauch, es hatten
schon in der letzten Kammer wol ein halbes Dutzend politische
Weinhändler getagt. Die Regierung hatte nicht widersprochen,
in Wahrheit fehlten in dem enggezogenen Kreise der Wählbaren
damals allzusehr die unabhängigen Männer, welche fähig und
geneigt waren, ihre Landschaft zu vertreten. Die Opposition
bestimmte den Wahlkreis Constanz für Mathy, Itzstein empfahl
ihn, Fickler schrieb für ihn in den Seeblättern, Mathy stellte
sich den Wählern vor und gefiel. Am 24. Mai wurde er
mit großer Mehrheit zum Abgeordneten gewählt. Gleich darauf ging er, die Seinen in Schwetzingen zurücklassend, nach
Karlsruhe, um die Landtagszeitung zu beginnen.

Die Wahl Mathy's erregte bei der Regierungspartei große
Entrüstung, erst aus der Schweiz und aus dem Verkehr mit
den gefährlichsten Menschen zurückgekehrt, ohne Vermögen, ohne
Verbindungen in der Beamtenwelt, ein Journalist, ein heftiger
verfolgter Mann, das war ein gefährliches Beispiel, solche Wahl
drohte Zorn und Ausfälle der Ortsblätter auf die Rednerbühne
des Landtags zu versetzen. Man suchte daher alle Mittel hervor,
die Wahl für ungültig zu erklären, man trat mit der Berner
Regierung in Verbindung und spürte in den Akten nach Beweisen
für die Anstände: daß er in politischer Untersuchung gewesen war,
daß ihm eine Schweizer Gemeinde das Bürgerrecht zugesprochen
hatte, sogar, daß er durch das Weinpatent wählbar geworden.
Es gab in der neuen Kammer einen harten Kampf. Daß der
letzte Einwand hinfällig sei, wurde auch von den Gegnern
zugegeben. Endlich forderte Welcker, gutmüthig und väterlich
besorgt, Mathy möge selbst der Kammer Aufklärung geben,
im Fall ihm diese überraschenden Angriffe nicht den nöthigen
Muth genommen hätten. Da stellte Mathy in ernster und

gehobener Haltung das Sachverhältniß dar: er sei von dem
badischen Hofgericht freigesprochen, auch in der Schweiz sei
die dort eingeleitete Untersuchung als unbegründet aufgehoben
worden, die Gemeinde Grenchen habe ihm das Bürgerrecht
zugesprochen, aber die Bestätigung durch die Kantonregierung
und seine Annahme seien wegen seinem Eintritt in die Kammer nicht erfolgt. Und feierlich schloß er: „Die Hand auf
dem Herzen erkläre ich, daß ich außer der Theilnahme an
einer Studentenverbindung — und wenn dies eine Sünde ist,
dann sitzen noch viele Sünder in diesem Saale — in meinem
ganzen Leben an keiner Verbindung Theil genommen habe,
weder an einer politischen noch an einer nichtpolitischen, weder
an einer geheimen noch an einer öffentlichen. Dieses, meine
Herren, ist meine offenherzige Erklärung; wer es anders
weiß, der trete auf, hier in diesem Saale oder im ganzen
Lande, wo er will, und beschuldige mich der Lüge." (Lebhafter Beifall.)

Die beabsichtigte Niederlage war in einen Triumph Mathy's
verwandelt, die Wahl wurde mit großer Stimmenmehrheit
genehmigt, auch seine Gegner sahen sich zu der Erklärung veranlaßt, daß man vor dem Privatcharakter des Abgeordneten
die größte Achtung empfinde; zuletzt ergriff Mathy noch einmal das Wort und benutzte den Sieg um seine Grenchner zu
rühmen: „Der Pfad in diese Kammer ist mir nicht mit Rosen
bestreut worden, er gleicht in meinem Fall dem Pfade der
Tugend, der steil, enge, voll Dornen, aber doch zu wandeln
ist. Sie haben bereits vernommen, wie es sich mit jenem
Bürgerrecht verhält. Die Gemeinde Grenchen hat es mir angeboten. Eine Annahme von meiner Seite hat nicht stattge-
funden. Es liegt aber meines Erachtens in jenem Anerbieten
nichts, was einem badischen Staatsbürger Schande macht.
Seit die Schweiz eine Geschichte hat, ist dies vielleicht das erste
Beispiel, daß eine katholische Landgemeinde einem protestantischen
Fremden ihr Bürgerrecht anbietet, und nicht etwa geblendet

durch sein Gold, sondern einzig bewogen durch seine Verdienste um ihre Schule. Der umgekehrte Fall ist häufiger vorgekommen, der Fall z. B., daß das aufgeklärte protestantische Zürich dem Dr. Schönlein das Bürgerrecht verweigert hat, weil er katholisch ist! — Leid thut es mir, daß die ersten Worte, die ich in dieser Versammlung reden mußte, meine Person betrafen. Ich hätte vorgezogen zu schweigen, bis Gegenstände hier zur Sprache kommen, welche das wahre Wohl des Landes und seine Interessen näher berühren, — dann, meine Herren, hoffe ich, Ihnen Stoff zu geben, aus welchem Sie ein richtiges Urtheil über mich gewinnen können."

Mathy wurde sogleich zum Mitglied der Budgetcommission gewählt, und erhielt den Bericht über die Heeresausgaben Badens. Seine erste große Arbeit in der Kammer sollte denselben Gegenstand behandeln, welcher 25 Jahre später wieder vor den badischen Kammern die letzte große Sorge seines Lebens war. Im Jahr 1842 war er noch eifrig gegen die Erhöhung des Truppenbestandes von 10,000 auf 16,500 Mann, welche der Bund von Baden gefordert hatte, er begehrte von der Partei Verwerfung, im Nothfall Steuerverweigerung, und war unzufrieden, daß er mit diesem Antrag in der Commission allein blieb. Unter den Gründen, welche er anführt, sind manche, die er später selbst bekämpft haben würde, in der Hauptsache stehen der erste Kammerbericht und die letzte Kammerforderung seines Lebens nicht im Widerspruch. Jene erste Forderung heischte mehr als 1½ Procent der Bevölkerung, und das Land war damals weit ärmer als 25 Jahr später; Mathy aber begehrte Einführung der Landwehrverfassung und hob hervor, daß auch die geforderte Stärke das badische Heer nicht zu einer selbständigen Kriegsmacht forme. — Dagegen enthält die Rede Mathy's über ein Gesuch, in welchem Erhöhung des Schutzes auf Baumwollengarn gefordert war, eine kurze, aber treffliche Darstellung seiner Ansichten über Schutzzoll und Handelsfreiheit, es sind dieselben, zu denen er sich sein ganzes Leben lang bekannt hat: allmähliche Minderung der Tarifsätze im Zollverein, mäßiger Schutz für eine lebensfähige Industrie, bis dieselbe erstarkt ist, Verwerflichkeit der Zölle, welche Verboten gleich kommen. „Die fanatischen Schüler von List verkünden mit ihrem Ruf nach Zollschutz eine verderbliche Lehre. Nur darauf möchte ich noch aufmerksam machen, daß die Baumwollen-Industrie, so wichtig sie auch für Deutschland sein mag, doch immer auf schwachen Füßen stehen wird, weil sie ihren Rohstoff vom Auslande bezieht und in diesem Bezug von Krieg und anderen Wechselfällen abhängig ist. Sie wird so lange auf schwachen Füßen stehen, bis der Zollverein die Mündungen seiner Ströme und seine Küsten gewonnen hat, bis eine deutsche Handelsmarine die Baumwolle in den Erzeugungsländern holt, und eine deutsche Kriegsmarine diesen Kauffahrern den erforderlichen Schutz gewährt. Bis es dahin kommt, dürfte aber wol noch einige Zeit hingehen."

Glanzpunkte der Kammer waren die Verhandlungen, welche sich an den Vorschlag Bassermann's: Amnestie für politisch Verurtheilte, und an den Antrag Sander's: Aufhebung der Censur knüpften. Dem ersten folgte die große Rede Welcker's, in welcher er für Aufhebung der Ausnahmemaßregeln und Ausbau der Bundesverfassung sprach, — es war das Hauptthema seines politischen Lebens, die Forderung, auf die er so lange zurückkam, bis der Bund aufgehoben war und der warmherzige Mann unsicher wurde, was er ferner angreifen sollte. Gegen das Scheusal Censur eiferten fast alle alten Redner der Opposition. Die Regierung und ihre Vertreter erlitten eine Niederlage nach der andern, der Muth der Opposition ging hoch, die Landtagszeitung that ihre Pflicht. Es waren Wochen fröhlicher Aufregung für das ganze Land. Für Mathy der Beginn eines neuen Lebens; wenn er unter treuen Bekannten saß, dann lachte wieder der Schelm aus seinem großen feuchten Auge, in erhöhter Kraft arbeitete sein Geist, und ein Gefühl überlegener Sicherheit das er lange entbehrt, machte seine

Worte freundlicher, sein Wesen mittheilsam. Er trug zwie=
fache Arbeitslast, als Abgeordneter und Mitglied der Budget=
Commission den Militäretat, den schwersten Bericht der Kam=
mer, für welchen ihm umfangreiches Studium nöthig war, und
als Herausgeber der Landtagszeitung ganz allein die Nieder=
schrift und Redaction der umfassenden Mittheilungen; jede
Last so, daß sie allein starke Schultern verlangte. Er über=
arbeitete sich auch einmal und wurde leidend, unterbrach darum
seine Thätigkeit doch nicht. Es war ein neues Leben auch für
Frau Anna. Von Schwetzingen kam sie mit dem Sohn den
lieben Abgeordneten auf einige Wochen zu besuchen, sie hörte
mit Entzücken sein Lob aus Vieler Munde und nahm die
Glückwünsche und Huldigungen seiner Genossen entgegen. Und
sie fand Colleginnen von der zweiten Kammer zu ähnlichem
Zweck in der Nähe, denn darin bewies sich unverwüstlich
deutsche Art. Die Abgeordneten hielten sich ritterlich gegen
die Frauen, sie begehrten, wenn sie prachtvolle Worte für Frei=
heit und Vaterland sprachen, vor Allem, daß ihre Freundinnen
auch etwas davon vernahmen, und den Frauen war gar nicht
zu verdenken, wenn sie ihren Antheil an den Ehren der Männer
ersehnten. Auch bei der großen Tragödie in der Paulskirche
Frankfurts haben die deutschen Hausfrauen den vielbewegten
Chor gebildet und den Streit der Helden mit leisen Wechsel=
strophen begleitet.

Aber auch die Wähler kamen in schöner Begeisterung. Ein
Brauer aus Lahr fuhr ein Faß vortreffliches Bier heran zur
Labung der Streiter, ein patriotischer Dichter widmete ein
Gedicht in Schwarzwälder Mundart, Zustimmungsabressen
rauschten wie ein Regen, Abordnungen brachten noch Werthvol=
leres, als die Sitzungszeit sich ihrem Ende nahte. Itzstein's alte
Heldenkraft, bereits mit unzähligen Bechern beschenkt, wurde
diesmal durch einen Eichenkranz geehrt, Hoffmann erhielt einen
Pokal, die Wähler von Sinsheim übersandten einen Pokal
an Sauber, die von Achern an Rindischwender, die von Wein=

heim und die von Freiburg zwei Pokale für Welcker. Auch aus Nassau und Rheinbaiern kamen Adressen und dazu funfzig Flaschen Hochheimer, was den Nutzen hatte, daß das Haus in der darauf folgenden Abendsitzung mit ungewöhnlichem Feuer die Censur verurtheilte. Mathy aber warb bei den freudig geöffneten Seelen für ein neues Unternehmen; er hatte sich ausgedacht, die Censurfreiheit für Werke über 20 Bogen zu benutzen und unter dem Titel: „Vaterländische Hefte" einen Band kleiner Abhandlungen in Lieferungen zu politischer Belehrung für das Volk herauszugeben.

Kaum war der Landtag geschlossen, so begann er nach einer kleinen Reise durch das Land zu Schwetzingen fröhlich die Ausführung.*) Die sechs größeren Aufsätze, welche er dafür schrieb, waren für ihn die Erholung von der Arbeit. Für uns ist nicht der wackere Inhalt das Wichtigste, sondern die ernste Richtung auf den praktischen Nutzen, welche Mathy dadurch der Kammeropposition zu geben suchte. Als Itzstein ihn den Kammermitgliedern zuführte, hatte er gesagt: „Hier bringe ich euch einen, wie ihr noch keinen gehabt habt." Und das sollte sich in gewissem Sinne als wahr erweisen. Wer jetzt die Verhandlungen der badischen Kammer in jenen Jahren durchliest, der wird, auch wenn er frei von der Vorliebe eines Biographen ist, zuverlässig finden, daß Mathy, der Journa= list, unter den badischen Liberalen vom Jahr 1842 und den folgenden fast der einzige Abgeordnete war, welcher nicht als Journalist, sondern als Politiker sprach und handelte. Die

---

*) Vaterländische Hefte über innere Angelegenheiten für das Volk, herausgegeben von Mitgliedern der zweiten Kammer (Karlsruhe, Malsch & Vogel, 1842, 1843, zusammen 6 Hefte). Von Mathy sind darin: die Verfassung und der badische Landtag von 1842; Papiergeld zur Unter= stützung des Eisenbahnbaus; Vorschläge zur Förderung der Buchdruckerei und des Buchhandels in Baden; der neue Zolltarif; eine neue Schrift gegen die zweite Kammer von Hannibal Fischer; Verhältnisse der Volks= schullehrer; Schlußwort.

gesammte badische Opposition jener Jahre krankte an dem
bedenklichen Umstand, daß sie die Rednerbühne der Kammer in
der Hauptsache nur benutzte, um gepreßtem Herzen Luft zu
machen; weil das gedruckte Wort unfrei war, wurde das gespro-
chene Wort der Volksvertreter zu einer rhetorischen Stilübung,
die an den Ministertisch gerichtet, im Grunde für die Wähler
bestimmt war. Durch das Sprechen befriedigten sie Gemüth
und Gewissen. Auch wo sie forderten, thaten sie das wie Zei-
tungsschreiber. Sie erließen offene Briefe in Form von weit-
gehenden, hoffnungslosen Anträgen an die eigene Regierung, den
Bundestag, die Großmächte. Sie waren in der Lage immer-
fort ihrer Regierung Heldenthaten zuzumuthen, obgleich sie
recht gut wußten, daß die Ausführung unmöglich war. Und
sie gebrauchten dieses Mittel zu wirken im Uebermaß, weil
sie sich sagten, daß ihnen nichts übrig bleibe, als unablässig
ihre Unzufriedenheit kund zu geben. Es ist wahr, diese Gewöhnung an das Pathos weitgehender Anträge ward ihnen
durch die elende politische Lage nahegelegt, aber sie selbst wurden die Opfer. Da sie mehr auf den Beifall außerhalb des
Hauses, als auf unmittelbare Erfolge arbeiteten, wurden sie
Sklaven der Volksgunst; da sie die Regierungsbeamten un-
aufhörlich bedrängten und den Großherzog und seine Räthe
durch die Zumuthung beunruhigten, gleich Lafayette oder Sir
Robert Peel zu handeln, so kamen sie mit den Führern des
Beamtenthums durchaus in kein gesundes Einvernehmen, auch
wo diese im Stande waren, der Kammer entgegenkommende
Zugeständnisse zu machen. Immer waren sie Angreifer, die
Regierung immer im Vertheidigungszustand, bis eine große
Schicksalswendung beide rathlos fand. Da standen die Mitglieder der Opposition betäubt und widerstandslos vor den
letzten Folgerungen ihrer eignen tönenden Volksreden, die
Beamten knickten haltlos wie Rohrhalme im Hagelsturm. Unter
den Wenigen, welche dieser Kriegsführung einer schwachen Zeit
nicht nachgaben, nicht in den Reden und nicht im Verhalten,

war Mathy. Schon im Jahr 1842 ist die gedrungene, kräftige und sachgemäße Sprache des neuen Abgeordneten in auffallendem Gegensatz zu den wässerigen oder breiten Reden der meisten Andern; auch wo er Unrecht hatte, sprach er als ein gedankenvoller, ernster Mann. Er galt damals, ja auch später in der Paulskirche, nicht für einen der ersten Redner, er muthete den Hörern, welche an pathetischen Wort-fluß allzusehr gewöhnt waren, scharfe Aufmerksamkeit zu, und seiner Natur fehlte der leichte Schwung und das Aus-gehen auf große Wirkung, welche jedem freudigen Redner un-entbehrlich sind. Er war nicht ohne Pathos, aber die Gewalt seiner Empfindung äußerte sich wie in kurzen Blitzschlägen, denen lang rollender Donner fehlt, die Wirkung eines Augen-blicks war vielleicht schärfer und einschneidender, aber sie wurde schnell durch neue Erwägungen gebändigt und in das Innere zurückgedrängt. Gewöhnlich sprach er anspruchslos zur Sache, selten im Anfange, er liebte als erfahrener Referent das Wort vor der Entscheidung zu nehmen, die Gegner mit kurzen Strei-chen zu widerlegen, in wenig Sätzen was er wollte fest zu formuliren. Und daher kam es, daß er auf die Abstimmungen einen weit größeren Einfluß ausübte, als die meisten hoch bewunderten Sprecher. Er mühte sich wo er angriff, zuerst den Standpunkt der Gegner zu verstehen und er war sehr bereitwillig an Gegnern zu rühmen, was ihm förderlich er-schien. Er brach auch auf der Tribüne einigemal besonders heftig und verletzend heraus, und dieser Eifer einer kräftigen Natur verleitete Parteigenossen und Freunde wieder zu der Ansicht, daß er von Herzen für äußerste Maßregeln sei. Aber in dem, was er forderte, war er immer gewissenhaft und bedächtig. Wichtiger noch war für seine Erfolge eine andere Eigenschaft: er sprach nur, wenn er etwas durchsetzen wollte, und er vergaß nie, daß das Wort auf der Rednerbühne nur eine, und nicht die wichtigste Hilfe ist, um Landtagsmehrheit und Re-gierung für ein Gesetz zu gewinnen. Er wollte nur das Er-

reichbare durchsetzen, sein Verfahren war: Schritt für Schritt
den Gegnern Boden abgewinnen, und er begriff sehr wohl,
daß auf der Rednerbühne Badens das Höchste für Deutschland
gar nicht zu erlangen war. Darum aber, weil er nicht Redner
sein wollte, sondern Gesetzgeber, ist er im Kampf stetig ge=
wachsen, und hat gedauert, während die Mehrzahl seiner
Genossen sich aushöhlte und verging.

Unter den Einwürfen, welche die Regierungspartei gegen
die Wahl Mathy's erhoben hatte, war auch der gewesen, daß
der Erwählte keinerlei festes Einkommen habe. Der Vorwurf
wurde gehässig vorgebracht, er war auch gegenüber dem Redac=
teur der Landtagszeitung nicht ganz wahr, aber er war nicht
ohne Grund. Wer die öffentliche Vertretung seiner Mitbürger
übernimmt und einen großen Theil seiner Zeit den Geschäften
des Landes widmet, der wird nur dann die Bürgschaft der
Stärke, Muße und Unabhängigkeit haben, wenn das Haus
seines eigenen Lebens fest begründet ist, und er mit seinen
Landgenossen sicher verbunden wirkt durch Haushalt und Ge=
schäft. Die erste Sorge des Bürgers gehört der Familie, die
nächste dem Kreis von Interessen, in welchem er für sich
arbeitet um für Andere nützlich zu werden, die dritte erst der
Uebernahme von Vertrauensämtern für Gemeinde und Staat.
Wol ist jedem Bürger die Pflicht gegen den Staat die höchste
irdische Pflicht, und an jeden Bürger kann in außerordent=
lichen Fällen einmal die große Zumuthung treten, für den
Staat sich, seinen Wohlstand, ja vielleicht das Heil seiner
Lieben zum Opfer zu bringen. Aber das ist der Unterschied
zwischen dem unabhängigen Mann und dem Beamten oder
Militär, die sich dem Staate eidlich gelobt haben, daß dem
zugeschworenen Mann die Hingabe an sein Amt in jedem Tage
als die erste Aufgabe des Lebens besteht, denn von treuem
Dienst im Amt hängt auch das Gedeihen seiner Familie ab.
Und wenn solchen Mann einmal übermäßige Arbeit für den
Staat verhindert, den nöthigen Wachdienst für das Wohl der

Seinen zu thun, so empfinden wir dies als einen tragischen
Widerstreit in seinem Leben und wir scheuen uns mit Recht, ihm
einen Vorwurf zu machen. Wer aber freiwillig große Pflichten
gegen sein Volk auf sein Leben nimmt, der vermag diesen Pflichten gerade nur dann dauernd zu genügen, wenn er den gesun-
den Egoismus hat, zuerst sein Haus, dann die Anforderungen und Vortheile seines eigenen Geschäfts festzuhalten.
Denn nur durch die Gesundheit und Kraft, die er in den
Kreisen bewährt, welche ihn am engsten umschließen, behauptet
er Achtung und Vertrauen seiner Landgenossen. Das soll die
Regel sein in wohlgeordnetem Staat, in friedlicher Zeit, und
jede Ausnahme hat sich zu rechtfertigen.

Auch für Mathy war die Zeit gekommen, wo ihm eine
feste und ansehnliche Stellung unter seinen Mitbürgern Bedürfniß wurde. Es war am 1. November desselben Jahres
1842, in welchem er Abgeordneter geworden war, daß ihm
plötzlich die Aussicht auf solche Stellung geöffnet wurde. Bassermann stellte ihm an diesem Tage den Antrag, in Compagnie
mit ihm eine Buchhandlung zu begründen. Die Thätigkeit
Beider im Geschäft sollte nur eine Nebenarbeit sein, die ihre
politische Wirksamkeit nicht hindern dürfe, ein kleines sicheres
Verlagsgeschäft. guter Bücher; von dem Ertrage sollten die
Zinsen des Anlagekapitals, welches Bassermann fast ganz allein
einschießen wollte, zuerst abgezogen, der übrige Gewinn zu
gleichen Theilen getheilt werden. Mit Haltung gab Bassermann der freudigen Empfindung Ausdruck, daß er dadurch
auch dem Freunde einen Erwerb zu bereiten hoffe. Der so
sprach, war von allen Kammerbekannten Mathy der liebste.
Ihn hatten Natur und Verhältnisse freilich weit anders geformt.
Als Sohn reicher Eltern, welche noch in Mannheim lebten,
im Schutz eines gemächlichen Wohlstandes war er aufgewachsen,
er stand in eigenem Haushalt immer noch als der geliebte
Sohn des Elternhauses, Stolz und Freude der Familie. Das
Leben hatte ihn selten rauh angefaßt, ein feiner Geist und ein

warmes Herz, gute Kenntnisse und glänzende Rednergabe machten ihn zu einem der hoffnungsvollsten Männer des damaligen Badens. Er selbst hatte sich mit frischer Zuneigung an Mathy geschlossen, die Zuverlässigkeit, die ungeheure Arbeitskraft, das gemüthvolle und dabei zuweilen bemantharte Wesen erschienen ihm wie eine Ergänzung zu seiner eigenen Anlage. Es waren die ersten frohen Monate einer aufgehenden Männerfreundschaft, in welchen er sich den Gesinnungsgenossen als Geschäftsfreund zu gesellen beschloß. Auch Mathy empfand in seiner warmen Weise den Reiz dieses menschlichen Verhältnisses. Und als ihm der Antrag unter Bedingungen kam, die so hoffnungsvoll aussahen, da nahm er freudig und ohne Bedenken an. Gerade dies Geschäft war ihm nicht ganz fremd, er hatte in kleineren Verhältnissen bereits einige Erfahrungen dafür erworben, kein gewerbliches Unternehmen stand in so inniger Verbindung mit der geistigen Cultur der Nation, er selbst durfte sich in umfangreichen Gebieten des buchhändlerischen Verlags als leiblich bewandert betrachten, er durfte vielleicht auch von seinen politischen Verbindungen Vortheil für das Geschäft hoffen.

Er versenkte sich sogleich in die Vorbereitungen, suchte sich über Betrieb und Gewohnheiten des Verlagshandels bei Bekannten und durch Bücher zu unterrichten, und entwarf das Rundschreiben, in welchem das neue Geschäft dem Buchhandel angezeigt wurde. Mit frohen Hoffnungen beschloß er das Jahr zu Schwetzingen mit seiner Hausfrau und trat mit dem 1. Januar 1843 in das neue Comtoir. Er war jetzt auch als Schriftsteller ein gesuchter Mann, und die Anträge zu literarischen Arbeiten häuften sich, er sollte die Mannheimer Abendzeitung übernehmen, für mehre Blätter Beiträge liefern, schrieb auch für die Constitutionelle Revue Weil's nach Stuttgart einen Artikel über badische Zustände.*) Aber er fand sogleich, daß

*) Gedruckt 1843, Bd. I. Ein zweiter Aufsatz Mathy's über badische Zustände in den Constitutionellen Jahrbüchern von Weil: 1844, Bd. II.

eine Verlagsbuchhandlung kein Geschäft sei, welches man behaglich als Nebenarbeit behandeln dürfe; sie machte viel zu thun. Bald kamen die Manuscripte, dicke Hefte darunter, deren Verfasser, bereits arm an Hoffnung, nach einem Verleger umher suchten, Werke aus entlegenen Gebieten der Wissenschaft, harte Zumuthungen für einen Unternehmer, welcher sein Geld ausgeben soll, damit Wenige das gedruckte Buch beachten, noch Wenigere kaufen.

In diesen ersten Wochen bedächtiger Erwägung und Abweisung gelang den Freunden, ein Werk für die neue Firma zu gewinnen, welches auf viele Jahre ein Lieblingsbuch der Deutschen werden sollte, und ein fröhlich aufblühendes Dichtertalent, das der erzählenden Poesie ein neues Gebiet von Stoffen zuführte. Es waren „die Dorfgeschichten" und es war Berthold Auerbach, welche in das Geschäft und das Leben der Familie Mathy traten. Daß die Geschichten aus dem Schwarzwald deutsche Verhältnisse schilderten, daß sie keine politische und sociale Tendenz aufdrängten, daß sie liebevoll und sorgfältig von einem echten Dichtergemüth geschaffen waren, dies erschien den Lesern als eine Erlösung von dem modischen Salonkram der Literatur, von unwahren, unmöglichen und nichtsnutzigen Romangestalten, welche damals durch deutsche Seelen mühsam unter der Herrschaft französischen Geschmacks zusammengedacht wurden. Und daß der neuen Handlung die Freude wurde, gerade dies Buch von guter und großer Wirkung den Deutschen zu vermitteln, durfte Mathy mit Recht für ein günstiges Vorzeichen halten. Als darauf der jugendfrische Dichter in Mathy's Hause heimisch wurde und in seiner herzlichen Weise die neuen Bekannten zu Vertrauten seiner Dichterarbeit machte, da öffnete sich für Mathy und seine Gattin ein anmuthiger Pfad in das Zauberland der Poesie. Der Lehrer aus dem Schweizerdorf und der Schwarzwälder Dorfsohn tauschten in anregendem Verkehr ihre Erinnerungen, es waren ähnliche Verhältnisse und es war in Mathy derselbe Zug, die

Vergangenheit in warmer epischer Beleuchtung zu schauen. Beide gaben und empfingen reichlich von einander. Dem Dichter kam im anregenden Gespräch mit den lieben Freunden die lustige Erfindung, er theilte Gedanken und Pläne mit, wie sie gerade lebendig wurden, und ließ die Freunde die Arbeit seiner erfreulichen Kraft in dem geöffneten Herzen belauschen, und der Politiker spendete wieder sicheres Urtheil und große Auffassung des wirklichen Lebens und gab dem Schaffenden seine Beobachtungen, und über Allem die Einwirkung seines eigenen mannhaften Charakters. Aus solchem Austausch inneren Lebens erwuchs für Beide eine gute Freundschaft. Oft noch sollte seitdem Jeder von ihnen die Freude empfinden, welche neue Verbindung mit dem wohlthuenden Wesen Anderer bereitet, aber Beide bewahrten in ihren Beziehungen die liebevolle Erinnerung daran, daß sie fast zu gleicher Zeit, auch geschäftlich vereint, der Nation werth geworden waren, und Beide empfanden, so oft sie an einander dachten, zugleich etwas von Alpengrün und kräftigem Duft der Bergtannen.

Die meisten Schriftsteller, mit denen Mathy zu verkehren hatte, zogen Nutzen von der warmherzigen, überlegenen und dabei doch so anspruchslosen Weise, womit er den gemeinsamen Vortheil wahrnahm. Freilich nicht mit Allen glückte es der Handlung so gut, wie mit Auerbach. So war durch einen literarischen Freund aus der Schweiz der Ungar Vilney an die Handlung empfohlen worden, und Mathy hatte in lebhafter Theilnahme an der bedrängten Lage dieses unförmlichen Talentes die Novellen Abelay und Toni in Verlag genommen. Aber als darauf der Schweizer Freund zu einer öffentlichen Besprechung des Dichters aufgefordert wurde, schrieb er unwillig zurück, daß die Bücher schlecht seien. Da antwortete ihm Mathy wie folgt: „Ich hatte mit Bassermann darüber gesprochen, was du zu Vilney's Büchern sagen würdest. Er behauptete, du werdest hier wie überall die Schwächen und Fehler herausfangen und unbarmherzig geißeln. Ich wider-

sprach und entgegnete, du werdest auch dem Guten Gerechtigkeit widerfahren lassen, und den glühenden Haß gegen Unter-
drückung, die Begeisterung für Menschenwohl und Freiheit,
das angeborne obgleich nicht ausgebildete Talent ebenfalls
würdigen. Ich hatte mich geirrt." Diese vorsichtige und
doch sehr entschiedene Art dem Urtheil eines Andern Richtung zu geben, ist besonders bezeichnend für die Person des
Schreibenden.

3.

Stillleben in der zweiten badischen Kammer.

Im Mai 1843 siedelte Mathy mit seiner Familie nach
Mannheim über. Sein Hauswesen wurde jetzt eingefügt in
das Bürgerthum der Vaterstadt, Frau Anna richtete wieder
eine kleine Wohnung behaglich her, Karl der Sohn gedieh und
besuchte die Schule; ohne große Ereignisse zogen die folgenden
Jahre über die Häupter der Hausgenossen. Mathy arbeitete auf
dem Comtoir, des Abends war er am liebsten daheim bei Weib
und Kind, zuweilen besuchte er eine der stillen Zusammenkünfte,
welche die Abgeordneten Badens unter einander, oder mit den
Gesinnungsgenossen der Nachbarstaaten zu halten liebten. Am
22. August feierte das badische Volk den 25jährigen Bestand
seiner Verfassung mit großer Begeisterung. Die Regierung
benahm sich ungeschickt. Sie hätte das Fest am liebsten verwehrt.
Da die Scham dies nicht zuließ, hüllte sie sich in mürrisches
Schweigen und überließ der Opposition fast allein das Feld,
die Bürgermeister vorher warnend und nachher wegen uner-
laubten Gebrauchs der Glocken mit Haft bedrohend. Der
Opposition aber war diese Festfeier nicht nur politische Pflicht,
auch Genuß; denn Volksreden, Trinksprüche und freudige
Böllerschüsse waren damals erprobtes Rüstzeug des Liberalismus. Die Abgeordneten vertheilten sich als Redner über das
ganze Land, und durften nach der Feier sich rühmen, mehr Einsicht in die wahren Interessen des Fürstenhauses und des
Staates bewiesen zu haben, als Herr von Blittersdorff. Mathy

war nach seinem Wahlkreis Constanz gerufen, nahm aber die
Einladung für Schwetzingen an, er setzte dort in einer ernst=
haften Rede auseinander, wie viel bereits durch die Verfassung
gewonnen und was noch zurück sei, und betrachtete vergnügt
die Theilnahme der Dorfleute, und daß auch die Schulkinder
so zahlreich auf laubgeschmückten Wagen herangefahren und
durch Brezeln gekräftigt wurden. Nach dem Fest faßte er die
Aeußerungen der Volksstimmung, Reden und Festbeschreibungen
in einer Schrift zusammen: Die Verfassungsfeier in
Baden, Fr. Vassermann. 1843, welche über 20 Bogen
stark und darum censurfrei, dem Lande eine unverstümmelte
Erinnerung an seinen Ehrentag bieten sollte und als Vater=
ländische Hefte Bd. II im Buchhandel erschien.

In dem ungewöhnlich langen Landtage, der vom 23. No=
vember 1843 bis zum 22. Februar 1845 dauerte und 157
Sitzungen zählte, erhob sich Mathy gleich in den ersten Wochen
mit einem ausführlich begründeten Antrag auf Herstellung des
freien Gebrauchs der Presse. Allerdings war die Censur ein
Leiden der Nation, welches, wie er wohl wußte, durch den
Einzelstaat nicht beseitigt werden konnte, aber in dieser Bevor=
mundung sah er den Quell aller Verbitterungen und Gefahren,
welche der inneren Entwicklung Deutschlands drohten, und in
der Preßfreiheit die einzige sichere Grundlage für gesetzlichen
Fortschritt, und er hielt sich überzeugt, daß die Erlösung von
diesem Alp in kurzer Zeit der mündigen Nation zu einer
besseren Staatsordnung verhelfen werde.

Die Begründung dieses Antrags machte das größte Auf=
sehen, sie galt in Baden als ein Meisterstück von Landtags=
arbeit und sicherte Mathy's parlamentarischen Ruf. In der
Hauptsache ist sie eine Geschichte der badischen Censur, noch
heut dem Historiker werthvoll. Die Einleitung aber ist außer=
ordentlich bezeichnend für Stil und Denkweise des Redners
und darf hier nicht fehlen. Mathy begann am 20. December
1843 in der Kammer, wie folgt:

„Es lebt irgendwo ein Mann, von kräftigem Körperbau und fester Gesundheit, verständig und gut geartet. Der Mann dient mehren Herrn und löst seine schwierige Aufgabe zur Zufriedenheit aller; dies beweisen die guten Zeugnisse, welche er besitzt. Er half sogar seinen Herrn aus einer großen Gefahr; er rettete sie aus den Händen eines mächtigen Nachbars, der es auf ihre Habe abgesehen hatte. In dem Kampfe, den er bestand, hatte er so guten Gebrauch von seiner Kraft gemacht, daß ihm die Herren versprachen, er dürfe fortan nicht mehr blindlings ihren Geboten folgen, sondern selbst Vorschläge machen, frei und offen sagen, was er für das Beste halte, sie würden darauf achten; dies würde für sie und ihn am zuträglichsten sein. Der Mann that so und ward unbequem. Man warf ihm vor, er trete zu derb auf; er mache Lärm im Hause, reize die vielen Hunde, welche die Herren für ihr Vergnügen hielten, zu lautem Gebelle und störe überhaupt die Hausordnung. Er wurde zwar fortwährend zu allerlei Dienstleistungen verwendet und mußte für Küche und Keller sorgen; wollte er aber ein Anliegen vortragen, so mußte er dies bei einem Bedienten anbringen, der strengen Befehl hatte, nur das Angenehme zuzulassen, das Unangenehme dagegen zurückzuweisen. Die Wahrheit aber ist selten angenehm; das Angenehme oft nicht wahr; an alte Schulden und Versprechen zumal wird Niemand gern erinnert.

„Der Mann, meine Herren, ist das deutsche Volk; das freie Wort, sein altes Recht, ist ihm feierlich verheißen, und es ist die zugesagte allgemeine Bestimmung über den Gebrauch des freien Wortes dahin gegeben, daß der Deutsche ungehindert sprechen dürfe über Alles, was ihn nichts angeht oder keinen Bezug auf seine Geschäfte hat. Will er dagegen seine Meinung sagen über das, was ihm nütze oder schade, was ihm fehle oder ihn belästige, so muß er den bitteren Kern der Wahrheit unter einer Hülle vom süßen Gegentheil verstecken, seine sträfliche Tendenz zur Offenheit in ein löbliches Schmeicheln verkehren, und zuletzt, — weil er in solchen Künsten doch immer ein Stümper bleibt, — seine Gedanken, bevor sie laut werden, einem Meister Hämmerling unterbreiten, der sie entweder als ganz unbrauchbar vernichtet, oder in einer Weise zurecht zerrt, daß auch der Gescheidteste nicht mehr erräth, was sie ursprünglich gewesen sein mögen.

„So, meine Herren, steht es mit der freien Meinungs= äußerung in Deutschland. So steht es mit der Preßfreiheit für Zeitungen und Zeitschriften, für alle Schriften über öffent= liche Angelegenheiten in engeren und weiteren Kreisen, für alle Schriften, die an das Volk gerichtet sind. — Daß man heute die Zügel etwas loser läßt, um sie morgen desto straffer an= zuziehen; daß man hier den Nachbar zur Rechten, dort den Nachbar zur Linken ärgert, bis man sich mit ihnen verständigt, gegenseitig nur Lob zu gestatten: dies ändert die Sache eben= so wenig, als wenn versichert wird, man meine es nicht so schlimm, man wolle keine Wahrheit unterdrücken, sondern nur für den gehörigen Anstand sorgen. Ohne Freiheit gibt es keine Wahrheit, nur Nachbeterei; keinen Anstand, einzig Dressur. Dem Kinde steht das Gängelband nicht übel, den Mann be= schimpft es; den Sträfling, den Wahnsinnigen überwacht das Auge des Wärters, der Unbescholtene geht seinen Weg allein.

„Auffallende Fürsorge, welche den Geist beschränkt, der nur mit Worten schaden könnte, und die Hand frei läßt, welche doch stehlen oder morden kann; zarte Pflege der Sicherheit, welche das Werkzeug der Gedankenverbreitung, die Presse, unter politische Aufsicht stellt, und doch andere Werkzeuge, welche das Leben zerstören können, dem freien Gebrauche anheimgibt; merkwürdige Achtung vor der edelsten Gabe des Schöpfers, vor dem freigeschaffenen Menschengeiste, die ihn dem Gifte gleich achtet, das nur abgegeben wird wenn vorher nachgewiesen ist, von wem und wozu es gebraucht werden soll!

„Wo sind nun die Früchte, an denen man die Weisheit der Gedankenbeschränkung und Anstandssorge für die deutsche

Nation zu erkennen vermöchte? — Wir erblicken solche zu=
nächst in der Lage, worin sich die Hilfsquellen des materiellen
Wohlstandes befinden. Ebenso frei, wie der Strom der
Gedanken, bewegen sich die Ströme, auf denen der Handel
die Erzeugnisse der Urproduction und des Gewerbfleißes ab=
und zuführt. Mit eben dem Erfolge, wie die Preßcommiſſion
des Bundes, ſitzen Commiſſionen halbe Jahrhunderte lang an
der Elbe, der Weser, dem Rhein, ſie flicken hier und flicken
dort, und bringen doch nichts Rechtes zu Stande. Vergebens,
wie der deutsche Schriftsteller, müht sich der deutsche Schiffer;
hier versandet das Strombett, dort beschweren ihn Zölle, und
am Unterlaufe des deutschen Stromes trifft er den fremden
Zöllner, der keinesweges die Schifffahrt unterdrückt, sondern
nur dafür sorgt, daß sie sich innerhalb der Grenzen eines
deutschen Anstandes bewege. — Und wie wird der Deutsche
angesehen vom Auslande und im Auslande? Meine Herren,
ich will darüber hinweggehen, denn die Röthe der Scham ſteigt
vom gepreßten Herzen zum Antlitz empor, beim Hinblicke auf
die Mißachtung, welche sich kund gibt in so vielen Zeichen!
Der Russe, im Besitze deutscher Provinzen, ſperrt die Grenze,
sperrt die Donau, rückt langsam und stätig an ihr herauf;
dem Dänen sind wir tributpflichtig am Sund, er zwingt
Deutsche die dänische Sprache, das dänische Commando zu
lernen; er ruft ganz Skandinavien auf gegen Holstein=Schleswig,
das die Errungenschaft eines halben Jahrtausends gegen dänische
Uebergriffe mit unverdroſſenem Muthe behauptet. Dem Britten,
dem Holländer sind wir Consumenten, fruges consumere
nati und weiter nichts; der Franzose besitzt Metz und Straß=
burg, und ist noch nicht satt von deutscher Beute. — Im
Auslande ist der Deutsche wohlgelitten; er ist ein unter=
richteter Mensch, ein treuer, fleißiger Arbeiter; man hat ihn
gern als Schulmeister, als Einwanderer, der im Schweiße
seines Angesichtes öde Strecken urbar macht, als Handwerker,
als Dienstboten, als Werbsoldat. Aber er muß fremden

Zwecken dienen; vom Vaterland muß er sich lossagen; man kennt es nicht, es gibt kein Lebenszeichen von sich: man kennt nicht einmal eine deutsche Diplomatie, geschweige ein deutsches Volk.

„So hängt im Leben Alles zusammen. Ein Volk, dessen edelste, dessen geistige Thätigkeit unwürdige Fesseln trägt, kann auch seine materiellen Hilfsquellen nicht gehörig entwickeln und wird in seinen Beziehungen nach außen weder geachtet noch anerkannt." —

Das war Mathy's „ironische" Weise. — Er war darauf Berichterstatter für Bassermann's Antrag auf Einführung einer Kapitalsteuer. Er begegnete den Einwürfen dagegen durch die guten Worte: — „Ungerecht sind alle Steuern in einem Staat, der sie schlecht verwendet. Wo dagegen der Volkshaushalt öffentlich ist, die Verwendung der Mittel unter den Augen, unter Mitwirkung des Volkes geschieht, wo die bürgerliche Freiheit so besteht, daß sich Jeder mit Stolz als Glied des Ganzen fühlt, wo dieses Ganze etwas taugt und gilt in der Welt, da wird weniger über Ungerechtigkeit und Druck der Steuern geklagt. Ist dies vielleicht der wahre Grund, daß man in Deutschland so viele ungerechte Steuern findet?" — Er bewährte sich als schlagfertiger Kämpfer gegen jede Art polizeilicher Quälerei des gemeinen Mannes und bekämpfte mit Erfolg den Versuch die Forstgesetze zu verschärfen. Wo er für Erleichterung des Verkehrs und Förderung des Handels sprach, entwickelte er eine Sachkenntniß, welcher Ministerium und Gegner Anerkennung nicht versagten; als seine Partei wieder forderte, die Heereslast zu mindern und eine Landwehr einzuführen, erklärte er, daß militärische Umgestaltungen Badens in der Hauptsache bedeutungslos bleiben würden, wenn nicht wenigstens für das ganze achte Bundescorps einheitliche Ordnung erreicht würde. „Man klagt über den Aufwand für das Militär, aber er ist nicht sowol zu hoch aus dem Grunde, weil er an sich zu hoch ist, sondern zu hoch für das, was damit erreicht wird." Das wichtigste Ergebniß des Landtags war eine neue Strafprozeßordnung, allerdings noch ohne Geschworne, Mathy nahm nur einmal als Redner Theil, um eine zwecklose Beschränkung aus dem Entwurf zu entfernen, welcher den Frauen das Zuhören im Gerichtssaale wehren wollte. Kurz vor dem Schluß brachte Welcker die geheimen Wiener Conferenzbeschlüsse von 1834 vor die Kammer und beantragte die Erklärung, daß diese Beschlüsse im Fall ihrer Echtheit den Hoheitsrechten von Thron und Staat Baden widersprächen. Die Beschlüsse übergab er „dem Gottesgericht der öffentlichen Meinung". Für den Antrag erhob sich fast die ganze Kammer, Mathy ohne darüber zu sprechen. Er hatte schon im Jahr vorher schweigend zugehört, als Itzstein auf seinem Gut Hallgarten in einer geladenen Zusammenkunft liberaler Abgeordneter feierlich eine Abschrift des verwerflichen Aktenstückes vorlegte und mit düsterem Behagen als Verschwörung gegen die Freiheit offenbarte. Mathy merkte, daß das Band der heiligen Allianz bereits zernagt war und daß die Staaten in eine neue Bahn ihrer Politik traten. Der Landtagszeitung hatte er diesmal einen Redacteur, Karl Stein, vorgeschoben, der ihm aber nur einen kleinen Theil seiner Arbeit daran abnahm.

In der Zwischenzeit bis zum nächsten Landtage wurde Mathy viel durch eine neue Bewegung der Seelen in Anspruch genommen. Aus den Wäldern Oberschlesiens rief das Glöcklein einer katholischen Dorfkirche zum Sturm gegen das Papstthum; Ronge's offener Brief zog durch die Länder, und der wackere Theiner d. ä. nahm auf der Kanzel von seiner Gemeinde beweglichen Abschied, legte die Kirchenschlüssel auf die Ecke des Altars und ging nach Hause um seinen Priesterrock auszuziehen. Wer in Süddeutschland freisinnig dachte, vernahm dies unerwartete Ereigniß mit großen Hoffnungen. Es erschien als Wiederaufnahme des Kampfes der Wessenberg'schen Schule, die Stiftung der christkatholischen Gemeinden als Auflösung des alten Papstthums, vielleicht als Beginn

einer deutſchen Kirche, welche die Aufgeklärten aller Bekenntniſſe
in ſich vereinigen würde, es galt für beſonders hoffnungsvoll, daß
kleine Prieſter der Kirche durch ihr Gewiſſen zum Austritt
gedrängt waren. Die Ferne verſchönte, und man begehrte
neue Waffen gegen den Ultramontanismus. Angeſehene Gelehrte
der Univerſität, würdige Staatsbeamte waren eine Zeitlang
geneigt, ihre Kraft der neuen Bewegung zu widmen. Auch
Mathy war mit ganzer Seele dabei. Er wußte wohl warum.
Es war derſelbe Gewiſſenskampf, dieſelbe Fehde des Einzelnen
gegen herrſchſüchtige Prieſtermacht, welche einſt ſeinen lieben
Vater aus der Kirche getrieben hatte, er hörte denſelben Bann=
fluch gegen die Abtrünnigen ausgeſprochen, der einſt auf den Pfad
Arnold Mathy's geſchleudert war. Erinnerungen aus früher
Jugend, Anklage und Zorn, die er als Knabe belauſcht, wurden
in ihm lebendig. Aber wie warm auch ſein Herz für die
Sache kirchlicher Freiheit ſchlug, nicht weniger lockte den Poli=
tiker der Gedanke, daß ſich jetzt für die Regierungen eine
Gelegenheit bot, den Kampf gegen die ultramontane Kirche ohne
eigene Gefahr aufzunehmen, wenn ſie nur ruhig die Bewegung
gewähren ließen und den neuen Gemeinden die zum Gedeihen
unentbehrliche Freiheit gewährten. In dieſem Sinne wurde
auch er für einige Jahre Förderer der deutſchkatholiſchen
Bewegung und er drängte ſogar ſeinen lieben Autor Auerbach
(Nov. 1845): „Ich habe die Hoffnung, einmal mit Ihnen in
der freien deutſchen Kirche zuſammenzutreffen. Helfen Sie
mit an dem Bau, welcher alle wackern Deutſchen in einer
großen und freien Gemeinſchaft zu verſammeln beſtimmt iſt.
Spinoza ſiegt in Deutſchland im 19. Jahrhundert."

Die Hoffnungen wurden nicht erfüllt. Wer durch die
Selbſtwilligkeit eigenen Geiſteslebens aus dem Glaubenszwang
ſeiner Kirche gehoben wird, hat in unſerer Zeit gewöhnlich kein
ſtarkes Bedürfniß ſich in eine neue Gemeindeordnung einzufügen,
die Verſöhnung der katholiſchen Kirche mit dem Staat der
Neuzeit aber mag nicht durch Austritt Einzelner oder ganzer

Gemeinden bewirkt werden, — solcher Austritt ist der herrschen-
den Partei sogar willkommen, — sondern dadurch, daß sich in
der Aristokratie der Bischöfe selbst, d. h. unter den Vollpriestern
in irgend einer Zeit die Macht unseres Volksthums und unserer
Bildung äußert. Der alte Beamtenstaat der Deutschen, ja
noch der Verfassungsstaat in seinem Aufgehen war zu schwach,
um solche Einwirkung auf das Gemüth Derer auszuüben,
welche das Recht des heiligen Salböls und der Priesterweihe
haben. Es steht dahin, ob größerer Verfall der päpstlichen
Herrschaft, eine völligere Entwicklung des nationalen Stolzes
und größere Festigkeit der Staaten einmal einem deutschen
Erzbischof den Muth geben werden, im Verein mit seinen
Suffraganen und der Pfarrgeistlichkeit die alten apostolischen
Rechte der Priesterschaft von der römischen Partei zurückzu-
fordern.

Als Mathy am 25. November 1845 zum drittenmal in
den Landtag reiste, war er nicht nur die stärkste Arbeitskraft
der Kammer, auch sein Ansehen im Lande war fest begründet.
Von den Veteranen war Sander gestorben, Hoffmann nach
dem Norden gesandt, dagegen nahmen jetzt neue Männer Platz,
darunter Soiron und Brentano, — Hecker war schon 1843
eingetreten. In der Regierung selbst kämpften noch uneinig
die Anhänger von Blittersdorff und Winter. Mathy sagte
deshalb voraus, daß der Landtag nicht lange dauern werde.
Die Liberalen kamen in gereizter Stimmung; die Regierung
hatte die Verhandlung der vorigen Session über jene Wiener
Conferenzbeschlüsse aus dem Landtagsprotokoll streichen lassen,
Itzstein und Hecker waren aus Preußen als paßlose Fremde
ausgewiesen worden und der badische Gesandte in Berlin hatte
theilnahmlos zugesehen, die Willkür der Polizei und Censur
erschien unleiblich.

Der Landtag nahm einen kurzen und stürmischen Verlauf.
Mathy schalt, daß man außer dem Budget nichts als ein Gesetz
über Wehrverfassung in Aussicht gestellt habe, für die nöthigen

wirthschaftlichen Reformen sei nichts geschehen. Welcker schilderte in sehr beweglicher Rede die traurige Lage des Landes, um eine seltsame Adresse an den Großherzog zu beantragen, „daß dieser alle verfassungsmäßigen Rechte schützen möge", worauf die Regierung erklärte, der Großherzog könne eine so gefaßte Adresse nicht annehmen; Zittel endlich beantragte Gleichstellung der Deutschkatholiken mit den Bekennern anderer christlicher Confessionen. Und hier gab Mathy den Forderungen seiner Partei kräftigen Ausdruck, er verdammte den polizeilichen Gewissenszwang und forderte Gleichberechtigung aller Religionen. Und als darauf die Kammer mit zahllosen Petitionen gegen Zittel's Antrag bestürmt wurde, und die conservativen Abgeordneten einen Religionskrieg in Aussicht stellten, da rügte Mathy die Mittel, welche Conservative und Ultramontane gebrauchten, um das Volk aufzustacheln, und daß das Pfaffenthum die Freunde der Glaubensfreiheit vor dem „darbenden Volk als die Hochbesoldeten und Millionäre" verklagt hätte, und er schloß mit der Erklärung, daß er den Bestrebungen zur Besserung des Arbeiterlooses Gedeihen wünsche, daß aber der Communismus, auch wenn er in der Kutte auftrete, ihm zu radikal sei. Sein Hauptstreit aber war wieder gegen die Censur. Ein Serviler, der Abgeordnete Platz, den Mathy in seinen Journalartikeln gern zum Gegenstand bitterer und launiger Angriffe machte, hatte den Antrag gestellt, vom Bundestage ein allgemeines deutsches Preßgesetz zu erbitten, denn die Censur sei doch kein Schutz der Regierung gegen freche Angriffe, sondern eine lächerlich ohnmächtige Waffe. Da fuhr Mathy mit überlegener Gewalt gegen ihn los und in einer seiner wirksamsten Reden charakterisirte er den als harmlosen Altweiberschreck dargestellten Quälgeist und schilderte die Willkür und Liebedienerei des polizeilichen Censors, den er „Mustercensor" nannte, mit starken Farben. Als er darauf von einem Ministerialrath gefragt wurde, ob er durch diesen Ausdruck eine bestimmte Person — Uria-Sarachaga in Mannheim — habe beleidigen wollen, antwortete er: „Es ist nicht meine Absicht, Jemanden zu beleidigen, aber wenn zufällig einige Züge meiner Schilderung auf einen bestimmten Censor passen, so kann ich nichts dafür, und jederzeit bin ich bereit, meine Aeußerungen in diesem Saal hier oder vor Gericht, oder auch noch auf einem andern Wege zu vertreten." — Die Regierung vermochte mit der Kammer nicht fertig zu werden, die Spannung war fast unerträglich geworden, und die Auflösung der Kammer am 9. Februar 1846 den Meisten erwünscht.

Sogleich nach dem Schluß des Landtags gab der gewissenhafte Mathy, weil die Landtagszeitung vor Schluß des Abonnements unterbrochen war, den Abonnenten in täglich erscheinenden Nummern ein „Wochenblatt" als Fortsetzung mit einer Rundschau zur Entschädigung, er schrieb die Artikel darin mit besonderem Behagen und setzte den Ultramontanen und Servilen launig und in scharfer Ironie so arg zu, daß er ihnen wie ein Landschrecken erschien und einige sich zerschlagen vom Kampfplatze zurückzogen. Seine Beliebtheit im Volke stieg hoch, er wurde in Reden und Versen gefeiert, in einem Gedicht seine Geistesfülle mit einem röthlich=blauen Amethyst verglichen, in einem andern wurde er durch die Frage beehrt: wer schwingt der Wahrheit Banner kühn im Kampf für Preß= freiheit? Mathy, he, holla, Mathy.

Die ehrenvolle Bezeichnung als Edelstein und Bannerträger machte ihm persönlich nicht so viel Vergnügen, wie jene Verdächtigung durch die Gegner als Millionär, denn mit diesem Ausdruck war es besonders auf ihn, den Buchhändler abgesehen. Und wenn es einmal im Haushalt recht knapp herging, neckte er die Hausfrau durch diesen Titel. Nämlich die Buchhandlung brachte zwar recht viel Arbeit, auch manche kleine Freude und gute Bekanntschaft, aber zur Zeit noch keine Reinerträge. Manches Buch wurde stark begehrt, — die Dorfgeschichten wurden der Verlagshandlung immer werthvoller, — manches andere Buch dagegen beharrte phlegmatisch auf

dem Lager, und leider hatten gerade die dicksten solche Neigungen,
Mathy war in Mannheim viel durch das Comtoir in Anspruch genommen, hielt auch wenn er mit dem Freunde in
Karlsruhe war, das Herrenauge über dem Geschäft und besorgte
einen großen Theil des Briefwechsels mit den Schriftstellern,
aber seine Einnahmen mußte er nach wie vor in literarischer
Thätigkeit suchen; so lieferte er z. B. dem Mannheimer
Journal besondere Kammerberichte. Seit 1845 wohnte er
während der Kammersitzungen in Karlsruhe bei seinem Freunde
Malsch; in den wenigen Freistunden, welche ihm blieben, verkehrte er am liebsten mit alten Bekannten aus der Bürgerschaft von Karlsruhe, oder in der Häuslichkeit seines Gast-
freundes, dort sang er fröhlich zum Klavier deutsche und
französische Lieder, übte mit der Tochter des Hauses vierhändig
— er spielte recht gut vom Blatt — und unterhielt sich mit
seinen Vertrauten über Staat, Kirche und Literatur. Während
in der Kammer Minister, Gegner und selbst Parteigenossen
immer wieder über die scharfe Ironie seines Wesens klagten
— auch Fickler in den Seeblättern erwähnte nach langer Lob-
rede diese Eigenheit als „die Schattenlinie seines Bildes" —
war er unter den näheren Bekannten von so milder Herzlichkeit, so zart und schonungsvoll berichtigend und fördernd,
daß seine Ankunft immer als ein Gewinn für ihr Leben begrüßt
wurde. „Denn er verstand zu belehren, ohne daß er fühlen
ließ, wie man im Wissen unter ihm stehe; indem er die Menschen heraufzog, machte er sie zu seinen Verehrern und
Freunden", urtheilte einer der näheren Freunde. Es war bei
solcher Anwesenheit Mathy's in Karlsruhe, daß einst im Hardt-
walde Feuer ausbrach. Mathy eilte mit einigen Bekannten
hinaus und traf dort Soldaten, welche mit ihren Faschinen-
messern junge Holzung niederhieben, den Brand einzudämmen.
Er warf sogleich den Rock ab, griff kräftig zu, gab den Soldaten Anweisung, warf sich an der gefährlichen Stelle der
züngelnden Glut entgegen, die Lohe wehte ihm um das Haupt

unb bie Flammen fuhren hinter ihm her. Aber burch angestrengte Arbeit gelang es bem Feuer Einhalt zu thun. Bei
ber Rückkehr forberte Mathy bie Freunbe nach bem Abenteuer
zu nächtlicher Kahnfahrt auf bem Rheine. Der Monb schien
hell unb lustig auf bie arbeitmüben Männer, um ben Kahn
blinkten bie kleinen Wellen, Mathy war in sehr glücklicher
Stimmung, sang unb lachte, unb bie Begleiter tauften zur
Erinnerung an bie Nacht eine gute Sorte Lanbwein, bie sie
in ben Kahn geschafft, nach Mathy's Angabe „Monbschein"
unb hegten sie seitbem treulich als Haustrunk, im Anbenken
an ben Freunb.

Unterbeß rüstete sich bas Volk zu ben Neuwahlen, heftig
stießen bie Parteien in ben Ortsblättern auf einanber, auch
gegen Mathy's Wieberwahl in Constanz wurbe stark gearbeitet,
ohne Erfolg. Die Sprache ber liberalen Blätter wurbe leibenschaftlicher, Mathy erkannte bie Anzeichen ber Zeit; er burfte
jetzt als ber eigentliche Führer ber Liberalen gelten, bie steigenbe
Aufregung riß ihn nicht fort, sonbern mahnte ihn zur Vorsicht. Er sah in bem Umstanb, baß Bekk, bas Haupt ber
Schule Winter's, aus bem obersten Gerichtshof in bas Staatsministerium berufen wurbe, guten Willen ber Regierung, ber
Volksvertretung entgegen zu kommen. Als ber Lanbtag —
unter Mittermaier's Vorsitz — am 3. Mai 1846 begann,
gewann Mathy Hoffnung, biesmal bei ber Regierung Förberung ber Volkswohlfahrt burchzusetzen. Die Mängel ber
Forstschulen, bie Bebürfnisse ber Weinbauer, bie Nothwenbigkeit bes sofortigen Baues ber Kinzigthalbahn zur Verbinbung
zwischen ben babischen Eisenbahnen unb ber Schifffahrt auf
bem Bobensee, bie Grünbung einer Bank für bas Großherzogthum, bie wieber angeregte Einführung ber Kapitalsteuer,
behanbelte er eingehenb unb als praktischer Rathgeber ber
Regierung. Er befürwortete ohne Rücksicht auf bas Geschrei
sübbeutscher Fabrikanten fortschreitenbe Tarifermäßigung bes
Zollvereins. Unb er sagte, baß eine künstlich erhaltene Inbustrie

nicht nur eine Krankheit, sondern eine Versündigung an dem
verbrauchenden Volke sei, und wie sehr die Erweiterung des
Zollvereins über den Norden und die Küste ihm aus nationalen
Gründen am Herzen liege. Wieder sprach er gegen die Censur,
und er prophezeite jetzt, daß ihre letzte Stunde bald schlagen
werde. Und wieder sprach er für die Deutschkatholiken, deren
kleine Gemeinden von den Ultramontanen als eine Verschwörung
gegen Gott und die Christenheit, ja gegen den badischen Thron
verdammt wurden. Es war um das Ende dieser Sitzung, wo
die zweite badische Kammer einmal eine dramatische Scene bot,
wie sie sonst nur auf der Bühne vorkommt. Unter allen
Ultramontanen war der Abgeordnete Buß, Professor in Freiburg, der Opposition am widerwärtigsten. Mathy kannte ihn
von alter Zeit, der Mann hatte sich einst als Radikaler in der
Schweiz umhergetrieben, war dann plötzlich zur Pfaffenpartei
übergegangen und trug einen fanatischen Eifer zur Schau, an
dessen Ehrlichkeit in dem frechen und hohlen Gesellen Niemand
glauben wollte. Er saß jetzt zum erstenmal in der Kammer,
eiferte gegen die Gleichstellung der Juden und beantragte die
Befreiung der katholischen Kirche von der Oberherrschaft des
Staats, wobei er sich roher Ausfälle nicht enthielt. Die
Opposition beschloß ihn zu zerknirschen. Zuerst erstaunte sich
Brentano über den Eifer des Abgeordneten, der vor elf
Jahren nicht einmal an die Unsterblichkeit der Seele geglaubt
habe. Das erklärte Buß für eine Verleumdung. Darauf las
Brentano die Strophe eines gedruckten schwülstigen Gedichtes
von Buß, worin allerdings die Fortdauer nach dem Tode
spöttisch abgefertigt wurde. Buß erklärte heftig, das Gedicht
sei für einen Arzt bestimmt gewesen, und fügte den unparla-
mentarischen Wunsch hinzu, daß die Spürnase des Vorlesers
doch auch nach den ersten Incunabeln des Buß suchen möge.
(Tumult, Präsident Mittermaier strafend: „Ihr Benehmen
ist nicht parlamentarisch.") Darauf erhob sich dräuend die
Gestalt Mathy's und er sprach: „Der Abgeordnete Buß hat

an den Tag erinnert, wo, heute vor vierhundert Jahren, deutsche Fürsten in Frankfurt beriethen, wie sie der Uebergriffe Roms sich erwehren könnten. Sie wurden überlistet, und Jahrhunderte lang büßte Deutschland durch unsägliches Unglück, von dessen Schlägen es sich heute noch nicht erholt hat. Jene Partei, von welcher die heutige Motion ausgeht, wirkte stets verderblich für Deutschland und als Deutscher trete ich ihr entgegen. Aber auch als Abgeordneter der Stadt Constanz bin ich veranlaßt, die Motion zu verwerfen. Die Bürger von Constanz wissen wohl, wer schuld ist an dem tiefen Sinken ihrer einst großen und blühenden Stadt. Jene Partei war es, welche die Protestanten vertrieb, daß sie auszogen nach Winterthur, und dort Gewerbe und Handel in Schwung brachten. Vor ihren Mauern sah Constanz die Scheiterhaufen flammen, auf denen Huß und Hieronymus ihr Leben ließen um des Glaubens willen. Man will dort Aehnliches nicht wieder sehen, und heute machen geringere Verletzungen und Bedrückungen wegen religiöser Ueberzeugung einen ebenso peinlichen Eindruck, als damals die Flamme der Scheiterhaufen. Um ihre bessere Gesinnung an den Tag zu legen, erließen im Jahre 1813 eine Anzahl katholischer Bürger in Constanz, worunter siebenzigjährige Greise, eine Einladung zu Beiträgen für ein Denkmal der beiden Märtyrer Huß und Hieronymus. In jener Einladung war folgende Stelle zu lesen: „Die Flammen des Ketzergerichts haben zwar den Leib dieser Märtyrer zerstört, nicht aber ihren Geist. Die Geschichte nennt Huß und Hieronymus als die ersten Vertheidiger der religiösen Freiheit, als Vorkämpfer der großen kirchlichen Reformation." — Mathy verlas die Worte aus dem Jahrgang 1843 der „Seeblätter". — „Meine Herren, diese Worte schrieb kein Protestant; es hat sie — der Abgeordnete Buß geschrieben." Welcker (einschaltend): „Nachdem er schon Professor war." Allgemeines Erstaunen, Unterbrechung, Buß macht eine verneinende Bewegung. Mathy: „Es ist doch richtig? Sie haben

diese Worte geschrieben?" Buff: „Ich werde dem Abgeordneten
Mathy antworten. Es war eine große Versammlung —"
Mathy: „Sie haben diese Worte geschrieben?" Buff: „Nein."
Mathy: „Sie haben diese Worte nicht geschrieben?" Buff:
„Nein." Mathy: „Wohlan denn, — hier ist Ihre Handschrift."
Er zieht das Papier, worauf Buff die fraglichen Worte als
Zusatz zu dem Entwurf der Einladung geschrieben, aus der
Tasche, hält es dem Abgeordneten Buff entgegen und zeigt es
sodann den Mitgliedern, welche sich herandrängen. Buff:
„Ich sage dem Abgeordneten Mathy: Ja, ich habe es geschrieben."
Präsident Mittermaier wieder strafend: „Es geschieht Ihnen
Recht, Herr Abgeordneter Buff; Sie haben sich das selbst zu-
zuschreiben. Sie sind genug gebeten worden, die Begründung
der Motion zu unterlassen." Die Motion des Abgeordneten
Buff wurde gegen zwei Stimmen abgelehnt.

Das war der letzte große Augenblick jener guten Zeit, in
welcher die badische Kammer in gemüthlichem Stillleben polterte
und den Deutschen von ihrer Rednerbühne Artikel über politische Freiheit zusandte. Es war auch das letzte Mal, daß
Mathy die Landtagszeitung für Baden herausgab.

4

Der Kampf für die Verfassung.

„Es geht ein frischer lebendiger Geist durch Deutschland. Der Norden und die Mitte sind in einer Bewegung, die vorher nie dagewesen ist, die aber nachhaltiger sein wird, als die Bewegung in unserm wetterwendischen Süden. Preußen muß vorwärts, das Schaukelsystem ist unhaltbar und eine entschiedene Reaction unmöglich. Es bedarf nur eines kleinen Anstoßes um den Widerstand zu brechen, welcher bis jetzt noch der besseren Gestaltung der Verhältnisse entgegen wirkt. Nie wurden, wie jetzt, politische, religiöse, sociale, volkswirthschaftliche Fragen so zu sagen auf offenem Markte verhandelt, selbst die Zeitungen zeigen Spuren davon, Censur und Bücherverbote helfen nicht mehr." Das waren die Worte Mathy's im Sommer 1846, wie er sie im Briefe an einen Freund in der Schweiz aussprach.

Die alte Einigkeit der badischen Opposition war freilich kaum noch zu erhalten. Der Mißwachs von 1846 machte das Volk unzufrieden, socialistische Lehren kamen von Frankreich her über die Grenze, eine revolutionäre Literatur gewann Verbreitung. In der Nähe Mathy's bildete sich eine neue Linke, welche auf die Leidenschaften der Masse rechnete. Seine Vaterstadt Mannheim umschloß in ihren Mauern eine ganze Anzahl Abgeordneter der verschiedensten Richtungen, hier wohnten außer einigen Servilen nicht nur Bassermann und Mathy, auch Itzstein und Hecker, und entgegengesetzte Bestrebungen

stießen sich hart um die Köpfe der Bürger. Hecker und Struve
machten den „Zuschauer", Fickler in Constanz „die Seeblätter"
zu Verkündern der neuen Lehre, die liberale Kammermehrheit
wurde Gegenstand ihrer versteckten Angriffe, die Jugend und
die Arbeiter wurden aufgestachelt, und sollten zum Freiheits=
heer herangebildet werden. Noch war persönlicher Verkehr unter
den Führern in den alten vertraulichen Formen, aber schon
beobachteten sie argwöhnisch einander Worte und Thaten.

Bei Mathy und seinen Freunden war die Ueberzeugung oben=
auf, daß für Deutschland eine schwere Wendung bevorstehe, aus
welcher nur die Einheit retten könne, daß die Durchführung
einer repräsentativen Verfassung in Preußen Vorbedingung
für die Einigung Deutschlands sei, daß die Verfassungen in
den übrigen deutschen Staaten vor revolutionären Gelüsten
geschützt und auf gesetzlichem Wege fortgebildet werden müßten.
In dieser Ueberzeugung hielten die Mitglieder der Opposition
am 29. November 1846 eine Zusammenkunft in Durlach und
beschlossen fest zusammenzuhalten gegen die zerstörenden Richtun=
gen und als Mittelpunkt ihrer Bestrebungen eine neue große
Zeitung zu gründen, die Deutsche Zeitung. Hecker war nicht
erschienen, wol aber noch Brentano und v. Itzstein. Mathy
selbst gab seit dem Oktober 1846 wieder eine Wochenschrift
heraus, „die Rundschau" zweimal wöchentlich, die er bis
Ende 1847 fortführte und worin er außer den Tagesneuig=
keiten gemeinnützige Aufsätze über Zeitfragen und politische Be=
richte schrieb; es war das kleine Blatt seiner Politik und zeigt
in vielen Correspondenzen die Gefechtsweise eines Parteiführers.
Obgleich er nicht selten durch verdeckte Angriffe der jüngeren
Parteigenossen herausgefordert wurde, hütete er sich doch einer
Verstimmung lauten Ausdruck zu geben, er hatte die Hoffnung
nicht aufgegeben, daß dem Treiben der Anderen ohne offenen
Bruch durch erhöhte patriotische Wärme der Nation die Wir=
kung verdorben werden würde.

So kam das Jahr 1847. Das Beamtenthum wirth=

schaftete noch immer in der alten Weise mit Polizei und Cen=
sur und arbeitete in dem theuren und getreidearmen Jahre
dadurch den Radikalen in die Hände, was diese in den beiden
nächsten Jahren dankbar vergalten, indem sie wieder dem Rück=
schritt den Weg ebneten. Zwar blieb Baden von den Tumul=
ten brotloser Arbeiter verschont, welche in anderen Landschaften
ausbrachen. Aber viele empfanden und verkündeten, daß es
so nicht mehr lange fortgehen werde.

Mathy hatte jetzt einen Lieblingswunsch durchgesetzt. Mit
dem Juli begann die Zeitung der deutschen Partei, Gervinus
Redacteur, Fr. Bassermann Verleger. So war Mathy mit
zwiefachem Antheil daran gefesselt. Nie trat eine deutsche Zei=
tung achtunggebietender vor die Nation. Die besten Liberalen
aus allen Theilen Deutschlands dabei betheiligt, die Zeitung
Mittelpunkt und Organ einer neuen Partei, die sich in jugend=
licher Kraft rührte. Daß sie auf ganz Deutschland angelegt war
und vom Süden aus vor Anderem preußische Angelegenheiten
besprechen sollte, war der größte Fortschritt. Und sie hat im
Ganzen die hohen Erwartungen, mit denen sie begrüßt wurde,
nicht getäuscht. Kein Blatt hat so viele Kräfte namhafter
Gelehrter: Gervinus, Häusser, Dahlmann, G. Beseler, Waitz,
Droysen, und keines so viele handelnde Politiker unter seinen
Gönnern und Mitarbeitern gezählt, wenige haben so reiche
Folge glänzender und kluger Aufsätze gebracht. Sie ist auch
einer ganzen Reihe namhafter Tagesschriftsteller die hohe
Schule geworden, auf welcher sie in die Geheimnisse deutscher
Redaction eingeweiht wurden: Kruse, Heller, Aegidi, H. Marg=
graff. Daß Mathy trotz kleiner Meinungsverschiedenheiten
und Wechselfälle ein eifriger, sehr thätiger und wichtiger Mit=
arbeiter war, bedarf kaum der Erwähnung. Er schrieb unter
anderem bis Frühjahr 1848 die Landtagsberichte aus Baden
dorthin, und gab seine Landtagszeitung auf.

Kurz darauf betrieb er eine neue Versammlung von Ab=
geordneten aus deutschen Staaten. Das Organ der neuen

Partei war geschaffen, jetzt galt es Verständigung über die nächsten Schritte. Am 10. Oktober 1847 trafen zu Heppenheim unter Andern Hansemann und später Mevissen aus Preußen ein, Heinrich von Gagern aus Darmstadt, Römer aus Würtemberg, Hergenhahn aus Nassau, Mathy, Bassermann, Soiron aus Baden, dazu auch noch Itzstein. Die Verhandlungen dieser gewählten Gesellschaft sind sehr merkwürdig. Bei der Frage, auf welchem Wege zu einem deutschen Staat durchzubringen sei, standen zwei Ansichten einander gegenüber. Die eine forderte Vertretung der Nation bei der Bundesversammlung und allmähliche Umwandlung des Bundes, und zu dieser Ansicht standen die meisten Süddeutschen, auch Bassermann. Mathy war dagegen: der Gedanke ist erhaben, eine Aussicht auf Verwirklichung nicht vorhanden. Der Bund enthält Glieder, die zugleich auswärtige Mächte sind, wie Dänemark und Niederland, diesen ist eine deutsche Politik unmöglich, andere, die wenigstens nicht ausschließlich deutsche Mächte sind, und solche, welche Gebietstheile enthalten, die zwar deutsch sind, aber nicht zum deutschen Bunde gehören. Eine Nationalvertretung aber fordert auch eine Nationalregierung, ausgerüstet mit den Befugnissen der obersten Staatsgewalt, und diese ist bei dem völkerrechtlichen Bunde nicht möglich. Das Ziel der Einigung Deutschlands zu deutscher Politik und gemeinsamer Leitung nationaler Interessen wird deshalb eher erreicht, wenn die öffentliche Meinung die Ausführung des Zollvereins zu einem deutschen Vereine fordert. Hier hat man bereits eine, wenn auch mangelhafte Verwaltung, dieser kann eine Vertretung von erwählten Notabeln zur Seite gestellt werden. Schon hat der Zollverein die Leitung gemeinschaftlicher wichtiger Angelegenheiten in Händen, hat Verträge mit auswärtigen Staaten abgeschlossen, enthält den Keim einer Vereinspolitik, die durch keine fremden Glieder gestört ist. An Zoll und Handel werden sich andere Interessen reihen, Land- und Wasserstraßen, gleiche Besteuerung, Gewerbeverfassung,

Marine, Consulate, Handelsgesetze. Durch solche Ausbildung
zur Macht geworden, wird dieser deutsche Verein eine unwider=
stehliche Anziehungskraft auf die übrigen deutschen Länder üben,
endlich auch den Anschluß der östreichischen Bundeslandschaf=
ten herbeiführen und so eine wahrhaft deutsche Macht werden.
Diese Auffassung, nachdrücklich vertreten, bis ins Einzelne
durchgesprochen, vereinigte endlich alle Meinungen. Doch wurde
beschlossen, auch keine andere Gelegenheit, welche die nächste
Zeit bringen möge, unbenützt zu lassen, um für die Einigung
zu wirken, und dazu in den Kammern der Einzelstaaten An=
träge zu stellen. — Es war ein kluger Rath, und es war
eine muthige Stimmung, in welcher die kleine Zahl patrio=
tischer Männer sich mit Händedruck trennte. Nicht ganz auf
diesem Wege ist die Einigung Deutschlands angebahnt worden,
aber der Gedanke, welcher zu Grunde lag, daß nur durch
Ausschluß der undeutschen Bestandtheile und unter der Vor=
macht des Zollvereins, Preußen, und daß ferner nur durch
Verständigungen zwischen den Regierungen und dem Volk der
gesetzliche Fortschritt zu gewinnen sei, sank befruchtend in die
Seelen. Die Zugeständnisse der Regierungen aber hoffte man
damals durch das Drängen aus dem Volke zu erreichen.

Als am 9. December 1847 der badische Landtag wieder
eröffnet wurde, war die Luft sehr schwül, Handel und Verkehr
stockten, Mißbehagen und Unzufriedenheit war allgemein, dem
guten Willen des Ministeriums fehlte der rechtzeitige Entschluß.
Zunächst bedrohte eine wirthschaftliche Noth. Die drei größten
Fabriken des Landes kamen durch den Sturz zweier Bankhäuser
zu Karlsruhe ins Stocken, das Ministerium hatte den Willen,
dieselben durch theilweise Zinsbürgschaft für die Gläubiger zu
halten, und trat mit diesem Vorschlag vor die Kammer. Mathy
wurde Berichterstatter der Commission, er stand entschieden auf
Seite der Regierung, nicht nur, weil die Zeit eine außerordent=
liche Maßregel erfordere und das Wohl von tausend brotlosen
Arbeitern zu bedenken sei; sondern vor Allem deshalb, weil

die Regierung der Kammer keine Wahl gelassen habe, das Ministerium selbst hätte ablehnen können, es habe aber durch seine Vorschläge bereits die rechtzeitige Auseinandersetzung der Bedrängten mit den Gläubigern verhindert und dadurch ihre Lage verschlechtert, wenn jetzt die Kammer sich gegen eine Zinsbürgschaft ausspreche, so würden drei kräftige und hoffnungsvolle Fabriken rettungslos dem Verderben anheimfallen. Darüber gab es Mitte Januar 1848 sehr erregte Verhandlungen, in welchen der Parteizusammenhang aufhörte, die Unterstützung der Millionäre war nicht nach der Ansicht des Volkes und die Gegner riefen unwillig, daß es ein arges Unrecht sei, den Säckel der Steuerzahler zu gefährden, damit die Capitalisten der Verlegenheit enthoben würden; auch Bassermann stimmte gegen Mathy. Zuletzt wurden die Anträge Mathy's mit einigen Abänderungen angenommen. Hecker aber hatte diese Gelegenheit benutzt, eine socialistische Adresse von 63 Arbeitern an die 63 Abgeordneten zu empfehlen, worin die zweite Kammer über die Noth des vierten Standes belehrt und die Schrankenlosigkeit verklagt wurde, mit welcher die Vermögenden und Fabrikanten die wehr- und schutzlosen Arbeiter und kleinen Meister erdrücken könnten. Ein geharnischter Aufsatz in der Deutschen Zeitung war die Antwort Mathy's, der mit dem Angriff auf Hecker schloß: „daß Leute, die sich zu einer politischen Rolle berufen fühlen, die Gaukelei mitmachen, aus Kurzsichtigkeit oder Leichtsinn, das darf einen billig in Verwunderung setzen." Tief verletzte dieser Tadel.

Dennoch behandelte Mathy im Ganzen die Radikalen mit vorsichtiger Schonung und zwang dadurch auch sie, welche in der Stille gegen ihn arbeiteten, zu einiger Mäßigung. In dieser Politik empfahl er selbst bei einer Wählerversammlung in Mannheim die Wahl Brentano's, der sich zur Zeit noch ruhig hielt, und fuhr fort in seiner Rundschau die Spaltung unter den Liberalen, welche von der reactionären Partei frohlockend angekündigt wurde, zu verdecken. Er hatte guten Grund

dazu. Er sah, wie das alte System der Regierungen zusammen-
brach, und daß es vielleicht nur noch einmal einer geschlossenen
Mehrheit der Opposition bedürfe, um die Regierungen Süddeutschlands zu parlamentarischem Regiment zu nöthigen. Auch in
Preußen war der vereinigte Landtag durchgesetzt, ein Ausgangs-
punkt für verfassungsmäßige Entfaltung der großen Staatskraft
gewonnen. In Baden aber war Bekk erster Minister geworden,
die Rückschrittspartei erlegen. Deshalb flog jetzt unermüdlich
seine Feder, er drängte die Regierung, drohte den Servilen und
mahnte frühere Freunde öffentlich zur Einigkeit. Und als
v. Struve die Redaction des Mannheimer Journals aufgab, um
in neuem Blatt sich wilder zu geberden, übernahm er selbst
für einige Zeit auch noch die Leitung der führerlosen Zeitung.

Aber freilich in dem Behagen seines Hauses, am Abendtisch von Frau Anna, zeigten sich die verwilderten Bekannten
seltener. Noch im Jahr 1845 hatte v. Struve, der sich damals als Journalist der liberalen Opposition angeschlossen,
sein phrenologisches Wissen beim Theetisch vorgeführt, er hatte
Mathy's Kopf begutachtet und daran außer Mangel an Vorsicht und einem Ueberwiegen der Phantasie über den berechnen-
den Verstand, auch mit Schrecken einen ungeheuren Zerstö-
rungstrieb entdeckt und darüber gegen Frau Anna die Hände
zum Himmel gehoben. Jetzt beobachtete die Hausfrau, wie
ihr Gatte alte Bekannte aus diesem Kreise mit einer abweisen-
den Schärfe behandelte, die er im persönlichen Verkehr doch
nicht immer bändigte, wie fest und kriegerisch er einherschritt,
und daß die Anderen ihn mit düsteren Mienen und mit Scheu
betrachteten. So sah sie einmal den Führer der Radikalen
in Mannheim feierlich in schwarzem Frack eintreten, und sie
wußte doch, daß der Mann gar keine häusliche Veranlassung
hatte, ihren Hausherrn zu Gevatter zu bitten; und dann hörte
sie in einer Nebenstube, wo sie gerade gegen den Staub kämpfte,
wie der Radikale ihrem Hausherrn mit außerordentlicher Feier-
lichkeit eine Herausforderung Hecker's überbrachte. Ihr Mann

hatte den Hecker, wie sich ergab, irgendwo ins Angesicht scharf
angegriffen, Hecker hatte zornig Widerruf oder Genugthuung
verlangt und darauf hatte Mathy geantwortet: Widerruf,
nein, er könne noch viel mehr sagen. Jetzt kam der Helfer
Hecker's um nochmals Erklärung zu verlangen, wo nicht, u. s. w.
wie Mathy wolle. Dieser also wollte Pistolen am andern
Morgen. Die Hausfrau dachte: ich sage nicht, daß ich's gehört
habe, das möchte ihm sein Herz schwerer machen, ich will
warten, ob er mir es sagt. Aber der falsche Mann sprach
kein Wort, sondern führte nach Tische gemächlich einen auswärtigen Jugendfreund durch die Stadt. Am Nachmittag
schellte es, Frau Anna öffnete selbst und an der Thüre stand
Hecker mit einem Bekannten, die Hausfrau trat zurück und
sah Hecker böse an, doch als dieser mit weicher Stimme frug:
„Ist Karl nicht zu Hause?" wurde ihr leichter zu Muthe und
sie versetzte gehalten: „Er ging spazieren." Darauf sahen
die Gäste einander an, „es ist am besten, wir gehen zu
Itzstein, bitte, sagen sie Karl, er möge hinkommen." Als der
Gatte heimkehrte, sprach Frau Anna gewichtig: „Hecker war
hier." Mathy pfiff leise und machte ein schlaues Gesicht.
„Ich weiß Alles," sagte Frau Anna vorwurfsvoll. „Nun,
Nannchen, ich wollte dir keine schlaflose Nacht machen, morgen
früh hättest du es erfahren." Mathy ging zu Itzstein, Hecker
trat langsam auf ihn zu, bot ihm zögernd die Hand: „du
bist auch gar zu schonungslos, wenn du anfängst." Mathy
antwortete, die Hand fassend: „mir ist's recht, wenn wir nicht
Studenten spielen." Und Itzstein stand als Friedenstifter dazwischen. Aber seit der Zeit war Hecker, wenn er mit Mathy
zusammentraf, nicht unbefangen. Auch Itzstein, der sich so
gern bereit erklärte, seine letzten Kräfte dem Vaterlande zu
weihen, fühlte im Innern den Stachel. Einst war er des
jungen Mathy geehrter Gönner gewesen, und Pathe des ersten
Sohnes, jetzt ward der Alte belästigt durch die Tüchtigkeit
und noch mehr durch die Selbständigkeit des jüngeren Abge-

ordneten, noch galt er im Volk für den Führer der Opposition,
nicht mehr in der Kammer. Ein jüngeres Geschlecht hatte
ihn überwachsen, seine Declamationen waren abgenutzt, seine
Eitelkeit war kindischer geworden, sein Bedürfniß nach Bewunderung bedenkenloser. Da war kein Wunder, daß ihm Mathy
in der Stille unbehaglich und lästig wurde, und daß er zuletzt mit greisenhaftem Mißmuth nach dem stärkeren Manne
hinübersah. Da war ferner Fickler von den Seeblättern in
Constanz, ein eitler, warmherziger Mann, der Jahre lang im
Seekreis mit guter Meinung gewirkt hatte, dort großen Einfluß besaß, und jetzt erhitzt durch die allgemeine Aufregung
sich selbst für wohlgeeignet hielt, von seiner Ecke aus die Freiheit über Deutschland zu bringen; er hatte sich lange warm
an Mathy gehalten und war in dessen Hause ein willkommener
Gast gewesen; wenn er jetzt einmal eintrat und von seinen
Verbindungen mit den Bielern und von bevorstehendem Umsturz sprach, fand er schlechtes Behagen und merkte erstaunt
wie unzufrieden Mathy mit ihm war, und wenn Frau Anna
ihn zum Thee behalten wollte, da winkte der Gatte mit den
Augen und sie traute sich's nicht.

Aber aus der Verwirrung in der heimischen Ecke verhieß
Befreiung der hoffnungsvolle Stand der deutschen Frage bei
den Regierungen. Seit dem Tage von Heppenheim hatte
Mathy mit Bassermann, Gagern und Anderen die Richtung,
welche die öffentliche Meinung genommen, sorgfältig geprüft,
auch er konnte sich der Ansicht nicht verschließen, daß bei der
schnell aufsteigenden Fluth zu ruhiger Agitation für Ausbildung des Zollvereins nicht mehr Zeit sei, und daß ein fertiger
Plan für Neugestaltung des Bundes nöthig werde, um der
Bewegung im Volke die Richtung zu geben. Aus diesen stillen
Berathungen entstand Bassermann's berühmter Antrag auf
Einführung eines nationalen Parlaments, der am 5. Februar
in die zweite badische Kammer eingebracht wurde und eine
zweite Vorstufe zu der Versammlung in der Paulskirche und zu

der Verfassung des norddeutschen Bundes geworden ist. Denn dieser Antrag war, ungleich früheren Ergüssen der badischen Kammer, keine vorwurfsvolle Mahnung an die Regierungen, er enthielt vielmehr die Grundzüge einer Bundesverfassung, in der Hauptsache dieselben Forderungen, durch welche einige Wochen später die Einberufung zur Nationalversammlung veranlaßt wurde. Der Antrag erregte das größte Aufsehen durch ganz Deutschland, er gab plötzlich den unbestimmten Wünschen im Norden und Süden maßvollen und wohlüberlegten Ausdruck; die würdige Sprache, in welcher Bassermann einige Tage darauf seine Forderung begründete, wirkte so mächtig, daß auch die Gegner in der Kammer sich des Beifalls nicht enthielten. Und in dieser hoffnungsvollen Stimmung suchte jetzt Mathy das Ministerium Bekk vorwärts zu drängen und er rief am 23. Februar in der Kammer den Ministern bei einer neuen Klage über die Plackereien der Censur heftig entgegen: „Mit der Zahmheit haben wir nichts erreicht, wir müssen es einmal mit der Wildheit versuchen, aber es ist auch Wildheit außerhalb der Kammer nöthig. Mißbilligt der Herr Minister, was in Italien und München geschehen? Ich mißbillige es nicht." — Schon in den nächsten Tagen sollte es mehr Wildheit geben, als ihm lieb war.

Denn während sein Herz noch warm war von der starken Wirkung des Verfassungsentwurfes, fuhr wie Wettersturm die Kunde aus Frankreich über das deutsche Land: Louis Philipp entflohen, die Republik in Frankreich ausgerufen. Laut jubelten die Radikalen, die Massen wogten auf den Straßen, jede Stunde schlugen neue Nachrichten wie Sturmwellen gegen das Gefüge des Grenzstaats Baden. In wenigen Wochen drängten sich jetzt Ereignisse, gewaltiger als in ruhigen Zeiten durch ein langes Menschenleben ziehen, auch Mathy erlebte und that, was für seine ganze Zukunft entscheidend wurde. Alle Energie, deren seine Natur fähig war, arbeitete jetzt nicht mehr gefesselt durch kleine Rücksichten und in tosender Brandung griff er mit fester Hand an das Steuer. Die französische Revolution, in Norddeutschland als ein treibender Fahrwind begrüßt, war ihm ein zerstörender Orkan, der auch zu versenken drohte, was zum Heil des Vaterlandes bewahrt bleiben mußte. Aber jetzt thatlos staunen wäre Verderben gewesen, es galt vielmehr die Bewegung zu beherrschen in Baden, in Deutschland.

Der Sturz eines unhaltbaren Systems durfte nicht die verfassungsmäßigen Gewalten mit sich reißen. Durch mehrjährigen angestrengten gesetzlichen Kampf hatte die Opposition in Baden große Erfolge erreicht, dieser Gewinn für die Freiheit sollte nicht durch Zügellosigkeit verloren gehen. Die ganze Kraft des freiheitliebenden, entschlossenen Mannes erhob sich zürnend gegen das wüste Gebahren der knabenhaften Demagogen. Unerschütterlich stand ihm die Ueberzeugung fest, was immer geschehen sollte, es mußte im Einklange mit der Verfassung durch die Regierung und die Kammern geschehen.

Seine persönliche Ansicht war damals und ist es während der folgenden Jahre parlamentarischer Versuche und öder Reaction bis zum Jahr 1866 fast immer geblieben, daß der Weg der gewaltigen Volksbewegung, auf welchen der Februar 1848 geführt hatte, nicht der kürzeste Weg zum Ziele sein werde. Während seine Freunde in Baden und ein großer Theil der Liberalen in anderen Staaten den einzigen Reformweg in einer Verbesserung der Bundesverfassung sahen, die zunächst durch eine Vertretung der Nation beim Bundestage bewirkt werden müsse, hatte er diese Hoffnung nicht. Während die Forderung einer Nationalversammlung in den Märztagen allgemeine deutsche Losung wurde, war er — und damals er fast allein — der Ansicht, daß solche Vertretung der Nation die Hauptsache, die Auseinandersetzung mit Oestreich, nicht durchsetzen werde. Nicht umsonst hatte er vierzehn Jahre vorher für den Zollverein geschrieben, und hatte er seitdem dies nationale Band immer mit besonderer Achtung und Zuneigung betrachtet; die Interessen der Völker, meinte er, werden zuerst die Interessen der regierenden Familien überwachsen. Er stand kühler und unbefangener als irgend einer seiner näheren Freunde in dem Getümmel, sowol zum Vorparlament als zur National= versammlung ging er mit Zweifel, ob auf diesem Wege die Hoffnungen der Nation erreicht werden könnten.

Jetzt aber handelte er mitten im wilden Tumult seiner Heimat, kaltblütig und doch auf's Höchste gespannt. Der gefährlichste Punkt Badens war seine Vaterstadt Mannheim. Hier galt es den Radikalen nicht die Oberhand zu lassen. Er war, ebenso wie Hecker, Gemeinderath, im Jahr 1846 mit größter Mehrheit gewählt, hatte den Gemeindesachen treue Theilnahme bewiesen und durfte auf einigen Anhang rechnen. Am 27. Februar nach der ersten Kunde von Ausrufung der Republik in Paris übernahm Mathy den Vorsitz bei einer Volksversammlung, welche die Radikalen veranlaßt hatten, auch er bevorwortete ein Gesuch an den verfassungsmäßigen Landtag um allgemeine Volksbewaffnung, Preßfreiheit, Schwur= gerichte, ein deutsches Parlament. Aber diese Petition sollte, wie die Radikalen forderten, am 1. März durch Schaaren aus allen Theilen des Landes der Kammer in Sturm übergeben werden. Das mußte verhindert werden. Er stellte in Karls= ruhe die Gefahr der Lage vor, und trieb zu schneller Nachgie= bigkeit; schon bevor die Petition überreicht war, am 20. Februar versprach die Regierung Volksbewaffnung und Schwurgerichte, und behielt für die verhängnißvolle Sitzung als wirksames dramatisches Mittel die Gewährung der Preßfreiheit.

Die Sitzung des ersten März begann; als die Regierung Preßfreiheit versprach, murmelten die Radikalen von weiteren Forderungen, aber Bassermann hielt eine seiner besten Reden und Mathy rief mit lauter Stimme in den Saal: „In Augen= blicken, wie dieser, habe ich nur einen Gedanken, der ist das Vaterland. Unser erstes Bedürfniß ist Einigkeit, sie ist nur möglich, wenn unsere vielvertheidigten Grundsätze verwirklicht werden. Der Weg dazu ist angebahnt, die Regierung ist uns entgegengekommen mit drei großen Principien. Wenn es der Regierung nicht Ernst wäre, uns ist es Ernst. Wir nehmen die Waffen in die Hand für die Vertheidigung nach Außen und zur Vertheidigung unserer Rechte. Wir müssen auf uns selbst vertrauen. Die Reihe der Bedürfnisse ist eine unendliche; wir wissen, welche Wünsche die dringendsten sind. Zwietracht wird nur unsere Feinde, die Feinde Deutschlands freuen." Aber die getäuschten Radikalen wollten die Wirkung der Sturmpetition nicht missen, sie begehrten die Kammer einzuschüchtern und in einen revolutionären Convent zu wandeln. Von ihnen angestiftet, umwogten Menschenmassen das Ständehaus, sie drängten in den Hausflur und den Hof; seit einigen Jahren war der schlechte Brauch eingeführt, daß die Hörer nicht nur auf den Gallerien, auch im Saale selbst hinter den Abgeordneten lagerten. Heut zeigten sich verwegene Gestalten im Saal, fremdes Gesindel aus dem Süden, treue Leibwächter Hecker's, Landleute aus dem Wald und vom See. Die Abgeordneten saßen betäubt durch das Gewühl und das Getöse hinter ihnen. Und Struve zog heran mit der Deputation aus Mannheim, die Forderungen des Volkes in den Saal der zweiten Kammer selbst zu tragen. Zwar wurde er durch den lauten Ruf der Abgeordneten beim Eintritt zurückgehalten, doch Hecker ging ihm an die Thür entgegen, nahm ihm die Petition ab und wollte damit geradezu die Rednerbühne besteigen. Da drohte Minister Bekk wenn dies geschehe den Saal zu verlassen, und die Petition wurde auf den Geschäftsweg gesendet. Aber Hecker fuhr auf's Neue empor, um Forderungen, die von acht Abgeordneten unterschrieben waren, durch die Kammer sofort dem Ministerium überweisen zu lassen. Und jetzt gab die Kammer bedenkliche Zeichen der Schwäche, viele Abgeordnete stimmten bei, der Präsident versuchte kraftlos Einspruch zu thun. Laut scholl der Jubel des Volkes, das im Hintergrunde den Antrag Hecker's begrüßte. Alles schien verloren. In diesem verhängnißvollen Augenblick stand Mathy auf und erklärte ruhig, der Antrag

sei nach der Geschäftsordnung an die Abtheilungen zu ver-
weisen, die Kammer lasse sich von Volksmassen nichts abringen.
Die Besinnung kehrte zurück, die Freunde fielen ihm mit lautem
Beifall zu. Und so wurde auch dieser Angriff geschlagen. Die
Radikalen tobten. Brentano rief draußen in die aufgeregte
Menge, daß Mathy die Volkswünsche totschlagen wolle, und
Struve verklagte bei den Haufen, was geschehen war; diese
durchzogen die Stadt, beunruhigten heftig die Bürgerschaft
und den Hof; aber die Gefahr war diesmal durch einige Worte,
zu rechter Zeit gesprochen, abgewendet.

Wieder eilte Mathy nach Mannheim, wo sich wie im
ganzen Lande die Volkswehren bildeten, und ließ sich dort
zum Hauptmann einer Compagnie unter Hecker's Oberbefehl
wählen. Von da ging er am 5. März nach Heidelberg, zu
einer neuen Zusammenkunft mit politischen Freunden von der
Deutschen Zeitung. Einundfunfzig Männer trafen dort zusammen, unter ihnen zwanzig Badenser, außer Mathy, Bassermann, Welcker, v. Soiron auch die Radikalen, denn auch diese
hofften auf das Parlament, unter den andern: v. Gagern,
Römer, Hansemann. Hier wurde der denkwürdige Beschluß
gefaßt, ein Vorparlament der deutschen Nation nach Frankfurt zu laden für Einberufung einer constituirenden Nationalversammlung, die Einberufung soll durch die Bundesbehörden,
die mit Vertrauensmännern zu verstärken sind, erfolgen, und
die Grundlagen für die künftige Reichsverfassung sollen folgende
sein: Ein Bundesoberhaupt mit verantwortlichen Ministern, ein
Senat der Einzelstaaten, ein Volkshaus, erwählt aus Urwahlen
nach dem Maßstab 1:70,000, Machtbefugniß des Bundes unter
Verzichtung der Einzelstaaten zu Gunsten der Centralgewalt
bezüglich folgender Punkte: Einheitliches Heerwesen, einheitliche
Vertretung gegenüber dem Auslande, Gleichheit in Handels-
und Schiffahrtsgesetzen, im Bundeszollwesen, in Münze, Maß,
Gewicht, Posten, Wasserstraßen und Eisenbahnen, Einheit der
bürgerlichen und Strafgesetzgebung und des Gerichtsverfahrens.

Ein Bundesgericht. Verbürgung der nationalen Freiheitsrechte. — Diese Versammlung ist über größeren der nächsten Folgezeit fast vergessen, dennoch ist sie der höchsten Beachtung werth, denn sie hat den Weg vorgezeichnet, auf welchem die deutschen Angelegenheiten seitdem vorwärts getrieben wurden, in Frankfurt, Erfurt, Berlin, bis jene Forderungen des 5ten März 1848 in der Hauptsache durch die Verfassung des norddeutschen Bundes für 30 Millionen Deutsche zum Grundgesetz des neuen Staates erhoben sind. Die politischen Gedanken, welche darin enthalten sind, wird Niemand das Werk eines Einzelnen zu nennen wagen, denn sie wuchsen zu gleicher Zeit in Tausenden herauf, aber unvergänglich soll das Andenken der Führer bleiben, welche sie zuerst auf den Weg der praktischen Ausführung gebracht und aus dem Reich unbestimmter Ideale in die Wirklichkeit eingeführt haben.

In Karlsruhe und Mannheim war man noch der Bewegung Herr, aber vom Lande folgten einander die Schreckensbotschaften. In den Dorfschenken wurden wüste Reden gehalten, die Dorfschmiede hämmerten Sensen gerade, überall im Volk schrie man nach möglichen und unmöglichen Freiheiten, im Odenwalde erhoben sich die Landleute gegen die Grundherren und Militär mußte herbeigezogen werden; die Truppenführer berichteten, daß ihre Mannschaft argen Verführungskünsten ausgesetzt sei, und es wurde gefährlich, kleine Abtheilungen durch das Land zu senden, auch im Heere war die Mannszucht gelockert, die Energie und Geltung vieler Offiziere unsicher. Am 13. März trug ein eiliger Mann aus Constanz die Schreckenskunde herzu, daß im Seekreise den Tag zuvor die Republik ausgerufen sei, Berichte von Beamten liefen ein, die mit schwarzen Farben die Auflösung der Ordnung schilderten, Gerücht wälzte sich auf Gerücht durch die Gassen der Hauptstadt. Schon war in der Kammer selbst den Abgeordneten aus dem Odenwalde und von der Tauber zum Vorwurf gemacht worden, daß sie nicht in ihre Wahlkreise abgegangen waren und das Volk zur Ruhe gemahnt hatten. Nach der neuen Schreckensbotschaft ließ Minister Bekk die Abgeordneten aus dem Seekreise zu sich laden und bat sie, nach ihren Wahlbezirken abzugehen. Einer und der andere versagte. Mathy, Vertreter von Constanz, war bereit, außer ihm noch Straub. Auf der Stelle ward ihnen eine Vollmacht ausgefertigt, durch welche Beide ermächtigt wurden, für Aufrechterhaltung der Ordnung zu wirken, die Behörden aber angewiesen, ihnen Beistand zu leisten. In der Nacht fuhr Mathy mit seinem Begleiter südwärts. Die Fahrt schien den Freunden Mathy's abenteuerlich, Viele riethen ihm ab, das fruchtlose Wagniß auf sich zu nehmen. Der Seekreis galt für verloren, er war die alte Domäne Fickler's und oft hatte sich dieser mit Grund seiner Herrschaft über die Bevölkerung gerühmt. Jetzt hatte Mathy die Aufgabe, den alten Genossen von der Presse in seinem Lager zu bekämpfen. In der Kammer Hecker und Brentano, in den Mannheimer Zeitungen Struve, jetzt vor den Bauern Fickler, es war nur ein Wechsel der Gegner und des Kampfplatzes. Mathy vertraute, daß er auch mit diesem Gesellen fertig werden könne. Hatte er darum in der Schweiz gelebt und den alten Unruhstiftern tief in das Herz gesehen, um jetzt ihren schwächlichen Nachwuchs zu scheuen? Jene Alten, die sich zu Mazzini gesellten, hatten in dem heillosen System der heiligen Allianz doch einen starken gemüthlichen Grund für ihre revolutionären Gedanken gehabt, diese jungen Nachfahren der Fein und Harring aber waren ihm nichts als freche Knaben, welche zerstörungslustig gegen eine neue Freiheit, die über der Nation aufging, umher tobten. Er nahm seine Waffen in den Wagen gegen fremdes Gesindel und lachte seinen Begleiter Straub aus, der sich schwerer Sorge um den Erfolg ihrer Reise nicht entschlagen konnte. Am 14. kamen sie in Villingen an, traten in eine große Volksversammlung und trafen zwar eine entschieden liberale Gesinnung, aber zur Zeit Abneigung gegen jeden Aufstand, sie wurden gut aufgenommen

und Mathy fand Beistimmung und Dank, als er mahnte, an
der Verfassung festzuhalten. Als sie am nächsten Tage den
Eilwagen bestiegen, sahen sie den radikalen Abgeordneten Peter
darin, den das Ministerium in der Verlegenheit zum Regie=
rungs=Director von Constanz ernannt hatte. Der haltlose
Mann wand sich verlegen vor den Commissaren; es war pein=
lich aus dem verstörten Antlitz und den unruhigen Worten
des Schwächlings den inneren Kampf zwischen seiner Amts=
pflicht und den Mahnungen seiner Gesinnungsgenossen zu lesen.
Den Tag fuhren die Reisenden in tiefem Schnee über die
Berge und vermochten sich nur mit Mühe durch die Wind=
wehen zu arbeiten. Oft wurden sie von bewaffneten Haufen
angehalten und mußten ausgestellten Posten der Volkswehr
Rede stehen, sie fanden Wächter der Freiheit mit seltsamer
Bewaffnung: Stangensensen, uralten Musketen, Pistolen ohne
Hahn und wuchtigen Knütteln, überall geschäftiges Wichtig=
thun, aber auch viele Gutmüthigkeit und recht altfränkische
Spießbürgerei und manche Veranlassung zu guter Laune,
überall kamen sie unangefochten durch, hier und da als Hort
der Volkswünsche begrüßt und durch treuherzige Klagen gegen
die Beamten und den Steuerzwang aufgehalten. Erst am
späten Abend gelangten sie nach Constanz.

Gleich darauf trat Fickler aufgeregt in Mathy's Zimmer.
Er war erst die Woche vorher in Karlsruhe mit Mathy zu=
sammengestoßen, als er im Pariser Hofe wüste Reden hielt.
Dort hatte ihn Mathy in Erinnerung an alte Zeit gewarnt,
er möge sich hüten, denn er schaffe Unheil für Andere, und
Unglück für sein eigenes Leben; damals hatte Fickler trotzig
geantwortet, Mathy selbst möge sich in Acht nehmen, die Wäch=
ter des Volkes schauten prüfend auf seine Wege. Jetzt war
er in emsiger Geschäftsreise für die Revolution, zog von Ver=
sammlung zu Versammlung, und warb für Republik. Und er
unternahm es noch einmal, Mathy Vorstellungen zu machen,
und rief endlich: „Auf dich hatten wir gerechnet!" — „Nichts

in meinem Leben hat euch ein Recht dazu gegeben," entgegnete Mathy. Die große Volksversammlung zu Constanz begann stürmisch, Viele riefen nach Republik. Die benachbarten Schweizer hatten dieses Wesen und befanden sich wohl dabei, die Franzosen hatten es ausgerufen, warum sollte man es nicht auch haben? Hinweg mit den Fürsten, dem Abel, den Beamten, den Steuern, hinweg auch mit allen Schulden und aller Mühsal des Lebens. In jedem Falle sei die Republik die wohlfeilste Regierung, man könne es ja damit versuchen. Aber diese gemüthlichen Forderungen äußerten sich im Ganzen ziemlich harmlos und wichen einer kräftigen Rede, Mathy predigte den Leuten, daß die große Mehrzahl der Deutschen die Republik nicht wolle und die Nation werde sich durch einen Grenzstreifen wie Baden diese Staatsform nicht aufdrängen lassen, auch nicht zugeben, daß Baden sie allein für sich nehme, und die Republik werde ihnen nicht billig, sondern recht theuer zu stehen kommen. Und als nach Mathy's Ansprache der Bürgermeister von Constanz die Versammlung zu einer Erklärung aufforderte, rief fast die ganze Versammlung: wir wollen die Republik nicht.

Den Tag darauf sprachen die Abgeordneten in Stockach; auch hier, wo der Lärm größer war, klang häufig der Ruf nach Republik. Doch auch hier war tröstlich, daß wenigstens Alle ihr Deutschthum lebendig empfanden, und Niemand für Postrennung und Anschluß an die Schweiz redete.

Als Mathy zurückkehrte, mußte er den Ministern sagen, daß die Reise zwar für den Augenblick Erfolg gehabt, daß die Berichte übertrieben und zur Zeit keine Gefahr sei, daß aber für die Zukunft Niemand bürgen könne, und daran seien vor Allen die Beamten selbst schuld. Diese waren bisher kleine pedantische Tyrannen der Landschaften gewesen, jetzt sahen sie sich zwischen Katzenmusiken und bewaffnetem Volk in fürchterlicher Einsamkeit, viele verloren die Haltung und vergaßen ihrer Pflichten, drückten dem Frechsten am wärmsten die Hand und ließen die Dinge gehen, wie sie wollten. Mathy erkannte, wie der alte Beamtenstaat aus den Fugen ging, und der eine Grundpfeiler des Staates Baden sich wankend krümmte. Um so fester wollte er den andern halten, die Verfassung.

Was er auf dem Wege, was er nach der Rückkehr über die großen Staaten im Osten hörte, das vergrößerte die Gefahr unermeßlich; in Wien war die alte Regierungsweise kläglich zerbrochen, in Berlin der König genöthigt worden, das Militär aus der Stadt zu senden: nicht Preußen, nicht Oestreich boten ferner die Aussicht, ein Wall zu werden, an dem die deutsche Revolution sich breche; überall drohte wüste Verwirrung. Die Radikalen begrüßten frohlockend die große Wandelung. Sie hatten zum 19. März eine Versammlung nach Offenburg ausgeschrieben, zunächst um für das Parlament in Frankfurt, von dem sie jetzt für sich Alles hofften, ein starkes Auftreten ihrer Anhänger zu fordern. Dort war es, wo Hecker sich mit der Pistole neben Fickler stellte und diesen zu erschießen drohte, wenn er jetzt die Republik verkünde. Denn er, der Volksgunst nicht missen konnte, und in der dramatischen Wirkung seines Wesens auf die Menge einen übermäßigen Genuß empfand, kämpfte noch mit seinem Verstand gegen die hochtönenden Redensarten, durch die er sich und Andere berauschte, und merkte zuweilen wohl das Ungenügende und Gefährliche seiner Helfer und Werkzeuge. Jetzt hatte er innerlich unentschlossen alle Hoffnung auf Frankfurt gesetzt und wollte sich nicht durch einen Aufstand von dort trennen lassen. Als er später im Vorparlament unterlag und haltlos zum Austritt trieb, fand er in großer Verstörung, daß er jetzt das wollen mußte, womit er bis dahin gespielt.

Unterdeß erfuhr er, wie die großen Augen seines Gegners jeden seiner Fehler beobachteten. Auf die Versammlung von Offenburg antwortete die Reformpartei am 23. März in der Kammer. Dort stellte Bassermann den Antrag, die Kammer solle erklären, daß sie von den Mitbürgern treues Beharren an wahrhaft freiem Rechtszustand und an der Verfassung erwarte, und daß sie die Regierung unterstützen werde, solange diese auf der Verfassung stehe. Der Antrag war so klug gehalten, daß auch die Radikalen ihre Stimme nicht zu versagen wagten, zumal Itzstein nicht, dem bei der steigenden Spannung im Grund auch nicht wohl zu Muthe war. Nur Hecker sträubte sich, in das neue Gehege zu treten: er vertraue in dieser Zeit nicht auf Personen, nur auf Thaten. Aber wieder stand Mathy gegen ihn auf: der Antrag gebe nicht Personen, sondern der Gesetzlichkeit einen Creditbrief, ob er der Verfassung den Gehorsam weigern wollte? Darauf wurde der Antrag einstimmig angenommen und Hecker suchte sich durch die Verwahrung zu helfen, er stimme nur in seinem Sinne zu.

Seitdem blickten Aller Augen gespannt auf die große Versammlung in Frankfurt, von dort sollte die Entscheidung kommen. Die Radikalen hielten eine Volksversammlung nach der andern, um die Stimmung zu steigern und für Gewaltthat vorzubereiten, das Ministerium vernahm, daß von der französischen Regierung und von Radikalen in der Schweiz die Ansammlung bewaffneter Haufen an der Grenze betrieben werde, und faßte den Entschluß, außer einer Verstärkung des eigenen Militärs noch Truppen der andern Staaten des achten Armeecorps als Grenzschutz zu erbitten.

Am 30. März fuhr Mathy auf langem Bahnzuge mit den Abgeordneten des Südens und allerlei Volk nach Frankfurt; in Darmstadt, dem säuberlich ordentlichen, stand auf der einen Seite des Bahnhofs wohlgereiht die Bürgerwehr, auf der andern die Linie: Fußvolk, Reiter und Geschütz, um die Erwählten achtungsvoll zu begrüßen, bewaffnete Freischaaren aber unerbittlich anzuhalten. Zu Frankfurt festlicher Empfang der Badenser, Würtemberger, Rheinpfälzer. Koch-Gontard und seine Gattin erwarteten Mathy am Bahnhofe, um ihn und einige Freunde mit dem Wagen in ihr Quartier zu entführen; aber die Abgeordneten zogen zu Fuß durch die Stadt im großen Menschengewühl. Ueberall Fahnen, Laubwerk,

Teppiche und begrüßende Inschriften, donnernde Hochs und
Freudenschüsse aus den Fenstern, Alles war herrlich gerüstet,
die Deutschen hatten noch nirgend ähnliche Begrüßungspracht
genossen. Mathy schritt durch die vergnügte Menge zu seinem
Gastfreund Koch, vom Balkon des Hauses wehten allerlei
Fahnen, ihm zu Ehren die badische. Gagern kam dorthin
zum Abendbesuch, und Bassermann kam. Es war ausgezeichnete
Gesellschaft in kleinem Kreise, ansehnliche Männer, bewundernde
Frauen. Wenn Mathy an die Blutknaben Hecker's dachte, die
daheim in Mannheim vor seinen Fenstern vorüberzogen, und
an die unwegsamen Schneewege des Schwarzwaldes, auf
denen er gefahren war, so kam er sich vor wie in einer andern
Welt, und schrieb lustig an Frau Anna: „Ich lebe hier nicht
unter Menschen, sondern unter Engeln, und schlafe in einem
Feentempel."

Vom Römer zogen die Deputirten am 31. März in die
Paulskirche ein, den Bau, um welchen länger als ein Jahr
Sorge und Hoffnung der Deutschen schweben sollten. Am
Abend glänzender Fackelzug, schöne Reden Abgeordneter vom
Balkon, Militärmusik und Liederkränze. Darauf am 1. April
stürmische Sitzung, in der sich die Parteien versuchten; Gagern
erfocht seinen ersten Sieg, die badischen Radikalen unterlagen
ruhmlos, sie hatten Alles versucht, in Offenburg und in der
Nähe von Frankfurt, um als die Mehrheit aufzutreten, und
sie waren eine Minderzahl, die sich stätig verringerte. Das
Vertrauen der Besonnenen wurde größer, außerhalb der Versammlung stieg die Erbitterung gegen die Ruhestörer. Von
allen Seiten kamen Erklärungen, man werde jeden Angriff
gegen das Parlament mit den Waffen abwehren. Und Abends
wieder Beleuchtung der Stadt.

Es war eine bunt zusammengewürfelte Gesellschaft ohne
jede gesetzliche Machtbefugniß, und doch ist ihr gelungen, den Weg
vorzuzeichnen, auf welchem Regierungen und Volkswünsche in
den nächsten Jahren dahinglitten. Mathy hielt sich in den

Verhandlungen beobachtend zurück, er sprach nur einmal für Einführung und Ausbildung der Volksbewaffnung, die in Baden unbedingt nöthig war, um dem Anzug fremder Freischaaren und einer Vergewaltigung der Bürger durch dieselben zu steuern. Für ihn war Hauptsache der Beschluß, daß die künftige Verfassung Deutschlands einzig und allein der constituirenden Nationalversammlung zu überlassen sei.

Er blieb auch später der Meinung, daß diese vielfach angefochtene Entscheidung die möglichst beste war und durch den Lauf der Begebenheiten nur zu sehr gerechtfertigt wurde. Solange die Nationalversammlung bestand, konnten sich die Regierungen über gemeinsame Vorschläge für eine deutsche Verfassung nicht verständigen, nach dem Ende des Parlaments gelang es einzelnen Regierungen ebenso wenig eine Vereinbarung herbeizuführen, und achtzehn Jahre später mußte Preußen durch Krieg zur Einigung zwingen. Hätten sich die Regierungen rechtzeitig über die Verfassung verständigt, so war der Ausspruch des Vorparlaments kein Hinderniß für die Nationalversammlung, die Vorschläge der Regierungen anzunehmen oder darüber zu vereinbaren.

Er und seine Freunde hatten die Grundzüge einer Verfassung entworfen, das Vorparlament hatte den Weg zu ihrer Verwirklichung geebnet, jetzt galt es zunächst, daß die Nationalversammlung die Verfassung schaffe. Und dann frug es sich, ob diese Versammlung stark genug sein würde, ihre Verfassung auszuführen.

Wie klug auch Mathy's ruhig abwägender Geist die Schwierigkeiten berechnet und daheim an dem Wege gezweifelt hatte, kein Mensch vermag sich den Einwirkungen einer großen Versammlung bei thätiger Theilnahme ganz zu entziehen. Die gesteigerte Empfindung der Stunde, das Urtheil Anderer, welches Achtung verdient, beeinflußt auch den Stärksten. Auch Mathy kehrte von Frankfurt nicht ganz ohne Hoffnungen nach der Heimat zurück.

Am 4. April war er zum Mitglied des Funfziger-Ausschusses gewählt worden, der das constituirende Parlament
vorbereiten sollte, aber ihm blieb in den nächsten Tagen nicht
Muße in Frankfurt zu weilen, er war daheim nöthiger als je.
Die Aufregung war übermächtig geworden, der Einmarsch von
Bundestruppen des achten Armeecorps hatte bei Vielen eine
thörichte Erbitterung erregt. Die Radikalen hatten beschlossen,
in der Kammer feierlich dagegen Widerspruch einzulegen, Itzstein
war von Frankfurt zu ihnen geeilt, um noch einmal seinen alten
Einfluß auf die Mehrheit der Kammer zu erproben, der Ausgang der Sitzung schien unsicher, und wenn die Mehrzahl der
Abgeordneten sich zu einer Erklärung für die Meuterer verleiten
ließ, war in Baden Alles verloren, das Ministerium konnte
in dieser Zeit nicht auflösen, nicht ohne die Kammer regieren.

Am 7. April erhob sich Brentano und schalt auf den Einmarsch fremder Truppen. Die Furcht vor Einfällen republikanischer Schaaren sei unbegründet, Herwegh habe das erklärt,
der Moniteur ebenfalls. Ihm trat der Minister des Innern,
Bekk, entgegen, indem er die Ansammlung bewaffneter Haufen
jenseits der Grenze schilderte: Baden steht am Rande einer
Revolution, die von Fremden angefacht wird, und Bundestruppen sind keine fremden Truppen. Nach dieser Zurückweisung unterstützte Hecker den Genossen, erklärte heftig mit
Beziehung auf Mathy, daß er die politischen Heuchler ver-
achte, welche Königthum und Monarchie zu ihrem Spielwerk
gebrauchen wollen, die Gefahr sei eingebildet, die Maßregeln
erregen Erbitterung, das Volk wolle materielle Erleichterungen
und nicht Soldaten. Auf diese Worte, welche von einem Mann
gesprochen wurden, der damals bereits den Aufstand und den
Einfall fremder Freischaaren ins Werk setzen half, antwortete
Mathy: „Der Abgeordnete Hecker hat Recht, Offenheit verdient Achtung, Heuchelei Verachtung. Man soll kein Spielwerk treiben mit der Monarchie, und ebensowenig die Republik
als ein bald und leicht zu erhaschendes Spielwerk zum eigenen

Vergnügen betrachten, der wahre Vaterlandsfreund geht mit
der Nation und verzichtet auf seine persönlichen Wünsche, wo
sie mit dem Willen der Mehrheit nicht stimmen. Der Abg.
Hecker hat ferner Recht, wenn er sagt, das Volk verlangt
materielle Erleichterungen. Aber es verlangt auch vor Allem
Schutz gegen Raub und Plünderung, und findet keine Linde-
rung in Versuchen, Zwiespalt und Bürgerkrieg zu erregen.
Man hat die Gefahren eines Einfalls von Außen abgeläugnet
oder als unbedeutend dargestellt. Aber die Beweise des Gegen-
theils liegen vor." Und er schilderte die Gefahr durch An-
führung von Einzelheiten. „Man hat ferner deutsche Waffen-
brüder fremde Truppen genannt, ist das die Verbrüderung
aller deutschen Stämme, nach der die Nation begehrt? Hat
man je in Frankreich gehört, daß Soldaten aus der Bretagne
an der Garonne und der Rhone Fremde genannt worden
wären? Haben die Kantone in der Schweiz die Wehrmänner
aus andern Kantonen Fremde gescholten, oder wurden sie
nicht vielmehr allenthalben als Eidgenossen begrüßt? Man
sollte sich schämen, die große Idee deutscher Einheit noch so
wenig begriffen zu haben. Die „fremden Truppen", fürchtet
man, könnten uns die Freiheit rauben. O wie schlecht wäre es
bestellt mit unserer Freiheit und mit unserer Männlichkeit, wenn
diese Besorgniß Grund hätte! Ein Volk in Waffen, das sich
die Freiheit rauben läßt, verdient nicht sie zu besitzen. Besorgt
man vielleicht, die zum Schutze der Grenzen aufgestellten Truppen könnten auch helfen Unfug im Lande zu verhüten? Unfug
zu verhüten ist in einem freien Lande doppelt nöthig, weil
er dem Volke sein kostbarstes Gut, die Ehre, raubt. Glauben
Sie etwa, die Unordnung sei eine republikanische Tugend?" Und
er erzählte darauf als Beispiel republikanischer Entschlossenheit
die Worte Munzinger's, die dieser ihm nach einer Widersetzlichkeit der Gemeinde Grenchen zugerufen hatte: „Ihr Deutschen
mit euren monarchischen Begriffen, ihr könnt hie und da durch
die Finger sehen, wenn eine Ungesetzlichkeit begangen wird, ihr

habt starke Mittel zur Verfügung der Staatsgewalt und könnt
das Uebel unterdrücken, wenn es ärger werden sollte. Aber
wir Republikaner dürfen nicht die leiseste Verletzung des
Gesetzes dulden, das Gesetz ist unser Palladium, das müssen
wir rein und unversehrt erhalten, sonst sind wir verloren."
— „Sehen Sie, meine Herren," fuhr Mathy fort, „das ist
republikanisch. Am allerwenigsten dürfen wir Badener in
einem Grenzlande das Beispiel des Haders mit den Waffen=
brüdern aus den Nachbarstaaten geben. Darum wiederholen
wir das Verlangen, daß gegen die Störer des Friedens, der
Gesetzlichkeit und der Ordnung mit aller Strenge der Gesetze
eingeschritten werde." Diese Worte, so gut und in so ge=
hobener Haltung gesprochen, daß sie die Kammer und die
Zuhörer fortrissen, raubten dem ohnedies innerlich unsichern
Hecker die Besinnung, und fassungslos brach er heraus: „Das
Volk glaubt an die Reaction, denn es hat das Beispiel von
1833 vor Augen. Jetzt wird ihm das nämliche Sirenenlied
gesungen, aber die Männer der Freiheit sehen die Gefahr, ihre
Köpfe zu verlieren."

Und da gab Mathy dem Frevler, wie ein alter Kämpfer
der Arena dem ungeschickten Neuling, den letzten Stoß.

„Wenn der Abg. Hecker sagt, es handle sich jetzt darum,
den Kopf nicht zu verlieren, so hat er in sofern Recht, als
Jeder darauf achten soll, in der allgemeinen Verwirrung seine
Besonnenheit zu bewahren, um zu finden, was in jedem Augen=
blick für das Wohl des Vaterlandes zu thun ist. Im andern,
wörtlichen Sinne genommen, sollte man nicht viel von persön=
licher Sicherheit und Unsicherheit sprechen, wenn man berufen
ist, für das allgemeine Beste zu wirken. Wer hinter dem
Hütchen spielt, ist allerdings kein Freund der Regierung, darin
stimme ich dem Abg. Hecker bei, allein wer gegen die Ver=
theidigung des Landes und für den Bürgerkrieg wirkt, der ist
auch kein Freund des Volkes."

Hecker schwieg und verließ finster den Saal. Alles war

zum Aufstand vorbereitet, die Rollen vertheilt, Fickler, der gerade in Mannheim lag, sollte im Seekreise die Republik aus= rufen, Hecker zu Offenburg. Nach der Sitzung trat eine Commission der zweiten Kammer zusammen, bei welcher Mi= nister Bekk und Präsident Mittermaier anwesend waren. Dort theilte Bekk mit, was die Regierung von dem beabsich= tigten Aufstand wußte. Mittermaier erklärte, daß er Beweise des Hochverraths in Händen habe, und legte einige Briefe und Schriftstücke vor. Mathy fuhr auf: „Aber warum hindert man nicht? Warum thut man ihnen nicht, was Recht und Gesetz fordern? Hat die Regierung Furcht vor diesen Leuten?" Dennoch erhob sich die Regierung nicht zu dem Entschluß, die Führer des Aufstandes verhaften zu lassen. Mathy verließ zornig die Sitzung. Am Abend erfuhr er, was in denselben Stunden zu Mannheim geschehen war. Dort hatte Fickler eine große Volksversammlung abgehalten und hellen Aufruhr gepredigt. Der Tag sei gekommen, den Großherzog zu ver= treiben, er gehe jetzt nach Constanz den Aufstand zu beginnen. Mathy war als Mitglied des Gemeinderaths von Mannheim empört, daß dieser dem wüsten Gebahren Fickler's nicht wider= standen hatte, er schrieb sogleich an den Bürgermeister, man möge zum nächsten Tage eine Sitzung des Gemeinderaths anberaumen, er komme hin.

In Karlsruhe kreuzten sich die Züge nach dem Oberland und Mannheim. Als Mathy am 8. April früh auf den Bahnhof kam, erkannte er Fickler in einem Coupé auf dem Wege nach Constanz. Er trat an das Coupé: „Halt. Wo willst du hin?" Fickler erwiederte scheu: „Das geht dich nichts an." — „Ich weiß, du willst dort hinauf." — „Ja, und ich will dir zeigen, was wir zu thun vermögen." — „Du gehst nicht, du bleibst hier." — „Du wirst mir's nicht wehren." Da rief Mathy einen nahestehenden Polizeidiener und forderte diesen auf, Fickler festzunehmen. Der Polizeimann erbleichte vor Schreck und war nicht im Stande, den Auftrag auszuführen. Fickler

17*

rief heftig zu den Bahnhofbeamten und zum Zugführer: „Fort mit dem Zuge!" Mathy aber trat an den Bahnhofdirector: „Sie lassen den Zug nicht abgehen, bevor Herr Fickler verhaftet ist." — „Gott, ich habe keine Befehle der Regierung!" — Mathy: „Auf meine Verantwortung." Es gab großen Lärm, starke Aufregung unter den Reisenden; endlich wurde ein Polizeicommissar herzugeholt und wagte zögernd die Verhaftung.

Mathy schrieb auf der Stelle einige Zeilen an den Minister Bekk und setzte sich in den Zug, welcher nach Mannheim abging. Dort wurde durch Bahnbeamte und aufgeregte Reisende sofort die Kunde verbreitet, sie füllte blitzschnell die Stadt, die Leute liefen aus den Häusern, die Sensenmänner und Blutknaben Hecker's eilten zusammen. Mathy kam in seine Wohnung und erzählte seiner Frau gemächlich die ganze Tragödie. Unterdeß stellten sich dichte Gruppen vor dem Hause auf, eine Abordnung zorniger Bürger — von den Radikalen — trat ein und forderte eine Erklärung. Mathy antwortete, sie sollten auf das Rathhaus kommen, dort werde er ihnen ausführlich berichten, ging darauf schnell zum Bürgermeister und ersuchte diesen, die Sitzung um eine Stunde zu verschieben. Als er durch die Haufen schritt, welche murrend und scheu nach ihm blickten, begegnete er einem Gemeinderath, der behaglich von seinem Bürcau kam und ohne Ahnung des Vorgefallenen dem Bekannten zurief: „Es ist mir lieb, daß ich zur Sitzung noch zurecht komme." Darauf Mathy: „Mir auch. Es ist Einiges zu berathen, ich habe Fickler verhaften lassen." Der Gemeinderath stützte sich vor Schreck an eine Mauer; so sehr standen die Menschen in Baden damals unter dem Einfluß der Umsturzpartei. Als Mathy in seine Wohnung zurückkehrte, ängstlich von seiner Frau erwartet, sagte er um sie zu beruhigen: „Jetzt mache, Schatz, daß wir zu essen bekommen, ich bin hungrig." Denn er ahnte, daß ein Leibgericht bereitet war, welches doch auch seine Anerkennung ersehnte. Während

er bei Tische saß, wurde draußen das Gewühl arg, die Sensenmänner standen in dichten Haufen um das Haus, riefen
Scheltworte und forderten den Tod des Verräthers. Einige
Bekannte drangen durch die Menge, blieben betroffen in der
offenen Thür stehen, und der eine rief mit lauter Stimme: „Da
sitzt er, er ißt." „Wollen Sie uns nicht die Freude machen,
mit zu essen?" Auch eine Anzahl Scharfschützen kam, denn
Mathy war bei diesen Schützenmeister, um das Haus vor dem
Volkshaufen zu decken; sie füllten besorgt die Stube, umringten
die Hausfrau und sagten ihr leise: „Leiden Sie nicht, daß er
auf's Rathhaus geht, es kann sich etwas ereignen." Die Hausfrau stand schweigend unter den Männern; er aber hatte die
Worte gehört, trat zu seiner Frau und frug herzlich: „Soll
ich hier bleiben? Hast du Angst?" Sie wußte wohl, was er
hören wollte, und aus dem gepreßten Herzen brachen die kurzen
Worte: „Hast du's angefangen, so mach's fertig." Da freute
er sich seines Weibes und ging aus der Thür, Dr. Ladenburg
und Bürgermajor Jörger voraus. Als er in der Hausthür
sichtbar wurde, empfing ihn wildes Geschrei der wogenden
Masse, er hielt auf der Schwelle an, die Arme am Leib, und
sah aus seinen großen Augen ruhig in den Haufen. Alles
wurde still, Niemand rührte sich, er schritt ungehindert durch
das Gewühl. Erst als er aus dem Gedränge war, erhob sich
hinter ihm das Wuthgeschrei: Landesverräther! und ein kleiner
Gesell kam ihm nachgelaufen: „Dein Kopf muß daran."
Mathy wandte sich gegen den Mann, da trat ein anderer
Bürger zu ihm: „Lassen Sie den, er ist noch nicht vier Wochen
aus dem Zuchthause."

So ging Mathy nach dem Rathhause, dort versammelten
sich die Hauptleute der Bürgerwehr, der Rath und Ge-
meindeausschuß. Während aber der Gemeinderath beschloß
durch einen Aufruf seine Gesinnung kund zu geben und die
Bürger zum Beitritt aufzufordern, lärmte draußen die aufge-
wühlte Menge und forderte, daß Mathy herauskomme. Da

wurde Generalmarsch geschlagen, der Markt füllte sich mit
zwanzig Compagnien der Bürgerwehr und mit bedächtigen
Bürgern, der tolle Schwarm zerstob. Major Jörger verlas eine
Erklärung Mathy's und die Bekanntmachung des Gemeinderaths. Die Stimmung schlug um, ein Hoch auf den Gemeinderath war die Antwort. Wieder wurde Mathy gerufen und
jetzt stellte er sich auf den Balkon, unten wogte die halbe Stadt
in dichtem Gewühl, und Mathy setzte mit einer Stimme, die
hell über den Markt schallte, auseinander, warum er hätte
thun müssen, was er gethan: die nahe Gefahr eines Einfalls
fremder Schaaren, das thörichte Treiben der Agitatoren und
die Pflicht des Bürgers, solcher Zuchtlosigkeit entgegen zu treten.
Und er schloß mit den Worten: „Hätte ich, was ich heute
Morgen gethan, noch einmal vor mir, ich würde es abermals
thun, selbst wenn es mein Leben kosten sollte." Die Antwort
war ein dröhnendes Hoch und der laute Ruf: „Dank, Dank!"
Die Erklärung des Gemeinderaths wurde im Rathhausflur
auf einen Tisch gelegt, die Leute drängten sich zu, Tausende
unterschrieben. Die Verständigen fühlten sich obenauf, Mathy
vermochte kaum sich den Händedrücken und Umarmungen zu
entziehen.

Die Schützen erboten sich, in der Nacht das Haus Mathy's und seine Familie zu behüten und die Ordnung in der
Stadt zu erhalten. Am Abend fuhr Mathy in einem Extra-
zug mit Bassermann, der auf die geflügelte Nachricht eilig
von Frankfurt herangekommen war, nach Karlsruhe zurück.
Am nächsten Morgen war Sitzung im Ständehaus, Mathy
trug den Fall vor, wieder laute Hochs der Abgeordneten und
Umarmungen im Saal. — Aber er selbst sah mit kalter Ruhe
auf diesen begeisterten Ausbruch der Besorgten und sagte:
„Morgen werfen sie wieder mit Steinen."

Durch die Verhaftung Fickler's und durch Mathy's ent-
schlossenes Auftreten in Mannheim war einem kopflosen Auf-
standsversuch die Spitze abgebrochen. Hecker rief, als er die Ver-

haftung erfuhr: „Nun kommt man auch an mich und die Kammer genehmigt meine Verhaftung." Er verließ am Tage darauf Mannheim, eilte über den Rhein durch Frankreich nach dem Seekreis und versuchte jetzt, wahrscheinlich selbst ohne Vertrauen, von Constanz die Landschaft aufzuwiegeln. Er gab die Hoffnung vor, daß die Truppen, welche man gegen ihn ausschicken könnte, sogleich zu ihm übergehen würden. Am 20. April stieß er mit seinem Haufen bei Kandern auf badische und hessische Truppen unter dem Befehl des Generals Fritz von Gagern und dieser, einer unserer besten Männer, zahlte mit seinem Leben den Versuch, die Aufständischen durch verständiges Zureden zur Besinnung zu bringen. Aber die Freischaaren wurden von seinen Soldaten zerstreut, auch der Haufe Struve's lief bei Steinen auseinander, Hecker barg sich in der Schweiz.

Der bethörte Fickler brach im Gefängniß zusammen. Aus seiner Haft schrieb er an Mathy, dieser möge ihn frei machen, er wolle viele Aufschlüsse geben. Mathy antwortete nicht. Nach einiger Zeit wurde Fickler von der badischen Regierung seiner Haft entlassen, und da er aufs Neue versuchte, im Schwarzwald einen Aufstand zu erregen, durch Würtemberg wieder in Haft genommen. Da soll er auf dem Asperg dem Könige persönlich Geständnisse gemacht haben; wenigstens entließ man ihn unter dem Schein einer Bürgschaftszahlung, statt ihn an Baden auszuliefern. Er entrann nach der Schweiz und verging in der Ferne.

Selten ist ruchloser und schwächlicher ein Aufstand versucht worden, als damals. Die Führer selbst hatten kaum eine Ahnung davon, was Bürgerkrieg sei und militärische Unternehmungen im größeren Stile, und sie lebten in einer krankhaften Ueberschätzung ihres Einflusses auf das Volk und ihrer Befähigung, zusammengelaufene Haufen zu kriegstüchtigen Schaaren zu bilden.

Es war nicht wunderbar, daß die Massen in Süddeutschland während jener Zeit der Aufregung den Dienst nicht ver-

standen, den Mathy auch ihnen geleistet, und daß sie den ent=
schlossenen Vaterlandsfreund als einen Verräther an der Volks=
sache betrachteten. Wenn aber jetzt nach den Erfahrungen von
vierzig Jahren noch Jemand, der sich Demokrat nennt, jene
Aufstandsversuche, welche der Demokratie die schwersten Wunden
geschlagen haben, als etwas Patriotisches und eine gute Unter=
nehmung seiner Partei entschuldigen wollte, so würde er ein
sehr abfälliges Urtheil über seinen Charakter und seinen Ver=
stand hervorrufen, wenn man nicht wüßte, daß ein Mensch in
Liebe und Haß nur schwer seine eigene Vergangenheit aufgibt
und häufig in der Theorie rühmt, was er in der Wirklichkeit
als schädlich und unrecht bekämpft.

Mathy konnte seine Badener retten, aber er konnte nicht
verhindern, daß die leicht bestimmbare, von kräftigen Schlag=
wörtern abhängige Bevölkerung noch lange zwischen Zorngeschrei
und Schluchzen dahinschwankte, und nur darin deutsche Natur
bewies, daß sie sich einer zeitweisen Rückkehr zu gesundem
Menschenverstande nicht entzog. Sein Name war jetzt in
Aller Munde. Die Radikalen und ihre Presse fluchten ihm,
wie in Deutschland seit dem 30jährigen Kriege niemals einem
Manne geflucht worden ist, er war der große Verräther, der
Feind des deutschen Volkes, er war gesehmt, sein Kopf ver=
fallen. Auch Viele, die sich nicht zu den Radikalen zählten,
wurden gänzlich irre an ihm; er hatte gethan, was nur der
Polizei gebührt, und ihnen schien, als ob solches Thun in
ähnlicher Weise die Ehre vermindere, wie in alter Zeit das
Eingreifen in des Henkers Amt. Länger als ein Jahr war
sein Leben in Baden und noch jenseits der Grenze in Wahr=
heit gefährdet; so oft er auf der Eisenbahn fuhr, durch auf=
geregte Haufen schritt, schwebten seine persönlichen Freunde in
Sorgen um ihn. Noch im September war er unter den
Gesehmten, welche der Volksrache in Frankfurt verfallen sollten.
Es bedurfte seiner sorglosen Festigkeit um dadurch nie gestört
zu werden. Während aber im Südwesten der Groll und

Haß gegen ihn überwog, kamen aus anderen Theilen Deutsch=
lands Haufen von Zustimmungs=Adressen, Grüßen, Dank=
sagungen, eine ungewöhnlich starke aus Köln war mit mehren
tausend Unterschriften bedeckt, eine ähnliche kam aus Bremen,
aus Barmen, eine aus Lengerich in Tecklenburg begrüßte ihn
als den Wächter, der „wer da" gerufen für Deutschland, andere
vermieden in ihrer Begeisterung sogar die Verse nicht. Er
selbst sah die Menschen um sich plötzlich verwandelt, Mancher
drückte ihm die Hand, der ihn bis dahin als politischen Geg=
ner betrachtet hatte, und Freunde, die lange an ihm gehangen,
wandten sich schmerzlich zur Seite. Er behielt seine heitere
Ruhe. Den alten Gegnern, welche ihn jetzt als Bundesge=
nossen betrachteten, sagte er kalt: „Ich bedaure, daß gelobt
oder getadelt wird, was mir als Erfüllung einer Bürgerpflicht
natürlich schien", und seinen Wählern in Constanz, aus deren
Mitte ihm ein starkes Mißtrauens=Votum zugesandt wurde,
schrieb er: „Wenn Sie mich tadeln, daß ich als Bürger gethan
habe, was nur der Polizei zukommt, so reinigen Sie sich durch
Ihre Vorwürfe vollständig von dem Verdacht, Republikaner
zu sein. Denn wer glaubt, daß nur die Polizei sich um das
Wohl und Wehe des Ganzen zu kümmern hat, daß der Bürger
sich nicht damit befassen soll, selbst in solchen Augenblicken
nicht, wo er allein großes Unheil verhindern kann, wer so
denkt, ist gewiß kein Republikaner, sondern nur reif für den
Polizeistaat."

An jene Verhaftung erinnern sich heute Viele zuerst, wenn
der Name Mathy genannt wird. Es war eine zufällige gemein=
nützliche That in dem Leben eines entschlossenen Mannes, sie
hat dem Aufstande die Kraft genommen, sie hat wahrschein=
lich mehre hundert Deutsche, Freischaaren und Soldaten, vor
gewaltsamem Tode bewahrt; wir neigen uns indeß zu der An=
nahme, daß der kopflose Aufstand vom April 1848, auch wenn
Fickler damals ungehindert losgeschlagen hätte, von den Truppen
bewältigt worden wäre. Aber auffallend ist, daß die Nation

dem Helden einer Anekdote so wenig Gedächtniß bewahrt hat
für das unendlich größere Verdienst, welches er sich durch seine
ganze Haltung seit Ausbruch der Bewegung erworben hat.
Denn daß er die Kammer durch seinen unabläffigen Kampf
mit den Radikalen, und durch die Wucht seiner festgeschlossenen
Persönlichkeit verhinderte zu einem Convent zu werden und daß
er sie zwang, an Verfassung und Gesetz fest zu halten, das
war, so weit menschliches Urtheil reicht, die Rettung Badens
und die Rettung des Südwestens, ja vielleicht des gesammten
Deutschlands vor dem Ausbruch einer großen, die Throne
stürzenden und die Maffenherrschaft emportreibenden Revo=
lution. Wenn im Frühjahr 1848 die Verfassung Badens
nicht festhielt, so wälzte sich aus dieser Ecke Deutschlands die
politische Zerstörung gegen den Norden, und die Republik
Frankreich hoffte auf eine zweite Eroberung von Mainz und
warb verlorene Haufen zum Tanz der Carmagnole an deut=
schen Freiheitsbäumen. Die Kämpfe in der zweiten Kammer
Badens hatten deshalb nicht geringe Bedeutung, und Mathy
wurde im vollen Verständniß für die Größe seiner Aufgabe
zum Vorkämpfer des Gesetzes in Baden. Länger als ein Jahr
waren die Wurzeln, welche die Verfassung im badischen Volke
geschlagen, stark genug, um Regierung und Kammer unter den
heftigsten Stürmen aufrecht zu erhalten. Als ein Jahr darauf
die Regierung den Muth verlor, war Preußen wieder so weit
erstarkt, daß es zu helfen vermochte. Darum wer sich an dem
Mann in jener Stunde auf dem Bahnhofe Karlsruhe erfreut,
der soll auch daran denken, daß sie nur Ein Augenblick in
einem angestrengten Wachdienst war, den er als ein Hüter
deutscher Ehre an dem gefährlichsten Grenzposten that.

Während Lob und Verwünschungen laut wurden, reiste
er selbst als Abgesandter in den Norden Deutschlands. Von
Fickler's Verhaftung war er nach Frankfurt in den Funfziger-
Ausschuß geeilt. Dort stand ein anderer von den Genossen
der Deutschen Zeitung, Mathy's treuer Freund Soiron in

gleich beharrlichem Muth auf seiner Schanze. Er war Präsident des Funfziger-Ausschusses, die Hebel, welche er in seinen
Händen hielt, vermochten mit unberechenbarer Wirkung Bestehendes aus den Angeln zu heben. In eiserner Ausdauer
behauptete der tapfere Mann seine Stellung. Seine schwere
Aufgabe war, bescheiden zu sein, fest zu halten an dem friedlichen Wege der Reform, nur dem Parlament, das vom Bunde
und sämmtlichen Regierungen vorbereitet wurde, den Weg zu
bahnen. Die Mehrheit, der Soiron angehörte, war nicht
groß, zuweilen durch Entsendungen geschwächt — obgleich
man in unschädlichen Fällen dafür gern Mitglieder der Linken
bestimmte —; hätte er nur ein Mal seinen Posten verlassen, so
wäre Robert Blum an seine Stelle gerückt, und von den Parteigenossen zu Schritten gedrängt worden, die ihm vielleicht selbst
unheimlich gewesen wären. Deshalb trug Soiron die undank-
bare Arbeitslast und lehnte wiederholt eine der höchsten Staats-
stellen ab, die ihm von Karlsruhe angetragen wurde. — Der
Ausschuß beschloß, in Berlin die Räumung Schleswigs durch
die Dänen, die Volksbewaffnung in den Herzogthümern, und
die Einverleibung Schleswigs in den Bund zu betreiben.
Zwei Bevollmächtigte wurden gewählt, der eine aus den Heidelberger Vertrauten, der andere ein Norddeutscher: Mathy und
Schleiden.

Am 13. April reiste Mathy nach Berlin. Zum ersten Mal
betrat der Süddeutsche die Straßen der großen Hauptstadt,
und er war überrascht durch Vieles, was er hier sah und hörte.
Zwar das wilde Treiben auf den Straßen, Rohheit des Pöbels,
Zusammenläufe, Maueranschläge, fliegende Buchhändler und
Geschrei der kleinen Presse, alles Geräusch eines drohenden Um-
sturzes waren hier auffallender als daheim. Er fand auch bei
den Personen, mit denen er nach seinem Auftrag zu verkehren
hatte, keineswegs festen Entschluß über das, was durch Preußen
jetzt geschehen müsse. Es war dort Vieles nicht besser als im
Süden und von Kopflosigkeit und Beamtenschwäche mehr zu

spüren als Mathy lieb sein durfte. Aber die Bewegung im Norden war in einem Punkte der heimischen Wirthschaft sehr ungleich. In Baden galt es für tapfer und tugendhaft, sich als Republikaner zu geberden, auch wenn man geheimes Miß=trauen gegen das Angemessene dieser Staatsform hegte. Mathy hatte eine seiner größten Wirkungen in der Kammer hervor=gebracht, als er erzählte, wie ein tüchtiger Republikaner in der Schweiz sich gegen Widersetzliche benehme. Im Norden war das Wort eine gehässige Bezeichnung; auch die Wenigen, die gegen jede Monarchie waren, mieden sorglich den Namen und verdeckten ihre Gesinnung. Bei allen Männern von Urtheil, mit denen Mathy verkehrte, fand er zwar die Herzenssorge, ob die Aufregung dem Staat ein Verfassungsleben geben werde, aber den Bestand des Fürstenhauses, die Dauer des gesammten Staatsbaues wollte Niemand in Frage gestellt sehen; ja er sah die wärmste Theilnahme an der schwierigen Lage des Königs und vernahm von Aeußerungen in Militär und Abel, welche das geheime Wirken rückwärts treibender Kräfte verriethen. Und er fuhr weiter nach dem Norden, sprach in Hamburg und Hannover mit Gesinnungsgenossen und betrachtete prüfend die besorgte und entschlossene Haltung der besitzenden Bevölkerungs=theile. Er eilte dorthin, wo die Holsteiner sich gegen die dä=nischen Uebergriffe erhoben hatten, und begrüßte in Rendsburg alte Freunde; dort wieder fand er gehobene Stimmung und Hoffnung auf den Einmarsch der Bundestruppen, dort waren reguläres Militär und General Wrangel die große volksthüm=liche Aussicht. Sein Kampf gegen die Radikalen in Baden wurde höchlich gerühmt und Hecker und Strube vom Volk als Ver=brecher und arge Feinde des Vaterlandes verurtheilt. Auch die sich dort Demokraten nannten, hatten wenig Aehnlichkeit mit den wilden Knaben im Süden, ihr Kampf ging gegen die aristo=kratische Partei in der Landschaft und für Aenderungen, welche dem Bürgerthum einen größern verfassungsmäßigen Antheil am Staate sichern sollten. Und er sah, daß im Norden nicht nur die unvergleichlich größere Staatskraft, auch eine weit höhere und männlichere Vaterlandsliebe vorhanden war, vor Allem ein conservativer Zug unter den gebildeten Führern aller Parteien. Das war ein anderes Bild deutschen Lebens. Daheim tobte und lärmte die Menge, weil das Eindringen fremder Kriegshaufen durch Bändigung einiger Schreier verhindert worden war, im Norden zahlten die Bauern doppelte Steuern und sandten ihre Söhne freiwillig zu regulärem Kriegsdienst, um fremde Heerhaufen aus dem Lande zu vertreiben.

Es war eine Reise von wenigen Tagen, aber sie wurde für Mathy eine große Berichtigung seines Urtheils, zugleich eine Belohnung für seine Arbeit in den vergangenen Wochen. Denn er kehrte zurück mit einer fröhlicheren Auffassung deutscher Kraft, aber auch mit der Ueberzeugung, daß das Bedürfniß nach Einheit und Freiheit in Preußen, Hannover, Holstein ein ganz anderes sei, als im Süden. Der süddeutsche Liberalismus war gewöhnt die Einzelstaaten und Fürstengeschlechter nur als schädliche Hindernisse der deutschen Zukunft zu betrachten, im Norden überwog — und in den Hansestädten, in Hannover und Holstein noch mehr als damals in Preußen — die Forderung landschaftlicher Selbständigkeit. Durch Augenschein wurde ihm bestätigt, daß die Einheit Deutschlands zunächst nur ein Bundesstaat sein könnte und daß im Norden die großen Landbesitzer eine weit andere Bedeutung hatten als in seiner Heimat. Konnte die Bewegung in Wahrheit eine neue Staatsform schaffen, so war dies nur möglich, wenn sie schonend mit Verhältnissen umging, die in dem größten Theile der deutschen Nation sehr festgewurzelt waren und von deren Bedeutung die Bevölkerung des Südens damals kaum eine Ahnung hatte. — Die rückkehrenden Commissare durften dem Ausschuß berichten, daß ihre Sendung nicht unvortheilhaft gewesen war. Das zehnte Bundescorps sammelte sich in Holstein, ein schleswig-holsteinisches Heer wurde gebildet, Preußen hatte die Leitung des Krieges übernommen, drei Tage nach

Rückkehr der Bevollmächtigten ward Schleswig von den Preußen besetzt. Die Eindrücke der Reise gaben Mathy Veranlassung in dem Funfziger-Ausschuß das Mißtrauen gegen die Regierungen, wie sie damals waren, zu bekämpfen; er setzte außerdem durch, daß die Eröffnung des Parlaments nicht für den 1. Mai, sondern, dem Wunsch der preußischen Regierung entsprechend, für spätestens den 18. festgestellt wurde, weil ihm deutlich war, daß eine frühere Beendigung der Wahlen, zumal im Norden, nicht ausführbar sei und weil er eine Eröffnung des Parlaments mit unvollständiger Vertretung des Nordens für so gefährlich hielt, daß sie Alles verderben könne.

Unterdeß war seine Anwesenheit in der Heimat wieder nöthig. Der Aufstand Hecker's war niedergeschlagen, aber in Mannheim verlor der Gemeinderath die Besinnung, die Bürgerwehr die Kraft, eine Zahl Wehrmänner verjagte ohne Befehl durch Flintenschüsse die Posten der Nassauer und Baiern von der Rheinbrücke. Die Partei des Aufruhrs gewann die Oberhand. Die Regierung litt an dem Fluch eines büreaukratisch gezogenen Staates, ihr fehlte der entschlossene Mann, der im Augenblick große Verantwortung auf sich nahm. Für einen Charakter, der die Regierungsgewalt sicher zu handhaben wußte, war das Treiben dieses Frühjahrs ohne Schwierigkeit gefahrlos zu machen. Aber man war ohne Entschluß gewesen und suchte jetzt nach Stützen umher. Da bot sich die Persönlichkeit Mathy's, man hoffte Tapferkeit und Freisinn zu zeigen, wenn man seinen Namen der Regierung zufügte. Unter dem Eindruck des Mannheimer Auflaufs war am 28. April Sitzung im Staatsministerium, zu der Mathy eingeladen wurde, man machte wieder Worte und kam zu keinem Entschluß. Nach der Sitzung erhielt Mathy die Ernennung zum Staatsrath und Mitglied des Staatsministeriums. Er nahm an unter der Bedingung, daß sofort thatkräftige Schritte gegen die Aufrührer geschähen, zunächst in Mannheim, dann im übrigen Lande, wo nöthig, mit Erklärung des Kriegszustandes. Das wurde versprochen. Am nächsten Tage kam eine Abordnung aus dem würtembergischen Wahlkreise Neuenbürg, Calw, Wildbad, welche ihm ankündigte, daß er in ihrem Bezirk für das Parlament von Frankfurt gewählt sei. Mathy frug: er sei unterdeß in das Staatsministerium berufen, ob diese Ernennung den Wählern nicht Bedenken erregen werde? Die wackern Schwaben antworteten: „Wer sich jetzt zu dem Opfer entschließt, dem Staatsschiff auf stürmischer See ein Steuermann zu werden, gibt dadurch den besten Beweis echter Vaterlandsliebe."

Mathy's Ehrgeiz wurde völlig beherrscht durch sein bescheidenes Urtheil über das eigene Verdienst. Ihm war der Antrag der Minister bedenklich, aber seine politischen und persönlichen Freunde, unter ihnen Bassermann und Welcker, mahnten, ihnen erschien sein Eintritt in die Regierung als eine Bürgschaft, daß man endlich Kraft entwickeln werde, ja als eine Rettung des Staats. Mathy konnte auch in seinen politischen Ansichten keinen Grund finden abzulehnen. Der Landesherr und seine bisherigen Rathgeber waren in dieser Zeit zu weit mehr bereit, als Mathy für den Staat begehrte. Die Gewalt der deutschen Erhebung und die Stimmung in Baden durften ihm dafür bürgen, daß er wenigstens in rückschrittlichen Wünschen kein Hemmniß bei Durchführung der heilsamen Umgestaltungen finden werde. Und er hatte ganz Recht, wenn er aussprach, daß das Opponiren bei ihm gar nicht natürliche Neigung und freie Wahl gewesen sei, sondern Nothwendigkeit in einem Censurstaat, und daß seine Neigung ihn mehr dahin ziehe, wo es gelte zu schaffen und zu gestalten. Und doch hat er selbst seinen Eintritt in das Staatsministerium einige Jahre darauf vor seinen Wählern von Constanz für einen Fehler erklärt*): „Eine innere Stimme sagte mir, daß dieser Schritt

---

*) Das Schreiben ist vom 11. Februar 1851 und wird hier und später nach seiner Handschrift benutzt.

meine Wirksamkeit lähmen werde, indem er das starke Vorurtheil gegen mich aufrufe, daß wer sich der Regierung an-
schließe, sich vom Volke trenne. Ein bedauerliches Vorurtheil
allerdings, ein Zeugniß politischer Unreife; aber damals eine
Macht, der ich nicht hätte Trotz bieten sollen."

War es in Wahrheit ein Fehler, daß Mathy im April
1848 in das badische Ministerium trat? Dem Biographen
wird nicht leicht dies einzuräumen, denn der Umstand, daß
Mathy 1848 Mitglied des Staatsministeriums gewesen war,
hat wahrscheinlich den Gedanken nahe gelegt, ihn im Jahre
1862 dahin zurückzuberufen, und hat ihn trotz allem veranlaßt
diesen Ruf anzunehmen. Und wenn diese letzte Berufung nicht
erfolgt wäre, so würde seinem Schicksal nach menschlichem
Urtheil etwas von dem zweckvollen und providentiellen Charakter fehlen, welcher jetzt so ergreifend wirkt. Dennoch, da
er selbst öffentlich die Frage aufgeworfen hat, werden die Ueber-
lebenden seinen Manen eine Antwort darauf nicht schuldig
bleiben dürfen. Es ist richtig, daß seine Ernennung zum
Staatsrath ihn in Baden noch unbeliebter machte, als er
ohnedies war. Sein Auftreten in den Tagen der Bewegung
hatte zwar viele alte Verehrer geirrt, das ganze badische Volk
war überrascht und unsicher ihm gegenüber, es begriff nicht,
daß in einer Zeit, wo Alle Opposition machten, einer der ent-
schlossensten Führer so thatkräftig auf Seite der Regierung trat.
Aber die Achtung vor der Uneigennützigkeit seines Charakters
war doch so groß, daß auch ein Theil der Aufgeregten mit
einer gewissen mürrischen Ergebenheit nach ihm hinsah. Jetzt
erhob sich auf's Neue Zorn und Wuthgeschrei der Gegner,
wieder rauschte ein wahrer Strom von Verwünschungen um
ihn her. Er hatte sich der Regierung verkauft. Für einige
Zeit wurde er vielleicht der mißliebigste Mann in ganz Baden.
Das war ohne Zweifel eine unbequeme Sache, nur für einen
ehernen Charakter ohne innere Einbuße zu ertragen. Und
auch der Regierung war Mathy durch diesen plötzlichen Haß

des Volkes weniger werth geworden, sie hatte ihn zum Theil
deshalb berufen, um durch seinen Namen ihr neues Programm
zu empfehlen, jetzt ging ihr dieser Vortheil verloren.

Dennoch, meinen wir, durfte die Unbeliebtheit für Mathy
kein Grund sein, den Eintritt in das Ministerium zu versagen,
Niemand stand damals höher über der Menge als er, nach
wenig mehr als einem Jahr war die Rückschrittspartei siegreich,
statt der Ernüchterung war eine klägliche Abspannung gekom=
men, die Wähler beeilten sich fügsame Beamte in das Stände=
haus zu senden und Itstein wurde aus der badischen Kammer
ausgestoßen. Wenn Mathy in eine Stellung gerufen wurde,
die ihm möglich machte dem Staat seiner Heimat wesentlich
zu nützen, so mußte er annehmen. Der Uebelstand lag wol
in etwas Anderm. Die Personen, in deren Gesellschaft Mathy
geladen wurde, waren in der Mehrzahl wohlmeinende und
redliche Männer, welche ihr Vaterland liebten, aber es war
keiner unter ihnen, der zum Genossen für entschlossene That
taugte, und Mathy wurde nicht zu ihrem Führer berufen,
sondern zu einem Rad in der Maschine, welche sich bereits als
unbrauchbar erwiesen hatte. Er hätte sich jeder Todesgefahr
ausgesetzt um die demagogischen Wühlereien zu zerstören, und
wir neigen uns zu der Ansicht, daß ihm dies wohl gelungen
wäre und daß Baden in diesem Fall den Aufstand von 1849
nicht erlebt hätte. Dazu aber war eine Herrschaft in dem
höchsten Beamtenkreise nöthig und eine Herrschaft über das
Gemüth des Großherzogs, an welche bei der Gesellschaft, in
welche er als Mitglied geladen wurde, gar nicht zu denken
war. Vor seiner Annahme hatte er die Bedingung zu stellen,
daß ihm die Leitung des Ministeriums übertragen werde, mit
dem Recht, seine Genossen selbst zu wählen. Es war sehr
wol möglich, daß der Großherzog darauf eingegangen wäre.
Wollte der Großherzog dies Zugeständniß nicht machen, so
mußte Mathy ablehnen. Weil er solche Bedingung nicht stellte,
blieb damals dem Berufenen die schmerzliche Empfindung nicht

erspart, daß er eine Last auf sich genommen ohne großen Nutzen für den Staat. Wol war dies ein Fehler, doch war er von denen, welche das vergeltende Schicksal des Mannes zuletzt mit einer gewissen Zärtlichkeit betrachtet hat, denn er entsprang aus einer untilgbaren Eigenschaft des deutschen Bürgers. Mathy's Scharfblick täuschte sich in den Dingen selten, aber täuschte sich zuweilen darin, daß er dem Charakter Anderer und der Sicherheit seines Verhältnisses zu Andern allzu sorglos vertraute.

Auf Mathy's Betrieb wurden die revolutionären Volksausschüsse verboten, die Beamten des Staats und der Gemeinde, die seit dem 1. März ihre Stellen verlassen oder ihre Amtspflicht versäumt hatten, — nicht so strenge wie er wollte — zur Rechenschaft gezogen, vor Allem wurde die Stadt Mannheim am 1. Mai in Kriegszustand erklärt, mit Truppen umstellt und entwaffnet, ohne Spur von Widerstand. Die Haufen, welche Struve als Löwen der Freiheit gerühmt hatte, eilten lammfromm an das Zeughaus und lieferten die Waffen ab. Manche versuchten Flucht und wollten durch Marktweiber die Waffen hinausschmuggeln, Alles wurde gefaßt. Den Plan zur Umzingelung hatte Mathy selbst entworfen und hinuntergeschickt, und dabei Sorge getragen, daß das Militär mit Mäßigung und ohne Härte verfuhr. Auch vom Oberland kamen Massen von Gefangenen, die Regierung war in Verlegenheit, wo sie die armen Bethörten unterbringen sollte. Einige Tage darauf hatte Brentano, der sich in den letzten Wochen vorsichtiger als die Genossen zurückhielt, die Stirn, in der zweiten Kammer unter dem lauten Beifall der Zuhörer zu erklären, er schätze sich glücklich, nicht zu denen zu gehören, die den Kriegszustand angeordnet hätten. Da antwortete Mathy: „Und ich bin froh, mich nicht unter denen zu befinden, die so harte Maßregeln verschuldet haben." Darauf Brentano höhnisch: „Der ehrenwerthe Charakter des Staatsraths Mathy bürgt dafür, daß ich ihn nicht verdächtigen

will." Mathy: „So wenig als am 1. März, wo der Abge=
ordnete Brentano mich vor einer stark aufgeregten Volks=
menge beschuldigte, die Volkswünsche totschlagen zu wollen,
eine Aeußerung, welche leicht hätte Folgen haben können."

In diesen Wochen ungewöhnlicher Thätigkeit unterließ
Mathy doch nicht, seiner alten Pflichten als Journalist zu
gedenken, er schrieb zu den Wahlen in Baden: „Fünf Fragen
und Antworten für die Parlamentswahl" und sandte treulich
Beiträge in die werthe „Deutsche Zeitung". In freien Stun=
den exercirte er neben seinem Freunde Malsch in der Bürger=
wehr von Karlsruhe, Hauptmann war sein früherer Drucker
Vogel. Seit den Jahren des seligen Zeitgeistes war er
für die Karlsruher der Verkünder liberaler Ideen gewesen,
er hatte seitdem mit dem Kern der Bürgerschaft immer in
gutem Einvernehmen, mit Manchem in persönlichem Verkehr
gelebt, nun hatte er unter seinen alten Abonnenten die Freude,
daß Karlsruhe im Ganzen eine gute Haltung bewahrte. Frei=
lich auch dort wühlten die Radikalen, und nach jenem Vorgang
auf dem Bahnhofe war auch in Karlsruhe große Volksver=
sammlung gehalten und der Tod des Verräthers gefordert
worden. Aber sein Lehrer vom Gymnasium, Professor Eisen=
lohr, war auf das Gerüst gestiegen, hatte ihn wacker gerecht=
fertigt und das versammelte Volk hatte die Erklärung zuletzt
mit Wohlgefallen angehört.

Für Mathy's Frau war in jenen Wochen seine Vater=
stadt kein passender Aufenthalt. Sie war gewöhnt an Wechsel
des Ortes, aber diesmal war die Trennung doch nicht ohne
bittere Empfindungen, wie zartsinnig eine Einladung von Frau
Koch aus Frankfurt auch den Grund der Abreise zu decken
suchte. Während Mathy täglich sein Leben wagte, um gesetz=
liche Sicherheit zu erhalten und den Wohlstand seiner Mit=
bürger vor Zerstörung zu bewahren, klangen Verwünschungen
und Versicherungen der Rache um sein Haus, Drohbriefe ohne
Namensunterschrift liefen ein und die Gattin wurde durch die

18*

Muthlosigkeit, das Achselzucken und versteckte Anklagen alter
Bekannter gekränkt. Auch darum war ihm erwünscht, daß die
Seinen in einer Umgebung weilen konnten, wo nicht täglich
wüstes Gerücht beunruhigte. Und die Hausfrau frug sich
überlegend, wo in der nächsten Zeit ihr Heimwesen sein werde,
in Karlsruhe oder in Frankfurt. Unterdeß lebte sie mit ihrem
Sohn in dem stattlichen Patricierhause und aus dem Verkehr
der Familien erwuchs ein warmes Verhältniß, welches im persönlichen Verkehr und in Briefen lange fortwirkte. Damals
war es, wo eine Abordnung von Homburg bei Frau Mathy
eintrat und den Gatten suchte, um ihn für das Parlament
zu wählen. Frau Anna beschied freundlich: „Mein Mann
ist bereits vergeben", die Homburger bemerkten nachdenklich:
„Wenn Herr Mathy nur Einen wüßte!" Frau Mathy antwortete: „Da ist Herr Benedey, ein alter Freund meines
Mannes" — sie wußte damals nicht, daß Mathy mit seinen
politischen Freunden die Bewerbung Rießer's in Homburg be-
förderte. — Die Homburger dachten nach: „Meinen Sie, daß
Herr Benedey so sein wird?" Das meinte Frau Mathy.
Die Homburger suchten Benedey auf, er gefiel ihnen sehr und
wurde gewählt. So rüsteten die Deutschen zwischen dem Toben
entfesselter Leidenschaften und zwischen kleinbürgerlichem Bedenken zu dem größten politischen Katheder unserer Nation,
dem Rednerstuhl in der Paulskirche.

5

In der Nationalversammlung.

Bis zum Frühjahr 1848 gab es in Deutschland weit aus-
einandergehende Meinungen Einzelner über die politische Zukunft der deutschen Nation, aber — eine Ecke Deutschlands
ausgenommen — nirgend einen planvoll gerichteten Willen
und nirgend eine Vereinigung politischer Männer für Durchführung. Am verständlichsten war noch das Ziel der Radikalen, wie es in Baden mit naiver Offenheit ausgesprochen
wurde, diese forderten eine Staatsform, in welcher Alle befehlen
sollten, die jetzt gehorcht hatten, und nur die Minderzahl
gehorchen, welche bis dahin die Herrschaft gehabt hatte. Wer
aber damals einen deutschen Fürsten oder einen deutschen
Staatsmann gefragt hätte, wie sie die Zukunft Deutschlands
zugleich zum Vortheil ihres Staates formen wollten, der hätte
keine andere Antwort erhalten, als die hilflose, daß es in der
alten Weise zwar nicht mehr fortgehe, daß man aber in der
Hauptsache — Verhältniß zu Oestreich und Preußen — nicht
ahne, wie es werden solle. Und wenn ein hilfreicher Gott, wie
sie in der Vorzeit den Helden siegreiche Speere und undurch-
bringliche Rüstungen spendeten, einem der größten Volksgebieter
des Bundes alle Hilfe der Götter verheißen hätte für seinen
Kampf zur Gründung eines deutschen Staates, keiner hätte
gewußt, wofür und gegen wen er die Waffen brauchen müsse.
Als Max von Gagern Anfang März den Freiherrn von
Canitz in Berlin um eine Richtung der süddeutschen Patrioten

durch Preußen bat, erkannte er aus der hochfahrenden und
doch nichtssagenden Antwort, daß man dort selbst keine finde;
als Mathy wenige Wochen später in Berlin anfrug, erfuhr
er, daß man die leitenden Ideen vom Süden erwarte. Sämmtliche Staaten des Bundes vertraten einzeln und im Bunde
nur sehr unvollständig die Lebensinteressen der Nation; die
Zeit schien vorüber, wo der Hausvortheil einer Familie kühne
Eroberer großzog, wie Kurfürst Friedrich Wilhelm von Brandenburg und König Friedrich II gewesen waren, und die Zeit
schien noch lange nicht gekommen, wo sich auf gesetzlich ge-
bahntem Wege neue Bedürfnisse der Nation durch Presse,
Vereine, Volksvertreter, durch parlamentarische Parteien und
Ministerien der Mehrheit gegen das Bestehende geltend machen
konnten.

Solange es eine deutsche Nation gibt, wird der Weg zur
Einheit, der im Jahre 1848 geöffnet wurde, für eine einzige,
den Deutschen eigenthümliche Aeußerung des Volksgeistes gelten.
Von einer kleinen Zahl deutsch gesinnter Männer werden
schwebende Gedanken zu Forderungen verdichtet, und wird zur
Prüfung und Ausführung dieser Forderungen eine große Versammlung erwählter Vertreter geladen, welche ganz unabhängig
von den bestehenden Regierungen und Staaten berathen soll.
Die Regierungen fügen sich darein, die Wahlen in ihren Landschaften auszuschreiben. Die Versammlung verhandelt durch ein
ganzes Jahr. Während dieses Jahres beherrscht Geist, Adel,
Größe der Versammlung die Seelen der Deutschen in allen
Landestheilen so weit, daß eine starke Auflehnung gegen ihre
Ziele und Beschlüsse weder von den Regierungen noch von
unzufriedenen Factionen gewagt wird. Nach einem Jahr ist
der große dialektische Proceß vollendet, die Bestandtheile des
neuen Staates sind ermittelt, das nicht dazu Gehörige ausgeschieden und eine Verfassung ist entworfen und von der Versammlung verkündet.

Durch die Arbeit dieses Jahres sind drei große Ideen in

das Bewußtsein der Nation gebracht worden: Deutschland einheitlicher Bundesstaat mit kräftiger Centralgewalt, der König
von Preußen Oberherr der Centralregierung, die Ländermasse
des östreichischen Staates ausgeschieden aus der neuen Einheit.

Die Verfassung gewann nicht sofort und nicht ohne große
Veränderungen gesetzliches Leben. Die Selbstsucht der Regierungen und der Eigennutz einzelner Volksstämme begann sich dagegen zu sträuben. Doch so entscheidend war die Bedeutung
der empfangenen Lehren, daß Preußen auf Grundlage derselben
neue Versuche begann, die deutschen Regierungen zu gewinnen;
sie schlugen fehl, der Bundestag ward wiederhergestellt, aber die
großen Grundsätze der Reichsverfassung blieben den Regierungen
und Völkern als das Ideal deutscher Zukunft in Sorge und
Hoffnung. Große politische Parteien arbeiteten für und gegen
die Durchführung, jeder Staatsmann wurde seitdem genöthigt,
eine Stellung zu diesen Forderungen zu nehmen, und sein
Werth danach gemessen, ob er sie förderte oder bekämpfte.
Vollends für Preußen war seit dem Jahr 1849 eine neue
große Pflicht der Ehre und Selbsterhaltung erwachsen, und
in diesem Staate fühlten alle Parteien Druck, Demüthigung
und Mißbehagen mit den eigenen Verhältnissen, dem Manne
gleich, der eine übernommene Arbeit zu leisten nicht vermocht
hat, bis der Tag kam, wo Preußen gegen Oestreich denselben
großen Satz, der in der Paulskirche durchgekämpft war, mit
den Waffen ausfocht. Seit dem Jahr 1866 erhielt Preußen
die starken Grundlagen für die Vormacht eines Bundesstaates,
aber die neue Verfassung schloß noch den vierten Theil des
Deutschlands aus, welches achtzehn Jahre vorher in der Verfassung geeinigt worden, darunter die Heimatländer der ersten
Urheber deutscher Verfassung. Diese fühlten das Unrecht, uns
blieb die Pflicht zu vollenden.

Es ist jetzt, wo Viele unter dem Eindruck glänzender
Waffenthaten und neuer Gesetzgebung urtheilen, nicht ungewöhnlich, die Verfassungsarbeit von 1848 als einen vergeb-

lichen Anlauf zu betrachten, ganz unwesentlich gegen die
praktischen Erfolge der letzten Jahrzehnte. Wer so urtheilt,
vergißt, daß die große und glückliche Fortsetzung nicht mög=
lich war ohne den Anfang. Wer sich aber der leichten und
erfreuenden Arbeit nicht entzieht, das Gewebe unserer politi=
schen Gegenwart bis über das Jahr 1848 rückwärts zu be=
trachten, dem heftet sich zuletzt der Blick auf jenen kleinen
Kreis von Männern: die Gründer der „Deutschen Zeitung",
die Führer der Heidelberger Versammlung, die vertraute Ge=
nossenschaft, welche den Kern des Casinoclubs in Frankfurt
bildete, aus Darmstadt, Nassau, Baden.

Viele Talente wurden in Frankfurt der Nation werth, die
Entfaltung von Geist, Wissen und politischer Einsicht in dieser
Versammlung war so glänzend, daß die Deutschen sich dabei
mit Freude ihrer Tüchtigkeit bewußt wurden. Und keinem der
Männer von 1848 soll sein Ruhm beeinträchtigt werden, aber
Einer von ihnen, Heinrich von Gagern, erschien den Leben=
den wie die Verkörperung von Allem, was in jener Versamm=
lung an großem Urtheil und edler Leidenschaft zu Tage
kam. Und voll Mitgefühl wird auch ein späteres Geschlecht
zurückblicken auf den Herrscher der vornehmen und heftigen
Geister von 1848, auf seine Gestalt im Morgenroth des
aufgehenden deutschen Staates zwischen Dämmerung und
Tag, die einem Gebilde des Dichters gleich in dem kalten
Lichte des Werkeltages nicht dauerte. So rein und jugendlich
unschuldig erschien den Zeitgenossen sein Idealismus, so groß
sein Vertrauen zu der Güte deutscher Volksnatur, lauter seine
Ehrlichkeit, stolz seine sittliche Kraft und sein Pathos fast
unwiderstehlich. — Schon sein Vater hatte sich in großen
Geschäften getummelt, der ältere Bruder hatte im niederlän=
dischen Dienst als Militär und Staatsmann Ansehen gewonnen,
er selbst war gewohnt, mit Herrenaugen in die Welt zu sehen
und sein freies Urtheil gegen die Anspruchsvollsten zu behaupten.
Er hatte auch vornehme Tugenden: große Höflichkeit des

Herzens und unbefangene Freude, sich wirkungsvoll darzustellen, dazu übergroße Weichheit des Gefühls, welche in geschützter Erbenstellung oft dem Manne bleibt, und welche manchen unserer Ritterbürtigen im Glück so scheinbar sicher erhebt, im Unglück so tief niederbeugt. Mathy hatte seine Bekanntschaft kurz nach dem Eintritt in die badische Kammer gemacht, seit 1847 war die Annäherung größer geworden, die Zeit von Frankfurt schloß Beide in herzlicher Freundschaft aneinander. In den nächsten schweren Jahren standen diese Beiden unter den Casinogenossen wol am engsten verbunden, vornehmlich deshalb, weil jeder als Vorzug des andern empfand, was er selbst zu wenig besaß; aber die größere Klarheit, Sicherheit des Urtheils und festere Dauer waren bei Mathy, der sich selbst neben dem glänzenden Freund in die zweite Reihe stellte.

Es ist hier um so weniger der Ort, eine Geschichte der ersten großen Reichstage Deutschlands zu schreiben, da Mathy für die Arbeit jener Jahre schweigsamer seine Kraft eingesetzt hat, als die nächsten Parteigenossen. Er kam zum Parlament als ein unbeliebter Mann, der in seiner Heimat keine Mehrheit der Wähler gefunden hatte. Was ihm Ehre gab bei den Verständigen, das machte ihn der Linken in der Paulskirche, den Gallerien, dem Volke der Straße zu einem Gegenstand besonderer Abneigung. Nur eine Einwirkung der Volksungunst ist zu erkennen. Er sah, daß das Hervortreten seiner Person der Sache nicht nach jeder Richtung günstig sein mochte, und er räumte mit freundlicher Bereitwilligkeit die Wirkung auf der Rednerbühne den Freunden. Dazu war er bescheiden wie Wenige und wenn er etwas durchsetzen wollte, so war ihm nur an der Sache und auffallend wenig an der persönlichen Ehre gelegen.*)

*) Rüber von Oldenburg hatte lange in der Casinopartei das Amt, die Reihenfolge der Redner zu bestimmen. Da viele Vorredner den Eingezeichneten in die Gefahr brachten, durch Schluß der Debatte abgeschnitten zu werden, so warben die Stürmischen eifrig um einen bevorzugten Platz. In solchem Fall gab Mathy auch die vorbereitete Rede, zu der ihn die

Dafür übernahm er die doppelte Arbeitslast im stillen Rath,
in der Presse, bald an der Reichsregierung.

Mathy hatte als Politiker eine gute Schule hinter sich.
Aus kleinen Kreisen heraufgekommen, war er als Journalist
und als Volksvertreter ein Meister geworden in dem gesetz=
lichen Krieg gegen Bürcaukratie und gegen die Radikalen.
Jetzt begann für ihn in engem Verkehr mit den größten poli=
tischen Talenten der Nation eine neue Lehrzeit. Nicht leicht
wird dem deutschen Volksvertreter das Verständniß, wie sich
die Geschäfte machen, und die Einsicht in den diplomatischen
Verkehr. Er selbst ist verpflichtet, seine Stimme laut zu erheben
und mit Energie zu heischen. Die Grundlage seines Handelns
ist die Oeffentlichkeit, er hat wenig zu verschweigen, und stets
Einverständniß mit vielen Andern zu suchen. Wer aber selbst
die Geschäfte besorgt, soll große Zielpunkte mit vorsichtiger
Behandlung aller entgegenstehenden Interessen erreichen, Be=
dingung für jeden Erfolg ist ihm bedächtige Verschwiegenheit,
Abwägen der Worte, ein gutes persönliches Verhältniß zu seinen
Gegnern und achtungsvolle Würdigung ihres Standpunktes.
Erst längere Gewöhnung an diese Weise des Handelns pflegt
feste Selbstbeherrschung und überlegene Sicherheit im Verkehr
zu verleihen. Auch Thätigkeit in höherem Beamtenposten gibt
dafür ungenügende Vorbildung; wer gewöhnt ist, nach bestehen=
dem Gesetz zu verwalten, Vorgesetzte zu scheuen und Untergebene
zu beherrschen, der bringt für umsichtige Behandlung Gleich=
berechtigter gewöhnlich Unsicherheit mit und geringes Geschick
neue Ergebnisse zu gewinnen, denn ihm fehlen die Stützen des
Reglements und ihn beengt das Gefühl seiner Verantwortlichkeit.
Jetzt sah Mathy sich aus dem Pathos der Rednerbühne und
dem Beamtenstreit der badischen Kammer in die größten Ver=
hältnisse versetzt und im täglichen Verkehr mit den Diplomaten,

Partei aufgefordert hatte, willig zu Gunsten eines Gesinnungsgenossen auf
und sagte, seine Notizen einsteckend, zu Rüber: „das kommt der Deutschen
Zeitung zu Gute."

den neuen Ministern vieler Staaten und der gereiften Kraft aller Ständeversammlungen. Auch er bekam das Gefühl, daß er die merkwürdigsten Tage seines Lebens durchlebe, deren Inhalt ihm ein dauernder Gewinn werden müsse, wie auch der Ausgang sei.

Unmittelbar nach Eröffnung des Parlaments trat ihm die Aussicht nahe, Theilnehmer an einer neuen provisorischen Regierung zu werden. Der Bund und die Regierungen beschäftigten sich mit den drei Männern, die einstweilen die vollziehende Gewalt in Deutschland darzustellen hatten, Preußen und Oestreich sollten je einen ernennen, Baiern drei vorschlagen, aus denen die übrigen Staaten einen zu wählen hatten. Die drei von Baiern Vorgeschlagenen waren Graf Armansperg, Minister von der Pfordten und Mathy, und man meinte in Frankfurt, daß Mathy die größte Aussicht habe gewählt zu werden. Er selbst zweifelte, daß dieser Plan zur Ausführung kommen werde, und erwähnte ihn gegen seine liebste Vertraute in einem Briefe nur beiläufig mit guter Laune, damit sie endlich von ihrer schweigsamen Mißachtung zurückkomme und ihm einen Brief sende. Bei dieser Gelegenheit mag bemerkt werden, daß ihm, der einen Wahlkreis Würtembergs vertrat, während des Aufenthalts in Frankfurt auch einmal das Finanzministerium von Würtemberg angeboten wurde, und daß Varnbüler es war, der ihm den Antrag zubrachte.

Ueber das Parlament von Frankfurt schrieb Mathy selbst im Jahr 1851 an seine Wähler in Constanz wie folgt:

„Ich will Ihnen sagen, wie ich mir die Lösung der schwersten Aufgabe, die jemals einer großen Versammlung gesetzt war, als möglich gedacht habe. Das Parlament und die provisorische Centralgewalt waren nicht Organe eines Staates, sondern eines Vereins von Staaten. Die Mittel zur Ausübung ihrer Befugnisse mußten ihnen von den einzelnen Gliedern zugestanden werden. Sollte dies willig und auf die Dauer geschehen, so mußten neben einer idealen Gesammt-

heit die einzelnen Staaten ihre Stimme und Vertretung haben.
Selbst im Vereine der Nationalvertretung mit einer Staaten=
vertretung war das Zustandekommen einer Verfassung für
Deutschland außerordentlich schwer; ohne das Zusammenwirken
der beiden nothwendigen Elemente war und bleibt es ein Ding
der Unmöglichkeit. So sah ich die Sache an und darum
bemühte ich mich, das Centralorgan, welches neben dem Par=
lament in Frankfurt vorhanden war, zu erhalten. Unbeirrt
durch das Geschrei der Gallerien und eines Theiles der Ver=
sammlung habe ich gegen Ende Juni 1848 für die Beibe=
haltung des Bundestags in der Paulskirche gesprochen. Der
Bundestag fiel, die Regierungen ließen ihn fallen, die provi=
sorische Centralgewalt ward eingesetzt und die Staaten durften
sich bei derselben durch Bevollmächtigte vertreten lassen. Nun
suchte ich dahin zu wirken, daß aus diesen Bevollmächtigten
eine Staatenvertretung gebildet werden möchte, — aber ver=
gebens. Nur für die nothwendigsten Zwecke, für den Krieg
gegen Dänemark, die Mittel für Truppenaufstellungen, die
Verkündigung der Verfassung traten die Bevollmächtigten mit
dem Reichsministerium in Conferenzen zusammen. Von dem
Augenblicke an, wo der Versuch, eine Staatenvertretung zu
bilden, als mißlungen anzusehen war, hatte ich keine Hoffnung
mehr, daß eine Verfassung auf diesem Wege in das Leben ein=
treten und ein Deutschland gestalten werde. Welche Rolle
bei dem Scheitern des Einigungswerks Oestreich und die kleineren
Königreiche gespielt, ist bekannt und in der Geschichte aufge=
zeichnet; ebenso daß Preußen der Aufgabe nicht gewachsen war,
die es von Frankfurt übernahm. Die größeren Staaten ver=
sagten; die Reichsverfassung, durch eine unnatürliche Verbindung
widerstrebender Elemente ohnehin fast unbrauchbar gemacht,
wurde zum Aushängeschild toller Empörung mißbraucht. Das
Jahr 1849 sah die Carricatur der Erhebung von 1848, das
Jahr 1850 ein schwaches Abbild der Reichsversammlung. Zu
spät geschah in Erfurt, was ein Jahr früher in Frankfurt

gute Früchte hätte bringen können." So urtheilte Mathy, als er die Ereignisse im Zusammenhange übersah. Aber nicht weniger bedeutend waren seine Worte am 24. Juni 1848. Die große Debatte wegen Errichtung einer provisorischen Central=gewalt hatte die Versammlung in ihren Tiefen erregt, ob drei Directoren, ob ein republikanischer Präsident oder ein fürst=licher Reichsverweser. Am letzten Tage machte Mathy jenen Versuch, die unvolksthümliche Bundesversammlung zu erhalten, deren alte verhaßte Persönlichkeiten längst durch liberale Bun=desgesandte ersetzt waren. Die Nationalversammlung konnte auf Monate mit diesen Vertretern der Regierungen machen was sie nur wollte, vorausgesetzt, daß sie selbst wußte, was sie machen sollte. Und Mathy hat, solange er lebte, für den verhäng=nißvollsten Fehler gehalten, daß die Versammlung die uner=meßlichen Vortheile eines geordneten Geschäftsbetriebs mit den Regierungen nicht begriff. Nachdem er unter großem Lärm und Zorngeschrei der Gallerie und der Linken für Umwandlung des Bundestages in ein Staatenhaus gesprochen hatte, schloß er wie folgt: „Ich kann es nicht über mich gewinnen, im An=gesicht der Thatsachen, eine Anarchie, die mit fremden Mitteln und zu fremden Zwecken das Vaterland zu schwächen sucht, als die Zuckung einer patriotischen Kraft und Gesinnung dar=zustellen. Ich kann nicht um eines kleinen Effekts willen den Müßiggang mit der Noth verwechseln, und menschliches Elend benutzen als Aufputz für unheimliche Gedanken. Ich kann nicht sagen, daß wir zu Allem berechtigt sind, da uns doch der Kreis unserer Rechte vorgezeichnet ist, und da außer uns in Deutschland noch Staaten bestehen, welche auch ihre Rechts=sphäre haben, die unnöthiger Weise zu verletzen weder die Selbst=herrlichkeit, noch die Freiheit, noch die gewöhnliche Klugheit erlaubt. Ich kann auch nicht sagen, daß wir keinen Auftrag hätten, die einstweilige Einrichtung der Reichsgewalt mit Zu=stimmung aller einzelnen Staaten zu beschließen, daß wir da=gegen den Auftrag hätten, sie selbst und allein mit zermalmender

Machtvollkommenheit auszuüben. Allein ich wundere mich nicht,
daß derlei Sätze aufgestellt werden, die ich, wie viele Andere
mit mir, für irrig halte; ich wundere mich nicht und trete auch
den Personen und Absichten derer, von denen sie ausgehen,
nicht im Geringsten zu nahe, wenn ich sage, daß Viele unter
uns, die noch vor Kurzem unter dem fabelhaften Zustande
des Absolutismus gelebt haben, nun nach schnellem Uebergang
zur Freiheit das Gefühl haben, als wenn sie Fürsten und
Völker in sich trügen. Ich wundere mich nicht, daß man
die Selbstherrlichkeit eines gekrönten Individuums auf die
eines beklatschten übertragen will. Ich würde mich über noch
Auffallenderes nicht wundern, denn ein Volk geht aus dem Zustand längerer Bevormundung in den der Selbstbestimmung
nicht plötzlich über ohne seltsame Sprünge. Der Uebergang
war zu rasch, die Bewegung zu gewaltig, nicht nur für Neulinge und politische Rekruten, nein auch für gereifte, aber durch
das Behagen eines langen Friedens verwöhnte Männer. Das
deutsche Volk in seiner Gesammtheit und Allgemeinheit hat
sich bisher preiswürdig benommen und auch die Versammlung
hat in ihrer großen Mehrheit gezeigt, daß sie die erste Bedingung dauernder Freiheit, eine weise Mäßigung und Selbst-
beschränkung nicht vergißt, daß sie die rechten Mittel zu finden
weiß, deren das Vaterland bedarf in großer Noth und Gefahr. Sie werden es auch hier bewähren, und sollten die
Regierungen einzelner Staaten unterlassen dem Beispiele zu
folgen, dem Beispiele treuer Pflichterfüllung gegen das gesammte
Vaterland, das die Versammlung, wie ich nicht zweifle, geben
wird, dann, meine Herren, wäre uns ein kühner Griff nach
der Allgewalt nicht nur erlaubt, sondern durch die Noth geboten.
Aber ich würde alsdann das Volk, ich würde Sie und mich
täuschen, wenn ich erklärte, daß wir als nächsten Preis dieser
Allgewalt die deutsche Republik, die Freiheit haben würden.
Nein, in so betrübten Zuständen, wie ich sie mir hier vor-
stelle, ist es die Freiheit nicht, der wir uns jetzt erfreuen,

da ist es allein die Gewaltherrschaft, die das Vaterland retten kann; und ich würde Ihnen, dem Volke und mir selbst rathen, die starke Hand des Retters walten zu lassen, denn kein Opfer ist zu groß, wo es gilt das Vaterland zu retten. Aber wir wollen nicht beginnen mit dem, was für den schlimmsten Fall unser Entschluß sein müßte; noch berechtigt uns Nichts, zu dem Aeußersten zu schreiten, noch haben wir die Hoffnung, daß eine große Mehrheit für die Einsetzung einer einstweiligen Gewalt sich bilde, eine Mehrheit, aus der Beschlüsse hervorgehen werden, die, wenn auch nicht den Wünschen aller Einzelnen, doch dem Gesammtinteresse der Nation entsprechen."

Unmittelbar auf diese Rede, deren schlagende Gedanken das zerstreute und aufgeregte Haus in ernste Haltung versetzten, folgte das berühmte Auftreten Gagern's, jene Stunde, wo er den unvolksthümlichen Bundestag Mathy's fallen ließ und, die Worte des Freundes wiederholend, den kühnen Griff nach dem Reichsverweser that, der durch die Nationalversammlung allein zu erwählen sei. Wer die Worte der beiden Redner genauer prüft, wird sich der Ansicht nicht entziehen können, daß sie beide Folge einer persönlichen Auseinandersetzung der Redner sind, und daß die erste vorgreifend gegen die zweite ankämpft. Mathy aber hielt mit Recht die Bundesgesandten für wichtiger als den Reichsverweser. Die Nationalversammlung sollte unumschränkt sein in ihrer Aufgabe der Abfassung und Verkündung einer Verfassung, aber sie sollte sich sehr hüten, bei der unvermeidlich gewordenen Leitung und Verwaltung deutscher Angelegenheiten die bestehenden Staatsgewalten zu verletzen. Der König von Preußen rief einige Wochen später Heinrich v. Gagern zu: „Vergessen Sie nicht, daß es deutsche Fürsten gibt"; da klang aus anderem Kreise von Anschauungen dieselbe Mahnung.

Freilich, als am 29. Juni Erzherzog Johann von Oestreich mit 436 Stimmen zum Reichsverweser gewählt wurde, und Hochrufe, Glockengeläut und Kanonendonner zusammenklangen, und als der Reichsverweser selbst in Frankfurt einzog und in der Paulskirche erschien, da schwanden in Mathy die Bedenken des kühlen Verstandes über der Aussicht welche Bedeutung der Tag für Deutschland haben könne, und er fühlte sich stolz als Mitthätiger für den unermeßlichen Gewinn: Deutschland wieder ein Reich und der Landfriede von Reichswegen geboten; poetische Erinnerung an alte Herrlichkeit und muthige Hoffnung auf eine neue große Zukunft des Vaterlandes erfüllten ihm das Herz.

Er merkte auch, daß sogleich die heimlichen Umtriebe über die Macht begannen, es handelte sich um die Bildung des Reichs= ministeriums. Herr v. Schmerling wurde vom Reichsverweser zu einem Minister und zum Unterhändler mit hervorragenden Mitgliedern der großen Parlamentsmehrheit bestimmt und er= öffnete die Verhandlungen mit seinen künftigen Amtsgenossen. Unterdeß nahm Mathy auch von Frankfurt aus Theil an der heimischen Staatsleitung, er veranlaßte die Einberufung von Sachverständigen nach Karlsruhe zur Wiederbelebung des Credits und der Volksarbeit, sorgte für den Geldvortheil seines Staates und um die Verhandlungen in den badischen Kammern. So war er am 25. Juli in Karlsruhe gewesen und hatte die zweite Kammer besucht. Bei der Rückkehr fand er ein Billet des Herrn v. Schmerling, das ihn zu einer Besprechung einlud. Hier wurde ihm die Uebernahme eines Reichsministeriums oder die Stelle eines Staatssecretärs für Handel oder Finanzen ange= tragen. Der Antrag überraschte ihn nicht. Aber er war zweifel= haft, ob er annehmen dürfe. Er selbst war der Meinung, daß er in Baden nützlicher sein könnte, dort war ihm der Wirkungs= kreis genau bekannt, und, wie er seiner Frau schrieb, „kleiner, also den Kräften angemessener". Und gerade jetzt hatten die Parteigenossen in Baden dringend seine Rückkehr und seine feste Hand für das Land begehrt. Er verhandelte mit seinen Collegen im badischen Ministerium, diese aber wünschten seinen Eintritt in die Reichsregierung als vortheilhaft für Baden, dasselbe forderten die badischen Freunde in Frankfurt, Bassermann und Welcker; er entschloß sich zur Annahme in dem Gedanken, „daß der Reichsdienst eine Fessel sei, die jeden Augenblick abgestreift werden könne". In späterer Unterredung wurde ihm das Finanzministerium des Reiches angeboten, er nahm an, ging nach Karlsruhe und erhielt am 30. Juli vom Großherzog mit verbindlichen Aeußerungen des Dankes die Erlaubniß in das Reichsministerium einzutreten, der Rücktritt in das Ministerium Badens solle ihm jeder Zeit offen stehen. Zufällig war denselben Tag zu Heidelberg große Volksversammlung, der auch mehre Mitglieder der Linken aus Frankfurt beiwohnten; darin wurde ihm ein unermeßliches Pereat gebracht, und Anton Winter, der ein Hoch rief, wurde dafür übel behandelt. Mathy freute sich, daß die Versammlung im übrigen ohne Unheil abgelaufen, und nach vielem Trinken, Schießen, Lärmen in friedlicher Unordnung zu Ende gegangen war.

Bei seiner Rückkehr fand er die Bildung des Reichsdienstes durch Zwischenfälle gestört. Camphausen hatte das Ministerium des Auswärtigen abgelehnt, von Berlin war kein zweiter Preuße dafür vorgeschlagen, auch sonst keiner zu finden; Baron Stockmar, der von Vielen ersehnt wurde, ließ sich ebenfalls nicht zur Annahme bewegen. Da kam man auf den Fürsten Leiningen: er war so gescheidt daß er liberal war, er war aus Baiern, und diese Macht hatte Ansprüche auf ein Ministerium erhoben, er war Halbbruder der Königin Victoria, und man hoffte durch die Wahl ein gutes Verhältniß mit England. Nun aber wurde nothwendig, ein anderes Ministerium mit einem Preußen zu besetzen. Hermann v. Beckerath wurde genannt, und Mathy erklärte sofort, daß er ihm seine Stelle mit Vergnügen räume. Der Eintritt dieses Preußen sei ein Gewinn, die hohe Mißstimmung in Preußen gegen die Reichsgewalt werde dadurch gebessert, und das persönliche Wohlwollen des Königs von Preußen für Herrn v. Beckerath werde dem Ministerium zu Gute kommen, der größte Vortheil liege in Charakter und Tüchtigkeit des Parteigenossen. Auf weiteres Befragen erklärte Mathy sich gern bereit, die Stelle eines Unterstaatssecretärs im Ministerium Beckerath anzunehmen. Er habe keinen andern Ehrgeiz als den sich nützlich zu machen, wo man ihn brauchen könne. So wurde Mathy am 5. August Unterstaatssecretär im Ministerium der Finanzen. Und Mathy schrieb seiner Frau in behaglicher Laune, sie sei degradirt und alle Welt damit einverstanden, vor Andern ihr Mann, nur der dreizehnjährige Sohn Karl nicht, der gerade beim Vater zum Besuch war, und gern auch einmal Ministersohn gewesen wäre.

Die Verbindung mit Beckerath wurde für Mathy ein neuer Gewinn der Parlamentzeit; das milde, liebenswerthe Wesen des Rheinländers, sein preußischer Patriotismus und der warme Sinn für Familie und Freunde schufen zwischen Beiden ein herzliches Einvernehmen, das im Palast von Thurn und Taxis begann und bis in die Jahre dauerte, wo die neue Bundespost eingeführt wurde. Mathy richtete sofort das Büreau her und wurde auf der Stelle mit zahllosen Gesuchen um Anstellung geplagt, in denen große Eigenschaften seines Geistes und Herzens gerühmt wurden, welche den Bittstellern Gewährung ihrer Gesuche verbürgten; aber solche Schmeichelei bereitete den Flehenden kein Wohlwollen.

Nicht lange saßen die Beiden im neuen Büreau des Finanzministeriums einander gegenüber, die leere Reichskasse erwägend und kluge Gedanken über die Füllung austauschend, da kam der unglückliche Tag des Waffenstillstandes von Malmö; er wurde zu einem momento mori für die Nationalversammlung, der Traum unumschränkter Herrschaft über die bestehenden Staatsgewalten schwand in stürmischen Verhandlungen und Demüthigungen dahin. Preußen hatte am 2. Sept. den Waffenstillstand mit den Dänen geschlossen, ohne dem Bevollmächtigten der deutschen Reichsgewalt etwas davon zu sagen, ohne die Centralgewalt selbst in Kenntniß zu setzen, ohne die Bedingungen einzuhalten, unter denen es Vollmacht zum Abschluß hatte.

Was sollte das Reichsministerium thun? Die badischen, nassauischen, würtembergischen Reichstruppen aus Schleswig nach Berlin zur Execution marschiren lassen? oder zornige Worte senden, denen kein Nachdruck zu geben war? oder Frei= schaaren ausrüsten und mit dem eingeforderten Brot süddeutscher Bäckerladen ernähren? Ach, und Oestrich kümmerte sich noch weniger als Preußen um die Centralgewalt, hielt gar seinen Gesandten in Kopenhagen, stand mit dem Reichsfeind auf freundschaftlichstem Fuße und ließ über seine Absichten in Deutschland gänzlich im Dunkeln. Lange hatte die National= versammlung das lauschende Deutschland durch unendliche Ver= handlungen über die Grundrechte gelangweilt, jetzt gerieth sie in heftigen patriotischen Zorn. Das Ministerium war zwar entschlossen, von Preußen die Rechenschaft zu verlangen, welche durch festes Auftreten etwa zu erreichen war, aber es wollte nicht hoffnungslosen Krieg mit Dänemark ohne Preußen, ja gegen Preußen fortsetzen und außerdem das Ausland: Schweden, Russen, Franzosen, Engländer zum Einschreiten herausfordern.

Da wurde auf Antrag Dahlmann's, der unter Einfluß der holsteinischen Stimmungen stand, in Verbindung mit der Linken, der ein Bruch mit der Monarchie am Herzen lag, und mit Beistimmung der Ultramontanen und Separatisten, welche das Einigungswerk überhaupt nicht wollten, endlich mit einer Anzahl warmherziger Patrioten, die sich über das Unrecht Preußens ärgerten, in der Paulskirche durch wenige Stimmen Mehrheit der Beschluß gefaßt, daß der Vollzug des Waffen= stillstandes zu beanstanden sei. Da dieser Beschluß einer Ver= werfung sehr ähnlich sah, vermochte das Ministerium nicht die Folgen auf sich zu nehmen und reichte seine Entlassung ein. Dahlmann wurde vom Reichsverweser beauftragt, ein neues Cabinet zu bilden, welches die Beschlüsse durchführe, die er veranlaßt hatte.

Als am Abend des 5. September sich die Mitglieder des entlassenen Reichsministeriums gesellig zusammenfanden, waren

sie trotz dem Ernst der Lage vergnügt wie fleißige Scholaren,
denen die Schule geschlossen worden ist. Sie hatten das volle
Gefühl, pflichtmäßig gehandelt zu haben, und die Arbeitslast
der letzten Wochen war so übergroß gewesen, daß ihnen die
bevorstehenden Tage wie eine Zeit der Freiheit erschienen. Auch
der Erzherzog nahm die Sache in seiner Weise behaglich,
obgleich seine Noth die größere war, und bedauerte gegen die
scheidenden Mitglieder des Ministeriums, daß er nicht eben=
falls mitgehen könne. Mathy trat sogleich in sein badisches
Verhältniß zurück. Während er bis zur Bildung des neuen
Ministeriums die laufenden Geschäfte seines Amtes erledigte,
schrieb er von dem Ministertisch mit dem Behagen eines
alten Journalisten wieder kleine Aufsätze für befreundete Zei=
tungen, theils würdig über die Lage, theils scharf gegen
die Wühler. Und er hielt selbstverständlich daran fest, daß
von dem entlassenen Ministerium der Beschluß der National=
versammlung nicht vollzogen, die Ausführung des Waffenstill=
standes nicht beanstandet werde. Im Grunde dachte er sich, wie
die Verwicklung ausgehen werde, er schrieb seiner Frau zuerst
nach Bad Ems: „Du bist abgesetzt; ich hoffe, diese Demüthi=
gung deines Stolzes wird dich wenigstens dazu bringen, mir
einen Brief zu schreiben," und einige Tage darauf: „Du bist,
wie Pharaos Mundschenk, wieder eingesetzt." Es war Dahl=
mann und nach ihm dem Baier Hermann nicht gelungen, ein
Cabinet zu Stande zu bringen, die Nationalversammlung
änderte ihren früheren Beschluß ab, das Reichsministerium
kehrte, durch Ausscheidung einiger Personen und Zutritt anderer
verstärkt, in seine Sessel zurück. Aber es war vor ganz Europa
offenbart, daß der Versammlung die Macht und die Hilfsmittel
fehlten, eine wirksame Leitung der Geschäfte durchzusetzen. Die
Frage war jetzt nur noch, wie es ihr mit der eigentlichen Auf=
gabe, der Verfassung, gelingen werde. — Die Versammlung
war im Aufsteigen bis zu ihrer Versenkung in die Grundrechte,
Höhepunkt ihrer Bedeutung war die Wahl des Reichsver=

wesers, die Fahrt zum Kölner Domfest gewesen. Jetzt folgte eine Niederlage der andern.

Der patriotische Sturm gegen Preußen hatte den Radikalen Muth gemacht, das Mißlingen des parlamentarischen Widerstandes ein banges Ahnen ihrer Schwäche gegeben, sie bemühten sich durch Aufstandsversuche die Aufregung zu steigern. In den meisten größeren Städten begannen Straßenaufläufe, durch deren Bändigung das Ansehen der Staatsregierungen erhöht, die Theilnahme des Volkes an den deutschen Angelegenheiten vermindert wurde.

Als am 18. September in Frankfurt der Aufruhr losbrach, war Mathy unter denen, deren Haupt dem Tode geweiht worden war. Ihm war dieser Wunsch seiner Gegner nicht unbekannt. Er stand an diesem Tage an der Seite des Kriegsministers von Peucker und anderer Amtsgenossen in der Nähe der Gefahr und hatte hervorragenden Antheil an der thatkräftigen Haltung, die das Reichsministerium den Aufrührern entgegensetzte.

Der Frankfurter Putsch, die Octobertage in Wien, der Eintritt des Ministeriums Brandenburg in Berlin riefen in den beiden Großstaaten größere Eigenmächtigkeit gegen das Reich hervor, Baiern folgte dem Beispiel. Seit vollends die Obermachtsfrage angeregt wurde, zerfiel die Versammlung. Jetzt zeigte sich plötzlich, wie stark der Stolz der einzelnen Volksstämme und die Absonderungsgelüste waren: Preußen und Oestreicher, Baiern, Hannoveraner, Hanseaten, außerdem die stürmische Linke. Die Schwäche in der Nationalversammlung bewirkte, daß das Ministerium in größere Abhängigkeit von den Bevollmächtigten der Einzelstaaten und dem guten Willen der Regierungen kam. Im Frühsommer hatte die Nationalvertretung der demüthigen Bundesversammlung hochfahrend den Umgang gekündigt, seit dem Herbst verkehrten die Commissare der Bundesstaaten in vornehmer Zurückhaltung mit dem Reichsministerium.

Nach dem Aufstand begann Mathy wieder die friedliche Arbeit in seinem Amt und der Nationalversammlung. Es

gab genug zu thun. Fast täglich zwei, drei Stunden Minister=
rath, in welchem unablässig schwierige und heikle Fragen zu
lösen waren, dann sechs, sieben Stunden in der Paulskirche,
dazu einige Stunden Büreauarbeiten, Besuche und Berathungen
mit den Gesandten, endlich die Versammlungen des Clubs
und vielleicht das wichtigste von Allem, die Privatbesprechungen
bei Gagern — es war gerade so viel Arbeit, daß Mathy noch
Zeit behielt schnell einen Zeitungsartikel für die Oberpostamts=
zeitung, damals das Organ des Reichsministeriums, zu schreiben.

Außer der Theilnahme an der politischen Thätigkeit des
Ministeriums gehörte zu Mathy's Wirkungskreis die Vorbe=
reitung der Beschlüsse und Maßnahmen des Finanzministeriums;
alle im Reichsgesetzblatt veröffentlichten Finanzerlasse sind von
ihm ausgearbeitet, er leitete die Reichskassenverwaltung und war
seinem Minister in dem administrativen und politischen Theil
des Ressorts ein treuer, durch Geschäftskenntniß und großes
Urtheil ausgezeichneter Helfer und Genosse. Beide trugen
gemeinschaftlich die schwere Bürde der Sorgen, die auf ihrer
Verwaltung lasteten, und manche ernste Stunde verfloß in
Besprechung der Mittel und Wege zur Bestreitung des Auf=
wandes für das Reichsheer und für die Flotte. Denn das
Finanzministerium war nicht auf Rosen gebettet. Es war für
seine Bedürfnisse auf die Matrikularumlagen angewiesen, und
diese Beiträge liefen durchaus nicht freudig ein. Oestreich
zumal zahlte zu den Reichslasten gar nichts, und mußte schon
im Herbst 1848 als ein durchaus verzweifelter und böswilliger
Schuldner betrachtet werden. Darin wenigstens wurde Preußen
ein Trost, es gab zu den drei Millionen, welche für die
Marine begehrt wurden — als erste Hälfte der Summe, welche
durch die Nationalversammlung im Juni bewilligt war, — nicht
nur den eigenen bundesgemäßen Beitrag, sondern übernahm auf
Verwendung des preußischen Bevollmächtigten Camphausen auch
die pünktliche Zahlung für sämmtliche Zollvereinsstaaten, um
sich einige Monate später bei der Zollberechnung zu decken.

Nur dadurch wurde möglich, eine Bundesmarine zu schaffen. Im Februar 1849 waren 10 Kriegsschiffe, 86 Kanonenböte erworben, 5 Dampfcorvetten auf deutschen Werften in Bau gegeben. Es war mitten in der Fehde mit Dänemark, und es war eine improvisirte Flotte, die Schiffe schnell zusammengesucht, die Bemannung aus den Häfen errafft, die Offiziere, wie sie gutes Glück und die Noth zuführte. Und es blieb den Deutschen der Schmerz nicht erspart, daß diese erste Anlage nicht auf geradem Wege zu einer Kriegsflotte führte. Dennoch durfte sich Mathy sagen, daß er mit Beckerath in Beschaffung von Geld- und Auskunftsmitteln ebenso das Mögliche leistete, wie Duckwitz im Ankauf von Schiffen. Diese Sorge war ihm wol die liebste Amtspflicht. Er hatte die Freude, daß Prinz Adalbert von Preußen im October nach Frankfurt kam, um die Berathungen über Gründung einer Seemacht zu leiten, und der wackere verständige Herr wurde vom Finanzministerium in der Stille bereits zum künftigen Großadmiral bestimmt. — Auch mit dem Reichsheer gelang es im Herbst ein wenig. Der preußische General Peucker war Kriegsminister, ihm wurden die Frankfurter Besatzung, die Bundestruppen in Schleswig-Holstein und gelegentliche Executionsabtheilungen als Reichsarmee untergeben. Ja Preußen stellte im October sein ganzes Heer, 326,000 Mann als Reichscontingent hin. Und Preußen veröffentlichte gehorsam die von der Nationalversammlung beschlossenen Gesetze volkswirthschaftlichen Inhalts im Preußischen Gesetzblatt. So geschah es, daß aus dem Finanzministerium freundliche und dankbare Streiflichter auf Preußen fielen. Und es wurden in der Casinopartei bereits im October muthige Stimmen laut: man müsse Preußen allein an die Spitze stellen. Aber noch überwogen die Bedenken.

Der Verkehr des Reichsministeriums mit dem Erzherzog Johann ließ in den ersten Monaten nichts zu wünschen übrig. Von beiden Seiten wurde darüber hinweggesehen, daß der Erzherzog in Wahrheit weniger durch die Wahl der Nationalverfammlung, als durch die Regierungen, deren Willensmeinung der Bundestag noch schnell vor seiner Auflösung ausgesprochen hatte, zur Uebernahme des Amtes bestimmt war. Denn obgleich dieser Prinz des Hauses Habsburg zuweilen Neigung gezeigt hatte, gegen die eigene Regierung Fronde zu machen, so wäre dem Mitglied eines großen Fürstengeschlechts doch, wie damals die Dinge lagen, die Annahme einer revolutionären Stellung ganz unmöglich gewesen ohne die stille Einwilligung seiner Familie und die Zustimmung der Könige von Preußen und Baiern. Sein Vertrauter, Herr von Schmerling, mußte diesen bedenklichen Umstand — den übrigens Mathy auf der Redner= bühne ganz in der Ordnung gefunden hatte — vor der National= versammlung zu verdecken, die Verehrer kühner Entschlüsse mußten der Zukunft anheimgeben, ob jene überraschende Wahl sich als Vorbote kommender Reaction erweisen werde. Vor= läufig gewann der Erzherzog seit dem Einzuge die Herzen der Deutschen. Alles an ihm gefiel, sein ergrautes Haupt, der naive mundartliche Ausdruck, die feste, einfache, kräftige Weise, in der er seine Gemüthlichkeit kundgab. Mancher herrliche Charakterzug von ihm wurde verbreitet, auch daß er eine Frau nach seinem Herzen gewählt hatte, nicht aus Fürstengeschlecht, behagte den Bürgern, und als gar verkündet wurde, daß er seine Gemahlin unter die Frankfurter führen werde, wie die Abgeordneten ihre Frauen, zu treuherziger Geselligkeit, da gaben sich Abgeordnete und Frankfurter einer warmen Hochachtung gegen die neue Herrenfamilie hin, und Mathy beobachtete mit Vergnügen die Uebung der schönen Frankfurterinnen in Em= pfangsfeierlichkeiten und wie geschickt zahllose weiße Kleider, gewaschen und gebügelt, mit hoch gehobenen Armen an den Fingerspitzen über die Straße getragen wurden.

Auch Mathy fand den Verkehr mit dem Herrn bequem, dieser bewies gegen Jeden die wohlwollende Lässigkeit, welche als Erbtheil des Ahnherrn Rudolf den meisten Prinzen seines Hauses bis auf unsere Zeit eigen war; seine Auffassung der

Verhältnisse war unbefangen, er zeigte ehrlichen Willen Oest=
reich und Deutschland aus der Bedrängniß herauszuheben. Im
Sommer 1848 wußte er seine große Beliebtheit in Wahr=
heit heilsam zu verwerthen, um Süddeutschland vor Aufruhr
und Gesetzlosigkeit zu bewahren. Bei den laufenden Geschäften
zeigte er gutes und schnelles Verständniß und praktischen Sinn,
und unterstützte seine Minister vortrefflich durch die Gewandt=
heit, Widerwärtiges abzuhalten oder aus dem Wege zu schaffen.
Seit aber die Idee eines engern und weiteren Bundes und
eines preußischen Erbkaiserthums allmählich in die Seelen
drang, seit der begabte Landsmann des Erzherzogs, Herr
v. Schmerling, das Vertrauen der Reichstagsmehrheit verlor
und zum Austritt aus dem Ministerium genöthigt wurde, und
seit Heinrich v. Gagern Mitte December als Ministerpräsident
dem Reichsverweser zur Seite gestellt wurde, da verlor dieser
selbst die Sicherheit, und der Vortheil seines Hauses siegte
über die Pflichten seines Amtes. Damals forderte Mathy in
der Partei sehr entschieden, daß Herr v. Schmerling dem
Ministerium Gagern erhalten bleibe. Er kannte ihn genau
aus den Geschäften dieses Jahres, er hatte am 18. September
gegenüber den Barrikaden neben ihm gestanden und gesehen,
daß der Oestreicher ein kaltblütiger, entschlossener Mann war,
im Nothfall zu jedem Wagniß bereit. Blieb er im Ministe=
rium, so vermochte man, wie bisher, in den Hauptsachen mit
ihm und durch ihn mit dem Reichsverweser fertig zu werden,
ja, es war nicht unmöglich, ihn für das Programm Gagern's
zu gewinnen, und durch ihn die Auffassung des Fürsten
Schwarzenberg zu beeinflussen, der sich zur Zeit noch wenig
um Frankfurt kümmerte, mehr an Vertheidigung gegen Deutsch=
land, als an Angriff dachte. Denn solange der ehrgeizige
Schmerling deutscher Minister war, hatte er ein Interesse sich
selbständig und bedeutsam auch gegen die östreichischen Minister
zu halten, und Mathy wußte, daß er dies bis dahin gethan,
und daß er die geheime Schwäche eines Regiments ohne Macht

nicht nach Olmütz getragen hatte. Durch seine Entfernung mußte er ein unversöhnlicher Feind werden, der alle Parteien und Menschen, und alle Hilflosigkeit klug und kalt durchschaute und die kaiserlichen Minister aufstachelte. — Der gute Rath Mathy's wurde nicht befolgt. Schmerling wurde entlassen, reiste sofort nach Olmütz, und von dem Tage kamen hochfahrende und feindselige Kundgebungen Oestreichs in rascher Steigerung.

Als Heinrich v. Gagern dem Erzherzog die leitende Idee seines Ministeriums, die Kaiserkrone für Preußen, bei der Uebernahme des Amtes vor Augen stellte, da widersprach dieser der Forderung nicht, aber er wurde verdeckter und schweigsamer und barg die innere Schwäche und Abneigung hinter naiver Schlauheit. Offenbar wurde er seitdem durch bestimmte Weisungen von Wien bedrängt. Dadurch kam er in sehr zweideutige Stellung, sein Verhältniß zum Reichsministerium wurde peinlich für beide Theile. Wo die Treuherzigkeit nicht mehr helfen wollte, hüllte er sich in Schweigen. Als in einer Sitzung des Gesammtministeriums der Ministerpräsident Gagern ihn mit der ganzen Kraft seiner bedeutenden Persönlichkeit drängte, in der schwebenden Frage doch endlich seine Meinung zu äußern, antwortete er mit dem Anschein völliger Unbefangenheit in seiner Mundart: „i hobb gar keine Meinung." Als endlich gar die letzten Schicksalsschläge über die Versammlung einbrachen und die Entscheidung über die Zukunft nicht mehr von Frankfurt, sondern von Berlin ausging, wurde er ein bloßes Spielzeug in den Händen des Grafen Rechberg.

In den Sitzungen der Paulskirche folgte Mathy mit regelmäßigem Fleiße dem Gang der Verhandlungen. Während der Stunden von Verwirrung und Empörung, in denen die Versammlung sich einige Male aufzulösen drohte, war sein Platz umdrängt von den Parteigenossen. Wenn aber ein berüchtigter Redner langweilte oder erheiterte, bemerkte man in seiner Nähe häufig einen Wechsel in den Mienen der Nachbarn und das

Gekräusel einer leichten Bewegung. Denn er enthielt sich nicht
kurzer beißender Bemerkungen und angreifender Scherze. In
den Versammlungen der Partei und den Abenden bei Gagern
saß er gewöhnlich schweigsam, in seiner großen Bescheidenheit
erschien er Solchen, die ihn nicht näher kannten, als ein schüch-
terner Mann. Aber in der ganzen Versammlung war vielleicht Keiner, der schärfer und genauer die Meinung der
Andern beobachtete, und die Klugheit eines Parteileiters besser
inne hatte als dieser stille Beobachter. Er hielt sich nicht nur
zurück, wenn er einmal selbst mit einer Frage innerlich nicht
fertig geworden war, auch wenn er sah, daß Andere das Rechte
gefunden hatten. Merkte er die Gesellschaft durch andere
Häupter gut geleitet, dann erbaute er sich hörend an der Tüchtigkeit der Freunde; erst wo es an Rath fehlte, trat er mit
ganzer Entschlossenheit in die Zweifel. Diese Selbstlosigkeit,
welche immer nur die Sache, nie den eigenen Erfolg im Auge
hatte, bewirkte, daß sein Ansehen bis zum Ende der Versammlung stetig zunahm. Die Rednerbühne betrat er fast nur, wenn
er von der Partei aufgefordert wurde. Nach jener Rede für
den Bundestag hat er noch dreimal gesprochen. Einmal (am
8. Januar 1849) bei der Debatte über den Reichshaushalt
als erfahrener Finanzmann für die Anträge des Ausschusses:
Der Reichstag soll sich hüten, zu Vieles festzusetzen. Künftige Versammlungen werden sich in neuen Verhältnissen schon
zu helfen wissen; das Staatenhaus, als die Vertretung der
Regierungen, und das Volkshaus sollen bei Aufstellung des
Budgets gleich berechtigt sein, das Staatenhaus aber die Vor-
berathung haben; das Budget ist in ein ordentliches und außer-
ordentliches zu trennen — damals eine neue und sehr angefochtene Ansicht. — Es sei durchaus nicht nöthig für die
Freiheit, daß auf jedem Reichstage sämmtliche Einnahmen
bewilligt werden, der wahre Nutzen der Volksvertretung bestehe
in Finanzsachen ohnehin nicht in den Verbesserungen, die etwa
an einzelnen Sätzen bewirkt werden, sondern in der kräftigen

Ueberwachung der ganzen Verwaltung, welche sich bei Berathung des Budgets mehr als bei jeder anderen geltend machen kann.

Das nächste Mal sprach er (19. Februar) über das Wahlgesetz für das Volkshaus. Hier standen mehr als sechzig Anträge zur Entscheidung, die Meinungen liefen weit auseinander — man beachte wohl, daß damals auch von einem großen Theil der Linken, welche das allgemeine, directe Wahlrecht forderte, noch die Bedingung der Selbständigkeit des Wählers festgehalten wurde. Mathy sprach diesmal, weniger um einem der Amendements zum Siege zu verhelfen, sondern um der Versammlung ein freieres Urtheil zu geben. Er führte meisterhaft aus, daß kein Wahlgesetz einer Partei den Sieg verbürge, daß allgemeines Wahlrecht den Ultramontanen und der Reaction ebenso sehr biene, als den Radikalen. Und daß auch allgemeines Wahlrecht nur etwa einem Fünftel der lebenden Menschen das Stimmrecht gebe, und wie nicht unwahrscheinlich sei, daß man solches Recht auch einmal auf Frauen und Knaben werde ausdehnen wollen. Er empfahl darauf entweder allgemeines Wahlrecht mit indirecten Wahlen, weil Jedermann einen Vertrauensmann kenne, aber nicht Jedermann Urtheil über die Tüchtigkeit des Volksvertreters habe, oder directe Wahlen entweder mit Census oder mit einer für den Bezirk festgesetzten Summe der Wähler. „Auf den Modus der Wahl kommt es überhaupt weniger an, als man zur Zeit wähnt, es gibt kein absolut gutes Wahlgesetz. und keines, das für jedes Volk paßt. Wir können zum Glück in Deutschland weit gehen mit dem Stimmrecht, und wir wollen weit gehen. Ich hoffe auch, wir werden keine erschwerende Form für das Wahlgesetz annehmen, sondern die Gesetzgeber, die nach uns kommen, in die Lage setzen, ohne Erschwerungen weiter zu gehen in dem Maße, wie sich die Einsicht und Bildung verbreitet. Wir wollen keine Vorrechte für einzelne Stände, wir wollen keine Vorrechte für den Besitz, aber auch keine Massenherrschaft, die durchaus nicht der Ausdruck des Volkswillens ift und die auch durchaus nicht die Freiheit sichert, sondern zum Despotismus führt." Diese großen Wahrheiten erschienen damals der Mehrzahl unschmackhaft.

Seit dem Eintritt Gagern's wurde die meiste Zeit des Reichsministeriums in Anspruch genommen durch wiederkehrende Berathungen über die Stellung Deutschlands zu Oestreich. Die Lage der Dinge verschlimmerte sich schnell, in gleichem Verhältniß mit Uebermuth und Anmaßung der östreichischen Regierung steigerte sich in der Nationalversammlung die leiden= schaftliche Frivolität der östreichischen Abgeordneten, welche Alles aufboten, die Verfassung, an welcher Oestreich nach seiner eigenen Erklärung nie Theil nehmen konnte, auch für Deutschland unbrauchbar zu machen. Mathy und Beckerath waren schon im Winter von der Ueberzeugung durchdrungen, daß dieser Zwiespalt nur auf dem Schlachtfelde ausgefochten werden könne, die Mehrzahl der Mitglieder aber täuschte sich über dies Sachverhältniß. Da der Oestreicher Graf Dehm in der Nationalversammlung dieselbe Ueberzeugung aussprach: „Nur das Schwert kann für die angestrebte Stellung Preußens entscheiden", begrüßte Raveaux die ehrlichen Worte als über= raschende Entdeckung und als Eröffnung geheimster Gedanken der Oestreicher.

Im März kam es im Finanzministerium zum Bruch. Dänemark hatte den Waffenstillstand gekündigt, ein Heer war zu stellen und zu rüsten, von den bewilligten 6 Millionen für Marinezwecke war wenig mehr als die von Preußen gezahlten 2 Millionen eingegangen, Baiern hatte erklärt, es müsse erst seine Stände fragen, Sachsen wollte zwar zahlen, aber erst wenn auch andere größere Staaten gezahlt hätten, und außer= dem auf die Zollvereinskasse Preußens anweisen, obgleich es selbst noch dorthin herauszuzahlen hatte. Außerdem waren aus dem vergangenen Jahr an Militärverpflegungsgeldern noch 750,000 Thlr. zu schaffen. Mathy hatte den Entwurf zu einer Reichsanleihe von 20 Millionen Gulden gemacht für Krieg=

führung, Küstenvertheidigung, Flotte. Am 5. März war Berathung des gesammten Reichsministeriums mit den Bevollmächtigten der Einzelstaaten und sie hatte ein trostloses Ergebniß.
Die Dringlichkeit des Bedarfs wurde einleuchtend dargestellt,
die Reichsminister sprachen sehr schön und ergreifend, es wurde
nachgewiesen, daß die Lage sei: entweder Geld, oder unvermeid-
licher Verkauf der Flotte und gehäufte Schande für Deutschland.
Aber die Vertreter der Regierungen saßen kalt, mit bösem
Willen, wie Gesandte fremder Mächte. Für eine Anleihe durch
das Reich auf den Credit der Staaten erklärten sich außer dem
bedrängten Holstein zwei kleine Stimmen, von den größeren
wurden nur Bedenken laut: der provisorische Zustand, die Unge-
wißheit, was aus dem Reich werden möge, Schwierigkeit der
eigenen Kammern, dazu Klagen über gebrachte Opfer. Preußen
erklärte, es werde seine Zahlungen pünktlich leisten, man solle
auf die Staaten umlegen, die Säumigen schärfer anhalten —
womit? Oestreich rieth höhnend einen Grundstock aus Matri-
kularbeiträgen zu gründen — wie Mathy nachher behauptete,
mit dem stillschweigenden Vorbehalt, seinen Beitrag dafür ebensowenig zu zahlen, als bis dahin für Flotte und Verpflegung
von Reichstruppen; fast ebenso stimmten die Königreiche; die
meisten Kleinen sprachen den herzlichen Wunsch aus, das Reich
möge die Kriegskosten bezahlen, ohne jedoch zu sagen, woher;
einige waren ohne jede Verhaltungsvorschrift. Aber am greu-
lichsten war für Mathy, daß Luxemburg-Limburg dabei saß, um
das deutsche Elend nach dem Haag zu berichten, und in Kopenhagen und Petersburg damit Freude zu machen; denn dieser
Bundesgenosse hatte in einem Athem erklärt, er sei zwar bereit
zur Flotte zu zahlen, aber gänzlich außer Stande, da er zu den
Niederlanden gehöre. — Also auf die Anleihe mußte verzichtet
werden. Mathy beschäftigte sich noch mit dem Plan „Marine-
scheine" als Papiergeld auszugeben. Aber er neigte zu der
Meinung, daß es für das Reichsministerium Zeit sei, abzu-
treten. Und um den Schmerz zu steigern, kam an demselben

Tage eine öftreichiſche Note aus Olmütz, welche ein ſieben=
töpfiges Directorium mit neun Stimmen unter dem Vorſitz
Oeſtreichs forderte. — Es gab in der Paulskirche Stunden
des Getümmels und verrückter Abſtimmungen, wo Gagern's
Wange fahl wurde und ſein ſtrahlendes Auge totenſtarr, und
wo um Mathy's Mund der Zug höhnender Verachtung ſchwebte,
den ſeine Gegner ſo haßten. Es ging zum Ende. Die National=
verſammlung bot ein Bild wüſter Unordnung. Alles trieb zur
Entſcheidung. Preußen war die letzte Hoffnung. Als am
28. März der König von Preußen mit 290 Stimmen —
248, darunter die Oeſtreicher, enthielten ſich der Abſtimmung,
— zum Kaiſer gewählt wurde, da läuteten wieder alle Glocken
in Frankfurt und Verſammlung und Gallerien brachen in
Jubel aus. Man war zu Frankfurt bereits an dergleichen
gewöhnt.

In die Kaiſerdeputation nach Berlin wurde mit Abſicht
kein Mitglied des Reichsminiſteriums gewählt; daſſelbe hatte
zwar nach der Kaiſerwahl wie gebührlich das vom Reichs=
verweſer erhaltene Mandat zurückgegeben, aber die Geſchäfte
ſogleich wieder vorläufig mit voller Amtsgewalt und Ver=
antwortlichkeit übernommen und ſich recht feſt in die Stühle
geſetzt. Man glaubte ſich von einem Plane Oeſtreichs über=
zeugt, der dem preußiſchen Bundesſtaat ein kurzes und ſchreck=
liches Ende bereiten ſollte. Erzherzog Johann ſollte plötzlich
abdanken, Herr v. Schmerling als Bevollmächtigter Oeſtreichs
den alten Bundestag wieder einberufen, deſſen Vormacht Oeſt=
reich geweſen war, die vier Königreiche würden ſofort zufallen.
Wie ſehr hatten ſich unter dem Zwang der Thatſachen die
Menſchen geändert! Vor wenig Monaten waren dieſelben
Männer, die jetzt im Miniſterium ſtanden, von freudiger
Rührung bewegt, daß der Reichsverweſer dem neuen Deutſch=
land zur Verfügung ſtand und eine Centralgewalt Ausſicht bot,
die einzelnen Staaten zu überherrſchen, und jetzt bewachten
ſie ihren Reichsverweſer als einen hinterhaltigen Mann, als

Werkzeug und Opfer einer feindlichen Politik, welcher Deutschland verhindern wolle, dem Herrscher eines einzelnen Staates
zu huldigen.

Nach Abgang der Kaisergesandtschaft schlugen durch einige
Tage die Herzen der Mehrheit in froher Erwartung, bis eine
Trauerbotschaft nach der andern niederbeugte. König Friedrich
Wilhelm IV hatte nicht angenommen, ja sein persönliches Verhalten gegen die Deputation hatte diese höchlich verstimmt.
Und das Ministerium Brandenburg war entschlossen, die Kammer in Berlin aufzulösen, wenn diese den König unziem-
lich dränge. Mathy theilte diese finstern Nachrichten Herrn
v. Beckerath, der auf einige Tage nach der Heimat gereist
war, in dem ruhigsten Geschäftstone mit, aber aus den kurzen
Sätzen ist zu sehen, wie sorglich er seinen zornigen Muth
bändigte. Noch war einige Hoffnung. Man wußte, daß der
König geschwankt hatte, daß ein Theil der königlichen Familie,
der Prinz von Preußen und seine Gemahlin, für Annahme
waren, noch war eine Ablehnung nicht erfolgt, der preußische
Commissar Camphausen war nach Berlin gerufen. Es galt,
in Frankfurt festzustehen auf der beschlossenen Verfassung, und
die Umtriebe der Gegner zu vereiteln, welche die ausweichende
Antwort des Königs als Vorwand für Aufhebung seiner Wahl
benutzen wollten, und es galt in Berlin alle Hebel anzusetzen,
um den König zu bestimmen. Das Reichsministerium suchte
dadurch auf die Beschlüsse Preußens zu wirken, daß es die
andern Regierungen zu Erklärungen über die Verfassung veranlaßte. Während Camphausen in Berlin war, berief Gagern
zum 14. April jene berühmte Sitzung der Bevollmächtigten, in
der 28 deutsche Regierungen ihre unbedingte Annahme der
Verfassung erklärten, auch die Stände von Würtemberg und
Sachsen hatten fast einstimmig den Beitritt ihrer Regierungen
verlangt, man durfte hoffen, daß Hannover und Baiern auf
die Länge nicht widerstehen würden. Oestreich aber hatte
endlich durch seine Note vom 8. April der Neugestaltung

Deutschlands in herbem Ton öffentlich abgesagt und die allgemeine Stimmung gegen sich aufgeregt. Die Oestreicher, von ihrer Regierung zurückberufen, begannen die Versammlung zu verlassen. Andere freilich hatten, im stillen Einverständniß mit Herrn v. Schmerling, die Unbefangenheit zu erklären, daß sie bleiben würden. Noch einmal schien Alles günstig zu liegen.

Da hielt Mathy seine größte Rede während der letzten Kämpfe (25. April) in der langen und stürmischen Verhandlung über Durchführung der Reichsverfassung. Die Verfassung war nach unendlicher Mühe vollendet, König Friedrich Wilhelm hatte seine Bedenken geäußert, doch nicht abgelehnt, von allen größeren Staaten war die Abneigung gegen das neue Werk deutlich kund gethan. Was sollte geschehen, die Anstrengungen eines Jahres zu retten? Die Hoffnungen der Linken hoben sich, auch die alte gemäßigte Reichstagsmehrheit, durch Berlin verletzt, fühlte das Bedürfniß, Muth und Thatkraft gegen die Regierungen zu zeigen. Unter den Freunden Mathy's gingen die Meinungen weit auseinander, die Prüfungsstunde der Noth war gekommen, wo nicht glänzende Begabung allein, sondern der Charakter die Richtung zu weisen hatte. Jetzt ließ Mathy durch Parteigenossen aus Preußen einen Antrag einbringen: Aufforderung an die Regierungen, sich aller Anordnungen zu enthalten, welche in diesem entscheidenden Augenblick dem Volke die verfassungsmäßige Aeußerung seines Willens schmälern können, also keine Auflösung der Ständekammern. Die Nationalversammlung erwarte bis zum 3. Mai Bericht des Reichsministeriums über den Erfolg. — Zur Unterstützung dieses Antrags sprach er einsichtsvoll und mit sicherem Nachdruck nach folgendem Grundgedanken. Die Verfassung ist durch uns vollendet, wir haben unsere Aufgabe erfüllt, wir bleiben darauf stehen. Aber wir enthalten uns aller herausfordernden oder revolutionären Schritte. Die Hindernisse, welche die einzelnen Regierungen entgegenstellen, müssen durch die

Kraft ihrer Staaten überwunden werden. Unsere Aufgabe ist nur, die befreundeten Kräfte darin zu stärken, die widerstrebenden zu schwächen. Nur der moralische Beistand dieser Versammlung darf in Bewegung gesetzt werden. Darauf schilderte er meisterhaft die Stellung der einzelnen Staatsregierungen: Preußen, Oestreich und die Königreiche. Und er schloß: „Ich bin bereit, zur rechten Zeit für Alles zu stimmen, was nothwendig ist, um die Verfassung durchzuführen, es mag gehen, soweit es wolle, aber nicht für mehr und nicht zu ungehöriger Zeit. Keine Proclamation an das Volk, kein Ausschreiben der Wahlen für den Reichstag, keine Regentschaft. Noch sind wir nicht gezwungen die Verfassung zu verletzen, um sie durchzuführen." — Sein sicheres Auftreten entschied. Seine schönste Rede war auch der letzte große Augenblick der Nationalversammlung, zugleich die Lossagung der deutschen Partei von der Revolution.

Während Mathy hoffte, daß in Würtemberg eine Volksbewegung für die Reichsverfassung helfen werde, war Beckerath nach Berlin gereist. Dort hatte er eine zweistündige Unterredung mit dem Könige. Er war berechtigt, dem König die feste Zusicherung zu geben, daß aus der Reichsverfassung das suspensive Veto und andere anstößige Bestimmungen mit großer Stimmenmehrheit entfernt werden würden, wenn der König mit Vorbehalt der Revision annehme, und dafür eine neue Reichsversammlung aus Abgeordneten der Staaten, welche die Verfassung angenommen — etwa nach Erfurt — zusammenberufe. Dem König wurde dadurch der Einwand des ungesetzlichen Verfahrens genommen, auf den er immer wieder zurückkam, er fühlte auch das Gewicht der Gründe für ein muthiges Handeln, welche Beckerath aus oft wiederholten feierlichen Verheißungen des Königs selbst entnahm. Der König rief endlich aus: „Aber Sie erkennen ja selbst, daß große Gefahren damit verbunden sind." Beckerath wiederholte die Worte, die wenige Tage zuvor E. M. Arndt dem König zugerufen: „Die Gefahr ist stets

für Preußen eine sieglockende Sonne gewesen." Da stand
der König auf, ging erregt im Cabinet auf und ab, und blieb
endlich mit den Worten vor Beckerath stehen: „Wenn Sie
Ihre beredten Worte an Friedrich den Großen hätten richten
können, der wäre Ihr Mann gewesen, ich bin kein großer
Regent."*) Und wenige Tage darauf schrieb der König an
Bunsen:**) „Der liebe, fromme, warme Beckerath hat mir in
einer Rede, die fast eine Stunde dauerte, die Gewißheit der
glücklichen Cur des revolutionskranken Imperii so anlockend
und überzeugend geschildert, daß mir das Wasser unwillkürlich
im Munde zusammenlief. Darauf nahm ich das Wort: Ver-
steh' ich Sie recht, so rathen Sie mir, es wie der Prophet
Daniel zu machen und getrost in die (auch von Ihnen klar
erkannte) Löwengrube hinabzusteigen, in der Zuversicht, daß
Gott mir helfen wird. Dabei ist ein Umstand nicht bedacht:
Ich bin nicht der Prophet Daniel, und thät' ich also, so würde
ich glauben, Gott zu versuchen."

Der Brief des Königs verbrämt mit frommer Wendung
die aufrichtigen Worte, die er in Wirklichkeit gegen Beckerath
ausgesprochen hat.

Er lehnte ab. Aber er kämpfte bis zum Tage von Olmütz
in seinen kräftigeren Stunden mit der Versuchung und mit
der Scheu. Dennoch hatte er Recht, daß im Jahr 1849 eine
ungewöhnliche Herrscherkraft nöthig war, um unter damaligem
Verhältniß einen deutschen Bundesstaat zu schaffen. Denn
ein Bundesstaat von Monarchien, der den einzelnen Fürsten
wesentliche Hoheitsrechte nimmt, wird nur in dem Fall als
Bund bestehen, wenn die Vormacht des Bundes an Staatskraft sämmtlichen übrigen Bundestheilen entschieden überlegen
ist; erst wenn Widerstand gegen sie hoffnungslos wird, vermag
sie die schwächeren zu schonen und zu bewahren.

---

*) Nach authentischer Mittheilung.
**) Protestant. Monatsblätter für innere Zeitgeschichte. Mai 1865.

Schon in den erften Monaten des Jahres 1849 war Mathy auf ein Fehlschlagen der großen vollsthümlichen Anstrengung beffer vorbereitet, als die meiften feiner Parteigenoffen. Freilich hatte auch er Tage ftolzer Hoffnung, als endlich die Verfaffung, das Werk unendlicher Mühen und Verftändigungen beendet war. Aber fein Schmerz war nicht ganz fo groß, als der feiner hoffnungsreicheren Freunde, obgleich er in den Tagen der Spannung heftigen Zorn gegen fchwache Fürften fühlte. Er war lange gewöhnt Widerwärtiges zu ertragen und gegen den Strom zu ringen.

Gerade jetzt war ihm ein heiteres Zwifchenfpiel in dem tragifchen Fall der nationalen Hoffnungen befchieden. Er hatte im Reichsminifterium kräftige Schritte empfohlen, um die fäumigen Mittelftaaten zur Annahme der Reichsverfaffung zu zwingen. „Die Sache muß gehen", hatte er gefagt, „denn fie ift jetzt unvermeidlich geworden, alfo wird fie gehen mit den vier Königen oder ohne diefelben." Da wurde er auserfehen, die bairifche Regierung zur Anerkennung der Verfaffung zu beftimmen, ihn traf die Wahl weil er im April 1848 von Baiern als Candidat für die geplante Centralgewalt aufgeftellt worden war.

Die Macht Baiern hatte zu der Centralgewalt längft eine eigenfinnige Stellung genommen, fie war geneigt, die ganze nationale Bewegung mit ftiller Mißbilligung zu betrachten, der Eifer für die Verfaffung war im Volke geringer als irgendwo anders; vollends feit die Ablehnung Preußens in ficherer Ausficht ftand, war man dort der fchwerften Sorgen ledig, und eine Aufforderung zum Beitritt galt als ein verzweifelter Verfuch. Die Freunde bezeugten dem Abreifenden ihr Beileid über die Laft eines fo fchwierigen Auftrags. Mathy war von der Erfolglofigkeit ziemlich überzeugt, aber ihm galt es als eine Erholung, aus der fchwülen Luft von Frankfurt, den unabläffigen Gerüchten und den verftörten Mienen der Gefinnungsgenoffen verfetzt zu werden. Er wußte wohl, daß die Welt sich anders malte in den Häuptern Altbaierns, als um die Paulskirche, aber er war doch nicht vorbereitet auf das, was er in München fand. Und die Fahrt gab ihm alle gute Laune zurück. Er hielt nach seiner Ankunft einen Vortrag im bairischen Staatsministerium, er fand eine hartnäckige, durch die Ereignisse des letzten Jahres kaum gestörte Abneigung. Annahme einer Verfassung von dort draußen galt für ganz unmöglich, man hoffte auf irgend Etwas, entweder auf ein Directorium oder auf eine Machtäußerung der Regierungen, die allen fürstlichen Interessen und allen Besonderheiten Baierns volle Rechnung trüge. Zwar die Stimmung in Franken und Schwaben beunruhigte ein wenig, dafür war man der Ultramontanen sicher. Mathy hatte Audienz beim König, und der König antwortete auf seinen gemessenen Vortrag und dessen gediegene Gründe dadurch, daß er in seiner Gegenwart eine große Abordnung gesinnungstreuer Münchner Bürger empfing, welche dem Gesandten des Reiches, wie Mathy nach Frankfurt schrieb, „dieselbe Scene bereiteten, welche Pyrrhus vor dem Römer mit seinen Elephanten aufführte, sie mußten mich anbrüllen". Neu war ihm auch der Einblick in die politischen Sorgen der kunstvollen Isarstadt. Er frug seinen gefälligen Führer nach dem Parteitreiben, und dieser sagte ihm, es sei der 1. Mai, wo der Bockbierschank eröffnet würde, und führte ihn in einen Bock=Keller; Mathy konnte sich nicht entschließen, in den Dunstkreis einzudringen, erfuhr aber an der Schwelle, daß der Gipfel des Bock=Vergnügens ein Tanz der Rettichweiber sei. Er frug nach andern Gelegenheiten, sich über die Stimmung der Bevölkerung zu unterrichten, man führte ihn in das Lipperl=Theater, wo das Stück gegeben wurde: A Ruah wolle m'r hab'n. Lola Montez kam darin vor, und rebellische Putzmacherinnen zwangen ihre Principalin, gute Milch zum Kaffe und einen Groschen Zulage zu geben. Und als am Ende die Principalin auf die Frage, ob sie diese Zugeständnisse freiwillig gemacht habe, grimmig mit Ja antwortete, erhielt sie dafür das Lob, „die Frau übertrifft noch den König von Würtemberg". Mathy betrachtete die entzückte Zuschauermenge und fand, daß hier ein Leben war „so schön wie in Walhalla, zu schön für ein deutsches Bundesland".

Unterdeß war Rheinhessen in Aufruhr, die bairische Pfalz in den Händen fremder Freischaaren, in Baden Soldaten= meuterei und rothe Republik, die Reichsfestung Rastatt — für welche kein Bundesstaat eine Besatzung hatte hergeben wollen — in den Händen der Aufständischen. Er bat um seine Ab= berufung, aber erhielt Anweisung, noch einige Tage zu bleiben ohne Zweck. Endlich rief ihn am 8. Mai die Botschaft nach Frankfurt, daß Finanzminister v. Beckerath sein Amt auf= gegeben habe und aus der Nationalversammlung geschieden sei. Mathy fand Alles in Auflösung und Verwirrung. Er selbst war entschlossen, in der Versammlung auszuhalten, so= lange sie durch die Revolution gefährdet sei. Aber man lebte schnell in jener Zeit, wenige Tage darauf hatte der Reichsver= weser das Ministerium Grävell=Jochmus gebildet, die National= versammlung erklärte am 17. Mai, daß dies Ministerium eine Beleidigung der Nationalvertretung sei, am 20. Mai trat Mathy mit seinen nächsten Gesinnungsgenossen aus.

Gerade ein Jahr war vergangen seit Eröffnung der Na= tionalversammlung. Auch Mathy mochte am Tag des Scheidens die bittere Stimmung nicht unterdrücken, und er schrieb seinem frühern Amtsgenossen Beckerath: „Das Verhalten der Könige gegen die Versammlung und ihr Werk hat die Männer, welche die Einigung Deutschlands auf dem Wege friedlicher Entwicklung durchzuführen versuchten, getäuscht und von der Bühne gedrängt, auf welcher jetzt das anarchische, dämonische Chaos den Königen entgegentritt. Mögen sie es durch ihre Heere besiegen, sie haben die besten Gefühle der Nation so tief verletzt, daß ihr augenblicklicher Sieg über die Anarchie ihre Throne nicht auf lange befestigen wird."

Aber seine Kraft war unvermindert und die Hoffnung

verließ ihn im Kreise seiner Lieben nicht. Nur wenige Wochen
hatte er die Nähe seiner Familie entbehrt, und diese Zeit war
ihm schwer genug angekommen, da war er, wie einst in der
Schweiz, mißmuthig und still einhergegangen, wenn eine Nach=
richt nicht ankommen wollte, wie er gerechnet hatte. Denn so
thätig er war und so kräftig er sich mit seinem ganzen Wesen
an den Geschäften, und an Leben und Interessen seiner Be=
kannten betheiligte, der Mittelpunkt seiner gesammten Empfin=
dung war immer das Weib, das er liebte, und ihr Sohn.
War er ihrer Stimmung und Gesundheit sicher, dann trat er
in Streit und Gefahr so gleichgiltig wie selten ein Mann.
Auch schwere Sorge und Verstimmung schwand ihm nach mühe=
vollem Tage dahin, wenn er am Abend der Gattin gegenübersaß
und vom Kampf der Helden berichtete. Wenn er aber um sie
sorgte und meinte, daß sie einmal mit ihm nicht zufrieden war,
dann fuhr er grimmig umher und vermochte den bitteren
Schmerz nicht zu verdecken. Es war nicht nur für ihn, auch
für die Seinen ein Jahr unvergeßlicher Eindrücke gewesen, auch
seine Frau hatte sich im Brennpunkt deutschen Lebens bewegt
und dauernden Gewinn gesammelt, sein Sohn besuchte das gute
Gymnasium, wuchs heran und lernte brav. Er selbst durfte
sich sagen, daß er im Rath und in der Noth den Besten seiner
Nation werth geworden war. Denn das war der besondere
Gewinn jener Frankfurter Zeit, daß die meisten der Führer
aus der Reichstagsmehrheit mit recht herzlicher Achtung und
Anerkennung von einander schieden. In der männlichen Freund=
schaft, die viele seitdem verband, fanden sie durch die nächste
Zeit Trost und Vertrauen.

Und Mathy schrieb in das Stammbuch, worein die Mit=
glieder der Reichsversammlung ihre Namen zeichneten, wie
folgt: „Der Vorzug eines freien Volkes vor einem gegängelten
besteht darin, daß dieses die Fehler seiner Lenker, jenes seine
eigenen büßt. Bei dem Eintritte in die Freiheit strauchelt ein
Volk um so leichter, je straffer die Zügel gehalten waren, je

plötzlicher sie gelöst worden sind. Das Kind muß oft fallen, bevor es laufen kann, und der klösterlich geschulte Jüngling wird der tollste Student. Aber das Kind lernt gehen, wenn es nicht zu schwach ist, der Jüngling lernt sich selbst regieren, wenn er nicht dumm oder schlecht ist. So lernt auch ein Volk in freier Bewegung seine Fehler kennen und ablegen, wenn es nicht entartet ist. Frankfurt, März 1849."

Man sieht, dieser ehrliche Lehrer des Volkes verzweifelte nicht an den Erfolgen des Schülers.

———

6

Auf der Reise.

Auf einer Höhe des Taunus vor der Ruine Fallenstein
lagerten an einem sonnigen Tage des Juni 1849 die Familien
Mathy, Bassermann, Koch. Die Blicke flogen weithin über
die Ebene hinauf nach Baden und der Pfalz, hinab durch das
Nassauer Land gegen die preußische Rheinprovinz. Schönes
deutsches Land, deinen Städten fehlt der Friede! dort wirbelt
die Trommel und preußische Bataillone ziehen auf der Land=
straße, um den aufflackernden Brand der Revolution auszu=
tilgen. Die Fürsten haben es übernommen, statt der Liberalen
eine politische Gestaltung zu erdenken; werden sie mehr Glück
finden, als die Männer, welche in der Paulskirche so treu und
besonnen um die höchsten Angelegenheiten des Vaterlands sorg=
ten? Zu den Freunden aus Frankfurt stieg Heinrich Gagern von
Hornau die Höhe herauf, er, seit der Reichsversammlung der
erste Mann in Deutschland, verehrt und gefeiert von den
Patrioten wie niemals einer aus dem lebenden Geschlechte, und
verwünscht von den Unheilstiftern aller Orten, gerade so wie
vor einem Jahre Mathy von den Heckerknaben in Baden.
Er erschien dem gebildeten Theil der Nation als der Held, der
durch ein ganzes Jahr dem Aufruhr und Verderben gewehrt,
als der weise Lenker der besten Gedanken, die aus der Ver=
wirrung zur Einsicht geführt, als die große Hoffnung der
deutschen Zukunft. So helle Verklärung umgab damals das

Haupt eines Mannes, wie sie auch der Beste schwerlich durch sein späteres Leben bewahrt.

Die Freunde auf der Taunushöhe waren zusammenge= kommen, um die Berichte der Genossen aus vielen Landschaften Deutschlands auszutauschen und gemeinsames Thun zu berathen. Beckerath aus Crefeld hatte ausführliches Gutachten gesendet über den preußischen Verfassungsentwurf, auch ihm war die Heimkehr verzögert worden durch das Treiben der Aufständischen daheim; der treue Saucken hatte geschrieben von seinem Gute bei Insterburg, Meier von Bremen, Simson von Berlin, Duncker aus Halle, Fallati, Mohl und Andere. Von Allen wurde die Nothwendigkeit eines festen Zusammenhaltes unter den alten Casino=Männern gefordert, Alle fühlten sich nach einem Jahre der großartigsten Thätigkeit im Privatleben der Heimat vereinsamt, das Bedürfniß gemeinsam zu tagen war großgezogen und auch der Wunsch wurde übermächtig, einander nahe zu sein in dieser Noth des Vaterlandes; alle hatten durch das letzte Jahr schwere Pflichten auf sich geladen, waren politische Führer in weitem Kreise geworden, und Hundert= tausende hatten sich gewöhnt, ihrem Rathe zu folgen, und forderten jetzt ihr Urtheil. Auch gastliche Einladungen waren gekommen, von Beckerath nach Crefeld, von Meier nach Bremen; unter den letzten Stürmen der Paulskirche hatten Mathy und Gagern verabredet, mit einander eine Reise nach dem Norden zu machen zur Erholung, und ob sie den Herzogthümern etwas nützen könnten, endlich, wie Mathy meinte, auch zum Nutzen der Deutschen Zeitung. Jetzt wurde eine Versammlung beschlossen und Reisepläne für später zurecht gelegt.

Mathy war nach seinem Austritt aus der Nationalver= sammlung in Frankfurt geblieben. Denn Frankfurt war damals auch Sitz der badischen Landesregierung; die übrigen Mitglieder des badischen Staatsministeriums waren vor dem Aufstand dorthin geflüchtet. Mathy's Urlaub wurde sogleich für abgelaufen erklärt, er trat in das Ministerium zurück

uud arbeitete mit seinen Collegen, um den verfassungsmäßigen
Zustand in Baden wieder herzustellen. Als der Großherzog
am 26. Mai von Ehrenbreitstein eintraf, wurde Mathy zum
Präsidenten des Finanzministeriums ernannt, und er fand die
badischen Kassen leerer als die des Reiches. Aber schon hatte
an den Höfen die Thätigkeit der vormärzlichen Gestalten
begonnen. Was hatte das letzte Jahr den regierenden Familien
gebracht? Nur Angst und Unruhe. Zuletzt trugen doch die
Liberalen, welcher Schattirung sie auch angehörten, die Schuld
des Unheils. Es war die Rede gewesen, daß Gagern in
Darmstadt die Leitung der Geschäfte übernehmen sollte, das
wurde vereitelt, in Nassau wich Hergenhahn dem Ministerium
Winzingerode. Auch der Großherzog wurde durch seine Umgebung bestimmt, ein fügsames Beamten-Ministerium zu wählen,
am 8. Juni wurde Mathy mit seinen Collegen v. Dusch und
Bekk aus den Geschäften entlassen, weitere Verwendung vorbehalten, ihnen folgte ein Ministerium Klüber-Marschall. Ihm
war das recht; er sah, daß die Besetzung durch preußische
Truppen und ein Kriegszustand die einzige Hilfe Badens waren.
Aber er erkannte noch andere Zeichen der Zeit, die neuen
badischen Minister waren mit Ausnahme Klüber's mehr östreichisch als deutsch gesinnt und er schrieb am 11. Juni 1819 an
Beckerath: „Wenn sie im Drange der Noth sich Preußen in
die Arme werfen, weil sie nur hinter preußischen Bajonetten
nach Karlsruhe zurückkehren und dort regieren können, so darf
doch Preußen nicht auf sie rechnen, sobald Oestreich zu Kräften
gelangt sein wird. Den deutschen Bundesstaat, den Oestreich
verwirft, wird dieses badische Ministerium dann ebenfalls verwerfen. Der breisgauische und pfälzische Adel hat immer zu
Oestreich gehalten und steht mit ihm in den engsten Beziehungen.
Wie jetzt schon in Baden für Oestreich gewühlt wird, mögen
Sie aus beiliegendem Aufruf des Abgeordneten Buss ent-
nehmen, der dem neuen Ministerium die Hinneigung zu Preußen
vorwirft."

Sogleich nach seiner Entlassung betrieb Mathy mit Gagern die große Zusammenkunft der Parteigenossen zu Gotha. An etwa 200 Mitglieder der Paulskirche wurde die Einladung für den 26. Juni versandt.

Am 24. Juni fuhr Mathy mit den beiden Gagern, Bassermann, Soiron und Andern von Frankfurt nordwärts gen Gotha. In Hanau sammelte sich — so schrieb er selbst, — souveränes Volk um die beiden Wagen. „Das stets offene Auge der Freiheit hatte erspäht, daß Verrath von Frankfurt durch Hanau nach Gotha ziehe. Wir waren ausgestiegen während des Umspannens. Ich stellte mich in die Nähe der Souveräne und wagte es ihre Worte zu belauschen: „Da hocken sie zusammen und saufen Champagner, wo ist er? (H. v. Gagern), wir kennen ihn nicht — hauen wir sie!" Tiefe Stille, allgemeine Bewunderung der heldenmüthigen Frage. Gagern saß in dem ersten Wagen, welcher unbelästigt abfuhr, den zweiten begleiteten einige Pfiffe, das Volk war abermals um seine Rache betrogen." Ueber Eisenach, wo die Reisenden von der Wartburg auf die schönen Waldhügel Thüringens blickten, kamen sie nach Gotha, wo sich etwa 150 Mitglieder der Mehrheit aus der Paulskirche vereinigten. Es genügt hier kurz an den Verlauf der Versammlung zu erinnern, welche der deutschen Partei einen Beinamen gegeben hat, der bei den Gegnern noch heute dauert. Es war eine Privatbesprechung, die Oeffentlichkeit ausgeschlossen. Die zweitägigen Verhandlungen gingen um die Vorfrage, ob eine öffentliche Erklärung? und über die Hauptfrage, wenn eine gemeinsame Erklärung beliebt wird, was der Inhalt? — soll man gegenüber dem Verfassungsentwurf des Dreikönigsbündnisses vom 26. Mai an der Reichsverfassung vom 28. März festhalten oder soll man auf Abänderungen eingehen? Dahlmann hatte im Einvernehmen mit den Frankfurtern eine solche Erklärung entworfen, Gagern vertrat den Grundgedanken derselben: wir haben die Hoffnung nicht, für unsere Reichsverfassung ganz

Deutschland zu gewinnen, und wir würden daher weder politisch noch patriotisch handeln, wenn wir den Regierungen die Unterstützung der zahlreichen Mittelklasse, die wir vertreten, entziehen. Lebhaft war das Wortgefecht, am hartnäckigsten stritten die Hannoveraner gegen jede Erklärung vom Standpunkt des theoretischen Rechts, sehr bedeutend und wirksam sprach Vincke dagegen aus Gründen der Zweckmäßigkeit, er zeichnete scharf die Zustände und Personen in Berlin und empfahl eine neue Vereinigung der alten Parteigenossen durch Programm zu gemeinsamem Wirken für einen Reichstag. Mathy theilte den Standpunkt des Redners nicht, aber er ergötzte sich sehr an der mannhaften Art und den offenen Mittheilungen. Endlich faßte ein Ausschuß von sieben Mitgliedern geschickt die verschiedenen vorgelegten Entwürfe von Dahlmann, Beckerath und Wurm zusammen, so daß Mathy übermüthig zu dem Berichterstatter G. Beseler sagte: seine Arbeit sei schön und verlockend wie der Apfel im Paradiese, Adam Dahlmann verbunden mit Eva Beckerath und zwischen beiden der Wurm als Copula. Lange wurde über die einzelnen Sätze des Entwurfs verhandelt, an denen auch Gagern noch Vieles ändern wollte, wobei ihm unter Andern Mathy entgegen trat. Der Streit bewegte sich außer um das Wahlgesetz um die Frage, ob man aussprechen solle, daß die Nationalversammlung durch die Lage der Dinge angewiesen war, am 28. März für sich allein die Verfassung zu beschließen. Dies wollte Georg v. Vincke durchaus verhindern, da er immer die Meinung vertreten hatte, die Nationalversammlung habe nicht das Recht dazu gehabt. Viele wollten den Satz opfern, um Vincke's Unterschrift für das Programm zu gewinnen. Aber Mathy fand die Unterschrift um diesen Preis zu theuer. Er bemerkte, daß man die Selbstachtung aufgebe, wenn man nicht mehr auszusprechen wage, man habe gethan, was die Umstände geboten, und daß man dann auch keinen Anspruch mehr auf die Achtung Anderer machen und keinerlei Wirkung von irgend einer Erklärung erwarten dürfe. Die

Preußen könnten sich leichter zur Weglassung des Satzes ver=
stehen; sie ständen dann auf der Seite ihrer Hauptstadt Berlin
gegen Frankfurt, und das sei für sie immer noch eine an=
nehmbare Stellung. Aber den Nichtpreußen bliebe, wenn sie
auf den Ausspruch verzichteten, daß die Nationalversammlung
recht gehandelt, gar nichts mehr. Sie hätten sich weggeworfen.
Darauf blieb der Satz mit 68 gegen 50 Stimmen stehen und
Bincke nahm nicht mehr Theil an der Verhandlung. Es war
doch ein guter Augenblick, als zuletzt von 147 Anwesenden 132
für das Programm stimmten, nachdem der größte Theil der
Andersmeinenden, namentlich die Hannoveraner, mit Selbst=
überwindung ihren Widerspruch hatten fallen lassen. Noch
einmal fühlten die patriotischen Männer sich hoffnungsvoll er=
wärmt und gegenseitig ihrer Verbindung froh.

Für Mathy war das Wiedersehen lehrreich gewesen. Durch
die Zusammenkunft wurde zwar sein Vertrauen auf die Festig=
keit der preußischen Regierung nicht vermehrt, aber die Tüch=
tigkeit und die warme Vaterlandsliebe der Preußen erfreuten
ihm das Herz; wie schlecht es auch im Augenblick dort stand,
der Staat, welcher seinen Söhnen so leidenschaftliche Sorge
mittheilen konnte, war doch etwas Großes. Er sah Beckerath
wieder und Max Duncker, den Vorsitzenden der Versammlung.
Wieder hatte der Norden ihm sehr wohl gefallen.

Von Gotha machte er mit seinem Freunde Meier einen
Ausflug nach Bremen, die Fahrt begann fröhlich; unter den
kundigen Reisegefährten, die von Gotha heimzogen, gab es leb=
hafte Erörterungen über Hannover und Bremen. Die Bremer
empfingen ihn mit ihrer bekannten Gastlichkeit, mit Toasten,
Reden und auch rühmlich im Keller bei Rose und den Aposteln;
aber sein Hauptzweck, Besuch der deutschen Flotte, wurde durch
übermäßiges und anhaltendes Unwetter verdorben. Da forderten
die Bremer, daß er im Herbst mit Gagern zu ihnen zurückkehre.

Im October unternahm Mathy mit Gagern die besprochene
Reise nach dem Norden. Veranlassung war die bevorstehende

Taufe eines großen Handelsschiffes auf den Namen Heinrich's v. Gagern. Dafür war eine neue Einladung von Bremen gekommen. Von dieser Reise hat Mathy selbst in Briefen an seine Frau ausführlichen Bericht abgestattet, und dieser Bericht soll hier wortgetreu mitgetheilt werden. Es ist eine sehr anspruchslose Aufzählung leichter Reiseeindrücke in schneller Niederschrift, aber sie wird vielleicht ein flüchtiges Bild bewahren von der ersten deutschen Kriegsflotte, für die er in Frankfurt arbeitete, und ihn selbst als guten Erzähler dem Leser vertraulich machen. Und der Bericht soll dem Leser noch einen kleinen feinen Zug in dem Charakter des Briefschreibers deutlich machen, der am besten ohne Empfehlung empfunden wird. Mathy beginnt folgendermaßen:

„Dienstag (16. October) früh 6 Uhr fuhren wir mit dem Dampfer Roland die Weser hinab. Außer Meier begleiteten uns Duckwitz und Kerst, — letzterer, welcher zu wachen hat, daß die Flotte nicht escamotirt wird, nur bis Brake. — Unser Schiff hatte die Bremer Staatsflagge, die deutsche Flagge und sämmtliche Signalflaggen aufgezogen, etwa zwanzig übereinander an einem Tau, zum Zeichen, daß Gagern sich an Bord befinde. Auf dem Verdeck war Eis, es hatte in der Nacht tüchtig gefroren. In Vegesack wehten die Flaggen von den Schiffen und Häusern, eine Menge Menschen stand am Ufer, das Schiff Heinrich Gagern ruhte in vollem Schmuck, hoch über die umgebenden Häuser ragend, majestätisch auf den Stützen, welche in wenigen Stunden weggezogen werden. Böllerschüsse begrüßten uns. Hier hatten wir das erste Seeabenteuer. Das Schiff hielt an der Landungsbrücke, das Bord war aufgelegt, ein Schiffsjunge schritt herüber, als ein geringes Schwanken des Schiffes das eisglatte Bord abrutschen machte. Der Junge stürzte in die Tiefe. Alles gerieth in Bewegung. Männer kletterten am Ufergebälk herunter, Stangen wurden gebracht, bald befand sich der Junge an Bord, naß wie eine Katze und — lachte. Er setzte sich an den

Schornstein und ließ sich trocknen. Die Kälte drang durch Mäntel, Kleider und wollene Strümpfe, scharf pfiff der Wind über das Verdeck.

„Bei Brake liegt die Kora, eine in England gebaute große Dampffregatte, sodann im Dry=Dock, einem Bassin, aus welchem das Wasser abgelassen und das Schiff trocken gelegt werden kann, der Erzherzog Johann, welcher ausgebessert wird. Unser Kapitän rief die Kora an, ein Boot zu schicken und ließ halten. Bald kam ein Boot mit acht Matrosen und einem Offizier, um uns an Bord der Kora zu bringen. Zweites Seeabenteuer. Die Matrosen, meist Neulinge, halb Deutsche, halb Engländer, verstanden weder ihr Geschäft noch das Commando. Der junge Hilfsoffizier wollte vermuthlich durch Kühnheit ersetzen, was an Erfahrung fehlte, und ließ das Boot stromabwärts an die Seite und Treppe der Kora treiben. Die Matrosen hielten aber nicht ein als commandirt wurde, wir kamen unter den Radkasten, konnten uns nur mit Mühe losmachen, und thaten nun, was im Anfang hätte geschehen sollen, das heißt, wir ließen das Boot weiter abwärts treiben und wendeten dann wieder herauf an das Schiff. An der Treppe aber stießen wir zuerst auf ein anderes sehr stark bemanntes Boot, ehe wir glücklich hinaufgelangten. Der arme Offizier war außer sich vor Zorn und Scham. Er knirschte, schluchzte, stöhnte, warf die Handschuhe auf den Boden, jammerte, daß die Schmach ihn ewig drücken werde. Von dem Kapitän Reichert, einem Hamburger und tüchtigen Seemann, wurde der Jüngling nicht sehr freundlich empfangen. Ein grimmiger Blick und die Worte: „Das hätte ich nicht gedacht, Herr!" deuteten auf Folgen und unsere Begleiter versicherten, er werde gestraft werden. Ein halbes Dutzend Bremer Kapitäne von Kauffahrern, die auf unserm Schiff waren, spotteten nachher über die Ungeschicklichkeit der Leute von der Marine, ärgerten sich aber doch, daß wir einen so schlechten Begriff von deutschen Seeleuten bekommen hätten. Im Verlauf der

Erzählung wirst du sehen, daß dieser Fehler glänzend gut gemacht wurde. Kapitän Reichert, obgleich sehr verstimmt, zeigte uns die Einrichtung der Kora, die ungeheuren Kanonen, die Kapitäns-, Offiziers-, Kadetten-Kajüten, die Räume wo Matrosen und Seesoldaten essen und schlafen, die Waffen-kammer, die Maschine — Alles großartig und für uns Land-ratten Gegenstände des Staunens und der Bewunderung. Hie und da fand sich beim Oeffnen einer Kajütenthüre im Innern ein Junge, der vom Kapitän jedesmal eine Ohrfeige bekam, ohne eine Silbe der Erläuterung. Duckwitz erklärte uns nach-her, diese Liebkosung sei erfolgt, weil die Jungen im Zimmer die Mützen aufbehalten hätten, was sie nicht dürften. — Wir kamen glücklich an Bord des Roland zurück; der Lieute-nant führte das Boot wieder, er war gebrochen und sprach zu den Matrosen mit tiefgrimmig-ironischer Zärtlichkeit; es war aber auch arg, der Mann, welcher den Haken führte, um an der Schiffstreppe einzuhängen, wußte gar nicht, was er mit dem Instrument anfangen sollte.

„Gegen Mittag gelangten wir auf die Rhede vor Bremer-hafen, wo die deutsche Flotte ankert, zuerst die Segelfregatte Deutschland, dann die Dampfer Hamburg, Bremen, Lübeck, Barbarossa und Hansa. Weiter unterhalb die amerikanische Fregatte St. Lawrence. Rechne zu diesen Kriegsschiffen noch den in Brake liegenden Dampfer Kora, welcher den Namen Ernst August (!) erhalten soll, so hast du einen ganz stattlichen Anfang einer deutschen Flotte. Als wir vorbei fuhren, zogen sämmtliche Schiffe ihre Kriegsflaggen auf.

„Ein herrlicher Anblick überraschte uns in Bremerhafen. Dort liegen über 60 große Kauffahrer, sie hatten alle die Flaggen und Wimpel aufgezogen. Das Ufer war mit Men-schen angefüllt, die uns herzlich begrüßten, der Baumeister, der Hafenaufseher, einige Kapitäne stellten sich vor mit dem Er-bieten, uns Alles zu zeigen. Ein Kapitän benachrichtigte uns, daß Kapitän Paulding vom St. Lawrence zwei Boote zu unserer Verfügung stellte, um uns an Bord des St. Lawrence zu bringen. Wir sahen nun zuerst den Dry-Dock, wo einige große Schiffe gebaut und ausgebessert wurden; die Seearsenale, mit Kugeln, Waffen aller Art, Enterpiken und Enterbeilen, Tauen und dergl. Dann den Hafen. Gründlich betrachteten wir die Helene, ein sehr großes Schiff, prächtige Kajüte mit Schlafkammern für 36 Passagiere, luxuriöse Damenkajüte, Zwischendeck, Schiffsraum, Küche u. s. w. Nebenan lag der Patriot, der gerade vom Walfischfang in der Südsee zurück- gekehrt war, wo die Schiffe zwei Jahre ausbleiben; wir sahen seine Harpunen, Walfischboote, Thrankessel. Da lag ein Grön- landsfahrer, ebenfalls vor Kurzem zurück, zwei Spanier, welche Leinwand und andere Waaren nach Havana fahren, ein Franzose, der eine Ladung Wein gebracht hatte, „damit wir was zu trinken haben," sagte der Hafenkapitän, der uns begleitete; ein Norweger, mehre Engländer mit Kohlen. — Die schmutzigen englischen Schiffe können den Vergleich mit den Bremern gar nicht aushalten, deren viele da lagen, die von allen Enden der Welt herbeigekommen waren. Ein kleines Schiff hatte Kanonen, Ankerkette und andere Reste von Chri- stian VIII gebracht, die ins Arsenal kamen; es führte die deutsche Flagge, war aber ein Däne, der zwar die Fracht für den Transport der Kriegsbeute zu verdienen keinen An- stand nahm, aber sich doch schämte, dabei seinen Danebrog wehen zu lassen. An diesem Dänen ergötzten sich die deut- schen Seeleute. — Galant sind die bremischen Rheder; die meisten Schiffe tragen Frauennamen, Kunigunde, Therese, Helene, Maria, Elise u. s. w. Als wir bei Elise vorbeigingen, sagte der Hafenkapitän: „Das ist meine Elise, die habe ich dreizehn Jahre gefahren und vierunddreißig Reisen mit ihr nach Amerika gemacht." Sie ist ein Auswandererschiff, mehre waren schon an Bord, darum wollten wir ihre Einrichtung sehen. Der Anblick reifte in mir den Entschluß, nur als Kajütenpassagier nach Amerika zu fahren und lieber zu Haus

zu bleiben, ehe ich im Zwischendeck auswanderte. Ein Ehe-
paar kam herauf mit einem kleinen Mädchen, welches sagte:
„Mutter, ist dies das Häuschen, in das wir kommen?"

„Endlich besichtigten wir die Reichsbatterie, aus welcher
acht schwere Geschütze das Wasser weithin beherrschen. Die
Besatzung besteht aus Reichs-Seesoldaten, die keinem Einzelstaat gehören; als Kaserne dient ein Blockhaus mitten in der
Batterie. Ein Unteroffizier brachte Klagen vor über Mangel
an Schutz vor der Witterung: das Wasser dringt nämlich
bei starkem Regen nicht durch das Dach, aber von der Thür
ein, wie bei einer Ueberschwemmung. Auf Gagern's Frage,
was er für ein Landsmann sei, erwiederte der deutsche See-
soldat: „ein Baier."

„Nun gingen wir zu den amerikanischen Böten, welche
in der Nähe angelegt hatten. Jedes hatte zwölf Matrosen,
einen Steuermann und einen Offizier. Außer Gagern, Duckwitz, Meier und mir hatten sich noch zwei Herren angeschlossen. Die Yankees sahen vortrefflich aus in weißen Unter-
jacken (ihre blauen, welche sie darüber tragen, hatten sie
abgelegt), blauen Kragen, mitten auf der Brust ein schwarzes
Herz genäht, und blauen Hosen. Bald waren wir an der
Seite der Fregatte, — und was nun folgt, machte mir einen
unvertilgbaren Eindruck. Kapitän Paulding empfing uns mit
den höchsten Ehren, die ein Kriegsschiff erweisen kann, die
Raaen waren bemannt (die Querstangen an den drei Masten,
immer drei übereinander, waren mit mehr als 200 Matrosen
besetzt); Kapitän Paulding und seine Offiziere bewillkommneten
uns an der Treppe. Auf dem Verdeck standen die Marine-
soldaten, deren Uniform jener der Hessen-Darmstädter ähnlich
ist, in Reih und Glied und die Matrosen in Haufen. Die
Musik spielte und die Kanonen donnerten 21 Salutschüsse.
Das Commando zu jedem Schuß wurde mit dem Sprachrohr
gegeben, ein Ton, schmetternd, grunzend, gräßlich. Unmittelbar auf den Ton folgte der schwere Schuß, schneller, immer

21*

schneller Ton und Schuß, alles Menschliche hörte auf, es war als ob die Furien los wären. Nun wurde uns das ganze Schiff gezeigt. Die Matrosen sind ein Corps der mannigfaltigsten Art, von dem jungen Milch- und Blutgesicht mit blondem Seidenhaar bis zum wolligen Negerkopf. In der Kapitänskajüte, prachtvoll eingerichtet, ein Wiegenbett im Schlafgemach, wurde Champagner und Portwein servirt; dann ließ Kapitän Paulbing manövriren. Wir sahen zuerst im Zwischendeck zu. Auf einen Pfiff stürzten Schaaren von Matrosen in den Raum, an die Kanonen. Zuerst etwa sechs Mann an jede, welche den Geschützen die Bande lösten und sie in beweglichen kampffertigen Stand setzten. Dann wurde geladen, gerichtet, gefeuert (nicht mit Pulver, nur die Bewegungen wurden gemacht), immer mehr Leute kamen herzu, wie der dargestellte Kampf hitziger wurde. Es war ein unbeschreibliches Gewimmel in dem niedern langen Raum. Zuletzt stand bei jeder Kanone die volle Bedienungsmannschaft, zwölf Mann, hinten der Offizier und zwei Jungen, welche die Patronen herbeischleppen. Mitten im stärksten Schlachtgewühl gingen wir auf das obere Deck, wo ebenso manövrirt wurde, und stellten uns neben dem Kapitän auf dessen Posten. Es wurde nun angenommen, ein feindliches Schiff wolle entern. Allhands! tönte der Commandoruf, und nun mußte Alles an die Kanonen, selbst die Musikanten. Die Seesoldaten feuerten mit den Gewehren, rückten dann an die bedrohte Stelle. Die Matrosen kamen mit Piken, Beilen und Säbeln, stießen und hieben gegen den fingirten Feind und kletterten dann zum Angriff auf die Brustwehr, um ihrerseits zu entern. Plötzlich ward angenommen, das Schiff brenne. Von jeder Kanone lief nun ein zum Löschen bestimmter Mann, holte seinen Eimer, die Löschmannschaft ordnete sich in Reihen und lief mit wunderbarer Schnelligkeit, das geschöpfte Seewasser zu dem bedrohten Punkte tragend. Das war der Gipfelpunkt des großartigen Schauspiels. Unter dem scheinbar wirren Getümmel die größte

Ordnung. Bei der schnellsten Bewegung die größte Stille.
Kanonenfeuer, Enterangriff, Löschen, Gewehrfeuer, Alles zu=
gleich. Kein Laut als das Sprachrohr des Offiziers und das
Schrillen der Pfeife. Das muß man gesehen haben, um es
sich vorstellen zu können. Ich erfuhr, daß jeder Matrose das
ganze Exercitium in allen Theilen kennt, daß Jeder im Stande
ist, nicht nur an die Stelle jedes Verwundeten oder Getödteten
zu treten, sondern auch ein Geschütz zu commandiren. Bur=
schen von 15 Jahren verstehen dies schon. Es ist aber auch
nur möglich durch die tägliche, Jahre lang fortgesetzte Uebung
der Leute, die sonst vor Langeweile umkommen würden; aber
auch ein Beweis, daß man in Einem Jahre keine Flotte
schaffen kann. — Als wir das Schiff verließen, war wieder
Alles in Parade aufgestellt. Ein paar Hundert Matrosen
kletterten wie ein Ameisenhaufen auf die Raaen, die Offiziere
geleiteten uns an die Treppe. Unten lag ein Boot des St.
Lawrence und eines von der deutschen Dampffregatte Hansa.
Wir vertheilten uns auf beide. Die Amerikaner hatten zwölf,
das deutsche Boot sechs Matrosen; ich konnte nicht anders
glauben, als daß die Amerikaner, auf deren Boot ich war,
viel schneller an das Ziel, die Fregatte Hansa, kommen wür=
den, als die Deutschen. Die Wettfahrt begann, die Yankees
waren voraus. Da sagte der deutsche Offizier: „Jongens,
lat de Yankees nich vor!" — und die sechs Deutschen griffen
aus in langsamen Ruderschlägen, aber mit tiefen, langgezogenen
Furchen. „Boys, Boys!" feuerte halblaut der amerikanische
Offizier seine zwölf Leute an, die mit kurzen, schnellen Schlä=
gen ruderten. Aber die Deutschen kamen an die Seite, kamen
vor und erreichten lange vor uns das Schiff! Da war der
Fehler bei der Kora wieder ausgetilgt. — Die Hansa (früher
United States) ist das größte Kriegsdampfschiff der Nordsee.
Sie hat einen Einhundertundzwanzigpfünder auf dem Vorder=
Kastell, außerdem einige Achtundsechzigpfünder. Die Ein=
richtung im Schiff ist noch nicht vollendet. Die Maschine

ift ein Riefenwerk. Von dort fuhren wir an Bord des Barbaroffa, der ganz fertig ift, ebenfalls ein wackeres Un= geheuer. — Die Nacht wachte ich viel, die großartigen Ein= brücke hatten mich aufgeregt. Am nächften Morgen früh 6 Uhr fuhren wir nach Bremen hinauf, wo wir um 12 Uhr eintrafen.

„Mittwoch um 4 Uhr wurden Gagern und ich von zwei Comitémitgliedern in zwei Wagen nach der Union, einem Gefellfchaftsgebäube mit geräumigen Sälen, abgeholt. Wir trafen dort gegen 200 Theilnehmer an dem Feftmahle, fämmt= lich von der Rechten und dem Centrum, d. h. dem Kaufmanns= und Gelehrtenftanbe angehörig. Manche von der Linken hätten gern Theil genommen, aber fie wurden ausgefchloffen, was ich nicht zweckmäßig finden kann. Der Saal war mit deutfchen, Bremer und amerikanifchen Flaggen, mit Pflanzen und Blumen prachtvoll becorirt, die hanfeatifche Mufik fpielte bekannte Weifen.

„Gagern fprach über ein und eine halbe Stunde; es war eine ftaatsmännifche Rebe, keine Tifchrebe, aber bie Zuhörer folgten mit Aufmerkfamkeit der Entwicklung feiner Politik in der jüngften Gefchichte feit März 1848. Dröge, mein College vom volkswirthfchaftlichen Ausfchuß, begrüßte mich und gab mir Anlaß zu einem Toaft, deffen wenige Worte von keiner Erheblichkeit find. Die Damen von der Gallerie, unter fich vergnügt, ließen Gagern einen Gruß fagen. Diefer war fehr liebenswürdig, mit feinem ritterlichen Wefen und fiegesgewiffer Offenheit machte er die Runde an den Tifchen, ftieß mit Jedem an, hatte freundliche Worte für Alle, und gab fich dem ftärkenden Eindrucke des ehrenden Empfanges mit voller Un= gezwungenheit hin. Es war 10 Uhr vorüber, als wir uns verabfchiedeten, — um in den Rathskeller zu gehen, wo die beiden Brüder und zwei Verwandte von H. Meier mit ihren Frauen uns in einem Saale erwarteten.

„Donnerftag war der Tag der Schlacht bei Leipzig, der

hier noch mit Glockengeläute und Posaunenschall vom Dom
gefeiert wird. Wir machten und empfingen Besuche. Ich
schaute mich in der Stadt um. Ein Packhaus gab eine Uebersicht des Verkehrs mit Amerika. Da lagen die Tauschgegen-
stände neben einander. Brasilzucker, Columbiatabak, Häute
u. dgl. als Erzeugnisse Amerikas; dagegen Eisenwaaren, Por-
zellan- und Glaswaaren, Tücher, Branntwein u. s. w., welche
Deutschland nach den transatlantischen Ländern absetzt. Die
Masse von Nürnberger Waaren, welche dorthin gehen, ist
unglaublich groß; eine Menge alter Uniformen und abge-
tragener grellfarbiger Kleider wird von Bremen als Putz für
die Neger nach den Küsten von Afrika gebracht und gegen
Palmöl, Goldstaub, Elfenbein u. dgl. umgetauscht. Mittags
fuhren wir nach Vegesack, wo wir nach 2 Uhr eintrafen.
Häuser und Schiffe waren mit Fahnen und Flaggen geschmückt,
Schaaren von Menschen hatten sich am Ufer gesammelt. Zunächst besuchten wir das Schiff Heinrich von Gagern, sahen
die prachtvolle Einrichtung der Kajüte, das Zwischendeck, welches
120 badische Auswanderer nach Neworleans aufnehmen wird,
stiegen bis in den untersten Schiffsraum hinab, der eine
Masse von Gütern bergen kann. Vom Verdeck aus sahen
wir über die Weser hin; mit der Fluth bewegte sich eine Flotte
von Kauffahrern herauf, ich zählte 36 Segel. Das Dampfschiff von Bremen legte an, überfüllt mit Menschen, deren
mindestens 5—600 auf dem Verdeck gedrängt standen. Viele
von diesen eilten, den Gagern noch vor dem Ablaufen zu
besteigen. Die Höhe vom Boden bis zum Deck war ungefähr
die eines dreistöckigen Hauses, man gelangte auf Borden hinauf, die an der Seite angebracht waren; das oberste Bord,
welches zum Verdeck führte, war schmal; die Befestigung leicht,
weil die Borde vor dem Ablaufen schnell weggenommen werden
mußten. Nur mit Mühe gelang es Herrn Meier dem An-
drängen soweit Einhalt zu thun, daß wir mit den Damen,
einige zwanzig Personen, wieder herunter kommen konnten.

Wir waren kaum an das Ende des Schiffes, das heißt, unten
auf der Erde daran hingehend, gelangt, als wir hörten, wie
die Treppe brach und die darauf Befindlichen herunterstürzten.
Bald wurden drei Verwundete vorbeigetragen, drei Andere
geführt. Indessen war ein Arzt zur Stelle und es zeigte sich,
daß ein gebrochener Arm die schlimmste Verletzung war. Es
hätte viel schlimmer werden können. Wir nahmen nun Platz
auf einem Balkon am Uferrande neben dem Schiff. Der
entscheidende Moment kam, die Stützen wurden weggeschlagen,
die letzte von dem Meisterknecht, der unten liegen bleiben und
das Schiff über sich wegrollen lassen muß. Dreimal wurde
die Flagge herunter und wieder hinaufgezogen; das maje-
stätische Gebäude, nur noch von seinem eigenen Gleichgewichte
getragen, setzte sich in Bewegung, erst langsam, dann immer
schneller schoß es in die Weser hinein; man hielt den Athem
an. Hoch auf schäumte das Wasser, das Schiff stand, der
Anker wurde geworfen. Außer der Schiffsmannschaft war es
den jungen Leuten von den Comtoiren und manchen Bekannten vergönnt, den Rutsch ins Wasser auf dem Schiff mitzu-
machen. Als die abschüssige Fahrt so glücklich gelungen war,
das Schiff am Anker fest lag, trat die Mannschaft in einer
Reihe vorn an den Rand des Verdecks, schwenkte die Hüte
und brachte ein dreimaliges Hurrah!, welches vom Lande
tausendstimmig erwiedert wurde. Die Amerikaner, Kapitän
Paulding und seine Offiziere, welche auf unserm Balkon
standen, sprachen mit Bewunderung von dem Geschick der
Leute und der Trefflichkeit des Schiffs. Hier legt Deutschland Ehre ein durch die wackeren Bremer. — Das unver-
meidliche Essen war in dem Hafenhause bestellt.

„Als wir gegen Abend, etwa 8 Uhr, in ein unteres
Zimmer zum Kaffe kamen, bemerkten wir, daß das Haus
von Volk umdrängt war; durch die Fenster suchten die Leute
den Anblick Gagern's zu erhaschen. Eine Batterie von 6
Böllern hatte die Toaste begleitet; Vegesack war Gagern zu

Ehren illuminirt. Als wir dies hörten, beschlossen wir, zu
Fuß durch das Städtchen zu gehen. Als Gagern erschien,
empfing ihn ein donnerndes Hoch. Das Gedränge war aber
so groß, daß wir unsern Vorsatz aufgaben und das Haus
wieder zu erreichen suchten. Wir fuhren langsam durch die
wogende Menge und die erleuchteten Straßen und kamen nach
10 Uhr nach Hause. —

„Herr Meier entschloß sich uns nach Hamburg zu begleiten;
er setzte dadurch seiner wahrhaft aufopfernden Gastfreundschaft
die Krone auf. Der Abschied, nach so viel Beweisen von
Freundschaft, fiel uns schwer. — In Nienburg stieg der Bürgermeister des Städtchens ein; er gab uns das Geleite bis Hannover. Außerdem hatten sich viele Männer von Nienburg im
Stationsgebäude versammelt. „Wir haben einen Mann unter
uns" — so hob ein Lehrer eine Rede an, die mit einem Hoch
auf Gagern schloß. Den lieben langen Sonntag fuhren wir
durch die Lüneburger Haide, trafen vor 4 Uhr Nachmittags
in Harburg ein. Im Bahnhofe umarmten uns Rießer und
Hans Raumer, der zum Oberjäger vorgerückt war. Hinter
ihnen kamen Herr Wurm und Frau.

„Hier empfand ich recht lebhaft die Annehmlichkeit mit
einem berühmten Mann zu reisen. Auf ihn heften sich die
Blicke der Gaffer; an ihn drängen sich die Anhänger, ganze,
halbe, Un= und Bekannte. Der Begleiter kann von dem Vergnügen so viel oder so wenig mitgenießen, als er will. Nachdem der erste Bewillkommnungssturm sich gelegt hatte, setzte
sich der Zug nach dem Ufer in Bewegung, wo das Dampfschiff lag um über die Elbe zu bringen; dichter Nebel lagerte
über dem Wasser, langsam bewegte sich das Boot, jeden
Augenblick wurde gestoppt; bald fuhren wir dicht an einem
Schiffe vorbei, das erst in nächster Nähe sichtbar wurde; bald
rief der Kapitän ein vorübergleitendes Boot an, um zu erfahren, wo wir seien, bald tönten die Stimmen aus dem
Nebel, warnend und belehrend. Der Kapitän ließ die Passagiere

öfter um Stille bitten, weil er dem Steuermann, der die
Schiffslänge nicht übersehen konnte, die Bewegungen zurufen,
und dieser, zum Zeichen, daß er die Rufe verstanden, sie wiederholen mußte: „Stürborb" — „Stürborb" —; „Backborb" —
„Backborb" — lautete das lakonische Gespräch. Endlich schimmer-
ten Lichter durch den Nebel, -- wir landeten in Hamburg, hatten
die doppelte Zeit zur Fahrt gebraucht. — Während wir nach
dem Gepäck sahen, kam eine Deputation an Bord, um Gagern
zu begrüßen; am Lande wurden wir umringt, der Wagen
vom Hotel be l'Europe war heranbestellt; als wir schon die
Sitze eingenommen, stürzten noch Leute herbei und riefen:
„Willkommen in Hamburg!" zum Schlag herein. Im Gasthof waren Zimmer gerüstet, im Salon brannte ein wohl-
thuendes Feuer, vor den Fenstern glänzte das Alsterbassin im
Wiederscheine zahlloser Flammen wie ein Feuermeer.

„Unvermerkt war es am nächsten Morgen eilf Uhr geworden, die zu dem Morgenausfluge nach Blankenese bestimmte
Stunde war gekommen. Der Nebel von gestern war in der
Nacht zu Regen geworden. Heute Vormittag klärte sich der
Himmel auf und jetzt lächelte uns die Sonne. Sie lächelte,
— sie lachte nicht; es waren weiße Wolkenhüllen genug
vorhanden, um das Licht durch alle Nuancen vom grellsten
blendendsten Wiederschein der Sonnenstrahlen aus dem Wasser
bis zur dunkelsten Färbung über die Gegend zu werfen. Vom
hohen Ufer sieht man die Elbe weithin auf und ab; jenseits
erscheinen die Höhen der hannöver'schen Haide dem getäuschten
Blicke bald als Gebirgskette, bald als aufgethürmte Meeres-
wogen. Unzählige Schiffe, große und kleine, kamen, so weit
man sehen konnte, die Elbe herauf. Wenn ein Schiff mit
vollen Segeln über glitzernde Wasserfläche hinglitt, und seine
dunkeln, scharfgeschnittenen Umrisse silhouettenartig zeigte, da
würde man den Maler, der das Bild getreu wiedergegeben
hätte, der Unnatur und Effekthascherei beschuldigt haben.
Und nun am Ufer, in dem Thaleinschnitte zu Füßen, reihen-

weise übereinander, umschattet von Bäumen, deren Laub in
den Herbstfarben wechselte, — die Häuser von Blankenese.
Das war eine südliche Landschaft, in den Norden gezaubert.
Die Blankeneser sind tüchtige Seefahrer. Sie besitzen 120
kleine Schiffe, Briggs und Ewers, mit denen sie nach allen
Welttheilen segeln. — Auf dem Rückwege besuchten wir den
Godefroy'schen Landsitz. Der Bediente, welcher den Schlag
öffnete, fiel mir auf und auf meine Frage, wo der junge
Mensch Heimatrecht habe, war die Antwort: Er ist eigentlich ein Schwarzer — er war in der That sehr schwarz, —
früher auf Havana Sklave, jetzt aber frei. Nach kurzem
Aufenthalte gingen wir durch den Garten, eigentlich Park, an
der Elbe eine Viertelstunde aufwärts; ich konnte kaum los-
kommen von den Reizen, welche hier ein vom Ufer hereinge-
schnittenes idyllisches Thal, dort ein Ausblick über die Wasserfläche und die weite Gegend bot.

„Am 23. October fuhren wir: Gagern, Meier, Schleiden
und ich nach Kiel, wo wir gegen halb zwölf anlangten. Die
Gegend, größtentheils reizloses Haideland, wird in der Nähe
von Kiel fruchtbar, und hügelig, und der Anblick der Stadt
und des geräumigen, tiefen, hügelumkränzten, natürlichen Hafens
ist anmuthig. Hier können die größten Schiffe unmittelbar
an der Stadt anlegen, die größten Flotten hätten Platz zum
Ueberwintern, — aber es ist die Ostsee, zu deren Pforte am
Sund Dänemark die Schlüssel in Händen hat. Wäre dieser
Hafen an der Nordsee, oder, wie man sie hier richtiger nennt,
Westsee, so wären wir mit der deutschen Flotte nicht in
Verlegenheit.

„Beseler geleitete uns nach Düsternbrook. Eine kleine
Strecke seewärts ist ein Fort mit zehn Geschützen recht sauber
und nett angelegt. Diese Batterie, eine andere am gegenüber-
liegenden Ufer, sodann weiter gegen den Ausgang des Hafens
die Feste Friedrichsort und ihr gegenüber die Schanze von
Labö, beherrschen den Hafen. Vor der Bucht liegen nämlich

mehre bänifche Kriegsfchiffe, während aus den Strandbatterien
die Kanonen weggebracht find, und die Infanterie, welche in
Eckernförde liegt, gegen einen Ueberfall dänifcher Schiffe nichts
ausrichten kann, felbft wenn fie wollte. — Gerüchte, daß die
Dänen einen Verfuch gegen die Gefion beabfichtigen, daß fie
außerdem in Schleswig eingefallen und fchon bis Flensburg
gekommen wären, hatten fich verbreitet. Obgleich ihnen kein
Glaube gefchenkt wurde, hatte Befeler doch den „Bonin" heizen
laffen und lud uns ein eine Spazierfahrt auf der See zu
machen, um zugleich ein wenig nach den Dänen zu fehen. Wir
fuhren an Bord nach 2 Uhr, auf einem Boote, welches dem
König von Dänemark gehört hatte und mit goldverbrämten
rothen Sammetkiffen geziert war. Drei Kanonenböte fegelten
und ruderten mit Windeseile voraus. Wir mußten noch eine
halbe Stunde still liegen, bis Dampf genug vorhanden war.
Da die Seeleute nach dem Waffenftillftand beurlaubt und nur
diejenigen geblieben waren, welche nicht nach Haufe verlangten,
fo war jedes Kanonenboot ftatt mit 60 nur mit 40 Mann
befetzt, und die Bemannung des Bonin war aus verfchiedenen
Schiffen zufammengeftoppelt, — nicht eben die beften Leute,
wie man fagte, mir aber kamen die wilden Geftalten noch
gut genug vor; auch bemerkte ein Offizier gelegentlich, wenn
die Kanonenböte der Dänen anfichtig werden, fo würden fie
nicht zu halten fein. Es hatten fchon einmal drei von ihnen
eine große dänifche Fregatte angegriffen, ihr Gallion und Steuer-
ruder abgefchoffen und fie zur fchimpflichen Flucht gezwungen.
Die kleinen Racker find nämlich fchwer zu treffen und fahren
daher mit göttlicher Verwegenheit dem größten Feinde auf den
Leib. — Als wir Dampf genug hatten, wurde die Trommel
gerührt und die Anker gelichtet. Das war für uns ein neues
Schaufpiel. In eine große Winde, um welche unten die
Ankerkette gefchlungen ift, werden zwölf Hebel gefteckt, jeder
von Einem Matrofen gefaßt, ein Mann fitzt an der Winde
auf dem Boden, um die Kette im Ablaufen zu handhaben

und beim Aufziehen ordentlich um die Winde zu legen. Mit
dem ersten Trommelschlag drücken die Matrosen die Hebel
vorwärts, springen wie in einem Caroussell im Kreise herum,
hüpfen über die Ketten weg, die sich um die Winde legen und
den Anker heraufbringen. Solange die Operation dauert,
wird die Trommel gerührt. — Wir fuhren durch die Bucht
hin, an der Batterie vorbei, die wir vorher besichtigt hatten,
an dem Kriegsschooner mit 8 Zwölfpfündern, der als Wacht=
schiff davor liegt, an mehren Schiffen hin, die ihre Flaggen
zeigen mußten, — ein Holländer, ein Oldenburger u. s. w.,
an der Festung vorbei, wo unsere drei Kanonenboote schon in
Linie lagen, und sahen hinaus in die weite Ostsee. Ich stand
neben dem commandirenden Lieutenant auf dem Nablasten und
fühlte mich ordentlich stolz auf einem deutschen Kriegsschiff.
Wir hätten um das Vorgebirge Bulk herumwenden müssen
um nach der Bucht von Eckernförde zu gelangen; aber dann
hätte uns die Dunkelheit überrascht und der Nebel, der schon
anfing sich zu zeigen. Dies wünschte weder der Kapitän, der
für uns besorgt war, noch wir, deren ein geselliges Mahl in
Kiel harrte. Offiziere und Matrosen zeigten jedoch durch ihre
Mienen, daß sie nicht leichten Kaufs sich würden gefangen
geben. Das Boot wurde zur Rückfahrt gewendet, gleichzeitig
aber Befehl gegeben, sich zum Gefecht fertig zu machen. Die
Matrosen warfen Jacken und Mützen ab und sprangen an
die Kanonen. Die Brustwehren fielen herunter an der vor=
deren Batterie am Steuer; der Sechzigpfünder, welcher dort
stand, wurde scharf geladen. Ein Trupp Freischaaren verhält
sich zu diesen kampffertigen Matrosen, wie ein Schafhammel
zu einem Bullenbeißer. Da ist keine steife Haltung, Jeder
steht auf seinem Posten, aber wie er will; langes Haar flattert
um die trotzigen Gesichter, die bisweilen nicht alle einen Bart
besitzen; die Leute sind größtentheils noch sehr jung. Der
Sechzigpfünder wurde von einem jungen, entschlossen aus=
sehenden Offizier gerichtet, und nach der Backbordseite ab=

gefeuert. Wir standen dicht daneben und der Knall war so
anständig, daß er die Brust erschütterte, — nicht bloß die
Ohren. Weit, weit draußen in der See erhob sich nach
geraumer Zeit eine Wassermasse, dort hatte die Kugel ein=
geschlagen. Ein zweiter Schuß wurde nach der Steuerbordseite
abgefeuert, aber der Rauch blieb lange vor der Kanone liegen,
so daß wir die Kugel nicht verfolgen konnten. Dieser zweite
Schuß hatte zuerst versagt, weil der Matrose den Zündstock
verkehrt eingesteckt hatte. Bald darauf sahen wir den Mann
auf der Fock=Bram=Raae stehen, und auf diesem luftigen Posten
in Regen, Wind, Nacht und Nebel mußte er zwei Stunden ver=
weilen, als Strafe für sein Versehen. Seine Hosen flatterten
um die Beine im Wind; ich glaube nicht, daß ich in so leichter
Kleidung da oben zwei Stunden hätte aushalten können. —
Nach 5 Uhr ankerten wir vor der Stadt und fuhren ans
Land — den nächsten Morgen nach Hamburg zurück.

„Mittwoch gegen 5 Uhr Nachmittags wurden wir in
Hamburg von dem Hrn. Dr. Knauth, welcher Gagern bei=
gegeben war, und Hrn. von Chapeaurouge, Bankier, aus Genf
stammend, einem artigen jungen Mann, der mein Geleiter war,
nach der Tonhalle abgeholt, dort der Gesellschaft, die aus
350 Mitgliedern bestand, vorgestellt und dann in den Speise=
saal geführt, welcher drei Treppen hoch lag. — Der große
Saal war feenhaft mit weißen, sanftblauen und hellgelben
Tüchern verziert, von einem Lichtmeer erhellt; im Hintergrunde
war eine kolossale Germania mit Reichsadler und Schwert
aufgestellt; hinter den Draperien zu beiden Seiten derselben
Musik= und Sängerchöre. Auf drei Seiten des Saales zogen
sich oben die mit Damen besetzten Gallerien hin. Zwischen
unsern Plätzen und der Germania war die Rednerbühne, von
welcher herab die Toaste zu bringen waren. Adolf Godefroy,
welcher das Ganze mit Geschick und Festigkeit leitete, brachte
in feurigem, aber gehaltenem Vortrage Gagern's Wohl aus.
Gagern sprach ausführlich über unsere Zustände und schloß

mit dem Hoch auf Deutschland; Dr. Petersen brachte mir und
Rießer einen Trinkspruch; daraus ging hervor, daß er in Heidelberg mit mir studirt hatte; er war bei den Saxo-Borussen
gewesen, und erwähnte, daß ich den Muth der Freiheit und
den Muth der Ordnung gezeigt. Mein Toast auf Mäßigung
im Kampfe war für die Hamburger Parteiungen berechnet und
fand Beifall.

„Gestern Vormittag halb eilf verließen wir Hamburg;
Rießer und Wurm begleiteten uns über die Elbe. Meine
Blicke hingen am Mastenwald im Hafen, an der Stadt, an
Altona, an dem reizenden holsteinischen Elbufer, bis dies alles
verschwunden war. In Harburg frühstückten wir mit den
beiden Freunden im Bahnhofe und trennten uns mit den
besten Vorsätzen zu gemeinsamer Arbeit an dem Bau des
Vaterlands."

Soweit die Briefe Mathy's. Von den Kriegsschiffen,
welche der Süddeutsche bewunderte, trug bei seinem Tode nur
noch der arme, alte Barbarossa als Kasernenschiff die Geschütze
einer neuen Kriegsflotte; keines jener Schiffe von 1849 wäre
nach den großen Erfindungen der Neuzeit für den Seekrieg
brauchbar. Auch der Empfang zweier Patrioten in Bremen und
Hamburg, damals unerhört in Deutschland, ist seitdem durch
viele großartige Empfangsfeierlichkeiten übertroffen worden.
Wer aber mit Antheil auf jene früheren Aeußerungen deutscher
Begeisterung zurückblickt, der wird auch aus den Mittheilungen
Mathy's an die Vertraute seines Herzens die wahre und gesunde
Anspruchslosigkeit erkennen, mit welcher er die Ehren der gemein-
samen Fahrt auf die glänzende Gestalt seines Freundes bezieht.
Als er um dieselbe Zeit das gute Buch von Heinrich Laube
„Das deutsche Parlament" durchlas, schrieb er darüber seiner
Frau: „Daß er mich etwas zu hoch taxirt, schadet darum nicht,
weil es das zu Wenig auf der andern Seite ausgleicht."

7.

Gegen den Strom.

Gern rühmen wir den thätigen Mann, dem Hoffnung die Nerven spannt und des Geistes Kraft beflügelt. Wer aber gegen Uebermacht arbeitet, aus einer Stellung in die andere gedrängt, bis ihm der Kampf unmöglich wird, der muß zur Anerkennung zwingen durch ungewöhnliche Eigenschaften. Denn gern mäkeln die Zuschauer an der Güte seiner Sache, an dem Maße seiner Kraft, und in die Anerkennung seiner Ausdauer mischt sich der größte Feind warmer Bewunderung, das abschätzende Mitgefühl.

Das Werk der Paulskirche und die Männer der Parlaments= mehrheit haben im reichen Maße flache Beurtheilung erfahren, das deutsche Volk hat sie hart dafür bestraft, daß es ihnen eine Zeit lang mit ungemessener Verehrung anhing. Mehr als Einer hat diesen unverdienten Wechsel im Urtheile seiner Zeitgenossen nicht überwunden; statt des frischen Vertrauens zu sich und zu der Nation sank Hoffnungslosigkeit in die Seelen.

Das war nicht Mathy's Schicksal, er war nicht mit ungemeinen Erwartungen in die Paulskirche getreten, er hatte vollen Theil an der Mühe und Aufregung getragen, gehoben durch die Gemeinsamkeit mit einer so großen Anzahl bedeuten= der Männer, wie Deutschland seit der Reformation nie im Zusammenwirken für eine nationale Aufgabe gesehen hatte. Jetzt erst, wo die Hoffnung eines Erfolgs geringer wurde, die Arbeit mühevoller, auch ein Sieg ruhmloser, kam die ganze Festigkeit und Dauer seines Wesens zur Geltung. Er stand zuletzt in seiner Ecke fast allein und vertheidigte hartnäckig den letzten Posten. In keinem Abschnitt seines wechselvollen Lebens wurde er stärker geprüft als jetzt. Denn was er selbst erfuhr als Deutscher und als Mann, war gehäuftes Mühsal, wie es wenige überstehen.

Im October siedelte Bassermann von Frankfurt nach Mannheim über. Diesem Freunde hatte seit seiner letzten Sendung nach Berlin allzugroßes Vertrauen auf die Menschen und den guten Willen der Regierenden den Muth erhalten, jetzt zog er sich enttäuscht und traurig auf die Arbeit des Hauses zurück. Mathy blieb nach Verabredung in Frankfurt, er stellte dort als Geschäftsführer des Ausschusses von Gotha den Mittelpunkt der deutschen Partei dar. In Gotha hatte er den Freunden die Ansicht ausgesprochen, es sei nothwendig, daß Einer aus dem Süden als Vertrauensmann nach Berlin gehe; ohne Zweifel war es sein Wunsch gewesen, selbst diese Thätigkeit zu übernehmen, aber er fand bei den Preußen kein Bedürfniß für solche Verbindung. Da mußte er mühevoll von Frankfurt die Beziehungen zu den Norddeutschen unterhalten. Zunächst wegen der Deutschen Zeitung. Der Ausschuß der Gothaer hatte die Leitung des Blattes übernommen, welches seit October 1848 in den Verlag der großen Weidmann'schen Buchhandlung übergegangen war und damals ungefähr 2100 Abonnenten hatte, es bedurfte also Zuschüsse, wie bisher in Deutschland fast alle großen Tagesblätter, die nicht auf den örtlichen Interessen einer großen Stadt oder Landschaft ruhten und nicht durch die Anzeigen des Geschäftsverkehrs einen großen Theil ihrer Einnahmen gesichert erhielten. Den Anstrengungen Mathy's gelang es, von den Parteigenossen in etwa 170 Actien einen Geldbetrag zusammenzubringen, welcher einen Theil des Ausfalls deckte. Es galt, das ansehnliche Unternehmen zu einem Mittelpunkt der Partei zu machen, welcher den räumlich ge=trennten Mitgliedern Ansichten und Anforderungen des Aus=schusses und der Landschaften vermittelte; dafür war freilich warme Betheiligung Aller, auch durch schriftstellerische Beiträge, nöthig. Und Mathy trieb unermüdlich dazu, er forderte sogar seine Frau, als sie im Bade war, halb im Scherze auf, für die Verbreitung zu sorgen. Er selbst schrieb so eifrig hinein wie der fleißigste Berichterstatter, dasselbe thaten die Gagern; die Zeitung brachte eine Reihe sehr schöner und kluger Aufsätze, und es kam viel politischer Verstand und patriotisches Sinnen darin zu Tage. Leider vermochte die Zeitung nicht, zu erhalten, was Preußen aufgab. Sie war jetzt nur der Chor, welcher die schwachen Thaten und Leiden zu Berlin mit Theilnahme, mit Klagen und Vorwürfen begleitete. Hier das rechte Maß zu halten, erwies sich als schwierige Aufgabe, wer konnte rühmen, was in Berlin geschah? Und wieder tadeln half nur den Gegnern und verstimmte die Freunde in Preußen. Stets war Vorsicht nöthig, das Blatt, welches behauptete, daß die letzten Hoffnungen auf Preußen ruhten, mußte schonen und hoffen, um nicht die mögliche Rettung zu erschweren, auch wo den Leitern im Geheimen das Vertrauen klein wurde.

Wie sicher aber Mathy, was er in der Zeitung nicht gesagt wissen wollte, gegen die Freunde beurtheilte, beweisen unter andern seine Briefe an Beckerath. Diesem schrieb er z. B. am 8. November 1849 folgende Auffassung der schwierigen Lage.

„Das Programm von Gotha ist in die Luft gestellt. Preußen hat seinen Standpunkt wieder verlassen, seinen projectirten Bundesstaat auf einen Verein im Bunde zurückgeführt, eine völkerrechtliche Vertretung des Vereins ist bereits durch das Interim abgeschnitten. Auch daß Preußen den Verein im Bunde zu Stande bringen werde, darf sehr bezweifelt werden. Die innere Politik des Ministeriums ist, die unentbehrlichsten Garantien der Verfassung, z. B. das Steuerbewilligungsrecht der Stände, abzuschwächen oder aus der Verfassung zu entfernen. Gelingt dies, so ist kein Vertrauen zu Preußen mehr möglich, und die siegenden Gegner werden

auch in der deutſchen Angelegenheit eine andere als die bis=
herige Richtung einſchlagen wollen und müſſen. Ein weiteres
Bedenken wird aus der Führung der ſchleswig=holſteiniſchen
Sache hergenommen, wobei die Anmaßung der Dänen, durch
die unbegrenzte Nachgiebigkeit Preußens geſteigert, dem Ehr=
gefühl und dem Intereſſe der Nation die empfindlichſten
Wunden ſchlägt. Daran knüpft ſich endlich die Vermuthung,
daß es dem kühnen und nachdrücklichen Auftreten Oeſtreichs
gegen die Herſtellung eines Bundesſtaates gelingen werde,
Preußen auch hierin zum Nachgeben zu veranlaſſen, nachdem
es bereits das hohe Ziel auf ein Maß verkürzt hat, das weder
Glauben noch Begeiſterung erwecken kann. Wir wiſſen, daß
die öſtreichiſche Regierung entſchloſſen iſt, die Berufung eines
Reichstages nicht zu dulden, daß man in München über das
Ausſchreiben der Wahlen von Berlin lacht, und daß die
zuſtimmenden Regierungen ſelbſt nicht an den Reichstag und
die Verfaſſung glauben. Aber wir wiſſen nicht was Preußen
zu thun beabſichtigt, wenn die öſtreichiſchen Drohungen vor=
liegen werden. Das Dreikönigsbündniß liegt hoffnungslos
darnieder, man darf kaum wagen, von dem Zuſtandekommen
des Reichstages im Ernſte zu ſprechen. Der öſtreichiſchen Partei
ſchwillt der Kamm, ihr Uebermuth kennt keine Grenzen, nicht
zufrieden den Verſuch eines engeren Bundes zu vereiteln, geht
ihre Hoffnung dahin, wenn dieſer Verſuch geſcheitert ſein wird,
Preußen erſt recht zu demüthigen. Ueberall iſt dieſe Partei
thätig, und es bedarf einer raſchen und kühnen Handlungsweiſe,
um unſer zerriſſenes Vaterland vor dem Unglück zu bewahren,
welches eine undeutſche Politik im Bunde mit dynaſtiſchen und
Sondergelüſten ihm zu bereiten droht.“

Das waren Worte, deren fürchterliche Wahrheit in kurzem
erwieſen werden ſollte. Die Parteigenoſſen wurden muthloſer,
die Schwierigkeiten, die Zeitung zu erhalten, größer; im
Februar 1850 reiſte Mathy ſelbſt nach Berlin und traf neue
Verabredungen mit den Actionären, aber die Unterſtützung

durch die preußischen Freunde blieb lau, die große Partei der Paulskirche war nicht mehr im Stande, ihren Zusammenhang durch eine Zeitung darzustellen.

Und doch war noch eine Hoffnung die letzte: Preußen hatte endlich am 13. Februar 1850 ein deutsches Parlament nach Erfurt berufen. Mathy wurde dafür von zwei Wahlkreisen: Sondershausen und Brieg-Ohlau in Schlesien, gewählt. Er nahm für Schlesien an. Im März reiste er mit seiner Gattin von Frankfurt nach Erfurt. Er fand eine andere Gesellschaft als zu Frankfurt, die lauten Reden der Linken fehlten ganz, an ihrer Stelle viel preußischer Landadel, höhere Beamte und Offiziere, statt der Vogt und Simon die v. Bismarck und v. Zeblitz, und Wantrup statt Schlöffel. Die im Centrum der Paulskirche gesessen hatten, bildeten hier die Linke und wurden von den preußischen Junkern mißtrauisch als fremdartige Gebilde der Revolution betrachtet. Diese Versammlung war kein völliger, aber immerhin ein richtigerer Ausdruck der thatsächlichen Anschauungen und Forderungen von Norddeutschland, als sich in Frankfurt versammelt hatte. Aber die Nation war kalt und abgeneigt, die Regierung, welche sie berufen hatte, schwankte unsicher in den Zielpunkten; aus den vier Königreichen war Niemand gewählt, Baiern und Würtemberg hatten sich überhaupt von jedem Verfassungsversuche Preußens ausgeschlossen, Hannover war förmlich von dem Dreikönigsbündniß abgefallen, Sachsen hatte die Beschickung des Parlaments verweigert. Der Bund der Fürstenhäuser war fertig, Oestreich ihr Schirmvogt, Rußland ihr drohender Anwalt; auch unter den Regierungen, welche den Reichstag noch beschickt hatten, war die Lust zum Abfall im Wachsen. Doch wie arm an Trost die Lage war, die deutsche Partei that noch einmal glänzend ihre Pflicht. Unter den Gefährten aus der Paulskirche war Mathy vielleicht der frischeste und in seiner stillen Weise der heiterste. Ihm machte die Arbeit einer parlamentarischen Körperschaft damals noch wirkliches Vergnügen und mit Laune beobachtete er die selt-

samen politischen Charaktere, welche die Junker aus den alten
Provinzen Preußens hingesandt hatten, und die Leiter der
preußischen Politik, vor Allen Hrn. v. Radowitz. Und er
ergötzte sich als ein kampffroher Mann über die Niederlagen,
welche die Junker durch Reden und Abstimmungen erfuhren.
Er selbst wurde in den Verfassungsausschuß gewählt und
ergriff in der Versammlung zweimal das Wort. Er sprach
zuerst über das Steuerbewilligungsrecht des Reichstags und
schlug jetzt nach der rechten Seite wie bei seiner entsprechenden
Rede in Frankfurt nach der linken, als er ironisch gegen die
Junkerpartei aussprach, wenn man den monarchisch regierten
Staat wieder auf seine alten Grundlagen stellen könnte, wonach
er seine Bedürfnisse aus dem Ertrag der Staatsgüter und
mit der Heeresfolge der Vasallen bestritt, dann allerdings
bedürfte man keiner Stände, ausgerüstet mit dem Steuerbewilligungsrecht. „Solange Sie aber Steuern brauchen, um
stehende Heere und eine zahlreiche Verwaltung zu erhalten, solange werden Sie auch die Vertretung sammt ihrem Bewilligungsrecht nicht entbehren können. Und wenn dieses Steuerbewilligungsrecht eine Demüthigung der Krone wäre, wo in
Europa wäre noch eine ungedemüthigte Krone, die Sie hauptsächlich im Auge haben? Meines Wissens — wenn man von
größeren Staaten spricht — etwa nur die russische, und es
scheint mir auch, daß alle die Einwendungen gegen das Steuerbewilligungsrecht der Stände nicht aus der germanischen Welt-
anschauung genommen sind, sondern aus einer anderen, die ich
etwa die asiatische nennen könnte. Wenn die Absicht des Antrags,
wie ich nicht bezweifeln kann, dahin geht, die Selbständigkeit
und Stärke der Reichsregierung zu sichern, so würde ich doch
ein anderes Mittel vorgeschlagen haben, um diesen Zweck zu
erreichen; ich würde Ihnen vorgeschlagen haben, die Reichsgewalt auf eigene Einnahmen zu stellen, statt auf die Matri-
kularbeiträge. Allein wir sind hier nicht in der Lage, auf
solche Aenderungen einzugehen.“

Seine zweite größere Rede hielt er bei einem bemerkens-
werthen Zwischenfall. Mehre Anträge aus der Versammlung
wollten der Reichsgesetzgebung das Recht einräumen, Bestimmungen über das Wahlverfahren und die Zusammensetzung der
Volksvertretung in den einzelnen Staaten zu treffen. Dabei vereinigten sich die entgegengesetzten Parteien, die Anträge wurden
von der Reaction in Preußen unterstützt und ebenso von
Liberalen aus dem Süden, welche die Ausdehnung der Reichsgewalt und Bändigung der heimischen Demokratie ersehnten
oder den geheimen Wünschen der preußischen Regierung ent-
gegenkommen wollten. Beide Gagern und Bassermann waren
dafür. Mathy sprach in einer seiner längsten und besten
Reden dagegen, indem er die plötzliche und späte Aenderung
des Verfassungsentwurfes, das Unpraktische und Unnöthige
eines solchen gewaltsamen Eingreifens in die Machtbefugniß
der einzelnen Staaten hervorhob. Unmittelbar nach ihm erhielt Bassermann das Wort und suchte ihn zu widerlegen, ein
Umstand, den Georg v. Vincke, der auf Mathy's Seite stand,
sich nicht entgehen ließ, um in seiner Weise auf die Trennung
von Castor und Pollux hinzuweisen. Als es aber zur Abstimmung kam, gab Bassermann, nachdem sein Antrag ab-
geworfen war, die nahestehenden Abänderungen und Zusätze,
für welche auch die beiden Gagern stimmten, preis und trat
wieder zu Mathy. Dieser blieb in der Minderheit, aber auf
seiner Seite stimmten v. Stockmar, Beseler, Graf Schwerin.

Die Verfassung als Ganzes wurde nach Mathy's Vorschlägen,
welche v. Patow in feste Sätze gebracht hatte, am 18. April
vom Volkshause und darauf auch im Staatenhause mit großer
Mehrheit angenommen, und das Parlament wurde geschlossen,
nicht fruchtlos für die Abgeordneten, ohne unmittelbaren Erfolg für Deutschland. Mathy kehrte von diesem Turnier mit
den preußischen Junkern zurück in dem Selbstgefühl erprobter
Kraft, er hatte sich mit neuen Gegnern gemessen und alte
Freunde bewährt gefunden, darunter auch werthe Preußen, wie

Simson und Max Duncker; mit dem letzteren, der nach dem
Brauch von Frankfurt die Gattin mitgeführt hatte, trat Mathy
hier in ein näheres Verhältniß, und es entstand eine innige
Familienfreundschaft, welche alle Wechsel der Zeiten überdauert
und mit den Jahren für Beide an Bedeutung zugenommen hat.

Kurz nach der Rückkehr entschied sich auch das Schicksal
der Deutschen Zeitung, sie ging in anderen Verlag über, und
erhielt den letzten Redacteur. Mathy hielt aus, schrieb wieder
Aufsätze und warb immer noch dafür; aber er sah, wenn nicht
ein Wunder kam, ging es mit dieser schönen Hoffnung zu
Ende, sie schwand dahin mit größeren.

Ende August reiste er von Frankfurt in den badischen
Landtag. Wie fand er auch dort Alles verändert! Auf den
Rausch war Abspannung und Muthlosigkeit gefolgt, die Führer
der Radikalen waren verschwunden, der alte Itzstein war in
die Kammer nicht einberufen und seines Staatsbürgerrechtes
für verlustig erklärt, und die Kammer ging vor seinem Gesuch
um Wiederherstellung trotz Mathy's Widerspruch zur Tages-
ordnung über. Die Verfassung, für welche Mathy sich so
tapfer eingesetzt, war erhalten, und doch, was war aus dem
Staate geworden? Beamte und Heer hatten ihn aufgegeben,
preußische Truppen hatten die Regierung zurückgeführt und
diese dachte im Geheimen auf Anschluß an Oestreich und Abfall vom preußischen Bündniß. Und jetzt war Mathy's Aufgabe, zu wachen, daß nicht dem Mißbrauch der Freiheit ein
Mißbrauch der Gewalt folge, und daß die Regierung ebenso
das Landesgesetz achte, wie die Volksvertretung durch ihn
gehalten im Frühjahr 1848 hatte thun müssen. Es galt
ferner für ihn, als Vorsitzender der Budgetcommission zu helfen,
daß der Haushalt wieder eingerichtet werde, daß die Staatsgewalt gesetzliche Befugnisse erhalte, daß der Ausnahmezustand
ein Ende nehme. Schon vor dem Landtage hatte er für die
Statthalterschaft Schleswig-Holsteins eine Denkschrift ausgearbeitet, worin er die Verpflichtung der deutschen Staaten

begründete, die Verpflegungsgelder für die Bundestruppen in den Herzogthümern zu bezahlen. In der Budgetcommission und in der Kammer verfocht er diese Pflicht gegen die badische Regierung, denn der Krieg sei ein deutscher und eine große Volksangelegenheit, und er enthielt sich nicht, auf den Unterschied zwischen dem badischen und dem holsteinischen Feldzug hinzuweisen. Fast einstimmig bewilligte die Kammer nach seiner Rede die Zahlung. Er ließ die Verhandlungen über diese Forderung als Flugschrift drucken. (Karlsruhe 1850.)

Und noch eine Aufgabe war ihm gestellt: die badische Kammer festzuhalten an dem preußischen Bündniß. Während die preußischen Truppen das Oberland räumten und zum großen Theil aus dem Lande wichen, während niederschlagende Berichte aus Berlin einander ablösten, und die badische Regierung Alles anwandte, um ein Aussprechen der Kammer zu hindern, beschloß die zweite Kammer in schöner Debatte noch am 14. November 1850 die Erklärung, daß Baden an dem Bündniß mit Preußen festhalten müsse. Mathy sprach — drei Tage nach dem Zusammenstoß bei Bronzell (8. Nov.) — mit großer Wärme und war nachher stolz darauf, daß die Ehre der Kammer gerettet sei. Schon spähten bairische Truppen unweit Karlsruhe im Dienste Oestreichs feindlich in das Nachbarland, da hielt er mit seinen Freunden die letzte Wache in der Kammer für die Union. Auch die Zahl der Freunde war gemindert; zwar Soiron und Häusser standen noch treu an seiner Seite, aber Bassermann war erkrankt, an den Augen, am Herzen, im Mark seines Lebens, und schmerzbewegt sprach er zu dem Freunde: „Ich war zu weich für diese Zeit, ich hätte deine Nerven haben müssen."

Als Mathy nach fleißiger Arbeit von Karlsruhe schied, durfte er sich sagen, daß seine Thätigkeit für das Heimatland nicht unnütz gewesen sei, und daß er durch seine persönlichen Beziehungen zu dem preußischen Gesandten v. Savigny vielleicht mehr als die Minister vermittelt hatte: Ermäßigung der

Verpflegungsgelder für die preußischen Truppen und Herausgabe der badischen Zollvereinseinnahmen, welche Preußen mit
Beschlag belegt hatte.

Auch sein letztes Gefecht für das preußische Bündniß war
umsonst, der Tag von Olmütz (28. und 29. Nov. 1850) schlug
alle tapfern Versuche nieder. Es war ein schwerer Tag für
die Preußen, schwerer noch für die Führer der preußischen
Partei außerhalb des Staates; der Preuße, welcher die Scham-
röthe auf seinen Wangen fühlte, konnte, was er von Fähigkeit
besaß, doch noch einsetzen, um eine bessere Zeit herbeizuführen,
der Preußisch-Gesinnte außerhalb hatte den Staat verloren,
auf den er gehofft, er war wieder unzufriedener Kleinbürger,
wie zur Zeit des Hambacher Festes. Das war die Stunde,
wo die Charaktere geprüft wurden. — Wir suchen nach der
Stimmung Mathy's, soweit sie aus vertrauten Briefen jener
Zeit erkennbar ist. Er fuhr den Rhein stromab im Dampf-
boot Schiller, und als ihm der Dampfer Goethe begegnete,
fiel ihm ein, daß Börne im Februar 1828 von Frankfurt nach
Berlin gereist war und von dort nach Hause geschrieben hatte,
sie sollten erklären, wie es zugegangen, daß er Donnerstag
Mittag abgereist und Freitag Mittag angekommen sei. Börne
hatte nämlich neun Tage gebraucht. Und Mathy empfand
fröhlich, daß, was damals für unmöglich galt, in seinem Leben
wirklich geworden war. Er verglich dazu die Reisekosten, die
doch fast auf die Hälfte herabgesetzt waren. Aber er selbst
hätte wenige Jahre später solche Beförderung mit dem Dampfschiff für unerträglich langsam und die Kosten für übermäßig
hoch gehalten. — Ferner schrieb er im Jahr 1851 einem alten
Freund nach der Schweiz: „Die Nation ist seit 1848 trotz
aller moralischen Erbärmlichkeit doch vorwärts gekommen.
Was wir gewollt an Einheit und Freiheit, war allerdings zu
viel für sie, etwas weniger hätte sie vielleicht angenommen.
Sie läßt sich jetzt Vieles bieten. Aber wenn ich eine Franco-
marke für 9 kr. auf einen Brief klebe, so geht er frei bis

Königsberg und Trieſt. Die deutſchen Völkerſchaften fühlen
ſich weit mehr wie früher als zuſammengehörig, die Parlamente
und die Truppenmärſche haben dauernde Verbindungen, auch
Ehen, geſchloſſen, die Bauern und die Preſſe ſind mancher
Laſt los geworden, die öffentlichen Schwurgerichte reinigen die
Rechtspflege. Die Bedingungen für eine mögliche Einigung,
das Verhältniß zwiſchen Oeſtreich und Deutſchland, zwiſchen
Preußen und den Königreichen ſind erkannt, ebenſo die Hinder=
niſſe der Einigung. Was 1848 chaotiſch durcheinander lag,
wird bei der nächſten Kriſe keine Verwirrung und keine Zweifel
mehr erregen, der Norden wird den Süden verſtehen und
umgekehrt, die babyloniſche Sprachverwirrung von 1848 wird
nicht mehr wiederkehren.“

Er ſelbſt hatte jetzt für die eigene Zukunft zu ſorgen. Als
ihn ein Bekannter frug, welchen Gehalt er bei der Deutſchen
Zeitung gehabt habe, mußte er antworten: „ich habe in der
Zeit meine Erſparniſſe aufgezehrt.“ Seine nächſte Pflicht war
die Handlung, deren Leitung dem kranken Baſſermann un=
möglich wurde. Mit kurzem Entſchluß führte er Weib und
Sohn im Winter 1850 aus Frankfurt nach Mannheim zurück
und trat in das Comtoir der Buchhandlung.

Dies war wieder eine Rückkehr in die wohlbekannte Stadt,
in alte, überwundene Verhältniſſe. Dort war jetzt auf den
Straßen Grabesruhe, nur in den Häuſern rührten ſich die
Zungen; die Leute, welche Grund hatten, mit ſich ſelbſt un=
zufrieden zu ſein, grollten der Zeit und waren geneigt, jeden
Anderen für ihr Mißbehagen verantwortlich zu machen. In
dieſer Stimmung wollten ſie ihrem Mitbürger Mathy ſchwer
verzeihen, daß er muthiger und patriotiſcher geweſen war als
ſie, und als ſeine Geſtalt nun wieder durch die Straßen
ſchritt, als der Miniſter im Comtoir von Fr. Baſſermann arbei=
tete und gerade wie vor 1848 Beiträge für das Mannheimer
Journal ſchrieb, da begann ein gehäſſiges Geräuſch alter Feinde,
der Servilen, die er einſt in der Preſſe luſtig mit Kolben

geschlagen hatte, und der Radikalen, die er davor bewahrt hatte, von den Kolben der Soldaten erschlagen zu werden. Er wurde zwar in den großen Bürgerausschuß der Gemeinde gewählt, als aber im nächsten Jahr sein Freund, Bürgermeister Reiß, seine Wahl zum Stadtrath durchsetzen wollte, wurde dies durch die Gegner verhindert, so daß Reiß selbst verletzt von seinem Amt zurücktrat.

Mathy widmete sich wieder mit angestrengtem Fleiße der Buchhandlung, er besuchte und unterhielt den kranken Freund und dachte auf neue Unternehmungen — eines der ersten war Auerbach's Roman: „Neues Leben". Er trug sich mit dem Plane eines neuen encyklopädischen Werkes: Staatslexikon zum Handgebrauch. Dieser Gedanke und die Ausarbeitung einzelner Artikel beschäftigten ihn lange, auch eine Geschichte der deutschen Landtage beschloß er zu schreiben, und sammelte dafür Stoff.

Im December 1851 ging er wieder zum Landtag nach Karlsruhe. Er fand dort die Rückschrittsbestrebungen in Blüthe, die Stände ehrerbietig gegen das Ministerium, die Eröffnungsrede des Ministers von Marschall von zeitgemäßer Haltung, denn sie sagte den Ständen nur das, was sie angehen sollte, also wenig. In der Kammer waren die Sitze auf der Rechten gedrängt voll, die auf der Linken meist leer, gerade umgekehrt wie im Jahr 1848. Mathy sagte seinen Bekannten: „ich habe gern einen geräumigen Platz", und rückte auf die äußerste Linke, wo einst v. Itzstein und Hecker gelagert hatten. Auf der Rechten hatten die Verwaltungsbeamten Oberhand und kämpften gegen die Justizbeamten im Centrum, welche beim Volk beliebter waren. Die Präsidentenwahl war eine Schlacht zwischen Polizei und Justiz, denn das waren die Parteien in der Kammer. Und Mathy sah von seinem einsamen Sitz wie Held Siegfried auf das Getümmel der Zwerge.

Er that, wie in früheren Jahren, als Vorsitzender der Budgetcommission seine Pflicht, er war in dieser Eigenschaft eine mächtige Autorität für die Kammer und Regierung geworden, seine Ansichten wurden fast immer maßgebend und Widerspruch abgeneigter Beamten erschien in sehr achtungsvoller Einkleidung. Daß er den badischen Finanzen in ungünstiger Zeit doch heilsam sein konnte, gab ihm eine innere Befriedigung.

Als er im Frühjahr 1852 zu Frau Anna und nach Mannheim zurückgekehrt war, da erkrankte sein Sohn, das verjüngte Ebenbild des Vaters, ein hoffnungsvoller und stattlicher Jüngling, von einem edlen Schwunge der Gedanken, kräftig in seinem Wollen. Er warf Blut aus. Mathy hatte allen Wechsel der letzten Jahre ohne Einbuße an Heiterkeit ertragen, jetzt bebte ihm das Herz, wenn er den tiefen Gram der Mutter sah, und die Augen, welche angstvoll auf dem Antlitz des Lieblings hafteten. Und er hatte Tage, wo er nur mit Mühe zu arbeiten vermochte. Der Sohn wurde im Juni nach dem Soolbad Offenau gebracht. Er kehrte im Herbst gekräftigt wieder, bekam aber einen Rückfall. Die tückische Krankheit nahm ihren langsamen fürchterlichen Verlauf, immer neue Hoffnungen und Enttäuschungen und neue Angst. Der Arzt forderte Aufenthalt in wärmerem Klima und wies nach Hyères. Im November führte der Vater seinen Sohn nach dem Süden, durch Paris, Lyon, Marseille; in Toulon fuhr er mit ihm auf die Rhede hinaus, bestieg den Dreidecker Valmy, das Schiff des Admirals Lasasse, und wunderte sich über die Gleichgiltigkeit, in welcher die Franzosen die Wiederherstellung des Kaiserreichs erlebten. Aengstlich lauschte er auf die Athemzüge seines Kranken, während er ihm das französische Wesen wie ein älterer Kamerad erklärte. In Hyères fand er Alles nach Wunsch, Temperatur wie zu Karlsruhe im Juni, prachtvolle Gegend, herrliche Luft und unter den Fremden eine deutsche Gärtnersfamilie, brave Leute, bei welchen er den Sohn in Kost gab. Es war schwere Trennung. Aber nach der Heimkehr des Vaters kamen Briefe des Sohnes in heiterer Laune, die Versicherung erfreulichen Wohlbefindens, und daß er viel gute Leute gefunden, als

Hausgenossen einen wackeren, alten Herrn aus Norwegen, mit
dem er Schach spiele, und daß er hier am Mittelmeer einen
ganz neuen Reiz in seinen griechischen und römischen Schriftstellern finde. Jede solche Kunde wurde mit Glückseligkeit
aufgenommen und allen Fremden, welche dem Sohne freundlich waren, ein kleiner Altar im Herzen der Eltern errichtet.
Als Mathy in seiner Freude dem kranken Bassermann davon
erzählte, entstand in diesem plötzlich der heftige Drang, eben
dorthin zu gehen, und da er die Reise allein nicht machen
wollte, mußte Mathy ihn auf den Wunsch der Familie wenige
Wochen nach seiner Rückkehr begleiten. Um Weihnacht 1852
trat Mathy mit dem zweiten Kranken dieselbe Reise an. Er
fand den Sohn wohl, und wie er hoffte, in der Genesung,
aber den Freund in seiner Unruhe litt es dort nicht, er
fürchtete Einsamkeit, und bestand darauf, mit Mathy wieder
heimzukehren, und zwar im Wagen, weil ihm Eisenbahn und
Dampfschiff nicht erträglich war. Mathy beobachtete mit
Trauer, daß dieses Leben, das so glänzend und hoffnungsvoll
für die Nation aufgegangen, einem zerstörenden Leiden unrettbar
verfiel. Mit ruhiger Geduld, wie eine Wärterin trug er die
Launen und führte den Freund in die Heimat zurück.

Und wieder Buchhandlung, deren Sorge ihm jetzt fast
allein oblag, und wieder die Budgetcommission der Kammer,
es war zum letzten Male. Jetzt kam zur Entscheidung, was
für ihn in der Stille eine Lebensfrage gewesen war, seine
Stellung im Staatsdienste. In der Noth des Jahres 1848
war er in das Staatsministerium berufen worden, auf den
Wunsch seiner Amtsgenossen und des Großherzogs war er am
5. August mit Urlaub in das Reichsministerium getreten. Als
ihm das nächste Mal sein badischer Gehalt durch den Bankier
Goll in Frankfurt ausgezahlt wurde, sandte Mathy das Geld
für die Zeit vom 5. August ab zurück, er beziehe jetzt in
Frankfurt Gehalt vom Reichsminister, könne während dieser
Zeit dem Staate Baden wenig leisten und halte deshalb für

Unrecht Gehalt anzunehmen. Der Bankier sagte damals, er habe viel mit Gehaltverhältnissen der Gesandten zu thun gehabt, aber dies sei ihm neu. — Nach Auflösung des Reichsministeriums war er auf Wunsch seiner badischen Collegen in sein altes Dienstverhältniß zurückgetreten, hatte das Finanzministerium 26. Mai 1849 übernommen und war am 8. Juni 1849 bei Bildung eines neuen Ministeriums unter Vorbehaltung weiterer Verfügung seiner Stelle enthoben. Er hatte aus Mittheilungen seiner Nachfolger vernommen, daß sie ihn mit Anspruch auf Wartegeld zur Disposition gestellt betrachteten. Aber in Baden bestimmte das sogenannte Staatsdieneredict von 1819, daß ein Beamter, wenn er noch nicht fünf Dienstjahre zählte, ohne Angabe eines Grundes und ohne Ruhegehalt entlassen werden konnte. Dem Landtage von 1850 hatte die Regierung einen Gesetzentwurf über Aenderung dieses Edicts vorgelegt, in welchem die fünf Probejahre beseitigt waren, sodaß Mathy, wenn dieser Entwurf Gesetzeskraft erlangt hätte, pensionsberechtigt geworden wäre. Doch die Commission der zweiten Kammer setzte die fünf Probejahre wieder hinein, und die Kammer erhob in diesem Punkte die Anträge ihrer Commission zum Beschluß. Das Ministerium ließ sich damals die Beibehaltung der Probejahre mit einer Bereitwilligkeit gefallen, über welche Mathy in der Stille nicht erfreut war, auch in der Commission hatten Mathy's Freunde, z. B. Häusser, gegen sein Interesse gestimmt. Da ihn die Sache persönlich anging, verhielt er sich, wie seine Art war, schweigend, aber ihm ahnte Unheil. Der ganze Gesetzentwurf scheiterte übrigens, weil beide Kammern sich über Zusammensetzung des neuen Disciplinargerichtshofes nicht vereinigen konnten, und das alte Edict blieb in Kraft. Im April 1853 waren seine fünf Probejahre verlaufen. Er zeigte dies, wie seine Pflicht war, vorher dem Ministerium an. Darauf erklärte Minister v. Rüdt in einem Privatschreiben vom 29. März 1853, jene „Enthebung von der Stelle" bedeute die Entlassung aus dem Staatsdienste, und zu einer Wiederanstellung sei keine Veranlassung. Dies geschah vier Wochen vor Ablauf der fünf Jahre. Es ist wahr, Mathy hatte keinen gesetzlichen Anspruch an den Staat, wenn das Ministerium einen solchen nicht anerkennen wollte, aber derartige Entlassung widersprach allem Brauch des oberen Staatsdienstes und war in diesem Falle unzweifel= haft aus politischer Feindseligkeit hervorgegangen. Mathy sandte auf die zornigen Vorstellungen seiner Freunde v. Soiron und Bassermann dem Ministerium eine Anfrage wegen des rück= ständigen Ruhegehaltes, er erhielt als Rest seiner Forderungen durch kurze Verfügung die Besoldung auf einen Monat vom Mai bis Juni 1849. — Er hatte diese fünf Jahre unter dem Staatsdienergesetz gelebt, er war seit dem Juni 1849 in seinem Heimatstaate nicht nur als Bürger und Abgeordneter, sondern auch als Staatsbeamter mehrfach nützlich gewesen. Und er war durch die Rücksichten auf dies Dienstverhältniß bis jetzt verhindert worden, sich einen andern Erwerb zu suchen. Die Beleidigung, welche ihm durch eine Entlassung in dieser Form zugefügt war, den Undank seines Heimatstaates trug er schweigend, er sprach nie darüber, aber er fühlte ihn immer.

In dieser Zeit war ihm ein kleiner Trost, daß seine Mühe für die Handlung nicht vergeblich gewesen war, nach mehren Jahren hatte das Geschäft wieder zum erstenmal einen Reinertrag gegeben und Bassermann forderte nach der Oster= messe 1853, daß der Name des Freundes, der jetzt nicht mehr durch den Staatsdienst gehindert war, der Firma zugesetzt würde.

Auch sein Sohn war im Frühjahr, genesen wie die Eltern hofften, von Hyères zurückgekehrt. Ach, es war eine kurze Freude; schon im August machten sich Anzeichen des alten Leidens bemerkbar, er ging wieder auf das Land und wieder verordnete der Arzt südliche Luft. Im November reiste der Jüngling nach Palermo ab, der Vater arbeitete mit schwerem Herzen im Ge= schäft und schrieb noch in später Nacht für Zeitungen, um dem lieben Sohne den Aufenthalt in der Fremde möglich zu machen.

Das Jahr 1854 brachte nach einer Zeit öden Rückschrittes in Deutschland lebendigere Theilnahme an der Politik, die ersten Vorboten einer neuen Erhebung. Der Feuerschein im Osten, der Aufgang eines Krieges zwischen Rußland und den West= mächten erschien den Vaterlandsfreunden als Wendepunkt für die Politik Preußens. Mathy war wieder unter den Ersten, welche sich thätig rührten. Er hatte in dem letzten Jahr eine Geschichte des deutschen Verfassungslebens begonnen und dafür die Einleitung, eine historische Entwickelung der Bundesver= fassung bis zum Jahr 1848, bereits niedergeschrieben. Jetzt benutzte er diese Arbeit als Grundlage für eine größere Flug= schrift: „Wo ist das einige Deutschland?" Er führte darin aus, daß die Lage eine Verständigung zwischen Oestreich und Preußen dringend erheische, das völkerrechtliche Verhältniß bei= der Staaten solle nicht aufgelöst, sondern nur befestigt werden; Preußen und die kleineren deutschen Staaten bilden zusammen einen Verfassungsstaat, an welchen Oestreich durch Bünd= niß für gegenseitige Hilfleistung und größte Erleichterung des Verkehrs geschlossen ist. „Zu solcher Auseinandersetzung wird es mit Güte oder Gewalt einmal kommen, die schlechteste Lösung für Deutschland aber wäre die Theilung der Klein= staaten zwischen Preußen und Oestreich in einen norddeutschen und süddeutschen Bund." Was Mathy dabei über die große Aufgabe Preußens sagt, ist so warm, wahr, schön und als wenn es von einem Deutschen geschrieben wäre, dessen Herz von Jugend auf an dem Staat Friedrich des Großen gehangen hätte. Dieser Schrift ließ er sogleich eine zweite folgen: „Der russische Krieg und der deutsche Bund, sieben Kapitel aus der neuesten Geschichte," mit Actenstücken über den Krieg, die ihm von guter Hand zugegangen waren, dies eine geschichtliche und kritische Darstellung des Antheils, welchen Preußen, Oestreich und der Bund bis Mitte 1854 an der russischen Kriegsfrage genommen hatten. Beide Schriften gab er in alter Erinnerung an ein früheres Werk unter dem Titel: „Vaterländische

Hefte I und II" heraus. Sie sind unter Mathy's Flug=
schriften die bedeutendsten, zugleich der letzte, selbständige Druck.
Daneben lief seine Thätigkeit für Journale, wie sie zu keiner
Zeit größer gewesen war: für das Bremer Handelsblatt, das
Mannheimer Journal, die Weserzeitung und die Grenzboten.
Namentlich im Mannheimer Journal gab er als treuer Wächter
der badischen Finanzen eine prüfende Besprechung des badischen
Budgets, welche großes Aufsehen erregte. Damals schon eiferte
er gegen die Verkehrtheit, alte Staatsschulden durch Tilgungs=
fond abzutragen, um neue Schulden zu höheren Procentsätzen zu
machen, und erörterte gründlich den Charakter des ordentlichen
und außerordentlichen Budgets. Wer jetzt die Aufsätze jener Zeit
durchblättert, wird sich oft der heiteren Größe und Sicherheit
seines Urtheils freuen, welches da, wo er über die schwebenden
Fragen der Politik spricht, nur durch die unvollständige Kennt=
niß der Verhandlungen und wirkenden Kräfte begrenzt ist, die
beengenden Schranken jedes Schriftstellers, welcher nicht im
Mittelpunkte der Geschäfte steht. Es ist hier nicht die Absicht,
Einzelnes zu rühmen. Seit dem Jahr 1848 war das Leiden
Deutschlands in das Bewußtsein Vieler gekommen, das Ur=
theil war klar und sicher genug, die Besserung aber hing an
einer großen Kraftentfaltung Preußens. Die Hoffnung, daß
der orientalische Krieg dazu helfen könne, schwand für Mathy
schnell dahin. Es war ein kurzer, trügender Lichtschein gewesen,
dichter wurde das Dunkel, welches die Zukunft verbarg,
schwächer die Aussicht eine Besserung zu erleben, die alten
Gefährten wurden muthlos, und unbehilflich begann ein jüngeres
Geschlecht sich zu rühren.

Auch in seinem eigenen Leben wuchs die Sorge. Sein
Freund Bassermann verlangte Lösung ihrer geschäftlichen Bezieh=
ungen. Die Kriegsgefahr, die Stockungen im Geschäft hatten
den Schwerkranken tief ergriffen und verdüstert. Längst hatte
auch Mathy erkannt, daß die Bedingungen, unter denen er
sich mit Bassermann verbunden hatte, ihm keine Sicherheit des

äußeren Lebens gewährten, und daß eine Verlagshandlung kein
Nebengeschäft sein dürfe. Die Geschäftsinhaber hatten sich für
ihre eigene Thätigkeit keinerlei Comtoirgehalt ausgesetzt; wenn
Jahre kamen, in denen das Geschäft keinen Reinertrag gab,
ja vielleicht eine Unterbilanz, dann hatten sie umsonst gear=
beitet; auch der Reingewinn konnte so gering sein, daß die
Theilhaber nicht so gut bezahlt waren, als die Handlungs=
gehilfen, welche sie hielten. Mathy hatte als Buchhändler
Lehrgeld bezahlt, er hatte erfahren, daß nur wenige Werke in
Deutschland einen beträchtlichen Gewinn bringen, und daß
ein Geschäft mit kleinem Verlage von seinen Erträgen viel
zu hohe Betriebskosten abzurechnen hat. Dennoch war die
Handlung zu einem ansehnlichen Geschäft geworden, in der
letzten Zeit hatte Mathy fast die ganze Arbeit allein getragen,
der Verlag war keineswegs schlecht gewählt und bot gute
Aussichten. Jetzt rechneten die alten Genossen in frieblicher
Auseinandersetzung ab, aber dem Scheidenden blieb das herbe
Gefühl nicht erspart, daß er seit 1843, die Jahre von Frank=
furt ausgenommen, als Buchhändler thätig gewesen war, um
von den Zeitungsaufsätzen, die er in den Mußestunden schrieb,
zu leben.

Aber zu diesem Schmerz gesellte sich größere Sorge. Der
Sohn war von Palermo zurückgekehrt, kräftiger als er gegangen
war,· aber er hustete, die Aerzte mußten sich die Eltern zu
beruhigen, sie vermochten nicht mehr die geheime Angst der=
selben zu beschwören. —

Unter Kränkung aus dem Staatsdienst entlassen, unter
bitteren Empfindungen aus der Handlung geschieden, in der
liebsten Hoffnung seines Lebens bedroht, sah Mathy im Sommer
1854 nach einer Stelle aus, welche ihm den Lebensunterhalt
sichere. Er hatte schon im Jahr 1849, bevor er in die Buch=
handlung zurücktrat, an Beckerath geschrieben: „Wenn ich
genöthigt werde, von hier zu scheiden, dann verschaffen Sie mir
wol eine Stelle als Berichterstatter für eine Zeitung und

einen Sitz auf der Journaliftenbank in Berlin." Jetzt theilte
er seinen näheren Bekannten mit, daß er frei sei und bereit
zu jeder ehrlichen Thätigkeit.*) Beckerath schrieb und eröffnete
Aussichten, Hansemann schrieb und trug seine Pläne vor,
Mevissen kam nach Mannheim, bot ihm Beschäftigung und
Aussicht auf die Directorstelle an einer neuzugründenden Bank
in Köln, durch Vermittelung Meier's in Bremen wurde ihm
angetragen, die Weserzeitung zu übernehmen.

Er hatte die letzten Jahre angestrengt gearbeitet und sich
selten eine Erholung gegönnt. Gerade jetzt sandten ihm seine
alten Schüler aus Grenchen die Nachricht, daß sie sich zu einem
Erinnerungsfest an ihre Schulzeit versammeln wollten, und

---

*) Aus dem Brief, welchen er wenige Tage nach der entscheidenden
Unterredung mit Bassermann — immer noch in Fürsorge um das Geschäft an Auerbach schrieb, wird hier folgende Stelle mitgetheilt:

„Von 'Spinoza' ist also noch die Vorrede zu erwarten, 'Dichter
und Kaufmann' wird bald nachfolgen; auf beiden Titeln erfreute mich
deine Lust, alle deine Bücher zu beleben: Denkerleben — Lebensgemälde
— neues Leben.

„Entschuldige, lieber Berthold, die Verzögerung meiner Antwort,
welche dir, wie ich mit Kummer bemerke, Sorgen gemacht hat. Schone
deine Gesundheit. Der holde Mai, welcher, hier wenigstens, die Kälte
gebrochen, nachdem sie an Reben und Obst großen Schaden gethan, wird
sicher auf dein Befinden und deine Stimmung wohlthätig wirken.

„Zur Leipziger Messe wird wol keiner von uns kommen. Nöthig ist
es nicht und zum Vergnügen ist die Zeit nicht angethan.

„Wenn du zufällig hören solltest, daß eine honette Zeitung einen
Correspondenten in Süddeutschland sucht, so könntest du mich ihr empfehlen.
Innerhalb des Buchhandels finde ich keine Lebensmittel mehr, und muß
mich daher außerhalb desselben umsehen. Zunächst weiß ich nichts Besseres
zu thun als mich wieder auf das Schreiben zu verlegen. Die Grenzboten haben jüngst einen kleinen Artikel von mir aufgenommen; wenn
sie unter ihren gewöhnlichen Bedingungen mehr haben wollen, so bin ich
gern bereit, mit ihnen in regelmäßige Verbindung zu treten. Durch diese
vertrauliche Mittheilung will ich dich zu keiner besonderen Bemühung ver-
anlassen, sondern ich empfehle sie nur deinem Gedächtnisse, falls dir zufällig etwas vorkäme. — Mannheim, 2. Mai 1854.

luden ihn dazu ein. Der Gruß kam zu rechter Stunde, und er beschloß die kurze Erholungsreise. Am 10. September kam er nach Grenchen. Man hatte nicht vermuthet, daß er kommen werde, um so größer war die Freude, das ganze Dorf war im Festkleide. Er zog von Solothurn her zu Fuße ein, geleitet von zwei ehemaligen Schülern, den Brüdern Schild, von denen der eine Professor, der andere Arzt war; sie hatten ihn Nachts vom Postwagen abgeholt. Vom Wirthshause und Schulhause wehten die eidgenössischen Fahnen, das Volk sammelte sich und bewillkommte ihn mit ergreifender Herzlichkeit. Er besuchte zuerst seinen alten Gegner, den Pfarrer, fand ihn verschüchtert und gealtert. Die Einladung zum Fest beantwortete der Pfarrer ausweichend, der Kaplan aber sprang auf und umarmte ihn herzlich, er würde gern kommen, wenn der Pfarrer nicht wäre. An der Zusammenkunft der Schüler nahmen die Ortsvorstände von Grenchen und Lengnau, die Mitglieder der Schulbehörde aus seiner Zeit und von später und viele Bürger Theil. Die Musik- und Gesangvereine empfingen ihn mit einem Liede: „Der Gruß", welches einer seiner Schüler gedichtet, ein anderer componirt hatte. Mit der Musik wechselten die Reden, der Saal füllte sich so, daß kein Platz zum Stehen war, in einem Nebenzimmer mit geöffneten Thüren saßen die Frauen. Abends Feuerwerk, sein Name schwebte transparent über der Thür des Badehauses, er sprach den Leuten so zu Herzen, daß viele zu Thränen gerührt waren, es war, — wie er selbst sagte, „um wieder Schulmeister zu werden". An Aufforderungen dazu, begleitet von dem Versprechen des Bürgerrechts, fehlte es nicht. Am Tage darauf ging er im Dorfe umher, besuchte viele Häuser, besah die Uhrenfabrik und das neue Schulhaus, Abends geleiteten ihn einige seiner Schüler nach Solothurn, einer hatte dem Fuhrwerke das beste Roß des Dorfes, ein anderer den Wagen gestellt. Am meisten rührte ihn die Aeußerung eines Schülers: „Wir sind vierzehn aus Grenchen gewesen am Oster-

montag 1838, unter den Schneeflocken von denen Sie damals
sprachen; diese vierzehn sind geblieben wie vierzehn Brüder,
stets anhänglich, nie in Streit. Woher kommt dies? Wir
hatten nichts gewußt nnd verdanken Ihnen Alles. Sie haben
unser Gemüth gut gemacht." Und der Professor Schild sagte
ihm treuherzig, Mathy müsse geistig gewonnen haben, denn er
fühle seine Ueberlegenheit noch ebenso wie früher, während er
sich gedacht, er werde ihm jetzt ziemlich gleich stehen. Mathy
antwortete, daß er seither in die Schule des Lebens gegangen
sei und manches Collegium gehört habe. — Der Schweizer
diesseit Bern und der deutsche Alemanne sind Söhne desselben
Volksstammes, der gescheidt, von scharfer Zunge, ungern weicher
Empfindung nachgibt. Hier aber brach durch rauhe Schale
treu und warm das deutsche Gefühl hervor.

Gerade jetzt hatten für Mathy die kleinen sonnigen Bilder
aus dem Thale Werth, ihm that die Erinnerung noth, daß
er für Pflichterfüllung auch einmal Dank erworben und daß
er auch auf verlorenem Posten nicht vergebens gelebt. Denn
wenn er die Jahre überschaute, welche seit seiner Abreise von
der Schweiz unter starken Anstrengungen vergangen waren, so
drang die Frage herauf, was war der Gewinn zerreibender
Kämpfe für sein Volk und für ihn selbst gewesen? In seinem
Vaterland Baden ein enges gedrücktes Wesen, die alte Beamten=
wirthschaft, die alte Bundespolitik, das Volk haltlos, verärgert,
die Tagesstimmung recht klein und widerwärtig. Und Deutsch=
land? Wer durfte leugnen, daß trotz allen Niederlagen und
Demüthigungen und trotz einer fast unerträglichen Erschlaffung
bei Regierung und Völkern die letzten Jahre untilgbaren Segen
geschaffen: die unbehilflichen Anfänge eines Verfassungslebens
auch in Preußen, das freie Wort der Rednerbühne, trotz aller
Polizeiquälereien auch freies Wort in der Presse, trotz aller
Störungen im Verkehr eine mächtige Zunahme in Handel,
Gewerbe, Wohlstand, Verkehrsmitteln, trotz der Wiederher=
stellung des deutschen Bundes ein Umschlag in den deutschen An=

gelegenheiten unvermeidlich, eine große Aenderung nur abhängig
von der Genesung Preußens. Aber solche Anweisungen auf
unbestimmte Zukunft machen das Herz nicht leicht, überall
in Deutschland fehlte der fröhliche Muth. Und er und seine
Freunde, die mit ganzer Seele für den neuen Staat gesprochen,
geschrieben, gebildet hatten, sie galten für verbrauchte Männer,
vom Volke mit Achselzucken, von den Regierungen mit Abneigung betrachtet. Vieles was sie gesäet hatten, mußte aufgehen in einer Zukunft, aber sie selbst sollten wahrscheinlich
in der Wüste vergehen, bevor das gelobte Land erreicht war.
Die Blüthe, welche sie groß gezogen, war abgefallen, an anderer
Stelle mit frischen Kräften würde der Geist des Volkes wieder
einmal zu neuem Aufschwung helfen, vielleicht mit besserer
Dauer, vielleicht abermals vergeblich.

Und sein eigenes Leben? Auch dies erschien ihm wie
abgeschlossen, fast alle Fäden zerrissen, die Detsche Zeitung
vergangen, der Verein der Freunde gelöst, seine politische
Thätigkeit in der Kammer, seine Stellung zum badischen Staat
sein Verhältniß zu dem Geschäftsfreunde — Alles dahin, ver-
sunken, tot. Er war fertig mit seiner Arbeit in der Heimat.
Im Alter von achtundvierzig Jahren sah er sich auf's Neue
fast so arm und einsam wie an dem Tage, wo er aus der
Schweiz nach Baden zurückgekehrt war, damals ein junger
Mann, der mit voller Kraft in den Kampf zog, jetzt nach
Sturm und Schlachten ein müder Krieger, der vieljährigem
Kriegsjammer den Rücken kehrt.

Damals als er aus der Schweiz in die Heimat fuhr, saßen
vor ihm in dem Wagen drei blühende Kindergesichter, wo
waren sie hin? Zwei lagen in badischer Erde, das dritte Kind
aus fremdem Lande zurückgekehrt, athmete krank, und er konnte
die furchtbare Frage nicht von sich abhalten, ob ihm dieses
letzte bleiben werde.

Das waren die Empfindungen, mit denen er in stillem
Herzen sein eigenes Dasein betrachtete, als er aus der Schweiz

heimkehrte; er barg sie vor Jedermann, auch vor der Vertrauten seiner Seele, aber der Gedanke stieg damals in ihm
auf: das alles sieht aus wie der Schluß eines Menschen-
lebens. Der Schwimmer wird müde, die Wogen steigen höher,
das Dunkel bricht herein, und was dann? — Und er machte
in sein Geheimbuch ein Kreuz.

———

IV.

In den Geschäften.

———

1.

In Köln und Berlin.

Mathy meinte, er sei am Ende. Aber er zog aus, um
neue Arbeit zu suchen. Am liebsten hätte er in Bremen die
Redaction der Weserzeitung übernommen. Freilich das Aner=
bieten von dort war nicht gerade lockend. Mathy sollte zu=
nächst „auf Probe" arbeiten. Sogar die Freunde in Bremen,
die vor kurzem seinem politischen Ruf so große Anerkennung
gezollt hatten, wußten wol gar nicht, daß es einer von den
großen Helden unserer Presse war, mit allen Eigenschaften
eines völkerführenden Redacteurs, den sie so vorsichtig warben.
Dennoch reiste Mathy nach seiner Rückkehr von Grenchen so=
gleich dorthin. Die Verhältnisse machten die augenblickliche
Annahme seiner, sehr gemäßigten, Bedingungen nicht mög=
lich, und er hatte keine Zeit zu warten. Er verabredete also
auf der Heimfahrt mit Mevissen die Uebersiedlung nach Köln.
Die Gattin ließ er in Mannheim zurück, bis eine Wohnung
gefunden sei, seinem Sohne miethete er in Heidelberg ein
Zimmer bei Professor Häusser; die Eltern hofften, daß Karl
ohne Gefahr den Winter dort weilen und seine Universitäts=
studien beginnen werde.

Mathy sollte zu Köln in dem Schaaffhausenschen Bankverein mit dem Betriebe des Bankgeschäftes vertraut werden. Er versenkte sich mit geduldigem Fleiß in die neue Thätigkeit und schrieb dabei den Geschäftsfreunden Gutachten und Rathschläge über indüstrielle Entwürfe und Unternehmungen. Die Eröffnung der neuen Bank von Köln aber wurde durch Zwistigkeiten im Ministerium zu Berlin aufgehalten. Handelsminister von der Heydt begünstigte die Bank und Finanzminister v. Bodelschwingh erhob Einspruch; als darauf Bodelschwingh die Gründung einer Bank in Magdeburg unter seine Flügel nahm, erhob von der Heydt Einspruch. Diese Willkür hoher Staatsbeamten, noch heut nicht völlig gebändigt und durch kein Bundesgesetz zu bannen, nur durch die Furcht vor dem öffentlichen Urtheil, hatte gerade damals in Preußen eine Ausdehnung erreicht, welche fast so nichtsnutzig war, als in den Jahren Friedrich Wilhelms II. Es war die Zeit, in welcher der Polizeipräsident von Berlin der erste, mächtigste und am besten bezahlte Beamte des Staates wurde, jene Zeit, in welcher der preußischen Staatsverwaltung viel von ihrem alten Ruf zuverlässiger Pflichttreue und unbestechlicher Ehrenhaftigkeit verloren ging.

Denn für Preußen hatte eine Durchgangszeit begonnen, wo die höchste Leitung einen besonders unerfreulichen Eindruck machte. Es war nicht die Persönlichkeit des erkrankten Königs allein, welche die löbliche Ordnung verstörte; die Fürsten des Hauses Hohenzollern waren noch nicht vornehm genug für verfassungsmäßige Regierung, sie wollten nach den Ueberlieferungen einer dürftigen Zeit noch selbst Mittelpunkt der Verwaltung sein, das Heer mustern, die Polizei der Stadt beaufsichtigen, Einnahmen und Ausgaben des Staates festsetzen, und nur als Diener ihres Willens sollten die Fachminister sich fühlen, von denen jeder eifersüchtig in seinem Machtgebiete saß, sich mit der Umgebung des Königs zu stellen suchte, vor Volk und Kammer geringe Scheu bewahrte. Dieser Zustand machte die Könige von Preußen zu stillen Dienern ihrer Diener, die

Minister zu gereizten persönlichen Gegnern der Kammer und zuweilen des Gesetzes, die Vertreter des Volkes zu zornigen Anwälten der Verfassung, er zog ein Günstlingswesen im Heer und Beamtenthum groß, welches noch lange ein Leiden des Staates sein sollte, er formte die Staatsverwaltung neuen Anforderungen der Gewerbthätigkeit gegenüber besonders unbehilflich und lästig. Das Triebwerk des alten Staates paßte überall nicht für die neue Zeit und Preußen glich damals einem kräftig aufgeschossenen Jüngling, der die alte Schuljacke auf dem Leibe trägt mit geborstenen Nähten und bleckenden Ellenbogen, durchaus keine einnehmende Erscheinung, am wenigsten in dem Rathzimmer der Großmächte. Wer in dieser Zeit aus der Fremde kam und an Tüchtigkeit und Beruf des preußischen Staates nicht irre wurde, der mußte ein sicheres Urtheil haben.

Anfang November 1854 folgte Frau Anna dem Gatten nach Köln, sie fand die Wohnung noch gar nicht leidlich hergerichtet und hatte die Aufgabe, sich mit dem lieben Mann bei den rauhen Tagen des beginnenden Winters in dem düstern, heiligen Köln einzuleben. Trotz der Freundschaft Mevissen's wurde das nicht leicht; die besten Stunden gab wol ein Besuch bei Beckerath in Crefeld.

Während Beide noch mit der fremden Umgebung zu kämpfen hatten, erschien im Februar 1855 Hansemann von Berlin und forderte sich Mathy als Gehilfen für seine großen Bankentwürfe. Hansemann gehörte zu Mathy's ältesten preußischen Bekannten. Auf jener politischen Versammlung zu Heppenheim hatten Beide auf derselben Meinung gestanden. Seitdem hatte Hansemann wiederholt Anläufe genommen, Mathy nach Preußen zu ziehen, in das Ministerium, an die königliche Bank, als Genossen zur Förderung seiner geschäftlichen Pläne; seit Jahren waren Beide bemüht gewesen, die Verbindung zu unterhalten, mehrmals hatte der Rheinländer Mathy's Ansicht über Bankvorhaben eingeholt. Bevor Mathy nach Köln ging, hatte er sich auch an Hansemann gewandt, und

vertrauensvoll gefragt, ob dieser eine Stellung für ihn in
Aussicht habe. Jetzt begehrte Hansemann zunächst Mathy's
Anwesenheit in Berlin, damit dieser ein neues Statut aus=
arbeite für die Discontogesellschaft, welche er in einen gewaltigen
Bankverein umwandeln wollte. Er ließ erkennen, daß er Mathy
als einen Leiter für die Anstalt zu gewinnen wünsche, also
zu dauerndem Aufenthalt in Berlin. Mathy machte zur ersten
Bedingung die Einwilligung seines Freundes Mevissen, dieser
hatte gegen einen Aufenthalt von einigen Wochen Nichts ein=
zuwenden, wollte aber eine Uebersiedelung Mathy's nur dann
loben, wenn diesem größere Vortheile geboten würden, als er
in Köln zu erwarten habe.

So geschah es, daß Mathy Anfang März 1855 nach Berlin
ging, um in das Pandämonium großer Börsengeschäfte einge=
führt zu werden.

Mathy war mit der Theorie des Geschäftslebens bekannt,
wie damals nicht viele in Deutschland, allerdings nur durch
Bücher, Nachdenken und kluge Beobachtung aus der Ferne;
er war mit der Verkehrsgesetzgebung der deutschen Staaten
vertraut, und besaß nicht nur den juristischen Scharfsinn eines
Gesetzgebers, auch die eigenthümliche Erfindungskraft, welche
die Lebensbedingungen eines neuen gewerblichen Unternehmens
erkennt und vorahnend die Gefahren zu verhüten sucht. Er
mußte in der Fachliteratur des Auslandes Bescheid, war ein
zuverlässiger Statistiker und guter Rechner. Die Vereinigung
dieser Eigenschaften machte ihn allerdings zu einem schätzens=
werthen Rathgeber. Und Hansemann sagte ihm bald nach seiner
Ankunft in Berlin, daß er seine Hilfe gar nicht missen könne,
und daß er der einzige der Art in Deutschland und gerade der
Mann sei, wie ihn die Gegenwart brauche. Er wurde zunächst bei
der Verwaltung der Discontogesellschaft ohne Titel mit ansehn=
lichem Gehalt angestellt. Seine Thätigkeit wurde lange durch
Ausarbeitung der Satzungen in Anspruch genommen, durch
welche diese Gesellschaft zu einer der großen Bankgenossenschaften

der Gegenwart geworden ist. Dies Statut war eine mühevolle und äußerst verwickelte Arbeit, weil das Verhältniß der ursprünglichen Theilnehmer an der alten Gesellschaft und der späteren Actionäre darin zu regeln war, es ist so, wie es Geltung erhielt, das vereinte Werk Mathy's und Hansemann's. Außerdem wurde Mathy's Beihilfe in einer Zeit üppig aufschießender Unternehmungen für zahlreiche Vorarbeiten gefordert, welche zur Gründung von Banken, Eisenbahnen, Bergwerken dienen sollten, seine Klarheit und ruhige Ueberlegung erwiesen sich überall als werthvoll. Auch seine äußere Stellung wurde allmählich befestigt, er wurde zu einem der Directoren der erweiterten Discontogesellschaft mit beträchtlichem Gehalt und Gewinnantheil ernannt. Dennoch war gerade das frühere politische Verhältniß Hansemann's zu Mathy nicht nach jeder Rücksicht günstig für ein dauerndes geschäftliches Einvernehmen. Hansemann hatte ihn jetzt als Arbeiter für seine Pläne angenommen, er war seinem neuen Director in praktischer Geschäftserfahrung weit überlegen, Mathy aber war durchaus nicht dazu gemacht sich den Gedanken und Maßnahmen eines Andern ohne prüfende Beurtheilung zu fügen. Vorläufig verbarg er sich selbst diese Schwierigkeit. —

Schon bei früherem Besuche hatte es ihm in Berlin wohl behagt. Er fand nicht nur an der Stadt und an dem großartigen Austausch der Interessen und Geister Gefallen, er fand auch zu den Menschen im Norden leichtere Annäherung, das gedankenvolle Besprechen aller Tagesangelegenheiten, die angeregte Unterhaltung mit Männern und Frauen waren ihm ganz nach dem Herzen. Auch der erste Einblick in die Geschäftswelt, den massenhaften und hoch gesteigerten kaufmännischen Verkehr beschäftigte ihn, und das erfolgreiche Bestreben, sich selbst als tüchtig und brauchbar zu erweisen, gab ihm durch mehre Monate Befriedigung. Anfang April 1855 reiste er seiner Frau bis Köln entgegen, wohin auch der Sohn gekommen war. Noch einmal besprach er mit Mevissen die

eigene Zukunft und nahm die Wünsche und Rathschläge des
bewährten Freundes und die Versicherung mit, daß Mevissen
ihm einen Wirkungskreis aufbewahre, wenn es mit den Berlinern
nicht gelinge.

Es war ein plötzlicher Wechsel in den äußeren Verhältnissen. Vor wenig Monaten fast aussichtslos und wie am
Schluß eines thätigen und sorgenvollen Lebens, jetzt in verhältnißmäßig reichlicher Stellung unter die Beherrscher der
Börsen versetzt. Als er seine Frau an einem heitern Frühlings-
tag zuerst die Linden entlang dem großen Königsschloß zuführte
und in das Opernhaus, wo Johanna Wagner zum letztenmal auftrat, da ergötzte er sich über Frau Anna's mächtiges
Staunen in der großen Stadt; und als der Mannheimer
Koffer mit dem guten Porzellan und Glas in üblem Zustande
ankam, Vieles zerschlagen lag und Frau Anna trauernd auf
den Schaden blickte, da waren Beide fast verwundert zu entdecken, wie es ihnen keine große Sache war, die Scherben
durch neue Einkäufe zu ersetzen. Einige Wochen gönnte ihm
das Schicksal, daß seine Träume und Hoffnungen frisches Grün
und neue Blüthen trieben, wie sie draußen Garten und Wald
fröhlich färbten.

Aber es war kurze Freude, auch bei diesem Uebergang in
neue Verhältnisse forderte der Neid der Unglücksmächte ein
großes Opfer.

Ende Juni schrieb Häusser aus Heidelberg, daß Karl
wieder schwer erkrankt sei, und daß ihm gut thun werde, wenn
die Mutter ihn recht bald nach Bad Offenau begleite. Mathy
theilte seiner Frau vorsichtig die Botschaft mit, und die Herzen,
kaum für das neue Leben ein wenig geöffnet, zogen sich wieder
krampfhaft zusammen. Die Mutter fuhr zu dem Leidenden
nach Heidelberg, sie traf ihn so schwach, daß er ohne Hilfe
nicht auf der Straße gehen konnte, sie führte ihn nach Offenau
und saß den Sommer neben dem Kranken bei den Salzwerken
im Neckardorfe, umhergeworfen zwischen steigender Angst und

sinkender Hoffnung. Unterdeß eilte der Vater täglich durch die heißen Straßen traurig, ohne innern Antheil auf das Büreau und Abends wieder zurück in seine leere Wohnung; er sorgte um seine entfernten Lieben, während die Cholera ihr weißes Bahrtuch über die Stadt breitete, sie hauchte auch ihn feindlich an, und er kämpfte allein, fast ohne Pflege gegen den gräulichen Besuch.

Noch war er nicht lange genesen, da brachte im October die Mutter den Sohn nach Berlin. Karl war krank, sehr krank, auch Mathy wußte jetzt, daß dies Leiden nahen Tod bedeute. Jede Stunde der Muße saß er neben der gebrochenen Gestalt. Eine traurige Freude machte der Veteran von der Tagespresse heimlich dem kranken Sohne. Karl begann sich als junger Schriftsteller zu rühren, seine Beurtheilung einiger Berliner Theaterabende und Reisebriefe aus Palermo schickte der Vater an den treuen Robert Heller nach Hamburg, und als dieser den Druck in Nummern der Hamburger Nachrichten — z. B. vom 11. December 1855 mit „Ein deutsch dichtender Sicilianer" — übersandte, da legte der Vater die Blätter auf das Lager des Sohnes, sah das freudig geröthete Antlitz seines Knaben und wandte sich ab, der Zeit denkend, wo er vor fünfundzwanzig Jahren ähnlich begonnen, um dieses Ende zu erleben. So verging der Winter. Der Arzt wurde schweigsamer. Der Vater hielt die Hand des Sohnes, zählte die Pulsschläge und schrieb sich die Zahlen, die fürchterlichen Fortschritte der Krankheit, nieder. Die letzten Nächte wachte er mit der Gattin an dem Lager, den letzten Tag hielt er den Sohn in seinen Armen um ihm den Todeskampf zu erleichtern. In der Nacht vor dem Morgen des 31. März 1856 frug der Kranke in seinen Phantasien, wo die Erde sei, dann rief er mit lauter Stimme und feierlichem Ausdruck: „Gute Nacht, ich sterbe," dann: „O Gott, ich bin schon beinahe tot," dann dankte er der Mutter und dem Vater: „Ich liebe euch"; zuletzt rief er noch: „Die Mutter muß her." Der Vater sprach: „Hier ist die Mutter" und der Sterbende wiederholte leise: „Ich sterbe, ich bin beinahe tot," so sank er langsam zurück. — Mathy aber sprach zu seiner Frau von dem Geschiedenen und wie sie sein gedenken wollten, und sie gelobte ihm standhaft zu sein und zu leben.

Das war das letzte Kind. Einundzwanzig Jahre war es den Eltern geblieben; da es geboren wurde, war der Vater flüchtig in der Schweiz gewesen, er hatte den Sohn nicht auf seine Arme gehoben, als dieser zum Leben erwachte. Jetzt hielt er ihn fest, bis die Augen sich schlossen. Und als das letzte Kind starb, gerade da war Mathy in die Lage versetzt, in welcher er reichlich für die Zukunft des Sohnes zu sorgen vermochte.

In den Wochen der letzten Angst und des größten Schmerzes kamen noch andere Trauernachrichten, Mathy's treuer Freund Soiron starb und Fallati starb, der mit ihm und Bassermann Staatssecretär des Reiches gewesen; auch Bassermann selbst war am 29. Juli 1855 verschieden. Der arme Kranke hatte zuweilen von seiner Absicht gesprochen, an Mathy zu schreiben, er hatte es nicht gethan.

Das Schicksal hatte Mathy und seine Gattin gezwungen, gerade da zu entbehren, wo alle ihre Wünsche für die Zukunft lagen, sie mußten darauf verzichten, in ihren Kindern fortzu= leben. Diese Entsagung legte um sein Haupt eine rührende Ruhe und Würde; was hatte er auf Erden für sich noch zu begehren? Nur das eine, daß ihm die Gattin bis zum letzten Tage seines Lebens erhalten wurde, und daß ihm der letzte Schmerz erspart blieb, auch hinter ihr übrig zu bleiben. Und diesen einen großen Wunsch, den er für sich selbst hatte, erfüllte ihm das Geschick. Auf unruhig bewegter Fluth war er bis jetzt umhergeworfen worden, ein harter Schiffsmann, der in Wind und Wellen die Herrschaft über sein Fahrzeug nicht verlor; durch das letzte Opfer waren die Geister der Tiefe befriedigt und in ruhiger Strömung flossen seitdem seine Tage dahin.

Welch guter Mann er war, zeigte sich jetzt in neuer Weise. Was ihm sein Leben ferner bot, neue Freunde, neue

Arbeit, und den alten Glauben an die große Zukunft seines Vaterlandes, dem widmete er mit unverminderter Kraft seine Gedanken.

Aber mit kühler Ruhe sah er auf das geldwerbende Volk der Börse, das um ihn lärmte; es gab Anderes auf Erden, was ihm besser gefiel.

Freilich das geschäftliche Gewühl, in dem er jetzt stand, zwang ihm viele merkwürdige Erfahrungen auf. Er war in eine neue Welt versetzt, die so fremdartig auf ihn einbrang, daß er sich wol fragen durfte, ob er noch derselbe sei. Sein Eintritt in den Kreis der großen Geldinteressen fiel fast genau zusammen mit einer plötzlichen Steigerung der Unternehmungs= lust und Gewinnsucht, wie Deutschland seit dem Zeitalter der Welser und Fugger nicht erlebt hatte. Einige Jahre des Friedens und guter Ernten, die Wiederbefestigung der Staaten im mittleren Europa, schnelle Verbesserung der Verkehrswege, starke Vermehrung der Geldmittel, Zunahme des Wohlstandes, auch ein unternehmender und abenteuerlicher Sinn, der durch die großen Erschütterungen der letzten Zeit dem Volk in das Blut gekommen war, nicht zuletzt das Beispiel Frankreichs und Eng= lands, das alles hatte Geldleuten und Industriellen eine Spannkraft gegeben, welcher nichts unmöglich schien, was durch Zusammenballen großer Capitalien bewirkt werden konnte. Die Börse war sehr bereitwillig diesen Thatendrang zu steigern und für sich auszubeuten. Für alle möglichen gewerblichen Unter= nehmungen und große Geldgeschäfte wurden Pläne erfunden, Gesellschaften gebildet, Actien gezeichnet. Banken, Creditgesell= schaften, große Spinnereien, Fabriken aller Art, Bergwerke, Dampferlinien wurden durch Unternehmer angepriesen, durch Zusammenfluß von Zeichnungen gegründet. Fast das ganze Volk nahm Theil an der Bewegung, die kleinen Capitalisten stürmten fast die Räume, in denen ihnen erlaubt wurde, ihr sauer erworbenes Geld in unsicheren Unternehmungen anzu= legen; wo eine Million begehrt wurde, zeichnete die Bevölkerung

fünfzig und mehr, in allen Ecken des Landes sannen die Leute
darauf, Geld zusammenzubringen, um schnell daran zu ver=
dienen, kein Betrag schien zu groß und kein Vorhaben zu
wunderlich, sie fanden Propheten und Gläubige. Die Curse
schwebten wie geflügelt die Leiter hinauf, Spielwuth und alle
gehässigen Leidenschaften, welche der Börsenwucher erzeugt, ver=
breiteten sich. Schnell steigerte sich die Lebhaftigkeit zu einem
Taumel, der alle Börsen Europas, sehr viele wohlhabende
Privatleute wie eine Krankheit ergriff.

Es war im Anfange dieses gefährlichen, lecken und hoff=
nungsvollen Treibens, als Mathy durch Hansemann nach
Berlin gezogen wurde. Plötzlich sah er sich selbst als Ver=
trauten, Theilnehmer und Mitleiter riesiger Unternehmungen.
Vor wenigen Monaten hatte er von einem Geschäfte scheiden
müssen, dem er zehn Jahre seines Lebens, und manches davon
in harter Arbeit hingegeben hatte, ohne die Sicherheit irgend
eines Ertrages, jetzt stand er in einer Genossenschaft, welche
leichter über Millionen verfügte, als seine Buchhandlung über
Tausende von Gulden: die Summen, welche vor kurzem man=
chem Schriftsteller seines Verlags als reichliche Entschädigung
für jahrelange Arbeit erschienen wären, galten den Männern,
mit denen er jetzt verkehrte, als ungenügender Verdienst eines
Besuches auf der Börse, eines geschriebenen Briefes und
eines Schlußzettels. Er hatte seit Jahren kluge Gedanken
über die Bewegung des Geldes und über die Steigerung von
Verkehr und Verdienst niedergeschrieben, jetzt trat er auf ein=
mal selbst zwischen die geheimen Räder, welche die ungeheure
Triebkraft des Verkehrs bewirken, und wurde eingeweiht in
alle Geheimnisse des europäischen Geldverkehrs und in die
stillen Wege, auf denen neue Werthe erzeugt werden. Es
war viel Großes in diesem Leben: das Ungeheure der Summen,
welche zusammenflossen, die enge Verbindung der Geldmacht
über die weite Erde, der Gewinn für das Ganze, welcher durch
die selbstsüchtigen Bemühungen kühner und erfindungsreicher

Männer geschaffen wurde. Wie Staatsregierungen und wie die vornehmen Diplomaten der Politik verkehrten auch die großen Geldleute und Banken. Sie lebten in einem unablässigen Kampf und in Vereinigung ihrer Vortheile, hier wie dort arbeiteten Heere bezahlter Geschäftsvermittler und Spione, Vertrauter und untergeordneter Werkzeuge, sie warben Nachrichten, Freunde und Gönner, suchten heimliche Wege und bestachen, schlugen und wurden geschlagen. Sie bezahlten sogar an Höfen und in den Kreisen der Staatsmänner ihre Helfer, welche durch Zuwendung stiller Gunst und Vortheile, für den Nutzen der Gesellschaft bei den Regierungen arbeiteten. Auch die Banken und großen Geldmächte bezahlten, wie die Regierung, sich Stimmen in der Tagespresse und befehdeten einander in den Zeitungen, sie wandten große Summen daran, einflußreiche Blätter zu erwerben, neben redlichen Blättern gab es auch nicht wenig bestochene, auch solche doppelte Schurken unter den Journalisten, welche sich von beiden Theilen bestechen lassen.

Und Mathy merkte wie Menschennatur in diesem heftigen Kampf um das Geld geformt wurde, und das Massenhafte der moralischen Verbildungen wurde ihm widerwärtig. Er sah, wie der Gewinnsüchtige sich ohne jedes Anstandsgefühl mit den schlechtesten Persönlichkeiten verband zu gemeinsamem Geschäft; wie Feinde, die einander eben erst alles Arge nachgesagt hatten, Arm in Arm wandelten, weil sie übereingekommen waren, Andere auszubeuten; wie Geschäftsleute eifersüchtig auf einander lauerten, gleich hysterischen Weibern, und wie sie übel von einander sprachen, aus Mißtrauen, aus Neid. Theilhaber und Vorstände großer Actiengeschäfte benutzten ihre Kenntniß der Geschäftslage, um gegen die Vortheile ihrer eigenen Gesellschaft zu arbeiten, ja sie nahmen von Gegnern einige Tausend Thaler, um ihrer Gesellschaft nachtheilige Geschäfte zuzuwenden, Fürsten und große Herren kamen in der Stille, um Gewinnantheile zu suchen, und ihre einflußreiche Verwendung gegen eine Entschädigung anzubieten. Angesehene Kaufleute

nahmen keinen Anstand, Leib und Seele zu verschachern, um
an den Einkünften eines Verwaltungsrathes Theil zu nehmen. —
Und wie verschieden die Gewinnsucht das Wesen ihrer Sklaven
formte! Da war der prahlerische Geschäftsmann, der sich
seiner Verbindung mit hoher Aristokratie in Paris und London,
mit Ministern und Höfen rühmte, von allen nur die Schwächen
kannte, und der bei großem Blick, scharfsinnigem Urtheil, kühnem
Wagen und weitem Gewissen doch stets in Gefahr war, verkehrt zu handeln, weil er nur auf das Schwache und Schlechte
in Anderen seine Rechnung stellte. Dann der Mann mit redlichen Ansichten, der jedesmal, wenn er in Versuchung kam durch
zweideutige Unternehmungen zu verdienen, in einem stillen
Katzenjammer einherging, zuletzt doch sein Gewissen in die Tasche
steckte. Dann der gedrückte Theilnehmer, der seinem mächtigen
Handlungsgenossen gegenüber lange seine bessere Ueberzeugung
unterdrückte, dann einmal, vielleicht an unrechter Stelle, in
Tugend aufbäumte und hart zurechtgewiesen und gedemüthigt
sich zurückzog, wie ein geschlagener Hund.

Und wieder der ungeschliffene, hochfahrende Glückspilz, hart
gegen Untergebene, unwissend in dem eigenen Geschäftsbrauch,
und doch gesucht und mit Knechtssinn bedient. Endlich der vornehme Beamte, der herablassend den Geschäftsmann empfängt,
nur vom Vortheil des Staates spricht, den er zu vertreten
hat, und im Geheimen durch den Antheil gewonnen wird, den
ein vertrauter Unterhändler für ihn in Formen zu erwerben
weiß, welche ein gesetzlich nachweisbares Unrecht nicht erkennen
lassen.

Freilich fehlten auch lichtvolle Gegenfarben nicht. Die
alte ehrenfeste Firma, welche ruhig auf alten Verbindungen
stand und vorsichtig die Anzeichen nahenden Unheils beobachtete; der Kaufmann im großen Stil, ein gebietender Charakter, von scharfem Blick, vielseitig in seinen Entwürfen und
Unternehmungen, im Glück besonnen, in schlechter Zeit gesammelt

Mathy betrachtete den Kampf der Charaktere und das Gewühl unedler Leidenschaften in überlegener Stimmung. Er war freundlich und geduldig, aber dabei doch von einer gemessenen Haltung, welche seiner Umgebung zuweilen unbequem wurde. Denn er war darin ein einziger Arbeiter, daß er zu treuer Pflichterfüllung weniger von innerem Antheil an den Dingen bedurfte, als sonst ein thätiger Mann. Aber wie er in früherer Zeit emsig gewesen war, ohne die starken Hoffnungen für sich selbst, welche den Geschäftsmann in lästiger Arbeit festigen, so that er auch jetzt die Arbeit kalt und pflichtvoll, wie eine lange Rechnung, die gemacht werden müsse, die aber mit dem besten Theil seines Lebens nichts zu thun habe. Er war genöthigt, mit Menschen von sehr verschiedenem Anstandsgefühl zu verkehren, aber er unterschied sehr genau zwischen Denen, die auf seiner Herzensseite standen, und die ihm der Tagesverkehr entgegenführte. Als seinen alten Freund Auerbach in dieser Zeit einmal die Dichterlaune ergriff, sich an den Zeichnungen für eine große Gesellschaft mit einer recht ansehnlichen Summe zu betheiligen, schrieb er ihm ablehnend zurück, „wirkliche Geldanlagen wolle er ihm gern besorgen, aber an der Tafel, wo die modernen Ablaßkrämer das Fett der Dummheit als Agio verspeisen, könne er für ihn kein Convert bestellen."

Die großen und tüchtigen Seiten in Hansemann's Wesen erkannte er lebhaft an: den starken Unternehmungstrieb, das freie Urtheil über Staatsverhältnisse, lange Erfahrung und praktischen Blick in schwieriger Lage. Anderes ärgerte ihn, die kleinen Mittel, wodurch dieser sich oft die Wirkungen verdarb, und die Rücksichten, welche durch endloses Planmachen und Börsenaufregung großgezogen wurden.

Es war nicht unnatürlich, daß für den alten Geschäftsmann der wärmste Antheil an den Unternehmungen da anfing, wo der gemeine Nutzen zum eigenen Vortheil wurde, für Mathy aber da, wo der Vortheil des Einzelnen allgemeinen

Nutzen schuf. Mathy hatte aus den Ereignissen der letzten
Jahre sich vor Allem die Lehre gezogen, daß die große Bewegung des Jahres 1848 die Nation nicht auf der Höhe der
bürgerlichen und wirthschaftlichen Entwickelung gefunden habe, in
welcher die Macht der Lebensforderungen den idealen Wunsch
nach Einheit gebieterisch unterstützte, und daß auch deshalb
den Charakteren männliche Selbständigkeit und Dauer zu sehr
gefehlt habe. Was warmes Gemüth, Theorie und kluge Lehre
schaffen konnte, war vorläufig ins Bewußtsein gekommen, jetzt
galt es, die beharrliche Arbeit auf allen Gebieten des Verkehrs-
lebens wieder aufzunehmen, durch Banken, Eisenbahnen, große
Actiengesellschaften das Bedürfniß einheitlicher Gesetzgebung
und eines nationalen Schutzes wichtiger Unternehmungen zu
steigern. Sittlicher Hintergrund seiner Thätigkeit war immer
der Gedanke, daß er auch auf diesem Wege, dem einzigen, den
die Zeit frei gab, für Erhebung der Volkskraft arbeite. Hansemann stimmte damit im Allgemeinen durchaus überein, nicht
immer in den einzelnen Fällen. Wenn Mathy warm den
Norddeutschen Lloyd vertrat, als ein großes Unternehmen von
nationaler Bedeutung, so fand er bei dem Alten starken Widerspruch, weil der Lloyd die Discontogesellschaft nichts verdienen
lasse. Mathy erwarb für die Discontogesellschaft einen Antheil an der Bank- und Handelszeitung und schrieb gern in
das Blatt, welches durch einige Zeit als treuer Ausdruck seiner
Meinung gelten konnte. Da war für Hansemann unbegreiflich,
daß dieses Verkehrsblatt nicht so wie er wollte, als Partei für
die Maßnahmen seiner Gesellschaft eintrat und die Gegner seiner
schwebenden Geschäfte ins Unrecht setzte, und er war geneigt,
diese Selbständigkeit des Blattes als eine unerlaubte Auflehnung
gegen seine Autorität zu verurtheilen. Er versuchte bei Mathy
Aenderung durchzusetzen durch Beschwerden, welche ruhig abgewiesen wurden, durch verdeckte Anspielungen, welche durch einen
herben Ausdruck der Mienen beantwortet wurden, der ihn ver-
stummen machte, oder gar durch Gefühl und leise Klage, wodurch

er noch am erften etwas erreichte, nicht gerade viel. Indeß trotz gelegentlicher Verschiedenheit in der Auffaffung der Welt gab es doch wichtige Culturangelegenheiten, worin Beide von Herzen einverstanden waren. Hansemann trug sich seit längerer Zeit mit dem bedeutsamen Vorhaben, ein Netz von Banken über Deutschland zu spinnen, welche nach gemeinsamen Grundsätzen eingerichtet und mit einander in freundlicher Verbindung stehend, dem Uebergewicht weniger großer Geldinstitute und Handlungs= häuser zum allgemeinen Besten die Spitze bieten sollten. Es war ein groß angelegter Plan, der Augenblick für Ausführung besonders geeignet. Mathy war eifrig dabei. Er verkannte durchaus nicht den Werth, welchen die preußische Bank für den Staat hatte — er hat auch später mehrmals sehr bedauert, daß ihre Satzungen sie verhinderten, Zweiganstalten außerhalb Preußens anzulegen, — aber er war mit der büreaukratischen Verwaltung der Bank, und mit der anspruchsvollen und unbe= quemen Weise, in welcher sie der Oeffentlichkeit diente, sehr unzufrieden. Da in Preußen die Erlaubniß zu neuen Bank= schöpfungen schwer und nur unter Beschränkungen zu erhalten war, wurden zunächst andere Plätze ins Auge gefaßt. Mathy übernahm Gotha und Oldenburg, Hansemann ging nach dem Rhein, um dort seine Verbindungen zu verwerthen.

Die Reise nach Koburg und Gotha war Mathy's erster Ausflug seit dem Tode des Sohnes, er nahm Frau Anna mit, ging über Dresden und trug eine Palme, welche sein Sohn aus Palermo mitgebracht, in Auerbach's Arbeitszimmer, weil dieser vertraulich mit dem Geschiedenen gewesen war. In Gotha mußte er durch offenes und festes Auftreten für seine Gesellschaft einen Theil der Gründerrechte zu erwerben, indem er von zwei Mitbewerbern den einen, die Leipziger deutsche Creditgesellschaft, zum Verbündeten machte, einen anderen Ver= ein beseitigte. Die Bank trat in der Weise, wie er gewollt, in das Leben.

Nicht lange, nachdem Mathy in solcher Weise für die

Discontogesellschaft bemüht gewesen war, kam die Zeit wo die Folgen der wüsten Gewinnsucht plötzlich und schreckenerregend eintraten, die Curse fielen, zahlreiche Geschäfte stellten ihre Zahlungen ein, in Hamburg mußte Geld der östreichischen Bank den allgemeinen Sturz verhindern, in Berlin Entsetzen an der Börse, bleiche Gesichter, tägliche Schreckensnachrichten, ein Schlottern in den Gliedern der Geschäftswelt. In der Ruhe, mit welcher Mathy auf diese Anzeichen innerer Haltlosigkeit blickte, lag wenigstens keine Verwunderung. Er bewahrte seine Beobachtungen still bei sich, nach der angestrengten Tagesarbeit war seine Erholung, mit wenigen persönlichen Bekannten scherzhafte Betrachtungen über die Tagesereignisse auszutauschen. Da war der sarkastische Seehandlungsrath Scheidtmann (Peter Minus), dem Mathy oft erklärte, wie sehr er ihn um seine ruhige Stellung bei dem geschützten königlichen Geschäft beneide; dann der junge Ellstätter, ein Badenser, den Hansemann in der Discontogesellschaft angestellt hatte, und der sich warm an Mathy schloß. Dieser nahm ernsten Antheil an seinem jungen Landsmann, welcher ebenfalls in der juristischen Laufbahn seiner Heimat heraufgekommen war. Mathy erkannte als einen Mangel in dem badischen Staatswesen, daß den höchsten Beamten das große Geschäftsleben völlig unbekannt blieb, und daß sie nicht vermochten, die sklavische Abhängigkeit zu brechen, in welcher der Staat bei allen größeren Finanzunternehmungen von den Geldmächten in Frankfurt am Main stand. Diese Unfreiheit der Weststaaten gegenüber dem Hauptmarkt des rheinischen Guldens war aber ein deutscher Schaden, denn sie trug dazu bei, den Gegensatz zwischen dem Norden und Süden zu verstärken. Mathy fand in der Seele seines Landsmannes reinlichen Abscheu vor Wuchergeschäften und strenge Auffassung von geschäftlicher Ehre; er ließ sich gern von ihm nach Hause begleiten, und Frau Anna freute sich, mit dem Badenser über die Heimat zu sprechen. So entstand ein freundliches Verhältniß, welches später dazu

helfen sollte, daß die Erfahrungen, welche Ellstätter, nachmals
Präsident des badischen Finanzministeriums, in Berlin gesammelt hatte, auch seinem Heimatlande zu Gute kamen.

Für den Verkehr des Hauses erwies sich Berlin weit besser,
als sein Ruf in der Fremde war; die Töchter Hansemann's
verkehrten vertraulich mit Frau Anna, auch andere anregende
Bekanntschaften beschäftigten, da war Moritz Veit und Lette,
Fanny Lewald und Stahr, Professor Dehn, Director Düringer,
dieser ein alter Bekannter von Mannheim. Vor andern Ge-
heimrath Wehrmann und seine Familie. Auch die Zureisenden sprachen fleißig vor, zumal Duncker's, so oft sie von Halle
nach der Hauptstadt kamen.

Mathy hatte mehrfach Veranlassung, mit dem Minister-
präsidenten von Manteuffel zu verhandeln; er mühte sich, das
damals drohende Verbot fremden Papiergelds in Preußen
unnöthig zu machen, und arbeitete Vorschläge aus und eine
Denkschrift, wieder mit dem politischen Hintergedanken, daß sich
Preußen bei dieser großen Verkehrsfrage nicht abwehrend verhalten dürfe, sondern daß es dem Staate Pflicht und Vortheil
sei, diese gute Gelegenheit zur Ausbreitung seines Einflusses
zu benutzen. Er beantragte gemeinsame Ordnung der Geld-
papierfrage, die er am liebsten dem Zollverein überwiesen hätte.
Aber damals war nicht die Zeit, wo kluger Rath in Berlin
zur That wurde. Doch klangen aus dem preußischen Ministerium gelegentlich verbindliche Aeußerungen, wie es wünschenswerth sei, Mathy's Begabung für den Staat zu verwenden. —
Unterdeß war seine Stellung in der Discontogesellschaft schwierig geworden. Hansemann hatte aus Vatersorge seinen Sohn
als seinen Stellvertreter in die Leitung gebracht, und es ergaben
sich wiederholt Zusammenstöße in den Ansichten und in der
Machtbefugniß zwischen dem jüngeren Mann und den vier
Directoren. Mathy vertrat seine Rechte so nachdrücklich, daß
er für den Augenblick seinen Willen bei dem Verwaltungsrath
in der Hauptsache durchsetzte, aber er nahm aus diesem Vor-

faß Veranlaßung, seine Stellung zu kündigen. Gerade in
dieser Zeit kam Staatsrath Braun aus Gotha und. bot ihm
den Posten eines ersten Directors an der Privatbank in Gotha,
bei deren Gründung Mathy thätig gewesen war. Mathy nahm
an, im Innern wohl damit zufrieden, nach den reichen Erfahrungen, die er in einer wilden Zeit in der preußischen Hauptstadt gemacht hatte, zu größerer Ruhe zu kommen.

2

In Gotha und Leipzig.

Am Neujahr 1858 kam Mathy mit seinem Haushalt in Gotha an. Er war mit den Menschen und Verhältnissen nicht unbekannt. Zuerst hatte er dort im Jahr 1849 mit den Freunden getagt. Dann war er 1854 einer Einladung des Herzogs folgend auf zwei Tage hingereist — gerade in den Monaten, in denen er so sorgenvoll einen Wirkungskreis suchte. Herzog Ernst war seit dem Fürstentage von Berlin und dem Tage von Olmütz vielfach thätig gewesen, die Trümmer der nationalen Partei, welche ihm erreichbar waren, zu sammeln und gemeinsame Maßregeln anzuregen, wie die enge Zeit möglich machte. Damals hatte sich in Gotha ein Preßverein gebildet, dessen Geschäftsführer Hofrath Becker, einst Mitglied des Frankfurter Parlaments, war. Der Verein hatte eine Anzahl guter Flugschriften hervorgerufen und vertheilt, auch zu Leipzig eine autographirte Correspondenz gegründet, welche von Berlin mit Kammerberichten und Nachrichten versorgt wurde und den Zweck hatte, der liberalen Presse, deren Bericht= statter durch Polizei und Ministerium von Berlin regelmäßig ausgewiesen wurden, Mittheilungen im Sinne der Landtags= opposition zu machen. Mathy sah sich bei jenem ersten Besuch von dem Herzog gastlich aufgenommen, in dem wohlbekannten Palmenhause des kleinen Residenzschlosses von der Herzogin als Landsmann gütig begrüßt, er hatte dem Verein klugen Rath gegeben, und es war schon damals zur Sprache gekommen, ob nicht möglich sei, ihn für eine unabhängige Thätigleit in der Tagespresse nach Gotha zu ziehen. Jetzt kehrte er in besser gesicherter Stellung dahin zurück.

Kaum war im kaufmännischen Betrieb ein größerer Gegen= satz denkbar, als zwischen den umfangreichen Unternehmungen der großen Gesellschaft in Berlin und der stillen Privatbank am Fuß des Friedensteins. Der Geschäftsverkehr in Gotha war nicht aufgeregt, der Hauptagent saß in Leipzig und die Stellung war für Mathy wie ein Ruheposten. Er und seine Gattin empfanden mit lange entbehrtem Behagen die friedliche Stille der kleineren Stadt. Nach den ersten Wochen der Ein= richtung leichte Arbeit auf dem Büreau, regelmäßige Heim= kehr am Ende der Geschäftsstunden und ein bequemer geselliger Verkehr mit nahewohnenden Menschen, nach thüringischer Weise heiter und von einfacher Gastlichkeit.

Unweit der Eisenbahn in einem Garten zwischen Bäumen und immerblühenden Rosen lag das Wohnhaus; am Spalier ranlte die Rebe, deren Trauben freilich an dem hoch gelegenen Orte selten zu süßer Reife gedeihen. Dort war in stattlichen Räumen des ersten Stockes der Haushalt eingebürgert, die Frau Staatsräthin hatte der Wohnung etwas mit Plüsch in Möbelstoffen angethan, der Gatte hatte ritterlich an Tagen froher Ueberraschung ein und das andere Stück dazu gekauft. Aber Beide betrachteten diese Schätze des Hauses mit einem stillen Humor. Es war etwa das siebzehnte Mal, daß sie einrichteten. Da lernt man, welch ein Glück es ist, mit wenig Holzwaaren und Glas die Erbenreise zu machen.

Diese Grundstimmung merkte aber der Besucher nicht, es war alles sehr schön und sehr reichlich. Frau Anna hatte in schwerer Zeit den Hausfreunden ihr Heimwesen immer behaglich zu machen gewußt, und oft zum Erstaunen des Gatten eine außerordentliche Zugabe aus Küche und Keller durchgesetzt, jetzt war ihr das nur ein Spiel. Der Einzige, der an Einfachheit so gewöhnt war, daß er für sich gar nichts

Anderes gelten ließ, war ihr Mann. Wenn er am Abend aus dem Geschäft kam, die weiße Serviette auf dem Tisch zurecht gestrichen fand, und seine Frau zu Hause traf, die auf und nieder gehend ihn erwartete, so war er vergnügt und begehrte nur die einfachste Hauskost. — Denn dieser Mann aß überhaupt wenig, hatte sehr einfache Leibgerichte, und obgleich er sonst gar nicht ungeschickt war, zerlegte er doch ein Huhn oder ein größeres Geflügel so naturwidrig, daß für eine Hausfrau, die sich guter Küche wohl mächtig fühlte, zuweilen Entsagung, und beim Vorschneiden Ermunterung und kleine Winke nöthig waren. Aber er lobte um so mehr alles Gute. Und wenn einem Gast mit etwas Außerordentlichem Ehre angethan wurde, so freute er sich doppelt, einmal in der Seele seiner Hauswirthin, wenn der Gast ein Gefühl dafür bewies, und dann für den Gast, dem es schmeckte. Seine eigene Art erwies er auch am Inhalt des Kellers; er war sehr mäßig, nur Wasser mochte er nicht trinken, das, meinte er, sei kein Getränk für Menschen. Er forderte sich als Süddeutscher immer einen Haustrunk von Bier oder Wein, und der Wein war badischer Landwein, Freund Mondschein oder als Steigerung für kräftige Abende ein Glas Durbacher. Seine theuren Weine blieben für die Gäste. Wenn sein lieber Freund Buhl, der Weinkönig von Deidesheim, ihn in Gotha besuchte, so hatte er diesem und andern stolzen Gesellen einen edlen Burgunder vorzusetzen, wie er selten in deutschen Keller gelangt. Diesen hatte Grenchen vermittelt, denn ein Sohn jenes wackeren Gemeindevorstehers Vogt aus dem Schweizerdorfe, der beim Baumfällen verunglückte, war Reisender eines großen Hauses in Burgund geworden; er war zwar nicht Mathy's Schüler gewesen, aber sein Bruder war es; deshalb betrachtete er sich mit Recht als Zugehörigen zu der Garbe, und bewies seine treue Gesinnung, indem er das Allerbeste zum Ankauf empfahl, was sein Haus zu leisten mußte. Der Hausherr aber bezeugte seine größte Freundschaft, wenn er für einen Freund selbst

theure Cigarren einkaufte, denn diese Ausgabe hielt er im
Grunde für einen sehr thörichten Aufwand.

Es waren schöne, deutsche Abende um die neue Pracht-
lampe aus Berlin, deren Thätigkeit Frau Anna vorsorglich
überwachte. Was deutsches Gemüth und Behagen hervorzu-
zaubern im Stande ist, das war dort zu finden. Vielleicht
erzählte er aus seinem wechselvollen Leben, die Hausfrau
bestätigte und ergänzte durch kleine Züge, dann lebten sie zusammen ein Stück Vergangenheit durch und es war wie ein
episches Gedicht, was aus naher Wirklichkeit, getreu und wahrhaft berichtet vor dem Hörer aufstieg, abgerundet, mit hübschen
treffenden Zügen, und über Allem eine bezaubernde Heiterkeit
und Seelenfrieden; milb auch das abfällige Urtheil, volles
Verständniß der Menschennatur und ihrer Beschränktheiten,
und Grundzug immer die Freude an allem Tüchtigen und
Theilnahme an jeder eigenartigen Persönlichkeit. Wenn Beide
so zusammen erzählten, und als ein gemeinsamer Erwerb zu
Tage kam, was sie erfahren, dann sahen sie aus wie zwei
treuherzige Seelen, die im Elysium von Freude und Leid der
Erdenwelt sich unterhalten; sie waren an Jahren vielleicht
kaum älter als die Zuhörer und doch so fertig und aller
Inhalt so verklärt durch ruhiges, liebewarmes Behagen. Was
ihm auch das Leben von Schmerzen bereitet, es hatte den
Antheil, den er am Schicksal Anderer nahm, nicht verringert,
nur geduldiger war er geworden und nachsichtiger gegen fremde
Unvollkommenheit. Der Arme, der an die Thür trat, war
sicher, jede mögliche Hilfe zu finden, ob gut oder schlecht, er
war in Noth; auch in der großen Stadt Berlin hatte der umsichtige Finanzmann wenig von der Vorsicht angenommen, welche
den gewerbsmäßigen Bettler abzuweisen befiehlt. Bei jeder
persönlichen Berührung mit der Dürftigkeit verließ Beide die
polizeiliche Erwägung, daß Geben Bettler macht, und Mathy
half sich mit der Behauptung heraus, „lieber betrogen als
hart, sie würden nicht bitten, wenn sie hätten," und dergleichen

Unlogisches. Dieselbe Eßeluft ließen sie auch die kleinen Vögel im Garten genießen. Wer freilich Thüringer war, merkte, daß sie darin mehr nach innerem Drange als mit gründlicher Kenntniß der Eßgebräuche in der Vogelwelt verfuhren. Sie nährten deshalb auch fast nur Sperlinge.

Besser gedieh es ihnen mit den Menschen. Wer ihnen persönlich näher kam, der fühlte den dauernden Gewinn, welchen ihre Theilnahme an seinem Leben schuf. Frau Anna war nicht lange in der Stadt, so wurde sie die Vertraute für die Gefühle edler Mädchen, stille Rathgeberin für die häuslichen Sorgen der Mütter, in der Kinderstube die Tante, welche beim Eintreten durch hellen Begrüßungsschrei geehrt wurde, und wahrscheinlich, wenn die nöthigen Voraussetzungen in einem befreundeten Hause ans Licht traten, auch Pathe. Und ganz ähnlich war sein Schicksal. Er war nicht nur den Männern eine politische Autorität, auch ein guter Berather, der vor= sichtig und schonend sein Urtheil nie aufdrang, dem Fragenden aber sicheren und herzlichen Bescheid gab, große Auffassungen und ein festes Urtheil. Stets ein guter und treuer Kamerad! Auch den Frauen wurde er durch eine gesetzte Ritterlichkeit anmuthig, ein sehr unterhaltender Nachbar bei Tische und an Familientagen verbindlich durch sinnigen Spruch oder Vers, denn er machte bei Gelegenheit recht hübsche Gedichte, ernste und lustige.

So lebten Mathy und seine Frau zu Gotha in freund= lichem Vernehmen mit den Familien Becker, Braun, Schwarz, Samwer, von Holtzendorff, Freytag. Im Sommer gesellige Ausflüge nach dem Wald oder ein Besuch in Siebleben, im Winter daneben das Theater und Hausmusik bei den Befreun= deten. Dann war noch mit Fürst Hatzfeld, so oft dieser nebst seiner Familie in Gotha weilte, artiger Verkehr — er war ein Bekannter vom Erfurter Parlament, — und wenn der Hof kam, erwiesen Herzog und Herzogin freundlichen Antheil. Auch die bequeme Lage Gotha's in der Mitte des Vaterlandes,

am großen Schienenwege, führte wieder alte Freunde aus allen
Landschaften herzu und vermittelte neue gute Bekanntschaften
gescheidter und wackerer Männer, darunter Ernst v. Stockmar
und Dr. Geffcken. Es war während eines Diners beim
Herzoge, an dessen Seite Mathy saß, wo ein geistreicher Eng=
länder von der Diplomatie seine Nachbarin frug: „Wer ist
der Deutsche, welcher hier den Rang hat? Er muß ein sehr
bedeutender Mann sein, denn er hat keinen Orden."

Natürlich erhob sich an dem Abendtisch oft politisches Ge=
räusch und die Ansichten stießen heftig gegen einander. Da war
der tapfere Preuße Holtzendorff und dagegen Samwer, wohl=
unterrichtet und scharfsinnig, welcher zuweilen Behagen am Wort=
gefecht hatte, um des Kampfes willen gewagte Behauptungen
aufstellte, und sich belustigte, wenn die Anderen feurig wurden.
Die kleine Residenz war schön gelegen für Telegraphengeschrei,
und die weiten Verbindungen des Landesherrn trugen manche
Neuigkeit von den großen Höfen und Cabinetten herzu. Es
gab beim Mondschein große Schlachten über Oestreichs Fähig=
keit, sich neu zu gestalten, und über die Hartnäckigkeit preu=
ßischer Junker. Dann saß der Hausherr in fröhlicher Theil=
nahme und sprach in das helle Geschwirr versöhnende Worte.
Auch dies warme, verständige Erörtern politischer Zeitfragen,
welches jetzt fast in jedem gebildeten Haushalt beschäftigte,
war ein Gewinn des Jahres 1848. Als Herzenssache wurde
damals Politik in Privatkreisen verhandelt, die Staatsmänner
außer Amt schrieben zahllose vertrauliche Briefe, häufige
Zusammenkünfte wurden gehalten von kleineren und größeren
Gesellschaften, Alle bemüht, das Vaterland zu retten, selten
von einem Einfluß, der bis an einen Leiter größerer Geschäfte
heranreichte. Dennoch war es ein Bildungsvorgang der Nation,
der Vielen Verständniß für große Fragen gab, und der eine
Anzahl jüngerer Politiker heraufbrachte, die später in der
Presse, als Volksvertreter und in den Geschäften ihre prak=
tische Schule durchmachten. Gerade jetzt hob sich von Neuem

die Hoffnung; in Berlin stand ein Thronwechsel in Aussicht,
ein Zusammenstoß zwischen Oestreich und Italien war sicher
vorauszusehen; daß auch in der preußischen Politik eine große
Veränderung bevorstand, war unverkennbar. Freilich die
Deutschen waren vorläufig dazu verurtheilt, von unbestimm=
ten Hoffnungen zu leben, und die Preußen hatten keinen
leichten Stand, wenn sie auf die Fähigkeit ihres Staates.
große Kraft zu entfalten, hinwiesen, und ihr Vertrauen zu
einer möglichen Zukunft aussprachen. — Unter den Versamm=
lungen zu politischer Verständigung, welche der Herzog von
Gotha zuweilen lud, hatte eine für Mathy besonderen Reiz.
Im Frühjahr 1858 waren alte Freunde von ihm geladen:
Heinrich v. Gagern, v. Saucken, v. Sänger, Max Duncker,
dazu mehre aus Gotha und Koburg. Dabei wurde unter
Anderem gefragt, welche Aufgabe Preußen bei einem Kriege
zwischen Oestreich und Italien zufallen werde, und wohin die
Presse die Meinungen zu lenken habe. Gagern sprach beredt
dafür, daß Oestreich durch Preußen unterstützt werden müsse,
aber unter den anwesenden Preußen fand auch die entgegen=
gesetzte Ansicht Vertreter, daß wir den Italienern Erfolg zu
wünschen hätten. Es war ein kleines, ritterliches Gefecht grund=
verschiedener Auffassungen, gar nicht durch kluge Wechselrede
auszugleichen; für Mathy, der sich beobachtend zurück hielt, war
das Liebste bei der Verhandlung, daß er seinen alten Kampf=
genossen Gagern erfrischt und lebendig angeregt durch den
kräftigen Austausch patriotischer Wünsche wiedersah. Es war
vielleicht das letzte Mal, daß Beide die Empfindung hatten,
einander in den großen Gedanken über die Zukunft des Vater=
landes nahe zu stehen. Bald gingen ihre Wege weit aus=
einander, der den Bundesstaat ohne Oestreich gewollt, ging
nach Wien, — der den Zollverein zum Bundesstaat ausbilden
wollte, hielt zu Preußen.

Ohne große Ereignisse zogen zwei Jahre vorüber, Mathy
schrieb alter Tugend eingedenk ab und zu einen Aufsatz für

die Grenzboten oder für ein anderes befreundetes Blatt, das
ihn darum ansprach. In behaglichem Gefühl einer Muße,
die er früher nie erlebt, dachte er an größere literarische Arbeiten.
Einmal wurde ihm von Salomon Hirzel der Wunsch ausge=
sprochen, er möge eine Geschichte des deutschen Zollvereins
schreiben und der Gedanke gefiel ihm.

Aber ihm war nicht beschieden lange auf dem Sessel
seines kleinen Arbeitszimmers in der Bank zu weilen. Im
Herbst 1859 brachte ihm Gustav Harkort den Antrag, als
erster Director die Leitung der großen Creditgesellschaft in
Leipzig zu übernehmen. Er überlegte; ihm und seiner Frau
wurde es schwer, von Gotha zu scheiden, sie fühlten sich sehr
wohl in dem idyllischen Stillleben, wo sie Freundschaft gaben
und empfingen. Der höhere Gehalt des neuen Amtes hatte
für ihn keine Bedeutung. Für wen sollte er Geld sammeln?
Dagegen zog ihn der größere Wirkungskreis an. Zuletzt ent=
schied eine Rücksicht: er war in Gotha nicht mehr nöthig. Die
Bankthätigkeit, Verhältniß zu den Actionären und Wirkungs=
kreis waren sicher geordnet; drei Directoren waren zu viel für
das kleine Geschäft, es konnte, so meinte er, ohne ihn gerade
so gut gehen; das Beste, was er verstand, fand dort kaum eine
Verwendung, und in sicherer Beurtheilung der Güte eines
Wechsels oder im Einkauf von Börsenpapieren mochte ein zuver=
lässiger Bankgehilfe von langjähriger Erfahrung bessere Dienste
leisten, als er. Nach kurzem Bedenken nahm er an und verließ
Gotha mit dem Ende des Jahres 1859.

Leipzig, die altberühmte Stadt, bot ihm ein neues Bild
deutschen Lebens und bürgerlichen Fleißes; dieser große Binnen=
markt, wo werthvolle Erzeugnisse des europäischen Ostens gegen
Waaren und feine Arbeiten des Westens ausgetauscht werden,
war in manchen Wochen des Jahres einem Markte des Morgen=
lands ähnlich; in reizloser Ebene ziehen plötzlich Karawanen von
Händlern aus allen Strichen der Windrose zu Haufen, dann
ersteht eine schnelle Stadt aus Leinwand und Bretern zwischen

den steinernen Häusern, die Lastwagen rasseln, die Ballen und
Kisten ragen wie Wälle, die Menschen aus allerlei Volk kaufen
und hadern. Doch nach wenig Wochen ist der Schwall vergangen und eine ehrbare, ansehnliche Mittelstadt rührt sich
bedächtig in deutscher Ordnung. Aber der Meßverkehr ist nicht
mehr Hauptquell des Wohlstandes für die aufstrebende Stadt,
die an keinem schiffbaren Flusse gelegen, nur auf Schienen-
strängen ihre Waaren versendet, und doch in fast centraler
Lage die große Vermittlerin zwischen Seeküste und oberem
Stromland, zwischen Rhein und Weichsel wurde; in Vielem
das Herz des deutschen Verkehrs, denn sie ist der Mittelpunkt
des gesammten deutschen Buchhandels. Wohlgerühmt in aller
Welt ist auch der kräftige Bürgersinn der Leipziger, sie sind
stolz auf die Ehren ihrer Stadt, gemeinnützig, gastfrei und
anerkennend für alle Thätigkeit; nicht häufig ist hier zusammen-
geballter Reichthum, aber weit verbreitet bis in die Kleinbürger
blühender Wohlstand, ein arbeitsames, familienfrohes und ge-
scheidtes Wesen, nicht nur der Kaufleute, auch der Gelehrten
und Künstler; denn die Musik ist hier altheimisch, wo Bach
Orgel spielte und Mendelssohn am liebsten weilte, die Universität zählt zu den größten in Deutschland, das Theater hat
seit den Tagen der Neuberin und Gellert's mehr als einmal
Bedeutung für Schauspielkunst und Poesie gewonnen.

So erschien den neuen Einwanderern die gute Stadt, die
Jedermann gern preist, auch wer nicht darin wohnen mag;
denn sie ist immer noch lange nicht so groß als ihr Ruhm
auf Erden. Die Eindrücke, welche das eigenthümliche Treiben
der Stadt in die Seelen der Bewohner sendet, die unablässigen
kleinen Bilder, welche die Stimmung des Tages heben oder
drücken, empfand Mathy sehr lebendig und er lobte das Wohlthuende des emsigen, ehrbaren, jungen und hoffnungsvollen
Verkehrs in der aufblühenden Bürgerstadt.

Wie der laute Marktverkehr Leipzigs zu den stillen Haus-
gärten Gotha's, ähnlich verhielt sich auch Geschäft und Bedeu-

tung der deutschen Crebitgesellschaft zu der Privatbank, aus welcher Mathy kam. Die Leipziger Gesellschaft war in dem Jahre großer Speculationen 1856 ursprünglich auf zehn Millionen Actienkapital für Bankgeschäfte und größere gewerbliche Unternehmungen gegründet. Mit den letzteren war es ihr übel gelungen. Gerade bei ihr, wo viele Redlichkeit, Einsicht und guter Wille im Verwaltungsrath und bei den Beamten Gedeihen erwarten ließen, wurde recht deutlich, wie schwer es einer Gesellschaft ist, aus der Ferne die Lebensbedingungen industrieller Anlagen richtig zu würdigen. Auch sie unterlag der Versuchung, um des Gründergewinns willen zu unternehmen, in der Absicht den Actionären die Sorge zu überlassen, und gerade sie mußte einen Mißerfolg nach dem anderen beklagen. Die Gesellschaft hatte bei Hamburg eine umfangreiche Anlage erworben, welche Kupfererze, die von Hamburger Rhedern aus Amerika geschafft wurden, schmelzen und für den gewerblichen Verbrauch in Platten und Stangen herstellen sollte. Aber es ergab sich, daß die Verträge mit den amerikanischen Bergwerkbesitzern, in welche die Gesellschaft eintrat, unvortheilhaft waren, und daß der Verbrauch von Kupfer überhaupt nicht im Verhältniß mit der fortschreitenden Cultur zunahm, sondern durch Stahl und Zink eingeengt wurde; und die großartige Anstalt, in ihrer Technik musterhaft eingerichtet, arbeitete lange mit Verlusten und suchte zuletzt kleinen Gewinn. Da waren ferner Eisenwerke in Hannover und Baiern, und Kohlenwerke in Schlesien, aber die Eisenwerke lagen an ungeeigneter Stelle, und bei den Kohlen kam man gar nicht über das Schürfen hinaus. Und ferner war als Tochteranstalt die Commerzbank in Lübeck, welche Sorge bereitete, denn hier ergab sich der Uebelstand, daß die Einwirkung einer fremden Gesellschaft die Verwaltung schwerfälliger, und die Selbstsucht derer, die am Orte betheiligt waren, schonungsloser machte. Da waren endlich Bierbrauereien, Flachsbereitungsanstalten und noch andere Culturanlagen, gemeinnützig

25*

und vielleicht vortheilhaft, wenn sie von einem Privatmann mit der klugen Vorsicht geleitet werden, welche eigenes Geld und genaue Kenntniß der Oertlichkeit gibt, die aber in ihrer Abhängigkeit von Oberleitung und Geldkräften eines großen Bankgeschäftes sich fast sämmtlich dagegen sträubten, eine sichere Rente zu gewähren.

Gerade als die Angelegenheiten der Gesellschaft in ziemliche Verwirrung gerathen, und eine Verringerung des Kapitals in Angriff genommen war, trat der vollziehende Director zurück und Mathy an seine Stelle. Ihm war ganz recht, daß es hier durchzuschlagen und aufzuräumen galt und allerlei Kämpfe in Aussicht standen. Er griff mit fester Hand in die Geschäfte ein, die Abminderung des Stammkapitals auf die Hälfte durch Rückkauf von Actien wurde fortgesetzt, eine Maßregel, welche von der Volkswirthschaftslehre angelegentlich verurtheilt ist und doch in der Wirklichkeit zuweilen sämmtlichen Betheiligten weit geringere Verluste bereitet als eine Geschäftsauflösung. Er vertrat mit Beharrlichkeit den Grundsatz, daß man sich der Anlagen zu gewerblichen Zwecken zu entschlagen habe durch Verkauf, wenn nöthig mit starken Opfern, und daß die Zurückführung der Gesellschaft auf ein großes Bankgeschäft so schnell als möglich bewirkt werden müsse. Mit seinem Eintritte kam ein frischer Zug und neue Sicherheit in die Führung. Nur in der ersten Generalversammlung der Actionäre wurden Klagen und Angriffe laut, sein festes Auftreten gebot Achtung und gefiel allgemein, er gewann dadurch sich und seiner Leitung ein schnelles Vertrauen. Mit zwei jüngeren Gefährten, Wachsmuth und List, räumte er thatkräftig unter den Unternehmungen auf. Bald hellten sich die Aussichten, trotz der unvermeidlichen Verluste und Abschreibungen erkannte Jedermann, daß der eingeschlagene Weg der richtige war, um die Gesellschaft zu sichern.

Mathy war ein guter Director, auch für seine Beamten, ein Muster von Fleiß und Ordnung, von stets gleicher, gehaltener Freundlichkeit, um ihr Wohl und Gedeihen gütig

beforgt. Jetzt freilich fand er vom Morgen bis Abend Arbeit,
die ihn doch nur ausnahmsweife lebendiger in Anspruch nahm.
Er arbeitete mit der Pünktlichkeit eines Uhrwerks den jüngeren
Männern zum Beispiel, die Beamten achteten und liebten ihn,
die Actionäre grüßten ihn mit inniger Hochachtung, für
alle Schwierigkeiten und Verwickelungen fand er Auskunft,
und es waren immer die größten Gesichtspunkte, auf welche
er drang. Aber er sah allerdings noch immer ohne innere
Theilnahme auf die Börsengeschäftigkeit und Procentmühen
herab und behielt auch hier eine sehr überlegene Stimmung
gegen die Sorge seiner Kunden, reich zu werden, und starke
Mißachtung gegen die Bräuche und Kunstgriffe, welche bei der
Mehrzahl auch der ehrlichsten Geschäftsmänner für erlaubt
gelten. Es wird nicht ohne Absicht erwähnt, daß er, der die
letzten dreizehn Jahre seines Lebens mitten über den größten
Geldgeschäften lebte, und Gehalte bezog, welche in Deutschland
immerhin für hoch gelten, bei seinem Tode an Ersparnissen
nicht so viel hinterlassen hat, daß von den Zinsen eine gebildete
Familie mit mäßigen Ansprüchen in größerer Stadt leben
könnte.

Noch einmal versuchte das Schicksal den geprüften Mann.
In den ersten Monaten nach dem Einzuge erkrankte Frau
Anna an einem Nervenfieber. Einige Tage wollte Mathy
sich selbst überreden, daß keine Gefahr sei, als ihm aber die
fürchterliche Angst kam, zog sich sein Antlitz und Wesen wie
von innerem Krampf zusammen, finster und wortkarg saß er
an dem Lager der Kranken, die Hilfe Anderer, welche sich
anbot, hätte er am liebsten kurz abgewiesen, er allein wollte das
Recht haben, bei seinem Weibe zu wachen und ihr die Arznei
zu reichen. Durch eine Freundin wurde zu der Hilfe des Haus-
arztes noch der Beirath des Professor Bock erbeten, dessen
Erfahrung und kluge Sorgfalt in ähnlichen Fällen erprobt
war; der Gatte sah einsilbig und starr die Aerzte gehen und
kommen, sein Zustand erschien den Bekannten fast besorglicher

als Frau Anna's Leiden. Und als die größte Gefahr' vor=
über war, und er wieder vertrauen durfte, daß die geliebte
Frau ihn nicht allein zurücklassen werde, da erst löste sich die
grimmige Starrheit und er wurde weich wie ein Kind.

Langsam kehrte der Genesenden die Kraft zurück, er nahm
im Sommer Urlaub und führte die Wiedergewonnene dahin,
wo Beiden wohlthuende Erinnerungen hafteten, nach Grenchen.
Auch diesmal wurden die Ankommenden von ihrem Dorfe
festlich empfangen. Es ist dieser Besuch von 1860, der in
den Bildern aus der deutschen Vergangenheit erwähnt wird.

Die politischen Angelegenheiten Deutschlands waren in
neuen Fluß gekommen, der Thronwechsel in Preußen hatte
große Erwartungen wachgerufen und nicht befriedigt, der ver=
fassungsmäßige Widerstand gegen die herrische Weise, in wel=
cher die Neubildung des Heeres durchgesetzt wurde, und die
Unbeliebtheit eines Ministeriums der Militär= und Junker=
partei regten das Volk zu lebhafterem Antheil an der Politik
auf. In der Presse und in Vereinen erhob sich wieder die
deutsche Frage. Mathy verfolgte mit gespannter Theilnahme
jedes Anzeichen einer neuen Kraftäußerung. Aber er war für
sein eigenes Leben resignirt, und sagte dem Freunde, der einen
großen Fortschritt für nahe bevorstehend hielt, mit Trauer:
„Du wirst es vielleicht erleben, ich nicht.“ Er hatte einige
Jahre zuvor in Gotha einer volkswirthschaftlichen Versammlung
beigewohnt und war dort mehre Male dem jungen Eifer der
Freihändler entgegengetreten; er hatte mit lebhafter Theil=
nahme die Ausbreitung des Nationalvereins verfolgt, aber er
erwartete nicht viel von der schwachen Parteizucht des Vereins
und meinte mit Recht, daß es nicht seine Sache sei, sich an
den politischen Turnübungen eines jüngeren Geschlechtes zu
betheiligen. Aber er bewährte auch zu Leipzig in größerm
Kreise wohlthuenden Antheil an Gesinnung und Streben An=
derer. Er wurde dort Mittelpunkt eines Kreises patriotischer
Männer, mit dem er nach deutschem Brauch einzelne Abend=

stunden in einer Gastwirthschaft zwanglos zusammentraf. Aeltere und jüngere Männer von verschiedenem Beruf, unter ihnen Wachsmuth, Mathy's werther Amtsgenosse bei der Credit= gesellschaft, dann Stephani, drei Eichorius, zwei Hirzel, Schunck, Georgi, W. Wenck, der englische Generalconsul Crowe, dazu der ganze kleine Trupp der Grenzboten, von denen Julian Schmidt ihm besonders werth wurde. Hier war es auch, wo er Heinrich v. Treitschke kennen lernte und liebgewann, recht innig erfreute ihn das kräftige, ritterliche Wesen und die tapfere preußische Gesinnung des geistvollen Mannes.

Er war in Leipzig sehr beschäftigt und ihn drückte zu= weilen die Last der Arbeit. Er fühlte die Ermattung mehr als sonst und bemerkte in seiner Brust einigemal unregel= mäßigen Schlag des Herzens. Dennoch weigerte er sich selten, wenn die preußischen Jahrbücher oder die Grenzboten ersuchten, ihnen einen Artikel über Politik oder Völkerleben zu gönnen. Denn durch alle Wechselfälle hatte er sich die prächtige Eigen= schaft eines Journalisten bewahrt, er schrieb gern, so oft ihm etwas warm machte. Und diese kleinen Aufsätze wurden dann nicht selten Meisterstücke und ein Stolz für die Redaction. Wenn der damalige Redacteur der Grenzboten mit Schlauheit die günstige Stunde abzupassen wußte, wo Mathy bei einem Abendtrunk kluge und neue Ansichten zum Besten gab, und wenn er darauf leise bittend seiner Zeitschrift gedachte, dann sah Mathy so humoristisch und wohlwollend aus, wie Odysseus, den ein junger Achaier durch künstliche Rede zu überlisten strebt, er winkte leise Gewährung und sagte im Herausgehen ernsthaft zu einem Vertrauten, der an der Zeitschrift betheiligt war: „So ist es recht, er müßt sich für sein Blatt."

Wer den thätigen Mann durch die Comtoirräume der Ge= sellschaft gleiten sah, mit den Geschäftsleuten verkehren, und am Abend still sein Bündel Papiere in das Schreibpult einsperren, einen Tag wie den andern in endloser Arbeit um Geld und Vermögen Anderer, der konnte sich einer geheimen Trauer nicht entschlagen. Hier war eine deutsche Kraft, in den härtesten politischen Kämpfen geschult, so sicher, großartig, für die höchsten Angelegenheiten der Nation geschaffen, und dies Leben verrann in einer Thätigkeit, die doch nicht volle Befriedigung gab, und die das Beste seines Wesens nicht zu voller Geltung brachte. Er that die Pflicht, die ihm unheimisch blieb, heiter und völlig, aber über der Freundlichkeit, mit der er im Geschäft verkehrte, schwebte eine Würde und stille Entsagung, welche auch Fremden Ehrfurcht einflößte. Auch das schien ein deutsches Loos, daß der triegerische Vertreter der besten patriotischen Ideen als müder Beamter einer Actiengesellschaft sein Erdendasein beenden sollte.

Es war ihm andere Vollendung bestimmt. In seinem Heimatstaat Baden war die nationale Gesinnung, welche bis dahin nur wenige Herren kleiner Landschaften kund gegeben hatten, in der höchsten Staatsregierung zur Herrschaft gelangt. Dort hatte Freiherr Franz v. Roggenbach die Leitung des aus= wärtigen Dienstes übernommen. Wieder waren die Augen der Deutschen wie von 1841—48 hoffend auf Baden gerichtet. Die eigenthümlichen Verhältnisse dieses Staates, welcher verfassungs= mäßiges Regiment und nationale Anlehnung gebieterisch fordert, hatten sich geltend gemacht. Der Regierung Badens aber lag zunächst am Herzen, in das Beamtenthum neue Kräfte zu leiten.

Im August 1862 theilte Mathy's ältester Freund, Ober= bürgermeister Malsch, ihm vertraulich mit, daß der Groß= herzog seine Berufung in die Staatsleitung wünsche. Mathy antwortete, daß die Vorbedingung für jede Verhandlung die Sühne der Unbill sein müsse, welche ihm 1853 durch jene brüske Entlassung zugefügt worden sei, also Wiedereinsetzung in die Rechte, welche er durch die Anstellung vom Jahr 1848 erworben. Es handele sich nicht um Geldansprüche, die er nicht erheben wolle, aber um Anerkennung früherer Leistungen. Darauf lud ihn am 3. September ein freundlicher Brief Roggenbach's zum Rücktritt in den badischen Staatsdienst ein.

Mathy erklärte sich unter den angegebenen Bedingungen

bereit. Durch Patent vom 28. September wurde er zum Director der Hofdomänenkammer und zum vorsitzenden Mitglied des Finanzministeriums ernannt, seine Anstellung als Wiedereinsetzung in den vorigen Stand bezeichnet, die Berechnung seiner Dienstjahre vom April 1848 festgesetzt und jene Unwiderruflichkeit seiner Anstellung erklärt, welche in Baden erst nach fünf Dienstjahren eintritt.

Als Mathy dem Verwaltungsrath der Creditgesellschaft davon Mittheilung machte und um Enthebung von seiner Stelle mit Ende des Jahres nachsuchte, war zwar das Bedauern allgemein, daß die Anstalt ihn verlieren solle, aber auch die Empfindung, daß seinem Leben diese Wandelung eine Schicksalsfügung sei, welcher keine selbstsüchtige Rücksicht entgegentreten dürfe, und mit freundlicher Bereitwilligkeit erleichterte ihm der Verwaltungsrath den Uebergang in den neuen Beruf.

Es war wieder am kalten Jahresende, als Mathy mit seiner Frau nach der Heimat fuhr; aber was Leipzig an lustigem Blumenschmuck zu leisten vermochte, das legte es den Reisenden um ihre Sitze im Wagen und traurig stand die Abendgesellschaft ihres Führers beraubt auf dem Bahnhof. Lange noch klangen Dank u d Heilwünsche der Leipziger den Beiden in die alte Heimat nach, treue Grüße und Freundesbriefe flogen hin und her, und Karlsruhe wurde fortan in neuer Weise eine Besuchstation reisender Leipziger. Da zu Karlsruhe im Bären auch eine Genossenschaft würdiger und ehrbarer Männer bestand, in welcher Mathy heimisch wurde, Herren der Karlsruher Bürgerschaft und Beamte, eine große Gesellschaft von süddeutschem Charakter, in welcher der Minister und der Stadtbürger bei einem kühlen Trunk gesellig lagerten, so wurde zwischen dem verwaisten runden Tische in Leipzig und dem freundlich summenden Bären achtungsvolle Zuschrift gewechselt und beide Mächte schlossen um des werthen Freundes willen einen Bund der Gastfreundschaft.

3.

Im badischen Staatsdienst.

Hatte das Heimatland Baden an seinem alten Häupt=
ling etwas zu sühnen, jetzt wurde diese Sühne geleistet, in
einer Weise, wie sie dem hochsinnigen Manne die beste Be=
lohnung ist. Die ersten beiden Jahre nach der Rückkehr wurden
für Mathy in Vielem die glücklichste Zeit seines Lebens. Es
geschieht zuweilen, daß frische Kraft, edles Wollen, hochsinnige
und opfervolle Hingabe der Regierenden an den Staat plötzlich
einmal in die Behandlung der großen Geschäfte einen Schwung
und Adel bringen, der die Nation mit Wärme und Hoffnungen
erfüllt. Freilich, selten gönnt die rauhe Wirklichkeit diesem
gesteigerten Wesen, dem Zusammenwirken ungewöhnlich bean=
lagter Männer, eine längere Dauer und schwerlich wird die un=
gemessene Erwartung völlig befriedigt, welche das Volk an solche
Leitung der Geschäfte knüpft. Niemand vielleicht empfand wohl=
thuender die fröhliche Poesie des neuen Aufschwungs in Baden,
als Mathy. Die Regierung, welcher er eingefügt wurde, war
nicht aus gleichartigen Männern zusammengesetzt, neben älteren
Beamten standen Solche, die als Gelehrte heraufgekommen
waren, und Andere, welche großer Geltung in der Kammer
ihre Berufung verdankten. Und der Mangel an innerem
Einvernehmen verminderte zuletzt die Dauer. Der große An=
lauf dieser Jahre aber ging fast ganz von der edel gehobenen,
selbstlosen Persönlichkeit des Freiherrn v. Roggenbach aus, der
damals Präsident des auswärtigen Ministeriums, und in

Vielem, leider nicht durch seine Stellung, der leitende Geist des Staatsministeriums war. Was zarte und hochsinnige Freundschaft thun konnte, um Mathy in den neuen Verhältnissen einzubürgern, das geschah. Roggenbach machte Mathy zum Vertrauten seiner Sorgen und Wünsche, und wenn der vielbeschäftigte Minister am Abendtisch bei Frau Anna niedersaß und in seiner geistvollen Weise von Menschen und politischen Verhältnissen Europas sprach, so gab das nicht bloß angeregte Unterhaltung, auch große Gedanken und herzliche Uebereinstimmung in den Hauptsachen, und über Allem auch für die Hausfrau den beglückenden Einblick in ein seltenes Gemüth.

Denn Roggenbach war von denen, welche alles Gute und Tüchtige in Menschennatur mit Ehrfurcht betrachten, gegen den Schein, auch den vornehmsten, völlige Nichtachtung fühlen, streng und vornehm gegen die Anspruchsvollen, hingebend und weich, wo er vertraute. Wenn z. B. die fremden Gesandten, die sich selbst nicht ganz der Wirkung seiner Persönlichkeit zu entziehen wußten, einmal unter leisem Verschwörungsgemurmel Andeutungen machten — es war nach dem schnellen Gesandtentausch mit dem neuen Staat Italien —, daß sie bei solchem Verfahren Badens möglicher Weise in die Lage kommen könnten, abberufen zu werden, dann antwortete ihnen das auswärtige Amt mit bezaubernder Anmuth, für Baden könne ja nichts Willkommneres geschehen, als wenn es seinen unnützen diplomatischen Ballast loswerde. Oder wenn das auswärtige Amt einmal auf dem Bahnhofe einen fremden Monarchen begrüßte, dann durften die Karlsruher erstaunen über die freie und vornehme Haltung ihres Mitbürgers, welche zweifelhaft machte, wer Kaiser sei, ihr Präsident oder der fremde Herr.

Es waren wieder glückliche Abende nach arbeitvollen Tagen in Mathy's Hause. Bald bildete sich dort ein Familienkranz; außer v. Roggenbach die Familien Jolly, Baum-

garten, Devrient, Harbeck, v. Weech, in den nächsten Jahren
Frau Grunelius mit zwei Töchtern, ein Verband tüchtiger
Menschen, gescheidter Männer und guter Frauen. Die Deut=
schen wissen gar nicht, welchen Reichthum an wohlthuenden
Kreisen gebildeter Menschen sie in dem vielgetheilten Vater=
lande besitzen.

Um für Mathy den Weg zu ebnen, übernahm Herr v.
Roggenbach zu seinem Amte noch das Handelsministerium,
welches in den ersten Wochen nach Mathy's Eintritt frei wurde,
und leitete die Geschäfte desselben in Stellvertretung fast ein
ganzes Jahr, bis Mathy am 30. Januar 1864 zum Präsi=
denten des Handelsministeriums ernannt wurde. Er bezog die
Dienstwohnung dieses Ministeriums, welche er bis zu seinem
Tode inne hatte.

Mathy merkte wohl, daß die Augen der alten Beamten ihn
bei seinem Eintritt erwartungsvoll, nicht ohne Argwohn betrach=
teten. Er bewies ihnen, daß er auch die Eigenschaften eines regel=
rechten Beamten habe. Ja, er wurde als Minister gerade ein
Vorgesetzter, wie ihn der gute Beamte ersehnt. Regelmäßig,
schnell von Allem unterrichtet, verstand er das Geheimniß, seine
Beamten zu leiten und ihnen doch die Selbständigkeit zu lassen,
welche der wackere Mann zum fröhlichen Schaffen braucht. Es
war ihm eine Genugthuung, wenn er in Verhandlungen mit
anderen Regierungen seinen Räthen die äußeren Ehren zu=
weisen konnte, welche an solchen Geschäften hängen; jedem
wußte er nach seiner Persönlichkeit Spielraum zu geben und
vor der Oeffentlichkeit den Ruhm der Herrschaft, und doch fühlte
jeder, daß der freundliche, scheinbar so nachgiebige Mann das
Heft in eisenfester Hand hielt.

Für Mathy begann weitgreifende Thätigkeit im neuen
Beruf. Sein Ministerium hatte den Vortheil, einige tüchtige
Räthe zu besitzen, denen er vertrauen durfte, und es war ein
kräftiger Zug in diesem Theile der Staatsverwaltung. Die
Gewerbehalle wurde eingerichtet und eröffnet, eine schöne Ver=

suchsanstalt für Landwirthschaft mit großer Baumschule vom
Staate ausgestattet, Brücken über den Rhein, Hafenanlagen und
Uferbauten vollendet und neu begonnen, vor Allem das Netz
der Eisenbahnen, Landstraßen und Telegraphen mit besonderer
Liebe gefördert. Mathy schloß Verträge mit Würtemberg,
durch welche mehre Seitenbahnen ins Leben gerufen wurden,
er fand, daß diese Bahnen, welche den Verkehr nach dem deutschen
Osten vermitteln sollten, zugleich eine Hilfe waren, die mili=
tärische und politische Vereinsamung Badens aufzuheben, und
daß dieser Gewinn auch starke Zumuthungen an den Staatssäckel
rechtfertige. Er errichtete unermüdlich Telegraphenleitungen,
auch an kleinere Orte nach Schweizerart, er begünstigte dabei
die Frauenarbeit und hatte die Genugthuung, daß die Frauen
ihr Amt zu voller Zufriedenheit versahen. Und er kam wegen
dieser und anderer Anlagen zu dem Ministerium der Finanzen
in den Gegensatz, welcher fast immer zwischen den Würden=
trägern der Staatskasse und denen der friedlichen Culturaus=
gaben stattfindet.

Im Jahr 1864 offenbarte er noch einmal alten Helden=
zorn und trat einer Partei der heimischen Geschäftsleute und
der Kammer mit der schneidigen Kraft gegenüber, welche 20
Jahre vorher seinen Gegnern so beengend gewesen war. In
Baden fehlte ein größeres Bankgeschäft. Das war ein längst
beklagtes Leiden, Mathy selbst hatte in früherer Zeit dafür
gekämpft, mehre Anläufe waren an der Bürcaukratie gescheitert.
Jetzt wurde der Wunsch lebendig, vor andern bei Mathy selbst.
Für ihn hatte diese Anstalt eine große Bedeutung, jetzt endlich
sollte die sklavische Abhängigkeit, in welcher der Geldverkehr
Badens von den großen Bankhäusern in Frankfurt stand, ein
Ende nehmen, die aufblühende Gewerbthätigkeit auf eigene Füße
gestellt werden. Und noch Größeres lag ihm im Hintergrunde,
die Cursnachtheile, mit welchem die Länder des rheinischen
Guldens gegenüber dem Thalergebiet zu kämpfen hatten, waren
nur ein Vortheil für die Frankfurter Bankhäuser, ein unab=

lässiger Schade für den Wohlstand des Landes, ein Hemmniß für die wirthschaftliche Vereinigung mit dem Norden. Darum sollte die neue Bank ein großes, von Frankfurt unabhängiges Unternehmen werden, und sie sollte nicht von Börsenleuten gegründet werden, denen nur um den Unternehmergewinn zu thun war, sondern im Verein mit großen Geldinstituten im Norden, damit sie eine weitere als örtliche Bedeutung gewinne und für den Geldverkehr eine neue Ueberbrückung des Mains werde. Dagegen war einigen Unternehmern in Mannheim, welche in Abhängigkeit von Frankfurter Häusern standen, gelungen bei der Kammer Unterstützung ihres Vorhabens zu finden, es gab eine heftige Landtagssitzung, in welcher Mathy eine seiner stärksten Reden hielt, jetzt vom Ministertisch gegen die Opposition, und den Mannheimern den wohlwollenden Rath ertheilte, sie sollten sich eine bessere Handelskammer anschaffen. Dieser Rath wurde sehr übel vermerkt und Alle, die sich getroffen fühlten, waren beflissen, laute Klagen und leise Verdächtigungen zu erheben. Aber Mathy hatte doch den Zweck erreicht, die Umtriebe der Frankfurter zu zerschlagen und der Kammer wie dem Lande einen starken Eindruck zu machen. Er ist seitdem mit den Abgeordneten immer recht gut fertig geworden.

Unterdeß beschäftigte die schleswig-holsteinische Frage das auswärtige Amt; auch Mathy erkannte sofort, daß bei der Abneigung, welche in Berlin vorhanden war, die Herzogthümerfrage gegen Dänemark kräftig aufzunehmen, die Unterstützung der Erbansprüche des Herzogs von Augustenburg durch die kleineren Regierungen und die öffentliche Meinung das letzte und einzige Mittel sei, Schleswig für Deutschland zu retten. Und er weilte auf einer Durchreise nach Berlin im December 1863 in Gotha und sprach die Vertrauten des Herzogs. Als aber das preußische Ministerium durch die selbständige Haltung der Mittelstaaten veranlaßt wurde, den Streit zugleich gegen Dänemark und gegen die Mittelstaaten als die Vertreter der

Augustenburgischen Forberungen aufzunehmen, da billigte er
zwar die gewundenen Wege im auswärtigen Amte zu Berlin
nicht, aber weit obenan stand ihm der Gewinn, der für Preußen
und Deutschland hervorgehen konnte. Als endlich Preußen durch
blutigen Kampf die Dänen aus den Herzogthümern gescheucht
und im Frieden die Länder für Deutschland gesichert hatte, da
sagte er zuweilen: „Herr von Bismarck gefällt mir immer
besser."

Sein Haar war weiß geworden, die stürmische Empfindung durch reife Erwägungen gebändigt, aber als die Auseinandersetzung zwischen Preußen und Oestreich schwieriger
wurde, und die Möglichkeit eines großen Waffengangs über
die Zukunft Deutschlands erkennbar, da erfaßte ihn eine tief
innere Erregung, die sorglich behütet nur zuweilen in starken
Aeußerungen hervorbrach. Jetzt war doch möglich geworden,
daß er selbst erlebte, was die Sehnsucht seiner Jugend, der
Streit seiner Mannesjahre gewesen war, wofür er geschrieben,
gesprochen, gedarbt und sein Leben in die Schanze geschlagen
hatte — die Einheit Deutschlands. Wie auch der Preuße hieß,
der sie dem Vaterland brachte, ob er Junker war, ob Demokrat, bei solchem Mann waren alle seine heißen Wünsche.

Gerade da erfuhr Mathy in seinem Ministerium ein großes
Leid. Herr v. Roggenbach gab das auswärtige Amt am
19. October 1865 auf und Herr v. Edelsheim wurde sein
Nachfolger.

Zu v. Edelsheim war das Verhältniß Mathy's kalt, es
wurde in kurzem feindselig. Mathy dachte im Herbst 1865
gern daran, sein Ministerium aufzugeben, und als Schriftsteller in ruhiger Muße den Rest seiner Tage thätig zu sein.
Er hatte sich dafür in der Stille eine Wohnung auserkoren,
wenn er sein Handelsministerium verlassen würde, und wies
diese mit Behagen einem besuchenden Freunde. Aber er fühlte
sich an sein Amt durch besondere Rücksicht gebunden; der
Großherzog war zartsinnig bemüht gewesen frühere Unbill

auszugleichen, Mathy war aus der Fremde in ungewöhnlicher
Weise zurückgerufen, seine Pensionsansprüche hatten dabei eine
gewisse Bedeutung erhalten, und er meinte darum, ihm zieme
nicht, sich auf sein erworbenes Recht zur Ruhe zu setzen ohne
einen Grund, den sein Fürst und das Land für völlig ge-
nügend halte.

Bald kam zu dieser Rücksicht eine größere. Der Gegensatz zwischen Preußen und Oestreich wurde im Frühjahr 1866
zu unverhüllter Feindschaft. Mathy wußte seit dem April,
daß der Großherzog zu jedem Opfer an seinen Hoheitsrechten bereit war, um einen einheitlichen Staat der Deutschen
herbeiführen zu helfen, und daß sich Alles in ihm dagegen
empörte, an der Seite Oestreichs gegen Preußen zu kämpfen.
Als am 9. Mai die Einladung zu einer Berathung der süddeutschen Minister nach Bamberg verhandelt wurde, vertrat
Mathy kräftig die Ansicht, Baden solle neutral bleiben und
diese Neutralität bei der Zusammenkunft scharf betonen, da
der Aufrichtigkeit Baierns und Würtembergs nicht zu trauen
sei. Man habe die Absicht, Baden unvermerkt ins östreichische Lager hinüberzuführen, deshalb solle man die Truppen
im Lande behalten und Rastatt besetzen. Die Auffassung erhielt die Zustimmung des Großherzogs und wurde zum
Beschluß erhoben. Mit dem Auftrage, auf Neutralität zu
bestehen, die Fragen über Truppenaufstellung, Oberbefehl und
politische Leitung offen zu lassen, reiste Herr von Edelsheim
nach Bamberg. Dort aber wurde neben den amtlichen Verabredungen, daß man die Vermittelung zwischen Preußen und
Oestreich versuchen, den Bund nicht mobil machen, Reform-
vorschläge von Preußen verlangen, und daß Jeder für sich
rüsten solle, mit dem Gedanken, den Bund zu erhalten und
den Friedensbrecher abzuwehren, auch gegen Baden geltend
gemacht, daß Neutralität ein Aufgeben des Bundes und seiner
internationalen Bürgschaften wäre, ein Anreiz zum Kriege für
Preußen und Oestreich, und daß die Neutralen nur willkommene

Gegenstände für eine Theilung der großen Mächte sein würden. Dazu kamen Privatbesprechungen und Mittheilungen der Minister in weit anderem Sinn: daß Sachsen in vierzehn Tagen kriegsbereit sein werde, daß das siebente und achte Armeecorps unter bairischen Oberbefehl gestellt und Nassau dazu gezogen werden solle.

Da diese Maßregeln Baden zum Krieg gegen Preußen drängen mußten, forderte Mathy in den nächsten Sitzungen des Ministeriums: Baden dürfe sich nicht militärisch verpflichten, bevor es sich nicht politisch mit den Nachbarn verständigt habe. Und weil die Gefahr einer Vereinsamung bereits lebhaft empfunden wurde, rieth er, im Nothfalle die badische Division lieber unmittelbar unter Baiern zu stellen, um äußerlich einen Zusammenhang zu erhalten und der gefährlichsten Macht für alle Fälle den Vorwand zu einer Besetzung Badens zu nehmen, aber die Division trotzdem in Rastatt zusammen zu halten. Und gegen die lebhaft ausgesprochene Behauptung, daß es für Baden unmöglich sei, in dieser Lage eigene Politik zu treiben, ersuchte er ironisch, diese Auffassung wenigstens nicht so laut zu betonen, denn das Aufgeben jeder eigenen Geltung beraube jeder Möglichkeit, Etwas durchzusetzen. Unterdeß stieg die Aufregung im Lande, die Unsicherheit seiner Amtsgenossen. Als es am 12. und 13. Juni im Staatsministerium zu Besprechungen über den östreichischen Antrag beim Bunde kam, welcher Krieg gegen Preußen bedeutete, stimmten die übrigen Mitglieder des Staatsministeriums f ü r den Antrag mit einigen Beschränkungen. Mathy dagegen forderte, den östreichischen Antrag zu verneinen als unredlich und bundeswidrig, er stelle einen europäischen Brand in Aussicht, führe den Ausbruch des Kampfes zwischen Oestreich und Preußen sicher herbei und mache diesen zu einem wirklichen deutschen Bruderkriege. Der Widerspruch Mathy's und die feste Erklärung des Großherzogs, daß er keinen Krieg wolle, bewirkten endlich im Staatsministerium einen Compromiß, jene Enthaltung

der Abstimmung, welche Baden in der entscheidenden Bundes-
Sitzung vom 14. Juni gegenüber dem östreichischen Antrag
behauptete.

Aber mit dieser That war die Widerstandskraft in Baden
erschöpft. Als die Nachricht kam, daß die Abstimmung vom
14. Juni den Bruderkrieg veranlaßt, und daß Baden den
Kampf gegen Oestreich und die gesammte Nachbarschaft aufzunehmen habe, da wurde die militärische Schwierigkeit der
Lage übermächtig. Außerdem war, wie verlautete, auf vertrauliche Anfrage von Berlin die Trauerkunde gekommen, daß
man Baden nicht unterstützen könne; und der feindliche Thei-
lungsplan Baierns und Oestreichs war zwar nicht bekannt,
wurde aber geahnt. Dazwischen erscholl der Hilfeschrei Sach-
sens, und Preußen wurde als Friedensbrecher verklagt vom
Volke, im Heere, von der Mehrzahl der Minister. Man
wagte nicht mehr, die badische Division dem achten Bundescorps zu entziehen, Prinz Alexander von Hessen wurde als
Oberbefehlshaber des achten Corps vereidet. In grimmigem
Schmerze schrieb Mathy am 18. Juni in sein Tagebuch: „Wir
stehen auf der unrechten Seite, für das Faule, Habsburg und
Welf, gegen das Frische, der Ausgang wird es lehren.“ —
Und an demselben Tage einem spätern Mitglied des Staatsministeriums: „Ich theile vollständig Ihre Ansicht über das
Machtverhältniß beider Parteien. Hier glaubt man auf der
Seite der Stärkeren zu stehen, während man sich auf der
schwächeren befindet. Man fürchtet sich, isolirt zu bleiben, und
deshalb halten wir zu denen, welche die Absicht haben, uns
den Hals abzuschneiden. Der Großherzog erkennt es, aber
wie will er ein entschiedenes Veto den von allen Seiten auf
ihn eindrängenden Stimmen entgegensetzen, Stimmen, die ihm
zurufen: Baden kann sich nicht isoliren, das Volk leidet dies
nicht, das Land würde mit fremden Truppen überschwemmt
furchtbare Drangsale erleiden, es würde getheilt werden, Staat
und Dynastie gingen verloren. Diese Angst beherrscht auch

die Mehrzahl der Volksvertretung, deren Chor dem Groß=
herzog wirklich unthunlich macht, eine Regierung in seinem
Sinne zu bilden, welche allerdings einen Boden im Lande sich
erst schaffen müßte.

„Der Gedanke an ein Triasparlament als vorübergehende
Erscheinung, welches eine vermittelnde Stellung der am Kriege
nicht betheiligten Staaten bereiten und ein gewisses Kraft= und
Selbständigkeitsgefühl gegenüber Oestreich wecken sollte —
dieser Gedanke wurde in den letzten Tagen gepflegt, ist aber
sammt der Conferenz durch den Bundesbeschluß vom 14. be=
graben worden, und könnte meines Erachtens nur durch eine
Revolution aufgeweckt werden. Kommt aber eine Revolution,
so wird sie ein größeres Ziel auf ihre Fahnen schreiben.

„Die mittelstaatlichen Staatsmänner haben keine Spur
von nationaler Empfindung, nichts als Neid gegen Preußen,
nichts als das Gelüst, diesen deutschen Staat klein zu machen,
und nebenbei Jeder für sich einen Profit auf Unkosten des
Gegners oder eines Genossen in die Tasche zu stecken. Sie
würden auch das Triasparlament, von welchem hier in diesen
Tagen die Rede war, nur angenommen haben, wenn sie sich
dazu gezwungen geglaubt hätten."

Und wie sah Mathy in diesen Tagen seine Pflicht an?
Nach jenem Beschluß, die Truppen zum achten Armeecorps zu
senden, sprach Roggenbach, der in der ganzen Zeit treulich
Sorge und Zorn getheilt hatte, seinen Entschluß aus, die
Kammer und Baden zu verlassen, und schied vom Freunde
bewegt mit den Worten: „ich gehe zu den Volskern"; auch
Heinrich v. Treitschke legte seine Professur in Freiburg nieder
und zog aus Baden, um die Redaction der preußischen Jahr=
bücher zu übernehmen. Der Heimatstaat Mathy's war in
einer töblichen Gefahr, nicht geringer als vor achtzehn Jahren,
wo Mathy sich den Radikalen entgegengeworfen hatte. Aber
damals hatte er nur sein eigenes Heil und Leben in die
Schanze geworfen, jetzt galt es Heil und Leben eines Anderen,

26*

seines Fürsten. In der Bevölkerung hatte sich ein furchtsames Zorngeschrei erhoben gegen die preußischen Waffen, laut wurde der Großherzog geheimer Zuneigung zu dem Feinde Deutschlands angeklagt, er habe Geld nach Berlin gesandt, darum seien die Kassen leer und ein Steueranlehen nothwendig, schon klagte man, die Truppen seien an Preußen verkauft; im Heere selbst mahnten bedenkliche Anzeichen von gelockerter Mannszucht, Widersetzlichkeit und Gebrüll eingezogener Reservisten an die Zustände von 1849. Und was die Hauptsache war, beide Kammern, der verfassungsmäßige Ausdruck des Volkswillens, boten keine Stützen. Zwar in der ersten war etwa die Hälfte der Mitglieder entschieden preußisch gesinnt, eine nicht große Minderheit östreichisch, und diese Kammer hat überhaupt in Baden mehr als einmal das bessere Verständniß für den Nutzen des Staates bewährt, aber eine erste Kammer in Deutschland ist noch stets durch ihre Unbeliebtheit bedrückt worden und hat sich in allen großen politischen Krisen als bedeutungslos erwiesen. Die zweite aber stand gänzlich unter der Herrschaft der Tagesstimmungen; ohne in der Mehrzahl entschieden östreichisch zu sein, trieb sie aus Furcht vor dem Kriege kopflos zum Anschluß an die Nachbarn. Dort hatte Roggenbach zuletzt fast allein gestanden, und war angesehen worden wie ein Ungeheuer. Es war wieder eine Zeit der völligen Verstörung in den Staat Baden gekommen, ähnlich wie vor achtzehn Jahren, und aufs Neue war bestätigt, daß dieser Staat in gefahrvollen Zeiten nur als festgefügtes Glied eines Bundesstaates bestehen könne. Wenn jetzt der Großherzog mit seinen Brüdern gegen den Willen seines Volkes an Preußen festhielt, so mußte er selbst den Kampf gegen Heer, Kammer und Bevölkerung aufnehmen. Und die Entscheidung über den Erfolg solches Wagnisses lag nicht in Baden, sondern in Böhmen. Im Geheimen hoffte Mathy, daß die Entscheidung seinem Fürsten von dort kommen werde. Und darum hielt er aus.

In diesen Wochen wurde er auch durch die Sorge in seinem Ministerium in Anspruch genommen. Der Finanzminister hatte bei Annäherung der Kriegsgefahr die leeren Kassen dadurch zu füllen gemeint, daß er plötzliche Aufhebung sämmtlicher Eisenbahnbauten forderte. Mathy hatte ihm kräftig widersprochen, den Schaden und die Gefahr hervorhebend. Er hatte noch am 11. Juni in der zweiten Kammer den einstimmigen Beschluß durchgesetzt, daß vorläufig fortgebaut werden sollte; im Ministerium hatte er schon vorher einen Plan zu allmählicher Abwickelung des Eisenbahnbaues vorgelegt, und einen andern Entwurf, dem Mangel an Credit und Erwerb zu begegnen. Er vermochte durch vier Wochen keine Entschließung herbeizuführen und machte noch am 20. Juni Probefahrt auf einer neugebauten Bahnstrecke, um den Muth und die Ordnung zu erhalten.

Wenige Tage darauf kamen die ersten Telegramme vom böhmischen Kriegsschauplatze, alle meldeten, daß die Preußen geschlagen waren. Die Freude der östreichischen Partei war groß. Mathy erkannte, daß es fortan unmöglich sei, eine Betheiligung Badens am Feldzuge zu verhindern. Am 28. Juni sagte er traurig dem Großherzog, sein Fürst werde ihn nicht lange mehr im Amte behalten können, die gegenwärtigen Bundesgenossen verlangten sichere Leute. Und er besuchte an diesem Tage die Sitzung des Staatsministeriums nicht. Als ihm am nächsten Morgen von einem Amtsgenossen eine Aeußerung des Herrn v. Edelsheim mitgetheilt wurde, es sei Einheit im Staatsministerium nöthig aber nicht vorhanden, versetzte Mathy kalt: „ich erwarte nur einen Anlaß zu gehen, man möge ihn mir geben." Am 30. Juni kam es im Staatsministerium wegen Einstellung der Eisenbahnbauten zu einer kurzen Erörterung, ein Gegner Mathy's wurde krank hinausgeführt. Mathy aber nahm daraus Veranlassung, den Großherzog um seine Enthebung vom Amte zu bitten. Er zeigte dies an demselben Tage dem Staatsminister v. Stabel an, hatte am 1. Juli seine Abschiedsaudienz beim Großherzog und schied bewegt von seinem gütigen Fürsten. Er war ausge= treten, als die Nachrichten von preußischen Niederlagen ihm das Herz schwer machten und das Vertrauen seiner Gegner beflügelten. Es war aber eine Folge der Verwirrung im Staatsministerium, daß er mehre Tage auf seine Entlassung warten mußte. Unterdeß schlug die Stimmung plötzlich um, denn die Schlacht bei Königgrätz war geschlagen, den östrei= chischen Telegrammen folgten wahrhafte Berichte. Und als er endlich am 5. Juli seine Verabschiedung erhielt, war die Lage so geändert, daß die Gegenpartei wol füglicher selbst aus dem Amt geschieden wäre.

Während das Ministerium den Vorwurf auf sich lud, daß es seine feindselige Politik gegen Preußen noch durchzuführen suchte, als jede Aussicht auf Erfolg geschwunden war, und der aussichtslose Widerstand unnützes Blutvergießen herbei= zuführen drohte, saß Mathy in einer fröhlichen Stimmung, die er in dem letzten Jahr entbehrt hatte, und schrieb mit den Freunden Aufsätze für den Anschluß an Preußen. Zum letzten Male fühlte er die Freuden eines Journalisten, aber auch die Leiden, denn einer der Artikel wurde in der badischen Landeszeitung auf Befehl des Ministeriums mit Beschlag be= legt. Seine Wohnung war das Hauptquartier der preußischen Partei, von allen Seiten kamen frohe Botschaften über den Umschwung der öffentlichen Meinung.

Endlich, am 27. Juli, erhielt Mathy den Auftrag, ein neues Ministerium zu bilden. Sein Programm: schleunige Lösung von der Augsburger Uebereinkunft, Zurückziehung der badi= schen Division, stramme Verwaltung, Zucht im Militär, wurde sofort genehmigt. An demselben Tage lud Mathy seine Ge= genossen, nach wenigen Stunden hatte er sein Ministerium ge= bildet. Der Großherzog empfing ihn herzlich, es war für Beide ein gutes Wiedersehen. In derselben Nacht wurden die Aenderungen der Regierung ausgefertigt und ein Unter=

händler des Waffenstillstandes an General v. Manteuffel geschickt. Den Tag darauf erhielt Mathy seine Ernennung zum
Staatsminister, er blieb Präsident des Handelsministeriums
und übernahm noch einstweilen das Finanzministerium, sein
bewährter Freund Jolly das Innere, v. Freydorf das Auswärtige. Er sandte Ellstätter nach Berlin, um dort das
große Geldgeschäft abzuschließen, welches unvermeidlich geworden
war für die leeren Staatskassen und zur Kriegszahlung an
Preußen, gleich darauf Freydorf als Unterhändler für den
Frieden. Zugleich mit dem Frieden wurde der geheime Bündniß-
vertrag von Preußen angeboten und gern angenommen, dadurch
vorläufig die Stellung Badens befestigt. Schnell kamen die
Geschäfte in Zug, das Land fühlte die sichere Führung.
Gewaltig faßte Mathy seine Lebenskraft zusammen, sein Wesen
war hoch gesteigert, sein Leistungsvermögen schien verzehnfacht,
die Last dreier Ministerien trug er wie spielend, täglich von einem
zum anderen schreitend. Er hatte das Ungeheure erlebt, er
selbst durfte dazu helfen. Endlich! und gerade in der Stellung,
die ihm nöthig war, um seinem Heimatstaate das Größte durchzusetzen, ein Ministerium von gutem Einvernehmen, er als Leiter
im vollen Vertrauen seines Fürsten.

Der Friede war gewonnen, der neue Bund trat ins
Leben, Baden war ausgeschlossen. Der Großherzog empfand
tiefen Schmerz über die auferlegte Trennung vom Bunde,
Mathy meinte: „Was auch meine Gesinnung sei, ich habe hier
nur eine Meinung, und diese Meinung ist, wir müssen uns
mühen hinein zu kommen, auf gerader Straße oder auf
Umwegen."

Im Geheimen hegte er aber die Hoffnung, daß er den
Eintritt doch durchsetzen werde; unterdeß war jede Abschlags-
anzahlung darauf freudig anzunehmen, jede Veranlassung für
nähere Vereinigung zu ergreifen, Alles für den Eintritt still
vorzubereiten. Denn die Folge des glorreichen Jahres dürfe
unmöglich eine Trennung Deutschlands sein, nach der alten

Schnittlinie, deren unheilvolle Bedeutung Niemand besser kannte, als er selbst. Es sei nur eine Frage von kurzer Zeitdauer.

Die Volksvertretung kam ihm anerkennend entgegen, als er am 9. October den Landtag eröffnete, seine Vorlagen und den Friedensvertrag einbrachte, mit großer Gesinnung die Lage der deutschen Angelegenheiten erörterte und die Pflichten Badens betonte. Er muthete dem Lande größere Geldanstrengungen zu, und obwol er die geforderte Erhöhung der directen Steuern nicht völlig erlangte, wußte er das nöthige Geld doch zu schaffen, die alte elende Borgenoth wenigstens hatte ein Ende. Auch der geordnete Eisenbahnbau wurde wieder kräftig aufgenommen. Als im Frühjahr 1867 der Luxemburger Streitfall heran kam, wurde Rastatt in Vertheidigungszustand gesetzt, mit erforderlicher Besatzung versehen und die Franzosen nicht im Zweifel gelassen, daß Baden zu Deutschland stehen werde.

Ende Juni ging er nach Berlin, um die Verträge des neuen Zollvereins selbst abzuschließen. Er betrachtete sie als eine staats- und völkerrechtliche Absonderlichkeit, die unmöglich lange dauern könne, aber wie sie auch waren, sie förderten die Einheit. Die Aufnahme Badens in den Nordbund war aber nur ein Theil der großen Maßregeln, welche er als nöthig betrieb. Er wollte auch die Finanzen der einzelnen Staaten unauflöslich an den Bund fesseln. Eine Tabaksteuer von 2—3 Millionen Thaler erklärte er für eine Thorheit, die den Lärm nicht werth sei, welchen sie mache; ein untrügliches Mittel, den Bund einzubürgern, sei nur das Monopol*), welches für

---

*) Er schrieb am 20. Juli 1867 an G. Freytag: „Ich bin für das Monopol. Ein deutsches Tabaksmonopol, welches mehr eintragen muß als sämmtliche Zollgefälle, ist ein nationales Band, noch weniger zerstörbar als der Zollverein, und es wird nur um so fester, wenn für die Entschädigung der Fabrikanten eine gemeinschaftliche Anleihe gemacht werden muß. Ich gebe mich von vorn herein dem Volkswirthscongreßzorn preis; ich bin eben ein unheilbarer Einheitsreactionär.“

Deutschland an 30 Millionen Thaler ertragen müsse. Befriedigt
von dem Erfolg der Reise — mit dem abwesenden Grafen
Bismarck war er nicht zusammengetroffen — kehrte er nach
Karlsruhe zurück, um dort wieder die Vorlagen für die Kammer
zu bereiten. Niemals vielleicht waren der Volksvertretung in
Baden so viele und gut ausgearbeitete Gesetzentwürfe geboten
worden: über Ministerverantwortlichkeit, Kriegsverfassung,
Schule, Straßen, Presse, neben andern. Sie waren durch die
eifrige Beihilfe der Amtsgenossen, zumal Jolly's, sämmtlich
fertig, als der Landtag am 5. Sept. 1867 wieder eröffnet wurde.
Der Landtag sollte die Frage entscheiden, ob es recht war, was
die Verwaltung gethan und ausgegeben, und ob das Volk die
Mittel bewilligen werde, damit Baden auch in Zukunft leiste,
was es der Nation schuldig war, und als ein geachtetes Glied
in der Familie deutscher Bundesstaaten Aufnahme finde. Die
Kammern bewiesen im Ganzen guten Willen, aber die Arbeit,
welche Mathy selbst in dieser Sitzungszeit zu tragen hatte, war
fast übermenschlich. Wie wenig er um den Beifall sorgte, es
war ihm doch schmerzlich, daß die Kammern für die ungewöhnlichen Leistungen des Ministeriums kein Wort der Anerkennung hatten. Denn er fühlte, was sie ihm an Lebenskraft
gekostet hatten.

Eine Befriedigung hatte er dabei. Zwischen dem Großherzog und dem Staatsminister hatte sich ein Einvernehmen
gebildet, an welchem Mathy's Gemüth innig betheiligt war.
Ein schönes Verhältniß männlicher Diensttreue, auf völlige
Uebereinstimmung in den letzten Zielen der Politik und auf
herzliche Achtung vor dem reinen und uneigennützigen Wollen
des Andern gegründet. Mathy empfand immer stille Dankbarkeit für das Vertrauen, welches ihn aus der Fremde zurückgerufen hatte. Und wenn er als Gast auf der Insel
Mainau mit seinem Fürsten Rath pflog, und das glückliche
Familienleben beobachtete, dann sah er aus blühenden Anlagen
über den See auf das Schweizer Ufer und dachte an alte Zeit.

Einst Flüchtling und Arbeiter für ein Blatt Mazzini's,
jetzt Leiter der Geschäfte im Staate Baden, damals als ein
Unruhstifter von den Vorfahren seines Fürsten beargwöhnt,
jetzt der vertraute Rathgeber des Landesherrn, und doch in
den großen Gedanken seines Lebens und in ehrlicher Hin=
gabe derselbe Mann. Die Welt um ihn hatte sich gewandelt,
sie hatte auch ihm gegeben und genommen, aber er durfte sich
sagen, er hatte als armer Journalist wie als Minister dem
guten Geiste seines Volkes treu gedient.

Und wenn er die lachenden Stimmen dreier Kinder ver=
nahm, welche unter den Blüthenbüschen des Fürstenschlosses
um ihre Mutter spielten, und wenn die Mutter das jüngste
Kind ihm in den Arm setzte, dann sah er wieder durch das
Dämmerlicht nach dem Schweizer Ufer und dachte an die
drei Kinder, die er selbst verloren, und an ihre Mutter, die
daheim allein für ihn sorgte. Und der feste Mann wurde
nachdenklich, wenn er am Abend allein durch die Anlagen ging,
unter ihm endloser leiser Schlag der Wellen wie eine Mahnung
an die Ewigkeit, und um ihn Nebel, der aus der Tiefe herauf=
stieg, bis er die Gestalt des Mannes und die Umrisse der Berge
verhüllte.

Mathy hatte Baden zum Eintritt in den neuen Bund
vorbereitet. Der Großherzog und die Mitglieder des fürstlichen
Hauses, die Mehrheit beider Kammern, sein Ministerium, alle
waren entschlossen, den Eintritt zu bewerkstelligen. Er kannte
genau die Stimmung des Landes, er wußte, daß in dem
badischen Volk abgeneigte Kräfte dagegen arbeiteten, daß aber
ein kräftiges Vorgehen der Regierung die große Mehrzahl der
Bevölkerung in derselben Richtung vorwärts treiben werde.
Er war auch in der Lage, die Folgen auf die Nachbarstaaten
zu würdigen. Er war der Ansicht, daß eine Erklärung über
den Anschluß Badens vor dem Zusammentritt des Zollparla=
ments stattfinden müsse, weil sie für die Wahlen dazu von
entscheidender Bedeutung sein werde, und er war endlich über=

zeugt, daß diese Vereinigung des Südens mit dem Norden
nur durch das entschlossene Vorgehen einer süddeutschen Regie=
rung zu bewirken und durchaus nicht den schutzöllnerischen
Neigungen und ultramontanen Verpflichtungen der Volksver=
treter zu überlassen sei, wenn diese erwählt würden, bevor der
Anschluß im Flusse sei. Er nahm auch Rücksicht auf das
Ausland, wie schwer es für Frankreich und Oestreich sein
würde, die beide damals ihre Heeresumgestaltung noch lange
nicht beendigt hatten, der deutschen Forderung zu widersprechen,
und er war überzeugt, daß die günstige Stunde und die letzte
Zeit gekommen sei, wo den Preußen noch die Verklärung
des Jahres 1866 vor Europa zu Hilfe komme und wo mit
möglichst geringem Wagniß und möglichst guten Aussichten
vollendet werden könne, was im Sommer des vergangenen
Jahres unfertig gelassen war. Er glaubte auch überzeugt zu
sein, daß der König von Preußen dem Zutritt Badens wohl=
geneigt sei, und er vertraute, daß die Zurückhaltung des Grafen
Bismarck, die er als klug und sachgemäß würdigte, keinen
andern Grund habe, als den von dem Bundeskanzler ausge=
sprochenen, daß er sich jedes Druckes auf den Süden enthalten
und ein freiwilliges Anerbieten der süddeutschen Staaten in
Wahrheit erwarten wolle.

In diesem Sinne verfaßte er am 18. November 1867
eine Denkschrift an den Kanzler des Norddeutschen Bundes,
welche er, wie aus einem zurückgelassenen Vermerk sich ergibt,
selbst dem preußischen Gesandten in Karlsruhe übergab. Seine
Lebensgeschichte muß vorläufig von wörtlichem Abdruck des
Ganzen absehen, aber die Mittheilung des Inhalts, wie er
aus einem Entwurf unter seinen Privatbriefen gefunden wurde,
ist hier unerläßlich, denn der Brief bezeichnet seine letzte Lei=
stung und den Schlußstein des Baues von Gedanken und
Thaten, den er aufführte. Der Inhalt seiner Vorstellung ist
folgender:

„Regierung und Stände sind einig in dem Streben nach

dem Eintritte Badens in die nationale Verbindung des Norddeutschen Bundes, sie sind bereit die Einrichtungen zu treffen
und die Leistungen zu übernehmen, welche dazu erforderlich
sind. Der Großherzog hat diese Gesinnung in der Thronrede
vom 5. September, die Ständeversammlung in den Adressen
beider Kammern ausgesprochen. Die Vorlagen der Regierung
an die Stände und die seitherigen Beschlüsse der letzteren
beweisen, daß ihr Wille ein ernster ist. Beide Kammern haben
nicht allein die Verträge wegen Fortsetzung des Zollvereins,
wegen der Salzsteuer und wegen des Bündnisses einstimmig
angenommen, — und zwar das Bündniß nicht etwa als eine
lästige Zugabe, sondern als eine schätzbare Ergänzung des
Zollvereins —; sie haben auch, weil die Erledigung der Gesetz-
und Budget-Vorlagen nach alter Uebung längere Zeit erfordert,
die Regierung in den Stand gesetzt, einstweilen mit den nöthigen
Schritten zur Annäherung an das norddeutsche Wehrsystem
vorzugehen. Demgemäß hat die Aushebung der Rekruten nach
dem Grundsatze der allgemeinen Wehrpflicht unter Aufhebung
des Einsteherwesens und die Einberufung derselben schon im
Herbst 1867, statt im Frühjahr 1868 erfolgen können. Zugleich haben die Kammern, um die entsprechende Vermehrung
des Staatsaufwandes zu ermöglichen, wesentlich erhöhte Sätze
der directen und indirecten Steuern, vorläufig für die beiden
nächsten Monate December und Januar, bewilligt. Das
Wehrgesetz, welches die Dienstpflicht von 3, 4 und 5 Jahren
bei der Fahne, Reserve und Landwehr festsetzt, ist von der
zweiten Kammer angenommen.

„Die Kammer will den Eintritt Badens in den Norddeutschen Bund und für diesen Zweck wird sie die erforderlichen Leistungen gutheißen. Im Lande aber wollen die gut
organisirte und geleitete ultramontane Partei und die sehr
lauten großdeutschen Demokraten den Eintritt Badens in den
Norddeutschen Bund nicht, sie wirken für ihre Negation, ohne
zur Zeit ein positives Ziel aufzustecken. Demgemäß verkünden

diese Gegner als Axiom den Satz: Wenn Baden auch Alles thut, was von einem Gliede des Norddeutschen Bundes verlagt wird, so wird ihm der Eintritt doch nicht gestattet, es wird ihm kein anderes Verhältniß zum Norden gewährt, als jenes, in welchem Baiern und Würtemberg zu Preußen stehen. Diese haben die nämlichen Allianzverträge, sie bringen jedoch ihre Truppenzahl nur auf ½ und ¾ Procent, und Preußen ist damit zufrieden. Was Baden mehr leistet, sind nutzlose Opfer, wenigstens für jetzt; sie können füglich so lange verschoben werden, bis der Eintritt in den Norddeutschen Bund wirklich erfolgen kann.

„Diese Behauptungen werden unterstützt durch Petitionen aus dem Lande, durch Aeußerungen der officiösen baierischen und schwäbischen Presse, wie aus Regierungskreisen in München und Stuttgart, wo man sich jedoch nicht auf die Negation beschränkt, sondern einen weiteren Bund zwischen den süddeutschen Staaten und dem Norddeutschen Bunde in Aussicht stellt, ein Verhältniß, in welchem der Süden mit einer geringeren militärischen Leistung bestehen könne.

„Diesen Einwirkungen ist bis jetzt entgegen getreten worden mit der Hinweisung auf den Artikel 79 der Verfassung des Norddeutschen Bundes, auf das Rundschreiben des Grafen Bismarck vom 7. September, auf die Aeußerungen des Bundeskanzlers im Reichstage, insbesondere in der Sitzung vom 24. September, ferner mit der Zuversicht, welche die Regierung festhalte, daß der Eintritt Badens gleichzeitig mit den Nachbarn wünschenswerth, aber auch ohne dieselben zu erlangen sei, endlich mit der Erklärung, daß ohne vorgängige Zustimmung der Stände zu den gleichen Wehreinrichtungen, wie sie im Norddeutschen Bunde bestehen, ein Antrag wegen Aufnahme Badens in den Norddeutschen Bund an das Bundespräsidium von Seiten der Großherzoglichen Regierung nicht gerichtet werden könne.

„Immerhin muß die Regierung zur Zeit auf die Frage:

ob und welche Gewähr sie dafür bieten könne, daß die Zu=
stimmung der Stände zu ihren Forderungen alsbald die von
ihr erwartete Folge haben werde, die Antwort schuldig bleiben.
Und wenn die Regierung nicht rechtzeitig in die Lage kömmt,
eine befriedigende Antwort auf diese Frage geben zu können,
dann, besorge ich, wird sie bei der bevorstehenden Berathung
des Contingentgesetzes unterliegen, es wird eine Friedensstärke
nicht von 1 Procent, sondern nur von ³/₄ Procent bewilligt
und es werden demgemäß die Ansätze für die Kriegs= und
Steuerverwaltung ermäßigt werden.

„Wie unerheblich nun für die Machtstellung Deutschlands
der Umstand ist, daß dann 3000 Badener im Frieden und
6—7000 im Kriege weniger unter den Waffen stehen, so
würde ich doch die Niederlage der Regierung um ihrer andern
Folgen willen tief beklagen.

„Mir erscheint das Herabgehen gleichbedeutend mit dem
grundsätzlichen Aufgeben des norddeutschen Wehrsystems und
mit dem Uebergang zu einem andern Systeme, welches nach
einem solchen Vorgehen Badens ganz gewiß in Baiern und
Würtemberg nicht überboten werden wird. Haben wir aber
diese erste Position eingebüßt, dann kann keine Rede mehr
davon sein, daß Baden auf seine Nachbarn in der Richtung
nach Norden anziehend wirke; es wird vielmehr Baden, un=
vermerkt und langsam, aber sicher vom Norden abgezogen
werden.

„Und wohin? In ein süddeutsches Verhältniß, welches
unter den Auspicien des Herrn von Beust vorbereitet wird.
Dann wird Süddeutschland ein bequemes Feld für fremde
Intriguen gegen Preußen, die auch hinüber sich spinnen werden
nach dem Norden.

„Nach dieser meiner Auffassung von den Folgen einer
ersten Niederlage der Regierung würde es mir unmöglich sein,
in diesem Falle an den Geschäften des Staates mich weiter
zu betheiligen. Einer oder der Andere meiner Collegen würde

sich ohne Zweifel in der gleichen Lage fühlen, und ich habe nicht nöthig, die Männer zu nennen, welche sich als unsere durch die Situation angezeigten Nachfolger darbieten, oder die Richtung anzudeuten, welche diese Männer einhalten werden.

„Auf die Frage: welche Mittel ich mir als die geeigneten denke, um die Kammer auf ihrer bisherigen Bahn bis an das nahe Ziel festzuhalten? antworte ich: das Mittel wäre eine Erklärung der Regierung, daß der Eintritt Badens in den Norddeutschen Bund erfolgen werde, nachdem die Stände den entsprechenden Anforderungen der Regierung zugestimmt haben.

„Ich habe die Ueberzeugung, daß der Eintritt Badens für sich allein auf die Nachbarn nicht nur nicht abstoßend, sondern — sobald der erste Lärm verrauscht wäre, mit un= widerstehlicher Anziehungskraft wirken würde. Zunächst auf Würtemberg; dann aber auch auf Baiern, wo alsbald eine tiefe Spaltung zwischen Franken und der Rheinpfalz einer= seits und den übrigen Kreisen auf der andern Seite heran= treten, der weitere Verlauf aber auf den Weg, den wir gegangen, führen würde. In jedem Falle wäre mit dem Ein= tritte Badens den östreichisch=französischen Absichten auf Süd= deutschland ein Riegel vorgeschoben. Es würde zu weit führen, wollte ich versuchen, meine Ueberzeugung hier zu begründen; ich erlaube mir nur zu bemerken, daß dieselbe von meinen Freunden, die zum Theil mit den Persönlichkeiten und Ver= hältnissen in unsern Nachbarländern näher als ich es bin vertraut sind, getheilt wird.

„Wohl aber bescheide ich mich gern, daß europäische Ge= sichtspunkte, welche etwa dem vereinzelten Eintritte von Baden allein im Wege stehen mögen, sich meinen Blicken entziehen. Sind solche vorhanden, so werden sie entscheiden, solange sie bestehen. Dann aber würde es wol auch genügen, wenn vertraulich den Abgeordneten eine Andeutung darüber gegeben werden könnte, mit dem Anfügen, daß der Eintritt Badens in den Norddeutschen Bund, falls die Vorlagen der Regierung im Wesentlichen angenommen werden, eventuell auch ohne Baiern und Würtemberg, gesichert, und nur der Zeitpunkt dem Ermessen und der Verständigung der Regierungen vorzubehalten sei.

„Die Regierung wird unter allen Umständen das Mögliche thun, um in dem bevorstehenden Kampfe obzusiegen. Ich werde aber, wenn dies ohne eine Kräftigung ihrer Stellung geschehen muß, nicht mit Siegesbewußtsein an die Arbeit gehen." —

Das war der Inhalt der letzten politischen Schrift, die Mathy schrieb.

Auf seinen Brief bekam er keine unmittelbare Antwort. Nur auf dem gewöhnlichen Gesandtenwege ging die Erwiederung des Bundeskanzlers ein, daß er die gewünschte Erklärung nicht geben könne, und es wurde auf das Zollparlament vertröstet.

Wir alle haben seitdem gelernt, weshalb Graf Bismarck so schweigsam sein mußte, und daß eine andere Antwort nicht zu ertheilen war. Damals aber schuf diese Zurückhaltung Leid.

Von dem Tage, wo Mathy zuerst als Journalist politische Aufsätze schrieb, bis zu diesem letzten Schriftstück hatte er für die Vereinigung seiner Nation zu einem mächtigen Staate gearbeitet. Sein eigenes Schicksal und Glück waren ihm stets klein dagegen erschienen. Und jetzt, was war nach Allem die Antwort auf die große Frage seines Lebens? Vielleicht einmal!

Mathy fühlte was diese Antwort bedeute. Als er mit dem Großherzog darüber verhandelte, zitterte ihm, zum ersten Mal in seinem Leben, die Hand, das Papier, welches er darin hielt, sank auf den Tisch, aber er erhielt seine Selbstbeherrschung sogleich wieder und sagte: „Und wir thun doch unsere Pflicht."

Mathy betrachtete als letzte Pflicht seiner Regierung, den Eintritt Badens vom Bund zu verlangen.

Aber eine stärkere Macht hinderte das Vollbringen. In den letzten Tagen des December 1867 litt er durch starke Fieberanfälle, er fühlte sich krank und schwach, was ihm selten

begegnet war. Mit stoischer Ruhe betrachtete er den Wechsel
in seinem Befinden, verzeichnete die Zahl seiner Pulsschläge
und schrieb sein Testament nieder. Anfang Januar war er
durch einige Tage wohler, und arbeitete auf seinem Amts=
zimmer. Als ihn am 8. sein Freund Malsch besuchte, gedachte
er der Zeiten, wo er als Gast bei Malsch gewohnt und am
Klavier gesungen, er erzählte ihm, daß er heute an Brentano
nach Chicago auf dessen Gesuch geantwortet, man werde ihn
nicht belästigen, wenn er zurückkehre, und er sagte mit scherz=
hafter Anspielung zu dem Freunde: „Einst spielt' ich mit Scep=
ter und Kronen, jetzt trag' ich die Krone, den Stern." — Am
10. Januar ließ er sich nicht abhalten, in die zweite Kammer
zu gehen, zur Verhandlung über das Budget der Verkehrsanstal=
ten, und er hielt vier Stunden darin aus. Nach der Rück=
kehr schrieb er im Amtsgemach einen Brief an seine Frau und
legte ihn zu dem letzten Willen. Den Tag darauf mußte er
sich zu Bett legen, er beobachtete mit Laune, wie seine Feld=
herrin mit Unterbefehlshabern ihn von der Welt absperrte,
aber mühsam verscheuchte er seine Fieberphantasien, ein angst=
voller Blick, den seine Frau auf ihn richtete, fuhr ihm bohrend
durch Hirn und Brust. Und am nächsten Morgen schrieb er
nieder: „Alle Schlauheiten, Nannchen zum Ausgehen zu bringen,
helfen nicht, bis ich geradezu dringend bitte, mich am Tage
einige Stunden allein zu lassen, ich habe dies immer gehabt
und bedurft, könne es jetzt nicht missen. Nannchen resignirt
sich auch zu diesem Opfer."

Schnell erschöpfte sich die Kraft, stärker zitterte die Hand,
mit welcher er die Ereignisse des Krankenlagers, aber auch
die der Regierung verzeichnete, immer noch ließ er sich die
laufenden Ausfertigungen zur Unterschrift bringen und Bericht
erstatten. Am 31. Januar schließt das Tagebuch mit den
traurigen Worten: „Dabei ich immer im Bett." — Er war
jetzt sehr schwach, aber stets hatte er liebevolle und dankbare
Worte für seine Pflegerin und seine Hand suchte die ihre. In

der Nacht des 3. Februar schlossen sich seine Augen, im Tode noch hielt er die Hand der geliebten Frau.

Er hatte sich seit der Kindheit nie ernstlich krank gefühlt. Als er an einem Herzleiden starb, das lange heimlich in ihm zerstört hatte, war er nicht völlig einundsechzig Jahre alt.

Regelmäßig wie sein Tagesfleiß, lief das Zeitmaß seines Lebens. Von dem Tage, an welchem Mathy die Universität verließ, bis zu dem Tage, an welchem er aus der Schweiz in die Heimat kehrte, waren 13³/₄ Jahre einer harten Lehrzeit vergangen. Genau derselbe Zeitraum umfaßt seine blühenden Mannesjahre in aufreibendem politischen Kampfe von der Rückkehr in die Heimat bis zu seiner Abreise nach Köln. Und endlich die letzte Periode seiner Erdenarbeit, die Jahre ruhig wirkender, gereifter Kraft, umspannt fast wieder ganz dieselbe Zeitlänge, nur die letzten Monate kürzte ihm das Geschick.

Ungezählt ist die Fülle von Talenten und Charakteren, welche der gute Geist unserer Nation seit den letzten Geschlechtern verwandt hat, um uns aus der Dürftigkeit, Enge und Zersplitterung deutschen Lebens herauszuheben. Ungezählt sind die pflichtvollen Beamten, Geschäftsmänner, Volkslehrer, welche in den kleinen Kreisen des viel getheilten Deutschlands ihr Leben aufwandten, zu bewahren, zu regieren und fortzubilden. Aber die stille, dauerhafte, liebevolle Arbeit derer, welche mit ergrauendem Haar unter uns leben, ist wol werth, daß wir sie aufsuchen und rühmen, denn was wir gewonnen haben und noch zu erreichen hoffen, das beruht auf ihrer geduldigen Thatkraft und ihrer Hingabe an die Pflicht.

Aus dieser politischen Lehrzeit unseres Volkes erhob sich sein Bild, stets wachsend mit der Größe der Aufgaben. Ein klarer, Wahrheit suchender Geist, durch keinen Schein zu befriedigen, ein selbstloser Sinn, der nur den Erfolg der Sachen, nie den eigenen suchte, vor Allem ein festes, tapferes Herz.

In ruhiger Zeit bescheiden, gemächlich, dauerhaft regelmäßiger Arbeit hingegeben, stellte er sich in der Noth, wo Andere verwirrt und betäubt des Entschlusses entbehrten, mit heiterer Ueberlegenheit auf die gefährlichste Stelle, ihm beflügelte die Gefahr Willen und Erfindung, in festem Selbstvertrauen ermuthigte er durch die Gewalt seines Wesens die Freunde, schreckte die Gegner.

Er war einer der Auserwählten, in denen die große Idee des preußischen Bundesstaates zuerst heraufwuchs zu fester maßvoller Forderung, er war der einzige Nichtpreuße, der den Kampf für diese Idee in verantwortlicher Stellung von den ersten Anfängen bis zu seinem Lebensende treu durchgeführt hat. Solange die Erhebung unserer Nation aus den Trümmern des heiligen römischen Reiches als eine große Zeit gilt, und die Arbeit für den einheitlichen Staat deutscher Nation als eine gute Arbeit, soll der Deutsche dieses Mannes mit Dankbarkeit gedenken. Aber als die Erfüllung begann, und als zur That wurde, was er unablässig gefordert, da blieb die Ecke Deutschlands, in welcher die Zukunft des deutschen Staates nach ihren Grundzügen zuerst vorgezeichnet worden, außerhalb des neuen Staates, und er, der Leiter der Geschäfte in Baden, fand sein Heimatland ausgeschlossen aus dem neuen Bunde. Von seiner Höhe schaute er hinein in das Land der Verheißung, dem er sein Volk zugeführt, er lebte nicht, sich des Gewinnes zu freuen. Das ist tragisches Geschick. Aber es ist das Geschick jedes Mannes, der für den Staat, nicht für sich selbst, Großes zu schaffen ringt.

Was der Künstler gebildet, dauert, ob groß oder klein geachtet, unter seinem Namen, was der Gelehrte gefunden, das bleibt wenigstens dem späteren Forscher als Erwerb durch den Vorfahren erkennbar; was aber der Journalist schreibt, der Beamte thut und verhindert, der Gesetzgeber festsetzt, der Regent ordnet, das wird Gemeingut Hunderttausender; der Name dessen, der zuerst darum sorgte, wurde vielleicht nie bekannt; auch wo der Name am Werke haftet, wird das Werk schnell in seiner Endlichkeit durch neue Gedanken und neue Bedürfnisse widerlegt. Vielen Zeitgenossen hat dieser Mann ihr Leben berührt, und sie halten Haus mit Gedanken und Anschauungen, die er ihnen in die Seele gelegt, fahren täglich dahin auf den Gleisen, die er ihnen gezogen, und streiten und leiden um das Ziel, das er ihnen gesteckt. Doch auch, wenn sie seinen Namen preisen, den ihnen der Geschichtschreiber auf= bewahrt, im harten Kampf des Tages gilt der Erwerb, den sie ihm verdanken, als selbstverständlich, und was aus seinem Leben in das ihre übergegangen: aufregend, bildend, richtend, das empfinden sie als ungenügende Grundlage für neue For= derung. Die aber, welche den Geschiedenen persönlich als guten und festen Mann gekannt, bewahren den besseren Gewinn, denn sie tragen mit sich das Bild seines Wesens als einen Theil ihres eigenen Lebens. Und wenn sie in der Stunde heiterer Ruhe empfinden, daß von seiner Sicherheit etwas auf sie übergegangen ist, und wenn sie in der Stunde der Ver= suchung eine Festigkeit erkennen, die der Verkehr mit ihm in sie gelegt, dann mögen sie sich fröhlich bewußt sein, daß sein Bild und Wesen in ihnen fortlebt und aus ihnen übergeht in ihre Nachfahren. Denn tüchtiges Leben endet auf Erden nicht mit dem Tode, es dauert in Gemüth und Thun der Freunde, wie in den Gedanken und der Arbeit des Volkes.

Druck von J. B. Hirschfeld in Leipzig.